BUNDESLIGA
R MEISTER
11

BORUSSIA DORTMUND
DERBYSIEGER
19. SEPTEMBER 2010
SCHALKE 1:3 DORTMUND
SÜDTRIBÜNE
BAYERN
JETZT ERST RECHT
Lünen Altstedde
DEUTSCHER MEISTER
EUROPA
BORUSSIA
CAPAROL

BORUSSIA DORTMUND
You'll never walk alone
FANABTEILUNG
NUR DER BVB
BVB DORTMUND
DERBYSIEGER 1:3
DER 12. MANN

GAZPROM

Das offizielle Saisonbuch

BUNDESLIGA 2011

Die Chronik der Saison

2. Bundesliga

Klosbachstrasse 103
CH-8032 Zürich
Telefon +41 44 250 76 60
Telefax +41 44 250 76 66
E-Mail info@sport-media-zuerich.com
www.sport-media-zuerich.com

Herausgeber:
DFL Deutsche Fußball Liga GmbH
Guiollettstraße 44-46
60325 Frankfurt/M.
Telefon 069/65005-0
Telefax 069/65005-555
E-Mail info@bundesliga.de
www.bundesliga.de

Projektleitung:
Tom Bender (DFL)

Konzeption:
Sport Media Zürich AG (SMZ)

Chefredaktion:
Christian Pfennig (DFL)
Michael Novak (SVE)

Koordination:
Tobias Schild (DFL)

Autor:
Jürgen Kohler

Weitere Autoren:
Berries Bossmann, Harald Büttner, Gregor Derichs, Ralph Durry, Roland Karle, Karsten Kellermann, Horst Konzok, Stefan Kusche, Babak Milani, Norbert Neubaum, Andreas Pahlmann, Harald Pistorius, Christoph Ruf, Thorsten Schabelon, Tobias Schächter, Hartmut Scherzer, Jörg Schneider, Mathias Sonnenberg, Martin Sonnleitner, Oliver Trust, Karl-Heinz Wild, Hans-Joachim Zwingmann

Grafik:
Massimo Colonna (Art Director), Katharina Gassmann

Fotoredaktion:
Witters Sport-Presse-Fotos GmbH, Hamburg
Valeria Witters (Ltg.), Lars Gebhardt, Ulrich Winkelmann

Fotonachweis:
Alle Fotos Witters Sport-Presse-Fotos GmbH: Tim Groothuis, Matthias Hangst, Tay Duc Lam, Frank Peters, Uwe Speck, Valeria Witters; Zusatzfotos: Bundesliga-Stiftung, DFL, Sampics

Lektorat/Schlussredaktion:
Dr. Harro Schweizer, Berlin

Anzeigen:
Susanne Timosci
Director Sales
Media & Advertising
DFL Sports Enterprises GmbH
Guiollettstraße 44-46
D-60325 Frankfurt/M.
Telefon 069/65005-236
Telefax 069-65005-558
E-Mail susanne.timosci@bundesliga.de

Druck und Bindung:
pva, Druck und Medien-Dienstleistungen GmbH
Industriestraße 15
D-76829 Landau/Pfalz

Statistik:
IMPIRE AG, Ismaning
Jörn Wendland
Sämtliche statistischen Daten haben den Stichtag 26. Mai 2011

INHALT

BUNDESLIGA

BUNDESLIGA
DEUTSCHER
FUSSBALL
MEISTER 2011

Liebe Leserinnen und Leser,

seit Jahren schon gilt die Bundesliga als die spannendste und ausgeglichenste Topliga in Europa. In der gerade abgelaufenen Saison hat sie das einmal mehr eindrucksvoll unter Beweis gestellt. Hinter uns liegt eine Spielzeit der großen Überraschungen, in der zuvor als Abstiegskandidaten gehandelte Clubs um den Einzug in die europäischen Wettbewerbe mitspielten, hoch gehandelte Mannschaften lange um den Klassenerhalt bangen mussten, und am Ende ein Club mit begeisterndem Fußball Deutscher Meister wurde – und das mit der jüngsten Mannschaft aller Zeiten: Borussia Dortmund. Trainer Jürgen Klopp setzte seit seinem Amtsantritt 2008 gezielt auf junge Spieler, ein Großteil davon ausgebildet im eigenen Leistungszentrum für Nachwuchsspieler, und feierte mit dieser jungen Truppe nun einen großartigen Triumph.

Große Anerkennung gebührt aber auch Bayer 04 Leverkusen. Die „Werkself" hielt den Kampf um die Meisterschaft lange Zeit offen und qualifizierte sich schließlich als Vizemeister erstmals seit 2004 wieder für die UEFA Champions League. Begleiten auf dem Weg nach Europa werden Leverkusen neben Rekordmeister FC Bayern München, der als Dritter in der Qualifikation zur UEFA Champions League steht, überraschend auch Hannover 96 und der 1. FSV Mainz 05. Auf beide Clubs hätten vor der Saison wohl eher weniger Experten als Anwärter für das obere Tabellendrittel getippt. Doch sowohl die Niedersachsen unter Trainer Mirko Slomka als auch die jungen Mainzer mit Coach Thomas Tuchel, wobei Letztere den Bundesliga-Startrekord mit sieben Siegen zum Saisonauftakt einstellten, sorgten für Furore und wurden für eine tolle Saison mit der Qualifikation zur UEFA Europa League belohnt.

Dass die Bundesliga auch international weiter auf dem Vormarsch ist, beweist ein Blick auf die Fünfjahres-Wertung der UEFA. Erstmals seit zehn Jahren hat sich die Bundesliga aufgrund des guten internationalen Abschneidens deutscher Clubs in den vergangenen Jahren wieder auf Platz drei dieser Europa-Rangliste geschoben, wodurch ab der Saison 2012/13 drei Bundesligisten direkt in der UEFA Champions League starten dürfen, der Tabellenvierte an der Qualifikation teilnimmt. Einen großen Teil hierzu beigetragen hat in der abgelaufenen Saison der FC Schalke 04, der erstmals das Halbfinale der Champions League erreichte und dabei Vorjahressieger Inter Mailand beeindruckend besiegte.

Einen verdienten Meister hat auch die 2. Bundesliga gefunden. Mit Hertha BSC Berlin kehrt die Hauptstadt in die Bundesliga zurück. Imponierend waren dabei nicht nur die starken sportlichen Auftritte der Hertha, sondern auch der enorme Zuspruch der Berliner Fans. Freuen können sich alle Fußballfreunde zudem auf den FC Augsburg, der als 51. Club in der Bundesliga begrüßt wird.

Unumstritten weiterhin die weltweite Nummer eins bleibt die Bundesliga beim Zuschauerzuspruch. Rund 13 Millionen Menschen kamen wieder zu den 306 Spielen, im Schnitt fast 42.000 pro Spiel. Keine andere Fußballliga in der Welt kann da mithalten. Hierfür möchte ich den Fans, die für eine sensationelle Stimmung sorgen, meinen Dank aussprechen.

Allen Lesern wünsche ich viel Vergnügen mit dem vorliegenden offiziellen Bundesliga Saisonbuch 2011.

Dr. Reinhard Rauball
Präsident des Ligaverbandes

Eine märchenhafte Party in Schwarz-Gelb

Mit Borussia Dortmund hat es einmal mehr in der Bundesliga-Geschichte einen überraschenden Deutschen Meister gegeben. Weltmeister Jürgen Kohler, selbst zwei Mal Titelträger mit dem BVB, beschreibt diesen Erfolgsweg durch die Saison.

DORTMUND

BUNDESLIGA

Jürgen Kohler (45) hat mit Borussia Dortmund 1996 und 2002 die Deutsche Meisterschaft gewonnen, dazu mit dem FC Bayern München 1990, als er anschließend auch zum Weltmeisterteam in Italien zählte, ebenso 1996 beim EURO-Triumph. Mit dem BVB holte der Abwehrspieler 1997 auch die UEFA Champions League und den Weltpokal. Den UEFA-Cup sicherte sich Kohler 1993 mit Juventus Turin, zwei Jahre später zudem die italienische Meisterschaft. Er gehört zum Expertenteam von LIGA total! und ist Repräsentant des Unternehmens Imtech.

Von Jürgen Kohler

Auf dem Zettel für eine vordere Platzierung hatte ich Borussia Dortmund schon vor dem Saisonbeginn. Auf ein solch gutes Abschneiden, eine noch höhere Tabellenposition als in den beiden Jahren zuvor mit Rang sechs und fünf deutete einfach die positive Entwicklung der Mannschaft, seit Jürgen Klopp 2008 als Trainer verpflichtet worden war. Deutscher Meister schien wohl, auch durch die ständige Favoritenrolle des FC Bayern München, vielleicht eine Nummer zu groß. Dass der BVB aber ziemlich weit oben mitmischen könnte, war für mich absolut realistisch.

Wobei der Start im vergangenen Sommer eine solche optimistische Prognose nicht unbedingt unterstützt hat. Denn bekanntermaßen begann die Saison 2010/11

für die Borussia mit einer Enttäuschung, vom Ergebnis her ernüchternd durch die 0:2-Heimniederlage gegen Bayer 04 Leverkusen. Und auch in den ersten Wochen danach sprach zunächst noch nichts für einen Durchmarsch in der Art, wie ihn die Dortmunder dann eindrucksvoll hingelegt haben. Der Grundstein für die Deutsche Meisterschaft wurde dennoch eindeutig in der großartigen Vorrunde gelegt. Hier hat der BVB den Schlüssel zum Erfolg gefunden.

Über eine riesige Euphorie, über einen ausgeprägten Enthusiasmus haben die weitgehend noch sehr jungen Spieler als Einheit ihren Weg gefunden, sich in der Tabelle schon bald oben festgesetzt und bis zum Schluss eigentlich nicht mehr losgelassen, was dann im Mai 2011 zu dieser Glückseligkeit bei den BVB-Fans geführt hat.

Aus eigener Erfahrung, meinen sieben tollen Jahren bei der Borussia, kann ich sagen, dass dieses Publikum einfach einzigartig ist. Dass die Fans auf der Südtribüne tatsächlich wie eine Wand hinter ihrer Mannschaft stehen, ist nur der deutlichste Ausdruck für die außergewöhnliche Begeisterung der Menschen in dieser Region, die es auch aufgrund immer noch hoher Arbeitslosenzahlen nicht leicht hat. Sie leben Fußball, sie leben Schwarz-Gelb. Deshalb war es so unwahrscheinlich wichtig, dass der BVB in seinen wirtschaftlich ganz schweren Zeiten mit viel Arbeit noch die Kurve gekriegt hat und wieder auf Kurs gekommen ist. Jetzt hatten die Fans auch ihren Anteil daran, dass die für sie viel zu lange Strecke von neun Jahren

Dieser Glücksmoment muss für die Ewigkeit festgehalten werden. Patrick Owomoyela nimmt die wunderschönen Momente auf, die eine Triumphfahrt mit über 100.000 Fans für den Deutschen Meister 2011 bietet. Zusammen mit Kevin Großkreutz, Mohamed Zidan (von links) und ihren Teamkollegen präsentieren sich die Spieler von Borussia Dortmund stolz ihrem jubelnden Anhang.

BUNDESLIGA IN ZAHLEN

ABSCHLUSSTABELLE

Rang	Club	Sp.	g	u	v	Tore	Diff.	Pkt.
1	Borussia Dortmund	34	23	6	5	67:22	45	75
2	Bayer 04 Leverkusen	34	20	8	6	64:44	20	68
3	FC Bayern München	34	19	8	7	81:40	41	65
4	Hannover 96	34	19	3	12	49:45	4	60
5	1. FSV Mainz 05	34	18	4	12	52:39	13	58
6	1. FC Nürnberg	34	13	8	13	47:45	2	47
7	1. FC Kaiserslautern	34	13	7	14	48:51	-3	46
8	Hamburger SV	34	12	9	13	46:52	-6	45
9	SC Freiburg	34	13	5	16	41:50	-9	44
10	1. FC Köln	34	13	5	16	47:62	-15	44
11	1899 Hoffenheim	34	11	10	13	50:50	0	43
12	VfB Stuttgart	34	12	6	16	60:59	1	42
13	SV Werder Bremen	34	10	11	13	47:61	-14	41
14	FC Schalke 04	34	11	7	16	38:44	-6	40
15	VfL Wolfsburg	34	9	11	14	43:48	-5	38
16	Bor. Mönchengladbach	34	10	6	18	48:65	-17	36
17	Eintracht Frankfurt	34	9	7	18	31:49	-18	34
18	FC St. Pauli	34	8	5	21	35:68	-33	29

DIE BESTEN TORSCHÜTZEN

Name	Club	Tore	11er
Mario Gomez	FC Bayern München	28	1
Papiss Cissé	SC Freiburg	22	4
Milivoje Novakovic	1. FC Köln	17	0
Lucas Barrios	Borussia Dortmund	16	0
Theofanis Gekas	Eintracht Frankfurt	16	4
Srdjan Lakic	1. FC Kaiserslautern	16	0
André Schürrle	1. FSV Mainz 05	15	3
Didier Ya Konan	Hannover 96	14	2
Lukas Podolski	1. FC Köln	13	2
Raúl	FC Schalke 04	13	0
Thomas Müller	FC Bayern München	12	0
Arjen Robben	FC Bayern München	12	0
Mladen Petric	Hamburger SV	11	1
Mohammed Abdellaoue	Hannover 96	10	0
Sami Allagui	1. FSV Mainz 05	10	0
Edin Dzeko	VfL Wolfsburg	10	0
Marco Reus	Borussia Mönchengladbach	10	0
Arturo Vidal	Bayer 04 Leverkusen	10	6
Hugo Almeida	SV Werder Bremen	9	0
Grafite	VfL Wolfsburg	9	0
Martin Harnik	VfB Stuttgart	9	0
Zdravko Kuzmanovic	VfB Stuttgart	9	4
Claudio Pizarro	SV Werder Bremen	9	0
Gylfi Sigurdsson	1899 Hoffenheim	9	2

ZUSCHAUER

Club	gesamt	Schnitt
Borussia Dortmund	1345560	79151
FC Bayern München	1173000	69000
FC Schalke 04	1042446	61320
Hamburger SV	925579	54446
1. FC Köln	812300	47782
Eintracht Frankfurt	805200	47365
1. FC Kaiserslautern	788665	46392
Borussia Mönchengladbach	768207	45189
Hannover 96	746345	43903
1. FC Nürnberg	714337	42020
VfB Stuttgart	659400	38788
SV Werder Bremen	637532	37502
1899 Hoffenheim	507800	29871
VfL Wolfsburg	491079	28887
Bayer 04 Leverkusen	486764	28633
FC St. Pauli	413382	24317
SC Freiburg	391300	23018
1. FSV Mainz 05	342900	20171

Schöner Abschied nach 13 Jahren beim BVB mit der Meisterschale in der Hand: Dede, Publikumsliebling aus Brasilien.

Drei überglückliche Borussen betrachten stolz bei der offiziellen Feier auf der Bühne die Meistermedaille: Präsident Dr. Reinhard Rauball, auch Präsident des Ligaverbandes, Trainer Jürgen Klopp und Hans-Joachim Watzke, Vorsitzender der Geschäftsführung (von rechts).

ohne Meistertitel einigermaßen überraschend zu Ende gegangen ist.

Dabei spielt auch eine wichtige Rolle, dass die Art von Jürgen Klopp bei diesem Menschenschlag im Ruhrgebiet sehr gut ankommt, auch aufgrund seiner Emotionalität. Ohne dass ich ihn persönlich gut kennen würde: Er ist offenbar ein Typ, der seinen Weg geradeaus geht, der sich nicht verstellt und sich nicht verbiegen lässt. Man kann durchaus sagen: Jürgen Klopp passt zu Borussia Dortmund wie die Faust aufs Auge. Wenn Sportdirektor Michael Zorc sagt, die Verpflichtung des Trainers sei sein bester Transfer gewesen, so ist dem eigentlich nichts hinzuzufügen.

> **„Jürgen Klopp passt zu Borussia Dortmund wie die Faust aufs Auge."**

Außer: Andere Transfers waren ebenfalls nicht so schlecht. Ob es nun um Lucas Barrios geht, der schon in der zweiten Saison eindrucksvoll bewiesen hat, dass er nicht zufällig den Titel Welttorjäger trägt. Oder ein ganz anderes Beispiel, Shinji Kagawa. Da wurde wohl ziemlich gut gescoutet, um ein solches Talent in der zweiten japanischen Liga zu entdecken und mit ihm einen solchen Glücksgriff zu landen.

Natürlich fällt die Integration eines solchen Neuen, der auch die Sprache seiner neuen Heimat nicht beherrscht, dadurch leichter, wenn es sportlich stimmt und die Erfolge da sind. Hier hat der BVB gerade auch bei Auswärtsspielen eine enorme Stabilität gezeigt, auch mal das Quäntchen Glück gehabt wie beim Siegtor zum 2:1 in

Jung und Alt, scheinbar ganz Dortmund und die Region, sind auf den Beinen, als sonntags die Party zum Gewinn der siebten Deutschen Meisterschaft für die Borussia steigt – hier ein stimmungsvolles Foto, aufgenommen vor den Westfalenhallen.

Bester Vorbereiter der Saison: kein BVB-Spieler, sondern Christian Tiffert vom FCK.

BUNDESLIGA IN ZAHLEN

BESTE VORBEREITER

Spieler	Club	Torvorlagen
Christian Tiffert	1. FC Kaiserslautern	20
Franck Ribéry	FC Bayern München	17
Mario Götze	Borussia Dortmund	16
Thomas Müller	FC Bayern München	14
Marko Marin	SV Werder Bremen	13
Mehmet Ekici	1. FC Nürnberg	11
Lewis Holtby	1. FSV Mainz 05	11
Arturo Vidal	Bayer 04 Leverkusen	11
Jefferson Farfan	FC Schalke 04	10
Martin Harnik	VfB Stuttgart	10
Marco Reus	Borussia Mönchengladbach	10
Zé Roberto	Hamburger SV	10
Gonzalo Castro	Bayer 04 Leverkusen	9
Diego	VfL Wolfsburg	9
Arjen Robben	FC Bayern München	9
Nuri Sahin	Borussia Dortmund	9
Sejad Salihovic	1899 Hoffenheim	9
Julian Schieber	1. FC Nürnberg	9
Juan Arango	Borussia Mönchengladbach	8
Gerald Asamoah	FC St. Pauli	8
Felix Bastians	SC Freiburg	8
Eren Derdiyok	Bayer 04 Leverkusen	8
Christian Fuchs	1. FSV Mainz 05	8
Ivo Ilicevic	1. FC Kaiserslautern	8
Lukasz Piszczek	Borussia Dortmund	8
Sebastian Rudy	1899 Hoffenheim	8
Jan Schlaudraff	Hannover 96	8
Manuel Schmiedebach	Hannover 96	8
Bastian Schweinsteiger	FC Bayern München	8
Marcel Schäfer	VfL Wolfsburg	8

ELFMETER

	für		gegen	
	verhängt	verwandelt	verhängt	verwandelt
SV Werder Bremen	10	6	3	1
VfB Stuttgart	8	6	3	2
Bayer 04 Leverkusen	6	6	1	1
FC Bayern München	6	3	3	1
SC Freiburg	6	4	2	2
1. FSV Mainz 05	5	3	7	4
1899 Hoffenheim	5	5	7	6
Borussia Dortmund	5	0	2	1
1. FC Nürnberg	4	2	7	6
Borussia Mönchengladbach	4	4	7	4
Eintracht Frankfurt	4	4	8	5
VfL Wolfsburg	4	0	6	4
FC Schalke 04	3	2	5	3
FC St. Pauli	3	3	5	4
Hamburger SV	3	3	3	3
Hannover 96	3	3	4	2
1. FC Kaiserslautern	2	1	5	3
1. FC Köln	2	2	5	5

BUNDESLIGA

Prominente Gäste beim Bankett zur Feier der Deutschen Meisterschaft, rechts im Bild Bundesverteidigungsminister Dr. Thomas de Maizière als Tischnachbar von Ligapräsident Dr. Reinhard Rauball. Auf dem Foto unten hält Sportdirektor Michael Zorc gemeinsam mit Ehefrau Jola die Meisterschale, die er in seiner aktiven Zeit als BVB-Kapitän schon einmal in Empfang genommen hat.

der Nachspielzeit in Köln, was dem Selbstvertrauen für die nächsten Aufgaben einen zusätzlichen Schub gibt. Die Bereitschaft, einen Tick mehr zu investieren, ist bei einer so jung aufgestellten Mannschaft sowieso gegeben. Deshalb hat sich für mich auch nicht die Frage gestellt, ob die Kräfte über die Dauer einer langen Bundesliga-Saison reichen würden. Außerdem: Wenn die Ergebnisse stimmen, sind auch die Beine nicht so schwer.

Vielmehr war es beeindruckend, dass sich dieses Team zu keinem Zeitpunkt und von nichts und niemanden hat aus der Ruhe bringen lassen. Immer dann, wenn öffentlich darüber spekuliert wurde, ob durch einen kleinen Rückschlag jetzt vielleicht doch der Knacks kommen würde, hat Jürgen Klopp mit seinen Spielern regelmäßig die richtige Antwort gefunden. Selbst in Drucksituationen wie dem ersten Rückrundenspiel beim direkten Verfolger Bayer 04 Leverkusen, nachdem es zum Abschluss der Hinrunde eine 0:1-Niederlage bei Eintracht Frankfurt gegeben hatte. Als über neu aufkommende Spannung im Rennen um die Deutsche Meisterschaft geschrieben und diskutiert wurde, haben die Dortmunder mit ihrem eindrucksvollen 3:1-Sieg in Leverkusen ganz einfach ein ziemlich deutliches Zeichen gesetzt.

Das war natürlich auch darin begründet, dass die Mannschaft sich im Verlauf dieser

„Mario Götze erinnert mich in seiner Spielweise an Thomas Häßler."

Saison insgesamt noch einmal verbessert hat. Die Umschaltbewegungen von Defensive zu Offensive und umgekehrt sind einfach klasse entwickelt worden. Nicht zufällig heißt es: Der Sturm entscheidet Spiele, die Abwehr Meisterschaften. In dieser Hinsicht hat es beim BVB hinten wie vorne gestimmt.

Lediglich 22 Gegentore sind ein klarer Hinweis auf überaus gute Arbeit in der Abwehr vor Torwart Roman Weidenfeller. Mit Mats Hummels und Neven Subotic haben die Dortmunder zwei Innenverteidiger, die als Gespann ausgesprochen gut zusammenpassen: der eine technisch stärker, der andere in der reinen Defensivarbeit etwas besser. Im Zusammenspiel mit den hochwertig besetzten Außenpositionen werden die Räume für den Gegner dann ziemlich eng, die Luft aufgrund der Kopfballstärke im Zentrum ist sowieso schon dünn.

In den Mittelpunkt ist in dieser Meistersaison vor allem Mario Götze getreten – und das völlig zu Recht. Ein Straßenfußballer in

Nena, deren Hit „Leuchtturm" von den BVB-Fans im SIGNAL IDUNA PARK sehr gerne angestimmt wird, heizt dem feiernden Anhang noch ein wenig mehr ein. Kevin Großkreutz (links) und Marco Stiepermann rocken auf der Bühne mit.

einer Art und Weise, die es so nicht mehr oft gibt. Mich erinnert er in seiner Spielweise und von seinen Fähigkeiten stark an Thomas „Icke" Häßler aus unserer Weltmeistermannschaft von 1990. Und dabei wirken die Bewegungsabläufe bei Mario Götze im Vergleich noch ein wenig schneller.

Bei der attraktiven Spielweise, die das gesamte Team in dieser Saison gezeigt hat, würde man als Zuschauer selbst dann zum Fan, wenn es keine so starke persönliche Beziehung zum Verein wie bei mir gibt. An der Borussia 2010/11 habe ich mich bei meinen regelmäßigen Besuchen in Dortmund jedenfalls richtig begeistern können. Auch ohne schwarz-gelbe Brille: Der BVB hat den besten Fußball gespielt und ist völlig verdient Deutscher Meister geworden.

Nur 22 Gegentore für den BVB mit Keeper Roman Weidenfeller, für den lange verletzten Sebastian Kehl meistens Kapitän. Links im Bild der elegante Torjäger Lucas Barrios, unten links Marcel Schmelzer, auf der linken Außenbahn auch ein Borussen-Leistungsträger und inzwischen zusammen mit anderen Dortmundern Nationalspieler.

Ob daraus eine solche BVB-Epoche werden kann wie von uns damals in den Neunzigerjahren gestartet – mit drei Deutschen Meisterschaften, Gewinn von UEFA Champions League und Weltpokal? Das ist ein langer Weg und kein einfacher dazu. Denn die Bestätigung einer solchen Leistung muss abgewartet werden. Gegen den Meister gewinnt jede andere Mannschaft ganz besonders gerne. Aber auch der Respekt wächst, wenn es nun gegen den BVB geht. Deshalb wird die nahe Zukunft für den Titelträger einerseits anders aussehen und mit gestiegenen Erwartungen verbunden sein. Anderseits aber ist diese Situation doch auch eine schöne Herausforderung für Trainer und Mannschaft, in der Nuri Sahin nach seinem Wechsel zu Real Madrid zweifellos eine Lücke hinterlassen wird.

Wir können mit der vergangenen Saison aber auch deshalb sehr zufrieden sein, weil das Herz der Bundesliga nicht immer nur im Süden liegt. Allesamt dürfen wir froh sein, mit dem FC Bayern München ein solches Aushängeschild in Deutschland zu haben, ohne das die steigende Tendenz auch in der Fünfjahreswertung der UEFA nicht denkbar wäre. Es ist aber zusätzlich belebend, wenn die Namen der Deutschen Meister wechseln. Und das spricht letztendlich nur für die große Spannung und die besondere Attraktivität der Bundesliga.

ALLE SPIELE

Hinrunde									Rückrunde	
1	22.08.	H	0:2	(0:2)	Bayer 04 Leverkusen	1:3	(0:0)	A	14.01.	18
2	29.08.	A	1:3	(0:3)	VfB Stuttgart	1:1	(1:0)	H	22.01.	19
3	11.09.	H	2:0	(0:0)	VfL Wolfsburg	0:3	(0:2)	A	29.01.	20
4	19.09.	A	1:3	(0:1)	FC Schalke 04	0:0		H	04.02.	21
5	22.09.	H	5:0	(2:0)	1. FC Kaiserslautern	1:1	(0:0)	A	12.02.	22
6	25.09.	A	1:3	(1:1)	FC St. Pauli	2:0	(1:0)	H	19.02.	23
7	03.10.	H	2:0	(0:0)	FC Bayern München	1:3	(1:2)	A	26.02.	24
8	15.10.	A	1:2	(0:1)	1. FC Köln	1:0	(1:0)	H	04.03.	25
9	24.10.	H	1:1	(0:1)	1899 Hoffenheim	1:0	(0:0)	A	12.03.	26
10	31.10.	A	0:2	(0:1)	1. FSV Mainz 05	1:1	(1:0)	H	19.03.	27
11	07.11.	A	0:4	(0:1)	Hannover 96	4:1	(0:0)	H	02.04.	28
12	12.11.	H	2:0	(0:0)	Hamburger SV	1:1	(1:0)	A	09.04.	29
13	20.11.	A	1:2	(1:0)	SC Freiburg	3:0	(2:0)	H	17.04.	30
14	27.11.	H	4:1	(1:1)	Borussia Mönchengladbach	1:0	(1:0)	A	23.04.	31
15	05.12.	A	0:2	(0:1)	1. FC Nürnberg	2:0	(2:0)	H	30.04.	32
16	11.12.	H	2:0	(1:0)	SV Werder Bremen	2:0	(1:0)	A	07.05.	33
17	18.12.	A	1:0	(0:0)	Eintracht Frankfurt	3:1	(0:0)	H	14.05.	34

BORUSSIA DORTMUND AUF EINEN BLICK

ALLE SPIELER

Name	Vorname	Geburtsdatum	Nationalität	Position	Rücken-Nr.	Einsätze	Auswechslungen	Einwechslungen	Gelbe Karten	Gelb-Rote Karten	Rote Karten	Tore	Elfmeter	Eigentore
Barrios	Lucas	13.11.1984	PAR	S	18	32	12	3	3	-	-	16	1	-
Bender	Sven	27.04.1989	D	M	22	31	5	2	2	-	-	1	-	-
Blaszczykowski	Jakub	14.12.1985	POL	M	16	29	9	14	-	-	-	3	-	-
da Silva	Antonio	13.06.1978	BRA	M	32	22	1	17	1	-	-	1	-	-
Dede		18.04.1978	BRA	A	17	4	-	4	-	-	-	-	1	-
Feulner	Markus	12.02.1982	D	M	14	6	-	6	-	-	-	-	-	-
Focher	Johannes	20.01.1990	D	T	41	-	-	-	-	-	-	-	-	-
Ginczek	Daniel	13.04.1991	D	S	28	-	-	-	-	-	-	-	-	-
Großkreutz	Kevin	19.07.1988	D	M	19	34	21	2	3	-	-	8	-	-
Götze	Mario	03.06.1992	D	M	31	33	15	4	1	-	-	6	-	-
Hajnal	Tamas	15.03.1981	HUN	M	30	-	-	-	-	-	-	-	-	-
Hornschuh	Marc	02.03.1991	D	A	44	-	-	-	-	-	-	-	-	-
Hummels	Mats	16.12.1988	D	A	15	32	3	-	2	-	-	5	-	1
Kagawa	Shinji	17.03.1989	JPN	S	23	18	10	1	2	-	-	8	-	-
Kehl	Sebastian	13.02.1980	D	M	5	6	2	3	1	-	-	-	-	-
Kringe	Florian	18.08.1982	D	M	6	-	-	-	-	-	-	-	-	-
Langerak	Mitchell	22.08.1988	AUS	T	20	1	-	-	-	-	-	-	-	-
Le Tallec	Damien	19.04.1990	FRA	S	13	-	-	-	-	-	-	-	-	-
Lewandowski	Robert	21.08.1988	POL	S	7	33	9	18	4	-	-	8	-	-
Owomoyela	Patrick	05.11.1979	D	A	25	6	1	1	1	-	-	-	-	-
Öztekin	Yasin	19.03.1987	D	M	36	-	-	-	-	-	-	-	-	-
Piszczek	Lukasz	03.06.1985	POL	A	26	33	-	4	2	-	-	-	-	-
Rangelov	Dimitar	09.02.1983	BUL	S	11	1	-	1	-	-	-	-	-	-
Sahin	Nuri	05.09.1988	TUR	M	8	30	10	-	4	-	-	6	3	-
Santana	Felipe	17.03.1986	BRA	A	27	13	-	8	-	-	-	-	-	-
Schmelzer	Marcel	22.01.1988	D	A	29	34	-	-	3	-	-	-	-	-
Sobiech	Lasse	18.01.1991	D	A	2	-	-	-	-	-	-	-	-	-
Stiepermann	Marco	09.02.1991	D	S	39	4	-	4	-	-	-	-	-	-
Subotic	Neven	10.12.1988	SRB	A	4	31	1	-	6	1	-	1	-	-
Valdez	Nelson	28.11.1983	PAR	S	9	-	-	-	-	-	-	-	-	-
Weidenfeller	Roman	06.08.1980	D	T	1	33	-	-	4	-	-	-	-	-
Zidan	Mohamed	11.12.1981	EGY	S	10	8	1	8	-	-	-	-	-	-

Ganz bestimmt ein Gesicht der Saison: Trainer Jürgen Klopp, Meistermacher bei Borussia Dortmund.

Die Köpfe der Saison

Trainer gehören zu diesem Kreis ebenso wie Torjäger, Meisterspieler von Borussia Dortmund genauso wie Newcomer und Profis aus anderen Ländern, die für das Besondere dieser Bundesliga-Spielzeit stehen.

Emotional, akribisch, innovativ

Jürgen Klopp am Arbeitsplatz, dem Trainingsgelände in Dortmund-Brackel.

Es gab in dieser Meistersaison von Borussia Dortmund so viele wichtige, ja entscheidende Hürden zu nehmen. Und für jede dieser Aufgaben hatte Trainer Jürgen Klopp eine Lösung parat. Beim 3:1-Derbysieg auf Schalke am vierten Spieltag. Beim Erfolg im Gipfeltreffen in Mainz am zehnten Spieltag. Beim 3:1 zum Rückrundenauftakt bei Verfolger Bayer 04 Leverkusen. Und schließlich beim Sieg gegen den FC Bayern, dem ersten BVB-Erfolg in München seit fast zwanzig Jahren.

Nur einmal in dieser Saison schien auch dieser Jürgen Klopp ratlos zu sein. Es war ein Donnerstag im November. An diesem Tag gab es kein Spiel, aber trotzdem eine ganz besondere Entscheidung. Und die ist für die fast fünf Millionen BVB-Fans in Deutschland auch in einer Meistersaison noch herausragend. Dortmund, SIGNAL IDUNA PARK, Pressekonferenz. Jürgen Klopp, sonst auch ein Freund des gepflegten Großraumautos, fährt überraschend mit einem kleinen spanischen Flitzer vor. Und wird ausgebremst. Ein Ordner erkennt ihn nicht, verweigert dem Trainer im eigenen Stadion die Einfahrt. Dann wird der Weg doch noch freigemacht. Klopp lächelt. Und weiß: Ohne mich fängt die Pressekonferenz nicht an.

Der Mann des Tages sorgt für die Nachricht des Tages: Jürgen Klopp hat seinen bis 2012 datierten Vertrag bei Borussia Dortmund vorzeitig bis 2014 verlängert. Die Clubführung hat Weitsicht bewiesen: Durch den Titelgewinn wird das Interesse an dem Erfolgstrainer weiter steigen. Hans-Joachim Watzke sagt: „Da man nicht trennen soll, was zusammengehört, haben wir verlängert. Ein guter Tag für den BVB. Er ist der ideale Mann für unseren Club. Und bis 2014 unverkäuflich." Und Sportdirektor Michael Zorc, dem Trainer wie Watzke freundschaftlich verbunden, ergänzt: „Er war und ist mein bester Transfer."

Klopp und der BVB – das passt. Und nicht nur, weil der Trainer, der in der Bierstadt Dortmund arbeitet, aus einer Brauerfamilie kommt. Die Meistersaison ist das Meisterstück des neuen Meistertrainers. Und der ist mit Recht stolz, wie bei den vorgezogenen Titelfeierlichkeiten am 30. April deutlich wird: „Der Gewinn der Schale war der bisher schönste Tag meiner Trainerkarriere. Ich nehme auch noch in den nächsten 54 Wochen Glückwünsche entgegen."

Seit seinem Dienstantritt im Sommer 2008 zeigen die Dortmunder das von Ordnung, Leidenschaft und Laufbereitschaft gekennzeichnete Spiel, kurz die von Klopp angekündigten und propagierten „Vollgasveranstaltungen". Ehrliche Arbeit, die im Ruhrgebiet geschätzt und die in dieser Saison mit der Schale belohnt wird. „Jürgen ist ein hervorragender Fußballlehrer", sagt Zorc. „Wir haben uns stetig verbessert, spielen jetzt einen hervorragenden Fußball. Es wäre ein großer Fehler, ihn nur auf die emotionale Schiene zu reduzieren."

Nicht nur der Titel, sondern auch die Zahlen sprechen für den akribischen wie innovativen Klopp, der sich auch im neuen Trainingsgebäude der Profis um viele Details selbst gekümmert hat. Nach der Saison 2010/11 kommt er mit dem BVB auf einen Schnitt von 1,88 Punkten pro Spiel und liegt damit vor den früheren Meistertrainern Ottmar Hitzfeld und Matthias Sammer.

Klopp, das ist aber eben auch gelebte und ausgelebte Emotion – an schlechteren Tagen und viel lieber an den besseren wie beim Last-Minute-Ausgleich des BVB, als Jakub Blaszczykowski in Hamburg in der Nachspielzeit das 1:1 erzielt. Klopp zeigt an der Außenlinie einen Jubelsprint, bei dem er kaum zu bremsen ist.

Wenn es in den Tagen und Wochen nach der Meisterfeier etwas ruhiger wird, will Jürgen Klopp sein Heimatdorf Glatten im Schwarzwald besuchen. Dort planen die Bürger des Ortes für den prominentesten Sohn der Gemeinde einen meisterlichen Empfang am Rathaus. Und dort kann Klopp ohne Probleme und Ordner parken. Sein Elternhaus steht direkt nebenan.

Der Autor: **Thorsten Schabelon** ist Sportredakteur bei den NRW-Titeln „Westdeutsche Allgemeine Zeitung" (WAZ), „Westdeutsche Rundschau" (WR) und „Neue Ruhr Zeitung" (NRZ) der WAZ-Mediengruppe und berichtet seit mehreren Jahren über Borussia Dortmund.

Die Meisterschüler

Senkrechtstarter, aber nicht abgehoben: Mario Götze.

Mario Götze

Ganz ohne Zweifel ist er der Aufsteiger der Saison – und was für einer! Selbst sein Trainer Jürgen Klopp, der den Senkrechtstarter aus verständlichen Gründen eigentlich nicht so gerne auf Wolke sieben gehoben sieht, sagt: „Ein außergewöhnliches Talent, mit 18 Jahren Stammspieler in der Bundesliga." In diese Rolle ist Mario Götze beim Deutschen Meister Borussia Dortmund auf eine beeindruckende Art und Weise geschlüpft. Nicht nur mitgezogen von einer intakten Mannschaft, sondern selbst in so jungen Jahren schon einer, der Akzente setzt und andere mitzieht. Wie in der Saisonschlussphase, als Hannover 96 im Dortmunder SIGNAL IDUNA PARK in der zweiten Halbzeit plötzlich 1:0 führte. Da erzielte Götze prompt den Ausgleich. Und nicht irgendein Tor, sondern nach einem Solo höchster Güteklasse. So dass Trainer Michael Oenning vom Hamburger SV sagt: „Seine Tempodribblings erinnern fast schon an einen kleinen Argentinier vom FC Barcelona..." Mit dieser Leichtigkeit und wie selbstverständlich hat Götze auch schon den Sprung in die deutsche Nationalelf geschafft. Nur ein ganz Großer war 1954 mit 17 Jahren und 167 Tagen noch um einen Tick jünger als der Dortmunder beim Debüt im A-Team: Uwe Seeler. 2009 war Götze noch Kapitän der U17 beim Gewinn des Europameistertitels. Eine rasante Entwicklung, doch der in Memmingen im Unterallgäu geborene Offensivspieler befindet sich nicht auf einem Höhenflug, sondern beweist Bodenhaftung, unterstützt auch durch sein Elternhaus. Sein Vater ist Professor an der Fakultät für Elektrotechnik und Informationstechnik der Technischen Universität Dortmund. Noch wohnt der erfolgreiche Sohn zu Hause und pflegt weiterhin guten Kontakt zu Freunden, denen er schon vor seiner Zeit als Deutscher Meister verbunden war. „Vielleicht bin ich weiter als sie, weil ich mit 18 schon so viel erlebt habe", sagt er. „Erwachsen fühle ich mich deshalb aber noch lange nicht."

Nuri Sahin

Kurz nach dem Gewinn der Deutschen Meisterschaft hatte Nuri Sahin (20) Tränen in den Augen. Nicht wegen der anhaltenden Freude über diesen Titel und auch nicht, weil er in der Schlussphase der Saison aufgrund einer Knieverletzung hatte passen müssen. Nein: Der türkische Nationalspieler, geboren in Lüdenscheid und beim RSV Meinerzhagen mit dem Fußball-Abc versehen, war deshalb nahe am Wasser gebaut, weil er in einer eigens einberufenen Pressekonferenz seinen Abschied von Borussia Dortmund in diesem Sommer bekannt gab. Seine neue Adresse ist so schlecht auch nicht: Real Madrid, die „Königlichen", bei denen er neben Sami Khedira und dem ebenfalls neu verpflichteten Hamit Altintop vom FC Bayern München aus der Bundesliga Mesut Özil trifft. Die Aufmerksamkeit von Real-Trainer José Mourinho hat Sahin durch überragende Leistungen in der vergangenen Saison geweckt. Oft genug war er im Dortmunder Spiel der entscheidende Impulsgeber im Mittelfeld. Ein Rekordmann ist er sowieso: jüngster Bundesliga-Spieler mit 16 Jahren und 355 Tagen, jüngster Bundesliga-Torschütze (17 Jahre, 81 Tage), jüngster türkischer Nationalspieler und auch dort jüngster Torschütze: im Herbst 2005 im Länderspiel in Istanbul gegen Deutschland mit Oliver Kahn zwischen den Pfosten neunzig Sekunden nach seiner Einwechslung in der 86. Minute. Bei Borussia Dortmund hat er einen Umweg über die Niederlande gebraucht, war 2007/08 an Feyenoord Rotterdam ausgeliehen und dort Pokalsieger geworden. Sein sportliches Zuhause aber ist der BVB. Daran ändert auch der Wechsel in die spanische Primera División nichts, denn: Tränen lügen nicht…

Oben mit der Meisterschale in Feierlaune, beim Abschied von Borussia Dortmund aber auch ein wenig nachdenklich: Nuri Sahin.

Mats Hummels/Neven Subotic

Ihr Teamkollege Nuri Sahin hat den beiden Abwehrspielern neue Spitznamen verpasst: Mr. Stahl nennt er Mats Hummels (22), Mr. Eisen heißt bei ihm Neven Subotic (22). Das Duo hat mit großartiger Abwehrarbeit wesentlich zum siebten Meistertitel für Borussia Dortmund beigetragen. Hummels, beim FC Bayern München in die Fußballschule gegangen, und Subotic, Trainer Jürgen Klopp vom 1. FSV Mainz 05 nach Dortmund gefolgt, bilden ein wirklich perfektes Gespann. „Es passt einfach", sagt Hummels. „Wir ergänzen uns, wir haben die gleichen Stärken. Aber wir sind auch noch ein bisschen verschieden." Subotic ergänzt: „Wir spielen schon eine Weile zusammen, und das hat gleich im ersten Jahr richtig gut funktioniert. Der eine weiß eben immer, was der andere macht." Beide sind inzwischen Nationalspieler, Hummels im Team von Joachim Löw, Subotic in Serbiens Auswahl. Er hat eine spezielle Vergangenheit bewältigt. Während der Kriegszeiten im ehemaligen Jugoslawien floh seine Familie aus Bosnien-Herzegowina, über Deutschland ging es zunächst in die USA und wieder zurück. In ganz anderer Form verbringt Subotic die Sommerpause: „Mit Freunden im Wohnmobil." Hummels hingegen freute sich nach dem Saisonschluss auch auf einen Besuch in München: „Da kann ich mir jetzt bei meinen Freuden, die mich nach dem 0:5 bei den Bayern 2008 aufgezogen haben, auch mal den einen oder anderen Spruch erlauben."

Zwei, die zusammenpassen und die Abwehr von Borussia Dortmund zusammenhalten: die Innenverteidiger Mats Hummels (rechts) und Neven Subotic.

Erfolgreiche Fußballlehrer

Jupp Heynckes

Als er am Ende der Saison 2008/09 für fünf Spiele den FC Bayern München übernahm, sah das zunächst nach einem Comeback auf Zeit aus. Doch daraus ist inzwischen für Jupp Heynckes (66) längst eine dauerhafte Rückkehr geworden. Denn weil der frühere Gewinner der UEFA Champions League mit Real Madrid wieder seine Freude am Beruf entdeckt hatte, schloss sich der Zeit an der Isar gleich ein Engagement bei Bayer 04 Leverkusen an. In den beiden vergangenen Jahren hat der ehemalige Torjäger viel dazu beigetragen, dass die „Werkself" wieder zu den feinsten Adressen in der Bundesliga gehört und das von ihm betreute Team an Stabilität gewann. So wie in der abgelaufenen Saison, als die Vizemeisterschaft gegen die Schlussattacke des FC Bayern München erfolgreich verteidigt und direkt die UEFA Champions League erreicht wurde. Wodurch der älteste Bundesliga-Trainer selbst die Qualifikation zur „Königsklasse" bestreiten muss. Denn im Sommer 2011 wechselt Heynckes zum dritten Mal zum FC Bayern.

Robin Dutt

Die Schwerpunkte der Arbeit eines Fußballlehrers fasst Robin Dutt (45) in kurze Stichworte: „Philosophie. Strategie. Umsetzung. Analyse. Und dann wieder von vorne beginnen." In seinen vier Jahren beim SC Freiburg hat diese Vorgehensweise sehr gut funktioniert. Denn Dutt ist mit den Breisgauern nicht nur 2009 aufgestiegen, sondern sein Team hat dann zwei Mal in Folge den Klassenerhalt geschafft und sich deutlich weiterentwickelt. So sehr, dass der Sportclub in der vergangenen Saison sogar eine ihm nicht zugetraute Rolle spielte und an den internationalen Plätzen schnupperte. Der Fluch der guten Tat war allerdings, dass diese Fähigkeiten des Trainers auch im so ruhigen Umfeld an der Dreisam nicht im Verborgenen geblieben sind, sondern vielmehr das Interesse anderer Clubs weckten. Und so war es keinesfalls mehr überraschend, als Bayer 04 Leverkusen in der Schlussphase der abgelaufenen Spielzeit bekanntgab, dass Dutt Nachfolger von Jupp Heynckes würde und den deutschen Vizemeister zukünftig betreuen wird. Für den in Köln geborenen Coach mit deutscher Mutter und indischem Vater eine große Herausforderung, über die er in einem „kicker"-Interview sagte: „Ich bin Leverkusen dankbar für die Chance und sehe sie als Anerkennung für unsere Arbeit in Freiburg."

Thomas Tuchel

In die Saison 2009/10 war er kurzfristig nach dem Bundesliga-Wiederaufstieg und als Nachfolger von Jörn Andersen gekommen, als ein Nobody, wenn auch erfolgreich in der Arbeit mit der U19 seines Clubs. Schnell überzeugte Thomas Tuchel (37) alle Skeptiker durch seine zielgerichtete Art – und vor allem durch gute Ergebnisse, die schlussendlich ihren Niederschlag im Klassenerhalt für den 1. FSV Mainz 05 fanden. Doch das zweite Jahr wird ganz bestimmt viel schwerer – sagten erneut die Kritiker voraus, und zwar gleich in doppelter Hinsicht, für die Mannschaft und den Trainer.

So kann man sich täuschen! Denn der 1. FSV Mainz 05 stellte im vergangenen Sommer mit sieben Siegen zum Auftakt nicht nur den Startrekord ein, der zuvor allein dem FC Bayern München sowie dem 1. FC Kaiserslautern je einmal gelungen war. Die Mainzer überzeugten und überraschten die Konkurrenz ein weiteres Mal. Dass am Ende sogar die Chance zur Qualifikation für die UEFA Europa League stand, war vor allem das Verdienst des jungen Trainers, der nicht nur seinen gern zitierten „Matchplan" hat, sondern insgesamt genaue Vorstellungen davon, wie seine Mannschaft Fußball spielen soll. Das ist den 05ern 2010/11 in einer beeindruckenden Weise gelungen. Längst ist der einstige Nobody Tuchel ein absolut anerkannter Bundesliga-Trainer.

BUNDESLIGA

28 Beweise vorgelegt

In der vergangenen Saison auf dem Weg zu alter Stärke: Mario Gomez.

Wie betäubt verließ Mario Gomez die Trainerkabine, der letzte Satz von Louis van Gaal klang ihm noch in den Ohren: „Es ist besser, wenn Sie gehen." Das war vor dem Saisonstart im Sommer 2010.

Ein knappes Jahr später hielt Gomez die Torjägerkanone in die Höhe. Mit 28 Treffern wurde der Nationalstürmer des FC Bayern München erstmals Torschützenkönig. „Auf der Kanone steht Mario Gomez drauf, aber das ist ein Titel für den Club und für die Mannschaft", sagte Gomez. „Ich habe 28 fantastische Zuspiele bekommen."

Die Trophäe dürfte indes nur für Gomez selbst eine Befriedigung bedeuten. Nach einem schwierigen ersten Jahr beim FC Bayern sollte er an den FC Liverpool abgegeben werden. „Es war im Grunde für mich schon alles klar", sagt Gomez. Doch Präsident Uli Hoeneß und der Vorstandsvorsitzende Karl-Heinz Rummenigge legten ein Veto ein, weil sie sich nicht dem Willen von van Gaal beugen wollten – wofür ihnen Gomez noch heute dankbar ist. Nur so konnte der 25-Jährige beweisen, dass die Investition und das Vertrauen in seine Person bei der Verpflichtung vom VfB Stuttgart für den FC Bayern doch gerechtfertigt war.

Als Angreifer Nummer vier hinter Miroslav Klose, Ivica Olic und Thomas Müller nahm Gomez den Konkurrenzkampf wieder auf. Erstmals kam der Mittelstürmer am siebten Spieltag von Beginn an zum Einsatz – und fortan immer besser und erfolgreicher in Schwung. Zu den 28 Bundesliga-Toren, alle innerhalb des Strafraums mit rechts (13), links (9) und dem Kopf (6) erzielt, kamen acht Treffer in der UEFA Champions League und drei im DFB-Pokal. „Ich habe es geschafft, einen Trainer zu überzeugen, der nicht auf mich gesetzt hatte", sagt Gomez stolz.

Mehr Tore als Gomez hat ein Bundesliga-Torschützenkönig zuletzt im Jahr 1981 erzielt: Es war Karl-Heinz Rummenigge, der damals 29 Mal traf. Und: Mit fünf Mal drei Toren in einem Spiel verfehlte Gomez nur knapp den Rekord von Gerd Müller, der dies in einer Saison sogar sechs Mal fertig gebracht hatte.

Lohn für 28 Treffer: die Torjägerkanone für Mario Gomez, überreicht durch „kicker"-Chefredakteur Klaus Smentek.

Erklärungsversuche. „Dass Mario Tore machen kann, wussten wir schon immer, aber so wie er sich jetzt auch am Spiel beteiligt, sich anbietet und mitarbeitet, das ist schon sensationell", sagt Bayern-Kapitän Philipp Lahm. Auch Bundestrainer Joachim Löw lobt Gomez in höchsten Tönen: „Seine Treffer sprechen nicht nur für seine Torjägerqualitäten, sondern auch für sein Durchsetzungsvermögen und sein Selbstbewusstsein. Er hat nie resigniert, obwohl er zunächst nicht erste Wahl bei den Bayern war, er hat sich dann durch harte Trainingsarbeit einen Stammplatz gesichert und gezeigt, wie wichtig er für den Verein ist."

Eine ähnliche Entwicklung wünscht sich Löw von Gomez in der Nationalmannschaft, hier muss er den Konkurrenzkampf gegen Miroslav Klose, den er bei Bayern längst für sich entschieden hat, noch bestehen. „Natürlich spielt Mario bei den Zukunftsplanungen der Nationalmannschaft eine wichtige Rolle", sagt Löw.

Gomez selbst erklärt seine Hausse damit, dass er jetzt „ein kompletterer Spieler" sei. Ob ein 4-4-2-System gespielt werde oder 4-3-3, das sei ihm jetzt egal. Das war nicht immer so. „Ich bin zehn Jahre Profi, und sechs Jahre davon habe ich in einer Mannschaft gespielt, wo es nur auf Konter ging", erinnert er sich an seine Zeit in Stuttgart: „Wenn du hier siebzig Prozent Ballbesitz hast, muss man sich erst mal daran gewöhnen. Bei Bayern stehe ich immer mit dem Rücken zum Tor."

Ein neues Spielverständnis zu bekommen, habe Zeit gebraucht, inzwischen, sagt Gomez, habe er seinen Platz beim FC Bayern gefunden, er spiele eine wichtige Rolle – was auch die Fans honorieren. Das Trikot von Gomez mit der Nummer 33 verkauft sich ebenso gut wie das von Philipp Lahm und Bastian Schweinsteiger.

Für die nächste Saison hat Uli Hoeneß die Messlatte unter dem neuen Trainer Jupp Heynckes für Gomez noch ein Stück höher gelegt: „Wenn er richtig fit ist, kann er weit über 30 Tore in der Bundesliga schießen." Gomez hat verstanden: „Ich werde mit dieser Kanone nicht aufhören, sondern versuchen, auch im nächsten Jahr so viele Tore zu machen. Vielleicht noch mehr, wer weiß?"

Der Autor: **Berries Bossmann** ist Chefreporter bei „Sport Bild".

Milivoje Novakovic

Schlechte Zeiten, gute Zeiten. Unter diesen Titel könnte der Stürmer des 1. FC Köln die Saison 2010/11 für sich persönlich stellen, und irgendwie trifft dies auch auf das Geschehen um den 1. FC Köln in der abgelaufenen Spielzeit insgesamt zu: ein Auf und Ab. Milivoje Novakovic (32) jedenfalls, der slowenische Nationalspieler und Teilnehmer an der Weltmeisterschaftsendrunde 2010 in Südafrika, hatte sich die guten Zeiten für den zweiten Teil einer spannenden Saison aufgehoben. Nicht ganz freiwillig, denn bei Trainer Zvonimir Soldo hatte der bisweilen durchaus eigenwillige Angreifer kaum Möglichkeiten, seine Extraklasse unter Beweis zu stellen. Das war erst möglich, als der Wechsel zu Frank Schaefer als Nachfolger von Soldo vollzogen war. Prompt half Novakovic mit seinen Toren – bei Saisonende 17 an der Zahl – entscheidend mit, dass der 1. FC Köln sportlich doch noch rechtzeitig die Kurve kriegte. Und ganz nebenbei entschied Novakovic praktisch die Deutsche Meisterschaft in der Saison 2010/11. Denn mit seinen beiden Treffern am 32. Spieltag gegen den rheinischen Nachbarn Bayer 04 Leverkusen sorgte er für den 2:0-Sieg der „Geißböcke" und dafür, dass Borussia Dortmund einen nicht mehr einzuholenden Vorsprung auf die „Werkself" hatte. Das vergangene Fußballjahr – doch mehr gute als schlechte Zeiten für „Nova".

Didier Ya Konan

Neun Tore hatte der Stürmer aus Abidjan (Elfenbeinküste) in seiner ersten Saison in der Bundesliga für Hannover 96 erzielt, nachdem er im Sommer 2009 von den Niedersachsen von Rosenborg Trondheim aus Norwegen geholt worden war. Schon ein stattlicher Einstieg, eine beachtliche Quote. Doch in der abgelaufenen Saison hat Didier Ya Konan (27) sogar noch einmal zugelegt, was seine Treffsicherheit angeht. Mit 14 Treffern landete er unter den Top ten dieser besonders wichtigen Wertung – und das, obwohl er zeitweilig verletzt nicht mit von der Partie sein konnte. Stand er aber auf dem Platz, wirbelte er dabei elegant und kraftvoll zugleich über den Rasen, machte den gegnerischen Abwehrreihen das Leben schwer und sorgte für Begeisterung unter den Anhängern der „Roten". Die 96-Fans erlebten ohnehin eine Saison der positiven Überraschungen, was ihre Mannschaft anging. Und zu der erstaunlichen Entwicklung, die mit Platz vier und der Qualifikation für die UEFA Europa League endete, hat der Torjäger mit der Trikotnummer 11 entscheidend beigetragen. Kraft für sein Leben und für den Fußball gewinnt Ya Konan auch aus seinem tiefen Gottesglauben, den er auch durch Schmuck offen zeigt. Dazu sagt der Nationalstürmer: „Wegen meines Glaubens trage ich so oft wie möglich, auch noch kurz vor dem Spielbeginn, eine kleine Kette am Handgelenk, die meine Nähe zu Gott in kleinen bunten Bildern skizziert."

Srdjan Lakic

Letztlich war es eine tolle Saison, die der kroatische Stürmer des 1. FC Kaiserslautern gespielt und erlebt hat: 16 Tore in einer Spielzeit, an deren Beginn die Quote noch bei Null gelegen hatte. 16 Treffer für den Klassenerhalt des Aufsteigers – was will ein Profi mehr? Gestört hat da allein eine Szene nach dem 1:1 gegen den Hamburger SV auf dem Betzenberg. Der absolute Tiefpunkt in einer Phase, in der Srdjan Lakic (27) einfach selbst das berühmte offene Scheunentor nicht mehr zu treffen vermochte. Zu sehen etwa im Spiel bei Eintracht Frankfurt, als er das leere Tor aus wenigen Metern verfehlte.

In der Hinrunde hätte Lakic solche Chancen „mit verbundenen Augen" verwertet. Und das war auch später wieder der Fall. Als sich die Aufregung um seinen publik gewordenen Wechsel zum VfL Wolfsburg zur nächsten Saison ebenso gelegt hatte wie der Wirbel um den Eklat nach dem HSV-Spiel, als einige Zuschauer ihren einstigen Liebling in nicht akzeptabler Art und Weise angriffen. Aber Lakic steckte das alles weg. Wie er spätestens bewies, als er gegen seinen künftigen Club in Wolfsburg ein Tor erzielte, obwohl der VfL in Abstiegsnot schwebte – mehr Professionalität geht nicht.

KÖPFE

BUNDESLIGA

Beliebt und unberechenbar

Da lacht er sich ins Fäustchen: Papiss Demba Cissé nach einem seiner 22 Tore in dieser Saison für den SC Freiburg – hier im Spiel beim FC St. Pauli.

Die Liaison zwischen Papiss Demba Cissé und dem SC Freiburg begann mit einer Demütigung. Im Juli 2009 stellte der Sportclub im Rahmen eines Testspiels seine neue Mannschaft vor. Und im Trikot des gegnerischen FC Metz, so erinnert sich SC-Manager Dirk Dufner, spielte einer, der eigentlich zu gut war für diese Paarung. „Der trickreiche Papiss Cissé narrte die Abwehr des Aufsteigers ein ums andere Mal", schrieb die „Badische Zeitung" tags darauf. Die genarrten Defensivspieler votierten dann ebenfalls dafür, diesen Mann unbedingt zu verpflichten. „Ich spiele lieber mit Papiss als gegen ihn", sagt Kapitän Heiko Butscher noch heute. Ein halbes Jahr später war die Verpflichtung dann perfekt.

Einen Stürmer von dieser Qualität hatte der SC noch nie in seinen Reihen. 22 Treffer hat er allein in der abgelaufenen Saison erzielt, das sind mehr als die Hälfte der Freiburger Tore, die auf das Konto des Senegalesen gehen, der im Mannschaftskreis ausgesprochen beliebt ist. Cissé ist unkompliziert, und er ist sich weder zu schade, auch in der Defensive zu arbeiten, noch den besser postierten Mitspieler zu bedienen.

Dabei kann man sich fragen, warum einer wie er erst 24 Jahre alt werden musste, ehe ihn ein Bundesligist verpflichtete. Schließlich hatte er vor seinem Wechsel an die Dreisam schon jahrelang unweit von Saarbrücken beim französischen Zweitligisten FC Metz seine Tore erzielt – insgesamt 36 in 99 Pflichtspielen. Beim SC wurde Cissé schon lange vor dem Zustandekommen des Transfers gescoutet, der Wechsel sei aber lange nicht finanzierbar gewesen. „Jeder, der bei uns Spiele beobachtet, hat ihn mehrfach gesehen", erinnert sich Dufner. „Und jeder hat sehr vehement dafür plädiert, ihn zu verpflichten."

Im Kader der vergangenen Saison gab es fünf Spieler, deren Muttersprache Französisch ist. „Das hat mir die Eingewöhnung natürlich erleichtert", sagt Cissé. Eines aber macht ihm noch heute zu schaffen, jetzt in Freiburg wie zuvor im nahen Metz: „So wohl ich mich hier fühle – manchmal habe ich Heimweh nach dem Senegal und meiner Familie."

Der Autor: **Christoph Ruf** arbeitet als freier Journalist und berichtet aus den Bundesliga-Stadien im Süden Deutschlands.

KÖPFE

BUNDESLIGA

Ganz jung zur Nummer eins

Manuel Neuer

Einer hervorragenden Weltmeisterschaft 2010 in Südafrika folgte eine ebenso eindrucksvolle Saison 2010/11. Ob in der Bundesliga, ob im DFB-Pokal oder in der UEFA Champions League: Manuel Neuer (25) begeisterte mit seinen großartigen Leistungen – sogar die Konkurrenz. Als zum Beispiel Manchester United beim FC Schalke 04 im Halbfinalhinspiel mit 2:0 gewonnen hatte, gehörte Gäste-Manager Alex Ferguson zu seinen ersten Gratulanten auf dem Rasen. Denn trotz der Niederlage für die „Königsblauen" hatte der Schalker Kapitän eine fantastische Leistung geboten. Schon bald wurde Neuer von den Experten in die Gruppe der besten Keeper überhaupt eingestuft. Sein Trainer Ralf Rangnick ging am Ende der abgelaufenen Saison sogar noch einen ganzen Schritt weiter: „Aus meiner Sicht ist er derzeit der beste Torhüter der Welt."

Oliver Baumann

Des einen Leid, des anderen Freud': Weil Simon Pouplin, die französische Nummer eins des SC Freiburg, verletzt ausfiel, kam die Bewährungsprobe für Oliver Baumann (21). Schon in der vorangegangenen Saison hatte er gegen Borussia Dortmund sein Bundesliga-Debüt gegeben. Doch nun standen Einsätze in Serie für den jungen Mann aus Breisach am Rhein auf dem Programm. 2000 war er zum Sportclub gekommen, hatte mit den Freiburgern die Deutsche U19-Meisterschaft und den DFB-Juniorenpokal gewonnen, dazu kamen Einsätze in den Nationalteams U18, U19, U20 und jetzt in der U21. Nun der rasante Aufstieg in der Bundesliga – eine Karriere fast wie nach Plan. „Momentan lebe ich meinen Traum, aber noch ist es mehr ein Hoffen, dass es so bleibt," hat Baumann Ende des vergangenen Jahres in der „Badischen Zeitung" gesagt. Und: „Es gehört auch immer ein bisschen Glück dazu." Und Überzeugung in das eigene Leistungsvermögen. Baumann wirkt für seine jungen Jahre schon recht abgeklärt, wenn er zwischen den Pfosten steht: „Auf dem Platz möchte ich so ruhig wie möglich sein, nicht hibbelig wirken, eher routiniert." Das hat das mit zehn Jahren vom nahen FC Bad Krozingen gekommene Talent in seiner ersten richtigen Bundesliga-Saison schon außerordentlich eindrucksvoll unter Beweis gestellt. Und weil diese Leistungen auch über Freiburg hinaus registriert worden sind, hat SCF-Sportdirektor Dirk Dufner schon frühzeitig reagiert: Baumanns Vertrag läuft noch bis zum Jahr 2014.

Ron-Robert Zieler

Die zu ihrer alljährlichen Tagung in Frankfurt versammelten Bundesliga-Trainer staunten nicht schlecht über das, was ihnen Kollege Mirko Slomka im Spiel bei der Eintracht zum Rückrundenstart bot. Nicht nur einen 3:0-Sieg von Hannover 96 in der Commerzbank-Arena, sondern dazu auch noch einen neuen Torhüter: Ron-Robert Zieler, zu dieser Zeit beim Start in die Rückrunde gerade mal 21 Jahre alt. Während des Trainingslagers war die Entscheidung zugunsten von Zieler statt Florian Fromlowitz gefallen, der während der Hinserie als Nummer 1 bei den „Roten" gespielt hatte. Seine Eindrücke bei den täglichen Einheiten auf dem Platz hätten den Ausschlag gegeben, sagte Mirko Slomka. Keine Änderung für den Moment, sondern für den gesamten zweiten Saisonteil. Im Sommer war Zieler zu Hannover 96 gekommen – von Manchester United. Da hatte der in Köln geborene Torhüter, nach Anfängen beim SCB Viktoria zehn Jahre in der Jugend beim FC in der Domstadt, die weitere Ausbildung erhalten. Wie jetzt zu sehen war, zu einem sehr guten, sicheren und selbstbewussten Keeper, der seine einigermaßen unerwartete Chance auf einen Stammplatz in der Bundesliga beim Schopf packte und nutzte. Zieler hat von der U16 bis aktuell zur U20 sämtliche Jahrgänge in der Juniorennationalmannschaft erlebt und mit der U19 bei der Europameisterschaft 2008 in Tschechien im Finale gegen Italien den Titel gewonnen. Ein ziemlich gerader Weg zu einem Torhüter, der schnell in der Bundesliga Fuß gefasst hat.

Marc-André ter Stegen

Als der Klassenerhalt in der Relegation gegen den VfL Bochum 1848 geschafft war, sagte er über die Rolle von Trainer Lucien Favre bei Borussia Mönchengladbach: „Er kam, sah und siegte." Ähnliches darf auch zu Marc-André ter Stegen (19) geäußert werden, den Keeper des Traditionsclubs, der so intensiv und letztlich erfolgreich um seinen Verbleib in der Erstklassigkeit gekämpft hatte. Bei sechs „Endspielen" auf der Zielgeraden war der Torhüter der deutschen U19-Nationalmannschaft dabei im Einsatz. Auf den letzten Metern der Saison hatte Favre diesen Wechsel vorgenommen: ter Stegen anstelle von Logan Bailly und Christofer Heimeroth zwischen den Pfosten – Jugend statt Erfahrung. Für das in Mönchengladbach geborene und immer nur für Borussia aktive Talent ein schwerer Rucksack, den ter Stegen aber mit erstaunlicher Abgeklärtheit trug. Auch in den Relegationsspielen, wo es um Alles oder Nichts geht, in denen er sich nur durch ein Eigentor seines Teamkollegen Havard Nordtveit in Bochum bezwingen, aber auch nicht nervös machen ließ. Auf dem Weg zum Profi und zur Nummer eins bei seinem Heimatverein und in der Bundesliga hatte ter Stegen auch schon beachtliche Erfolge vorzuweisen. So wurde er im Jahre 2009 im Tor der U17-Nationalmannschaft Europameister.

Thomas Kraft

Genau ein Dutzend Einsätze in der Bundesliga hat er im Tor des FC Bayern bestreiten dürfen, seit ihn der damalige Cheftrainer Louis van Gaal in der Winterpause 2010/11 zur Überraschung von Club und Beobachtern anstelle von Jörg Butt zur Nummer eins machte. Das Debüt von Thomas Kraft (22) verlief vielversprechend: Im Spiel beim VfL Wolfsburg zum Start in die Rückrunde hielt er sogleich einen Elfmeter. Doch – wie bei einem solch jungen Keeper nicht überraschend – wechselten Höhen und Tiefen bei Kraft, quasi auf Schritt und Tritt in seiner Entwicklung beobachtet und bewertet. Als sich der FC Bayern schließlich von van Gaal trennte, kehrte zwangsläufig Routinier Butt in das Münchner Tor zurück. Für Kraft blieb nur noch die Ersatzbank. Weil seine Eltern ihm eine persönliche Empfehlung mitgegeben hatten – „Gehe deinen eigenen Weg, den du für richtig hältst" – hat sich Kraft inzwischen verändert. Ab der Saison 2011/12 wird er für den Aufsteiger Hertha BSC Berlin spielen.

Die Herzen im Sturm erobert

Alter schützt vor Toren nicht: Insgesamt 13 Treffer hat der 33-jährige Raúl in dieser Saison erzielt.

Schon der Bodenbelag verriet, dass am 28. Juli 2010 in der VELTINS-Arena Großes geplant war. Denn der blaue Teppich wird auf Schalke nicht jeden Tag und schon mal gar nicht für jeden ausgerollt. Aber nun galt es, einen Mann willkommen zu heißen, der schon zu Lebzeiten eine Legende ist.

Mit einem Lächeln betrat Raúl Gonzales Blanco den Boden über dem Rasen, der nun sein Arbeitsplatz sein sollte. Sechs Mal Spanischer Meister, drei Mal Gewinner der UEFA Champions League, zwei Mal Weltpokalsieger, fünf Mal „Fußballer des Jahres" in Spanien, zwei Mal Torschützenkönig der UEFA Champions League, ein Mal Welttorjäger: Raúl hat in seiner Karriere so ziemlich alles gewonnen, was es zu gewinnen gibt. Mit einem Club, mit „seinem" Verein. Mit Real Madrid. Bis zur Saison 2010/11 hatte Raúl als Profi noch nie für einen anderen Verein gespielt. Nun hatte er auf Schalke unterschrieben – eine Sensation.

Felix Magath, auf Schalke damals Trainer und Manager in einer Person, hatte die Chance auf die ablösefreie Raúl-Verpflichtung förmlich gewittert und dem spanischen Superstar den Wechsel gemeinsam mit Christoph Metzelder schmackhaft gemacht. Metzelder war gerade erst von Real nach Schalke gekommen und wurde beim Raúl-Transfer zu Magaths „rechter Hand".

Nun war er also da. Ein „Königlicher" bei den „Königsblauen". Schalkes Aufsichtsratsvorsitzender Clemens Tönnies und Magath strahlten um die Wette, die vielen Fans machten Erinnerungsfotos, Journalisten mussten zuvor Sicherheitskontrollen überstehen, bevor sie Zeugen der Präsentation werden durften. So wie Raúl ist auf Schalke noch nie ein Spieler empfangen worden.

Die Begeisterung war groß, die Zahl der Skeptiker auch. Raúl auf Schalke? Plötzlich galten Zweifel als schick: Ein Fußball-„Rentner", der bei den „Königsblauen" nur noch mal gut verdienen will und hier gemütlich die Karriere ausklingen lassen möchte, argwöhnten einige Zeitgenossen. Raúl lächelte. Und bewies allen Skeptikern das Gegenteil – auf dem Platz und abseits des Rasenrechtecks.

Denn schon in seinem ersten Schalke-Jahr wurde Raúl zum Glücksfall für den Traditionsverein aus Gelsenkirchen. Der vermeintliche Fußball-„Pensionär" glänzte nicht nur durch vorbildlichen Einsatz und Tore, 13 davon in der Bundesliga, sondern auch durch seine Natürlichkeit und seine Bescheidenheit. In einer für Schalke ansonsten recht enttäuschenden Bundesliga-Saison war er mit Torhüter Manuel Neuer der Lichtblick, in der UEFA Champions League blühte der Stürmer förmlich auf. Oft schien es so, als sei der 33-Jährige auf Schalke in einen Jungbrunnen gefallen. Als er von den Fans zum Jubeln in die Kurve gebeten wurde, „habe ich mich gefreut wie ein kleines Kind", verriet Raúl. Und lächelte.

In der Begeisterung über Raúl sind Magath und sein Trainer-Nachfolger Ralf Rangnick Brüder im Geiste. „Es ist für mich bedauerlich, diesen Spieler zurückzulassen", schwärmte Magath nach seiner Rückkehr zum VfL Wolfsburg über den Spanier, Rangnick adelte Raúl als Teamplayer auf ganz hohem Niveau: „Mir imponiert, dass er sich wirklich als Teil der Mannschaft versteht und sich auch so verhält."

Keine Frage: Raúl hat die Schalker Herzen erobert, seine Sympathiewerte sind extrem hoch. Als er ankündigte, sich ein Engagement über die Vertragslaufzeit von 2012 hinaus vorstellen zu können, empfand Horst Heldt, Schalkes Vorstandsmitglied Sport, das auch als Kompliment für den Club: „Wenn ein Spieler wie Raúl so etwas sagt, ist es als Verein unsere Pflicht, uns damit zu befassen. Raúl ist ein Ehrenmann."

Für ihn wird wohl auch bei seinem späteren Abschied vom FC Schalke 04 der blaue Teppich ausgerollt. Und dabei wird Raúl lächeln.

Der Autor: **Norbert Neubaum,** NB Medienservice, berichtet seit zwei Jahrzehnten über den FC Schalke 04 und schreibt unter anderem für die „Recklinghäuser Zeitung".

adidas
torfabrik

Rekord-Ausländer

Claudio Pizarro

In der abgelaufenen Saison hat er im Trikot des SV Werder Bremen endgültig Bundesliga-Geschichte geschrieben. Schon im Fußballjahr zuvor konnte Claudio Pizarro an die Spitze der Toptorjäger aus einem anderen Land klettern. Doch zunächst musste sich der Peruaner diesen Platz noch mit einem Brasilianer teilen – mit Giovane Elber, der zuvor für den VfB Stuttgart und den FC Bayern München ebenfalls 133 Mal traf. Dann dauerte es eine Weile bis zum nächsten Treffer, den Pizarro am neunten Spieltag der zurückliegenden Saison am 23. Oktober 2010 bei Borussia Mönchengladbach erzielte: seinen 134. in der Bundesliga – der alleinige Rekord in dieser Sonderwertung und eine Bestmarke, die den 31 Jahre alten Stürmer durchaus mit einer gehörigen Portion Stolz erfüllt und den er inzwischen auf 142 Treffer erhöht hat. Vor zwölf Jahren hatte Pizarro, der stets locker und fröhlich auftretende Südamerikaner, zum ersten Mal Bundesliga-Luft geschnuppert. Damals wie heute in Bremen, zwischen den beiden Aufenthalten in der Hansestadt lagen für den Torjäger die beiden Stationen beim FC Bayern (2001 bis 2007) und beim FC Chelsea (2007 bis 2009). Schon während seines Engagements auf der Insel kehrte Claudio Miguel Pizarro Bosio, so sein vollständiger Name, 2008 zum SV Werder zurück.

Dede

Als er 1998 zu Borussia Dortmund kam, war sich Dede ziemlich sicher: „Wenn mein Dreijahresvertrag erfüllt ist, gehe ich wieder weg." 13 Spielzeiten ist Dede geblieben, immer beim BVB, der Profi aus einem anderen Land mit den meisten Einsätzen für nur einen Verein (322). Dabei sind dem jetzt 31-Jährigen zwölf Tore gelungen. Treffer Nummer 13 blieb ihm verwehrt, weil der Frankfurter Ralf Fährmann seinen Elfmeter beim Saisonfinale 2010/11 abwehrte. Doch in diesen Wochen gab es viel Wichtigeres für den Brasilianer, der in den beiden vergangenen Spielzeiten durch manche Verletzung gehandicapt gewesen war. Erst recht als bekannt war, dass seine Ära bei der Borussia nun zu Ende gehen würde, feierten die Fans ihren Liebling noch einmal mit ganz besonderer Leidenschaft. Für den Vollprofi, aufgewachsen in der Millionenstadt Belo Horizonte, eine Zeit für Gefühle. Nach 2002 noch einmal Deutscher Meister mit Dortmund geworden zu sein und mit solchen Ovationen verabschiedet zu werden, bestätigte Dede zusätzlich in seiner nach vielen Jahren in der Bundesliga geäußerten Überzeugung: „Ich fühle mich wohl in Deutschland, in Dortmund und bei der Borussia. Ich habe verlängert, immer wieder, und ich kann sagen: Deutschland ist im Moment meine Heimat."

Zé Roberto

Er läuft und läuft immer noch wie ein ganz Junger, und wenn er seine Muskeln spielen lässt und einen „Sixpack"-Body der beeindruckenden Art zeigt, dann ist es fast nicht zu glauben, dass Zé Roberto schon 36 Lenze zählt. Seit dem 2. April 2011 hat der drahtige Brasilianer noch etwas Besonderes zu bieten, was letztlich ebenfalls mit seiner Fitness zu tun hat: Zé Roberto ist in der 48-jährigen Bundesliga-Geschichte der Spieler aus einem anderen Land mit den meisten Einsätzen – genau 331 sind es gewesen, als er den Bosnier Sergej Barbarez in dieser Hinsicht überholte, 336 waren es am Schluss dieser Saison. 113 hatte Zé Roberto auf seiner ersten Station bei Bayer 04 Leverkusen absolviert, 169 folgten beim FC Bayern, mit dem er jeweils vier Mal die Deutsche Meisterschaft sowie den DFB-Pokal gewinnen konnte. „Die Bundesliga hat mein Leben bereichert", sagt der gläubige Christ, der sich nach seiner Karriere als Fußballprofi durchaus eine Aufgabe als Pastor vorstellen kann. 38 Tore hat Zé Roberto in der Bundesliga erzielt. In 84 Länderspielen für Brasiliens A-Team sind ihm sechs Treffer gelungen, bei den WM-Turnieren in Frankreich 1998 und in Deutschland 2006 gehörte er zur „Seleção". Ohne jeden Zweifel zählt Zé Roberto zu den Spielerpersönlichkeiten, die in der Bundesliga besonders beeindruckt und Spuren hinterlassen haben.

BUNDESLIGA

Attraktivität der Bundesliga

Volle Stadien, super Stimmung, hochattraktive, spannende Spiele und viele Überraschungen – die Bundesliga bot auch in der Saison 2010/11 alles, was das Herz des Fans begehrt. Mit Innovationen wie dem offiziellen Ligaball, der Wiedereinführung des Supercups oder der regelmäßigen Übertragung von Spielen in 3D unterstützen Ligaverband und DFL die Begeisterung rund um die Bundesliga weltweit.

Die Wiedereinführung des Spiels um den Supercup ist als Appetitanreger für das bevorstehende Fußballjahr ein wirkliches Highlight für die Fans. Den ersten Titel der Saison holt sich 2010 beim gelungenen Comeback nach 14 Jahren Unterbrechung der FC Bayern München durch einen 2:0-Erfolg gegen den FC Schalke 04 in Augsburg.

ist ungebrochen

Zum Schluss gab es eine Premiere: Die Siegerehrung für den Deutschen Meister Borussia Dortmund wurde erstmals in 3D-Technik übertragen, hautnah und zum Anfassen für die Fans daheim am Bildschirm. Als eine der ersten Ligen der Welt zeigte die Bundesliga seit Rückrundenstart an jedem Spieltag eine ausgesuchte Begegnung in 3D. Beim Meisterschaftsfinale der Borussia gegen Eintracht Frankfurt waren rund 250 Mitarbeiter der DFL-Tochterfirma SPORTCAST im Einsatz, mehr als vierzig Kameras wurden genutzt und etwa sechs Kilometer Kabel verlegt. Die aufwändigste TV-Produktion in der Bundesliga-Geschichte fand weltweit große Beachtung, schließlich wurde das Meisterschaftsfinale live in 196 Länder übertragen.

Bundesliga in 3D ist die neueste von vielen Innovationen, die der Ligaverband und die DFL Deutsche Fußball Liga seit ihrer Gründung vor zehn Jahren eingeführt haben und die den vielen Millionen Fans überall in Deutschland und in aller Welt zugutekommen. Die erste Neuerung 2010/11 präsentierte die DFL, die von den drei Geschäftsführern Christian Seifert (Vorsitzender), Holger Hieronymus (Stellvertretender Vorsitzender) und Tom Bender geleitet wird, schon vor Saisonstart: Erstmals wurde in der abgelaufenen Spielzeit bei allen Begegnungen der Bundesliga und 2. Bundesliga mit dem offiziellen Ligaball im Design der Bundesliga gespielt. Das neue Spielgerät aus dem Hause adidas trug den vielversprechenden Namen „Torfabrik" zu Recht, denn schließlich fielen pro Spielbegegnung durchschnittlich 2,92 Tore in der vergangenen Saison. Mehr als in den anderen Topligen in Europa.

Die Geschäftsführung der DFL: Christian Seifert (Vorsitzender), Holger Hieronymus (Stellvertretender Vorsitzender) und Tom Bender (von links).

Erstmals im Einsatz war der Ligaball beim wiederbelebten Supercup in Augsburg. Das große Duell zwischen dem Deutschen Meister und dem DFB-Pokalsieger hatten Ligaverband und DFL 14 Jahre nach der bis dato letzten Austragung wieder auferstehen lassen. Da der FC Bayern München 2009/10 das „Double" aus Meisterschaft und Pokal gewonnen hatte, hieß der Gegner der Bayern Vizemeister FC Schalke 04. Den neu designten Supercup mit nach Hause nehmen durften am Ende die Rekordmeister aus München, die in der ausverkauften impuls arena in Augsburg 2:0 gewannen.

Der Ligaball war aber nicht die einzige visuelle Neuerscheinung in der Bundesliga. Pünktlich zur neuen Saison präsentierte sich die Liga mit einem neuen, moderneren Logo. Einhergehend wurde das komplette Design rund um die mediale Präsentation der Bundesliga überarbeitet. Von einem neuen TV-Trailer, der bei allen Übertragungen auf allen Sendern eingespielt wird, bis hin zu einem umfangreichen Relaunch der Internetseite www.bundesliga.de. Diese bot den Fans ein noch einmal erweitertes Angebot an News, Unterhaltung, Statistiken, Spielen und vor allem Videos. Auf keiner anderen Seite im Internet gibt es mehr Bewegtbilder rund um die Bundesliga.

Schon seit längerem ist es selbstverständlich für die Fans, dass alle Bundesliga-Spiele in HD-Qualität ausgestrahlt werden. Ein Service, von dem heutzutage die gesamte Welt profitiert. Denn mittlerweile ist die Bundesliga in allen 208 FIFA-Ländern zu sehen, in 198 davon sogar live mit bis zu fünf Live-Spielen pro Wochenende. Durch die Gründung des Deutschen Fußball

Bei der Generalversammlung des Ligaverbandes wird Dr. Reinhard Rauball im August 2010 für eine zweite dreijährige Amtszeit ohne Gegenstimme als Präsident bestätitigt. Das Zusammentreffen in Berlin dokumentiert eine beeindruckende Entwicklung und den hohen Stellenwert des Profifußballs.

LIGA INTERN

BUNDESLIGA

Die Zwillinge Sven Bender (links) vom Deutschen Meister Borussia Dortmund und Lars Bender von Vizemeister Bayer 04 Leverkusen sind nur zwei der zahlreichen Talente, die über eine gelungene Nachwuchsförderung Stammspieler geworden sind. In den zehn Jahren ihres Bestehens haben die Leistungszentren der Clubs eine große Erfolgsstory geschrieben.

Archivs (DFA) zum 1. Juli 2011 dürfen sich alle auf eine noch umfangreichere Berichterstattung rund um die Bundesliga freuen. Allein zu seinem Start verfügt das DFA über 40.000 Stunden historisches Bewegtbildmaterial von der Bundesliga, vom DFB-Pokal und von der Nationalmannschaft.

Die Attraktivität der Bundesliga schlägt sich auch wirtschaftlich nieder, wie der zu Jahresbeginn 2011 veröffentlichte „Bundesliga Report" der DFL bestätigt. In der Saison 2009/10 summierten sich die Erlöse der 36 Clubs im deutschen Lizenzfußball auf den neuen Höchstwert von 2,083 Milliarden Euro. Dadurch wurde zum sechsten Mal in Folge ein Umsatzrekord erzielt, und das trotz weltweiter Finanzkrise und Rezession. Im weltweiten Vergleich ist die Bundesliga eine der umsatzstärksten und die wirtschaftlich gesündeste Fußballliga.

Eine weitblickende Entscheidung in sportlicher und wirtschaftlicher Hinsicht trafen Ligaverband und DFL schon vor zehn Jahren – die Früchte davon können die Clubs und damit auch die Fans heute ernten. Am 28. Februar 2001 wurden die Leistungszentren für Nachwuchsspieler für alle Proficlubs verpflichtend eingeführt. Jeder zweite Spieler der Bundesliga (52,4 Prozent) und ein Großteil der aktuellen Nationalmannschaft stammen heute aus diesen Talentschmieden, in die die Clubs seither rund 600 Millionen Euro investiert haben. In den Leistungszentren sind derzeit mehr als 5400 Spieler in 282 Mannschaften aktiv. Seit deren Einführung ist in den vergangenen zehn Jahren der Altersschnitt der Bundesliga-Spieler um 1,3 Jahre gesunken, der Anteil an deutschen Spielern in der Liga von fünfzig auf 57 Prozent gestiegen. Und die Clubs sind auch international noch wettbewerbsfähiger geworden: Aufgrund ihrer Erfolge in den Europapokalwettbewerben ist die Bundesliga in der UEFA-Fünfjahres-Wertung auf Platz drei gestiegen, wodurch ab 2012 auch der Tabellendritte direkt in der UEFA Champions League starten darf und der Tabellenvierte die Chance zur Qualifikation hierzu hat, wodurch die Bundesliga künftig sieben Startplätze in den europäischen Wettbewerben hat.

Höchste Priorität hat für die Clubs, die DFL und auch den DFB die Sicherheit in den Stadien. Um diese noch weiter zu verbessern, wurde vor gut einem Jahr der „Zehn-Punkte-Plan für mehr Sicherheit im Fußball" verabschiedet und seitdem kontinuierlich umgesetzt. Jedes Jahr investiert der Lizenzfußball rund 25 Millionen Euro in entspre-

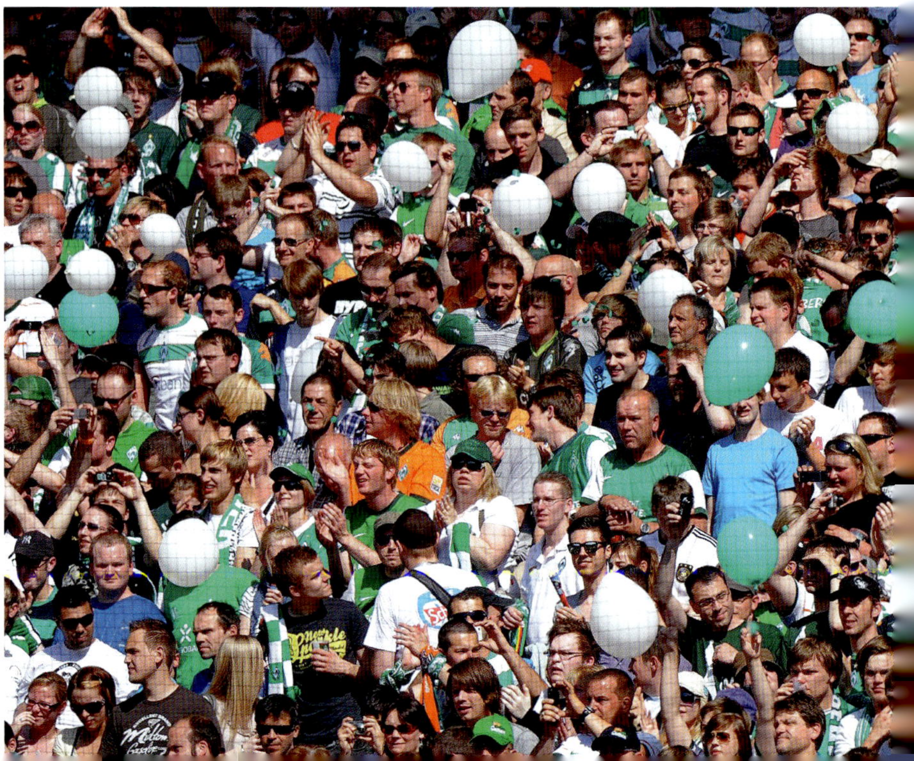

So viele Fans wie in keiner anderen Fußballliga der Welt – hier beim SV Werder Bremen – kommen pro Spiel in die deutschen Stadien.

Die Bundesliga in 3D ist eine der zahlreichen Innovationen, die der Ligaverband und die DFL seit ihrer Gründung im Jahr 2001 in die Wege geleitet und erfolgreich umgesetzt haben – vor allem um Fußball für die Fans noch attraktiver zu machen.

chende Maßnahmen, vom Engagement privater Dienste in den Stadien über die Förderung von Fanprojekten und die Bezahlung von hauptberuflichen Fan- und Sicherheitsbeauftragten bis hin zu öffentlichkeitswirksamen Aktionen zur Ächtung von Gewalt. Ligaverband und DFL setzen sich dabei besonders für die Beibehaltung von Stehplätzen in den Stadien ein, um den Fans weiterhin dieses besondere Erlebnis zu ermöglichen.

Um jedweder Form von Spiel- und Wettmanipulationen vorzubeugen, haben der Ligaverband und die DFL unter anderem einen Ombudsmann berufen. Im Rahmen des Projekts „Transparenz und Integrität im Fußball" soll dieser bei Anhaltspunkten für Spielmanipulationen ein unabhängiger Ansprechpartner sein

Auf Kontinuität haben die Clubs bei der Generalversammlung des Ligaverbandes im August 2010 gesetzt. Dabei wurde Ligapräsident Dr. Reinhard Rauball (Borussia Dortmund) für drei weitere Jahre zusammen mit seinen Vizepräsidenten Peter Peters (FC Schalke 04) und Harald Strutz (1. FSV Mainz 05) gewählt. Die weiteren Vorstandsmitglieder sind seither Heribert Bruchhagen (Eintracht Frankfurt), Karl Hopfner (FC Bayern München), Helmut Hack (SpVgg Greuther Fürth) und Ansgar Schwenken (VfL Bochum 1848) sowie die drei Geschäftsführer der DFL. Im Rahmen der Veranstaltung in Berlin wurden zudem aufgrund ihrer großen Verdienste um die Bundesliga Franz Beckenbauer zum Ehrenangehörigen des Ligaverbandes ernannt und Ottmar Hitzfeld mit dem Ehrenpreis der Bundesliga bedacht.

Der Autor: **Roland Karle** ist Inhaber eines Redaktionsbüros in Neckarbischofsheim. Er schreibt über Wirtschaft, Medien und Sport, unter anderem für „Horizont", „Handelsblatt" und „Absatzwirtschaft".

BUNDESLIGA

Das soziale Engagement wird weiter ausgebaut

BUNDESLIGA STIFTUNG

Alt-Bundeskanzler Gerhard Schröder, Edmund Stoiber, der ehemalige Ministerpräsident Bayerns, Fritz Pleitgen, einer der bekanntesten politischen Fernsehjournalisten, und Rockmusiker Wolfgang Niedecken – diese Fußballfans engagierten sich gemeinsam mit anderen Persönlichkeiten für eine gute Sache und unterstützten die Bundesliga-Stiftung in der Saison 2010/11 bei ihrer Aufgabe.

Johanna Hofmeir (Mitte), Leiterin des Projekts „Lichtblick Hasenbergl", freut sich über die Unterstützung durch die Bundesliga-Stiftung. Den Scheck überbringen Karl Hopfner vom FC Bayern München, Bayerns früherer Ministerpräsident Edmund Stoiber (von rechts), dessen Ehefrau Karin und Tom Bender, Vorstandsvorsitzender der Bundesliga-Stiftung.

Im zweiten vollen Spieljahr nach der Gründung im Februar 2009 hat die Bundesliga-Stiftung ihr soziales Engagement weiter ausgebaut und vertieft, auch mit Hilfe der prominenten Kuratoriumsmitglieder. Entsprechend ihrer Vier-Säulen-Philosophie wurden Projekte und Aktionen in den Bereichen Kinder, Integration, Behinderte und Sportler anderer Sportarten unterstützt. Die Stiftung konnte damit ihren Ruf als eine der wichtigen Anlaufstellen im deutschen Fußball für Menschen, die Hilfe benötigen, festigen.

Mit einem überzeugenden Mix von Maßnahmen wurden wieder markante Akzente gesetzt. „Die Resonanz auf unsere Tätigkeit ist sehr gut. Es freut uns, dass wir die Zusammenarbeit mit den Clubs der Bundesliga und der 2. Bundesliga, die ebenfalls sehr engagiert sind, noch intensivieren konnten", erklärt Kurt Gaugler, geschäftsführendes Vorstandsmitglied der Bundesliga-Stiftung. Dabei wurden alle vier thematischen Säulen bedacht und innerhalb dieser einzelne Aktivitäten und Projekte gefördert.

Um den Spielbesuch von Fußballfans mit Behinderung weiter zu erleichtern, hat die Stiftung den Bundesliga-Reiseführer „Barrierefrei ins Stadion" in einer vollkommen überarbeiteten Ausgabe und mit einer Auflage von 10.000 Exemplaren herausgegeben. Zudem ist dieses 234 Seiten starke kostenfreie Handbuch über das Internet ständig einsehbar und per Download erhältlich. Schon die ersten beiden seit 2006 erschienenen Auflagen waren auf große Aufmerksamkeit und Anerkennung gestoßen. Die Stiftung wurde bei diesem Projekt unterstützt von den Behindertenfanbeauftragten der 36 Clubs der Bundesliga und 2. Bundesliga, der Bundesbehindertenfanarbeitsgemeinschaft e.V. (BBAG) sowie der Deutschen Bahn AG. „Man muss sich vor Augen führen, dass es

weder damals noch heute eine vergleichbare Publikation in Deutschland gibt, mit der Menschen mit Behinderung für eine gesamte Reisekette Informationen erhalten. Insofern ist der Reiseführer auch unabhängig vom Fußball etwas Besonderes", hebt Jochen Dohm, der Vorsitzende der BBAG, des Dachverbands der behinderten Fußballfans in Deutschland, hervor.

Konkrete Hilfsmaßnahmen kamen vor Weihnachten und im Frühjahr sozialen Einrichtungen für Kinder und Jugendliche zugute. Bei Weihnachtsaktionen überbrachten Repräsentanten der Bundesliga-Stiftung wie Gerhard Schröder oder Edmund Stoiber Spenden an Kinder- und Jugendeinrichtungen in Duisburg, (Blaues Haus Hochfeld), Hannover (Can Arkadas e.V.), Berlin (Mitternachtssport) und München (Lichtblick Hasenbergl). Im März 2011 wurde ein Projekt der Stiftung 1. FC Köln zur Bekämpfung von Jugendarbeitslosigkeit („1:0 für Deinen Ausbildungsplatz!") für seine Leistungen mit einer Förderprämie bedacht. In München erhielt das Johanniter Kinder- und Jugendhaus aus dem Stadtteil Ramersdorf finanzielle Unterstützung für seine integrative Arbeit, bei der Kinder aufgefangen werden, die durch das bestehende soziale Netz der Regel- und Fördereinrichtungen fallen könnten.

Zusammen mit der Robert Bosch Stiftung fördert die Bundesliga-Stiftung seit dieser Saison neue Lernzentren für außerschulische Jugend- und Bildungsarbeit in den Stadien von DSC Arminia Bielefeld und der SG Dynamo Dresden. Diese Lernzentren im Umfeld der Fußballclubs bieten bildungsfernen Jugendlichen unter anderem Antiaggressions-, Kommunikations- und Persönlichkeitstraining sowie Workshops zur Berufsorientierung und politischer Bildung. Lernzentren dieser Art bestanden zuvor schon in den Stadien von Borussia Dortmund, SV Werder Bremen, VfL Bochum 1848 und Hertha BSC Berlin. Geplant ist eine kontinuierliche Auswei-

Den viel beachteten und in 10.000 Druckexemplaren erschienenen Bundesliga-Reiseführer „Barrierefrei ins Stadion" präsentieren Markus Fälsch und Ellen Engel von der Deutschen Bahn, Dr. Volker Sieger von der Bundesbehindertenfanarbeitsgemeinschaft, Kurt Gaugler, Geschäftsführendes Vorstandsmitglied der Bundesliga-Stiftung, und Ulrike Siebert, ebenfalls von der Bundesliga-Stiftung (von rechts).

Hilfe für eine Ausbildungsplatzinitiative der Stiftung 1. FC Köln, von Fernsehmoderator und Kuratoriumsmitglied Ulrich Meyer und Vorstandsmitglied Oliver Leki entgegengenommen und überreicht durch Dr. Anna-Lisa Schwarz und Christian Müller von der Bundesliga-Stiftung (von rechts).

Ein spielerisches Kräftemessen am Kickertisch: Auch im Dortmunder Lernzentrum, entstanden im SIGNAL IDUNA PARK im Boxerraum (Foto oben), ist das Angebot vielfältig.

BUNDESLIGA

Erneut hat der Profifußball anderen Sportarten beim Aktionstag eine Plattform geboten. Dabei sind Topathleten in den Stadien aufgetreten: Turn-Ass Fabian Hambüchen (links oben) in Köln, Skirennläuferin Gina Stechert und der Nordische Kombinierer Johannes Rydzek in München sowie – Foto links – Biathlonweltmeisterin Miriam Gössner, Beachvolleyballerin Christine Aulenbrock (links) und Wasserspringer Christian Picker am Hamburger Millerntor.

tung dieses in Großbritannien sehr erfolgreichen Konzepts auf insgesamt zwölf Standorte.

Die Vermittlung von Wissen und Informationen, um für das Engagement eine noch breitere Unterstützung zu erhalten, ist ebenfalls eine wichtige Aufgabe. Deshalb unterstützte die Stiftung, vertreten durch die stellvertretende Geschäftsführerin Dr. Anna-Lisa Schwarz, einen internationalen Kongress am 8./9. April, der von der Stadt Hannover und dem Institut für Sportwissenschaft der Leibniz Universität Hannover durchgeführt wurde. Unter dem Motto „Fußball ist kein Ponyhof!? – Soziale Integration im Spannungsfeld zwischen Leistungs- und Breitenfußball" diskutierten bei dieser Fachtagung rund 120 Teilnehmer aus Sport, Fußball und gesellschaftlichen Institutionen vielfältige Themen. Mit vielen anderen namhaften Institutionen übernahm die Stiftung auch eine fördernde Rolle bei den Internationalen Wochen gegen Rassismus vom 14.-27. März 2011.

Das Projekt „Kick it – Choose Life" für Kinder im Township Soshanguve nahe Pretoria machte im Rahmen der Weltmeisterschaft 2010 in Südafrika den Anfang. Mit der finanziellen Hilfe und personeller Unterstützung für eine interkulturelle Jugendbegegnung, bei der ein Besuch einer Mädchengruppe aus Kenia während der Fußball-WM der Frauen nach Deutschland geplant war, setzte die Stiftung ihr Engagement für Kinder und Jugendliche in Afrika fort. Ein umfangreiches Aktionsprogramm hat die Stiftung auch für die Saison 2011/12 konzipiert.

Zu den zahlreichen Prominenten aus Politik, Wirtschaft, Kultur, Gesellschaft und Sport, die die Bundesliga-Stiftung unterstützen, zählen auch Steffi Jones, Präsidentin des Organisationskomitees der FIFA Frauen-WM 2011 in Deutschland, sowie Rockmusiker Wolfgang Niedecken, der seine Ernennungsurkunde bei einem Spiel seines Lieblingsclubs 1. FC Köln vom Vorstandsvorsitzenden der Bundesliga-Stiftung Tom Bender erhält.

Der Autor: **Gregor Derichs** ist freier Journalist und widmet sich in seinen Beiträgen auch sozialen Themen rund um den Fußball.

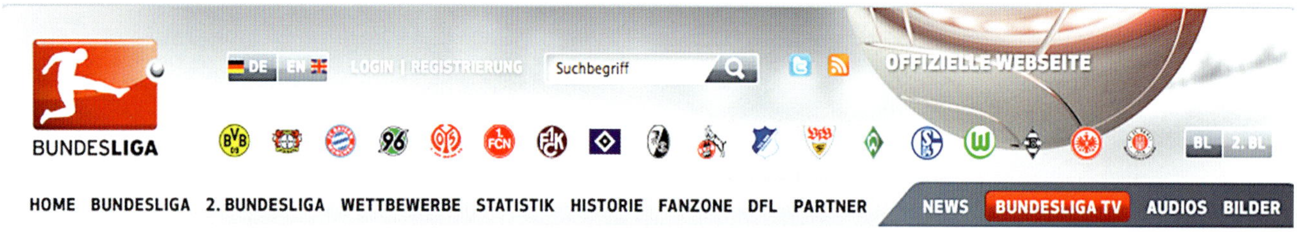

bundesliga.de verzeichnet neuen Besucherrekord

Wer Bundesliga sagt, meint auch bundesliga.de. Die Webseite der DFL hat sich längst als eines der führenden Internet-Angebote rund um die Bundesliga etabliert und bietet ein immer aktueller und vielfältiger werdendes Angebot.

Mit dem kompletten Relaunch von bundesliga.de im August 2010 sind die Zugriffszahlen noch einmal enorm angestiegen, so dass der Internetauftritt der Bundesliga auch am Ende der Saison 2010/11 einen neuen Besucherrekord aufgestellt hat. Knapp 13 Millionen Visits im April 2011 bedeuteten dabei ein neues Allzeithoch.

Aber was macht die Webseite so attraktiv für die Bundesliga-begeisterten Nutzer? Es ist weiterhin das bewährte breite Angebot von Information und Unterhaltung, das den Usern täglich zur Wahl steht. In der abgelaufenen Saison hat die Redaktion von bundesliga.de sogar noch ein bis zwei Schippen draufgelegt: Das Angebot exklusiver Videos, Interviews und Hintergrundgeschichten wurde ganz erheblich erweitert.

Besonders die Videos, die die User im neu gestalteten Bereich Bundesliga TV abrufen können, zählen zu den meistgefragten kostenfreien Premium-Angeboten. So lag die Zahl der Videoabrufe im April 2011 bei 3,6 Millionen, während ein Jahr zuvor noch 1,6 Millionen Abrufe gezählt wurden. Bundesliga TV ist in die sechs Rubriken Aktuell, Spieltag, Stars, Insider, Historie und Vereine unterteilt, die die Vielzahl exklusiver und aktueller Videobeiträge thematisch übersichtlich ordnet. Die Zusammenfassungen aller neun Bundesliga-Spiele werden jeweils immer in der Nacht von Sonntag zu Montag online gestellt.

In der Saison 2010/11 hat bundesliga.de sein Team von Autoren und Reportern nochmals vergrößert. Fast jedes Bundesliga-Spiel wird jetzt von einem Fachjournalisten verfolgt, der exklusive Interviews führt und Texte verfasst. Zusätzlich hat die DFL eigene Fotografen zu mehr Bundesliga-Spielen als in der Vorsaison geschickt: Unter dem Strich steht

Aktuell und umfangreich, vielfältig und unterhaltsam: All das bietet www.bundesliga.de, in der Analyse zur vergangenen Saison hier ein Beitrag zum 1. FSV Mainz 05 mit Youngster André Schürrle.

den Usern von bundesliga.de somit eine größere Auswahl an exklusiven Videos, Texten und Bildern zur Verfügung.

Die vielen Stammkunden schätzen natürlich auch das Bewährte. Der Live-Ticker zu allen Spielen der Bundesliga und 2. Bundesliga sowie den Europapokalspielen der deutschen Mannschaften zieht regelmäßig Tausende von Usern vor die Bildschirme. Es soll sogar viele „Hardcore-Nutzer" geben, die parallel zum Live-Ticker auch noch das beliebte 90elf Radio verfolgen, das alle Begegnungen der Bundesliga und 2. Bundesliga live überträgt – ob als Einzelspiel oder als Konferenz.

Aufbau der Spiel-Matrix auf www.bundesliga.de am Beispiel der Begegnung zwischen dem VfB Stuttgart und dem FC Bayern München zum Abschluss der Hinrunde und mit einer besonderen Beachtung zum Wirkungskreis von Gäste-Kapitän Mark van Bommel.

BUNDESLIGA

Klose trifft doppelt >
Der FC Bayern siegt zum Jonker-Abschied im Test in St. Petersburg.

Mainz holt Choupo-Moting >
Die 05er verstärken sich mit dem Offensivspieler vom HSV.

Ekici-Wechsel perfekt >
Bremen bringt den ersten Neuzugang für die kommende Saison unter Dach und Fach.

Verletzung von Schweinsteiger >
Der Mittelfeldmann droht für die Länderspiele auszufallen.

Lange Nacht >
96 hat in Hannover einen Boom ausgelöst und genießt den Erfolg in vollen Zügen.

Freunde der (interaktiven) Unterhaltung kommen bei bundesliga.de genauso auf ihre Kosten. Allein den Offiziellen Bundesliga Manager (OBM) nutzen etwa 200.000 registrierte Fans dieser Spielsimulation. In Jens Nowotny wurde sogar ein früherer Nationalspieler, in der Bundesliga beim Karlsruher SC und bei Bayer 04 Leverkusen sehr erfolgreich, als Veranstalter einer eigenen OBM-Meisterschaft gewonnen, die auf großes Interesse der User stieß. Beim Bundesliga-Lizenznehmer EA SPORTS waren eigens angefertigte FIFA 11-Video-Prognosen mit Radiolegende Manfred „Manni" Breuckmann die neuen Höhepunkte der Saison.

„Wir haben insbesondere unser Videoangebot sukzessive ausgebaut und die Zugriffe im Bewegtbildbereich im Vergleich zum Vorjahr zeitweise mehr als verdoppelt", sagt DFL-Geschäftsführer Tom Bender und verspricht außerdem: „Auch in Zukunft werden wir den Fans im Internet alle Informationen rund um die Bundesliga aktuell und ausführlich bieten."

Der Autor: **Stefan Kusche** arbeitet als freier Journalist in Köln und setzt sich in seiner Berichterstattung vor allem auch mit der Fanthematik auseinander.

Eng geht es zu bei den meisten Spielen der Bundesliga, im Strafraum sowieso – wie in dieser Szene aus der Begegnung zwischen dem 1. FSV Mainz 05 und dem FC Bayern München. Torjäger wie Mario Gomez, der hier – beobachtet von Thomas Müller – gegen Keeper Heinz Müller, Radoslav Zabavnik (8) und Christian Fuchs (links) das 3:0 für die Gäste erzielt, finden trotzdem immer wieder eine Lücke.

Die Bilanzen der Saison

Selten hatte die Bundesliga so viele Überraschungen zu bieten wie 2010/11 – mit Clubs, die sich sensationell in Szene setzten, spektakulären Entwicklungen, jungen Spielern, zahlreich wie noch nie, und toller Atmosphäre.

Mit Platz zwei rundum zufrieden

Die fünfte Vizemeisterschaft besitzt einen hohen Stellenwert für Bayer 04 Leverkusen. Ein Team mit Perspektive hat das Planziel, die Rückkehr in die UEFA Champions League, nicht nur pünktlich erfüllt, sondern auch in überzeugender Form.

Es war ein Mix aus purer Freude und großer Erleichterung, der in die größte Clubparty der vergangenen Jahre mündete. Sportdirektor Rudi Völler stoppte Jupp Heynckes auf dem Weg in die Umkleidekabine, fasste den Trainer am Arm und zog ihn mit sich zur Tribüne des badenova-Stadions, wo die Fans von Bayer 04 Leverkusen schunkelten und sangen. Frenetisch bejubelte der Anhang den wenige Tage zuvor 66 Jahre alt gewordenen Trainer, der zum FC Bayern zurückkehren wird. „Es wird gefeiert bis der Arzt kommt", sagte Torwart René Adler wenig später. Stürmer Stefan Kießling saß schon im Mannschaftsbus und teilte via Facebook allen zu Hause gebliebenen Fans und Freunden die frohe Botschaft mit: „Geschafft, wir sind in der Champions League. Danke an alle für die Unterstützung in dieser Saison. Die ‚Königsklasse' haben wir uns alle verdient. Feiert noch schön, wir werden das auch machen."

Mit dem 1:0 beim SC Freiburg hatten die Leverkusener dem Druck des aus der Verfolgerposition mächtig drängenden FC Bayern München standgehalten. Die fünfte Vizemeisterschaft nach 1997, 1999, 2000 und 2002 war endlich perfekt, die direkte Qualifikation zur UEFA Champions League unter Dach und Fach gebracht. 15 Spieltage stand die „Werkself" auf Platz zwei hinter Borussia Dortmund, war aber letztlich vor allem darauf konzentriert, den FC Bayern, Hannover 96 und den 1. FSV Mainz 05 auf Distanz zu halten. „Die Mannschaft hat Außerordentliches geleistet", sagte Heynckes. „Es war eine überragende Saison", erklärte Völler. „Die Freude wäre schon eher möglich gewesen, wenn wir die Vizemeisterschaft ein, zwei Spieltage früher perfekt gemacht hätten, was durchaus machbar gewesen wäre. So war Freiburg wie ein Endspiel für uns", erklärte Geschäftsführer Wolfgang Holzhäuser. „Wären wir nur auf Platz drei gelandet, wäre das eine Enttäuschung gewesen." Sehr zufrieden sei er, dass das vor exakt fünf Jahren gesetzte Ziel, bis 2011 wieder in die europäische „Königsklasse" zurückzukehren, erfüllt wurde.

Heynckes, der im Juni 2009 verpflichtet wurde, ließ mit seiner Mannschaft dem vierten Platz aus der Vorsaison das nach Punkten insgesamt viertbeste Ergebnis in 33 Jahren von Bayers Bundesliga-Zugehörigkeit folgen. Dortmund wurde hoch gelobt für seine Auftritte in den Auswärtsspielen, aber noch erfolgreicher war Leverkusen mit 36 Punkten im Vergleich zu 35 des BVB. Bayer 04 war auch das einzige Team, das den Deutschen Meister zu Hause besiegen konnte. „Das Ganze ist eine Riesengeschichte", freute sich Holzhäuser. Denn Heynckes hinterlässt einen Kader mit großer Perspektive,

Der Autor: **Gregor Derichs** arbeitet als freier Journalist, unter anderem für die „Frankfurter Allgemeine Zeitung", und berichtet seit Jahren auch über Bayer 04 Leverkusen.

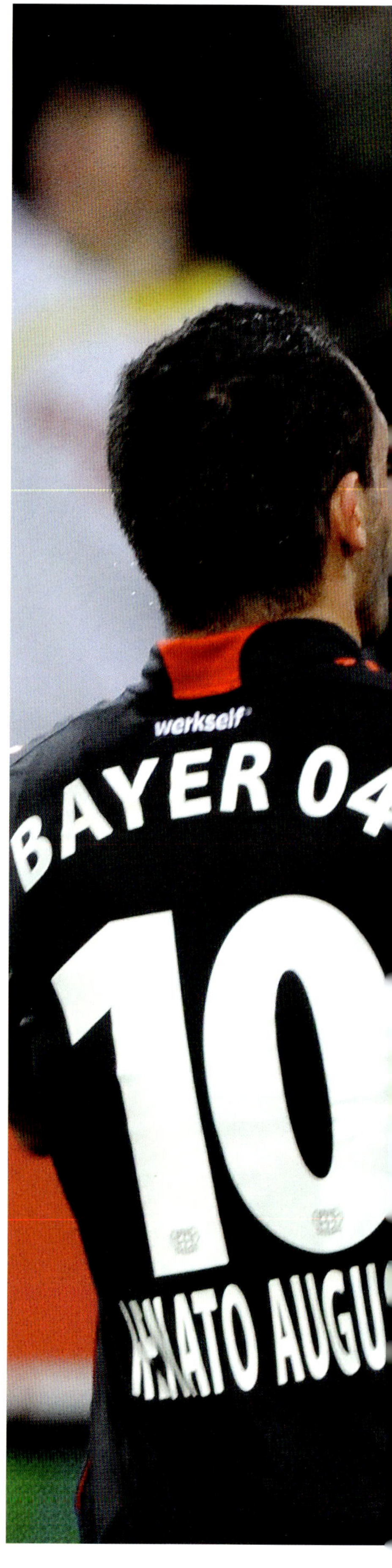

Allen Grund zur Freude haben die Spieler von Bayer 04 Leverkusen nach einer ganz ausgezeichneten Saison – hier Renato Augusto, Michal Kadlec (verdeckt), Stefan Kießling und Lars Bender (von links).

der fast so jung ist wie der Dortmunder. Lars Bender, Stefan Reinartz, Daniel Schwaab wurden zu Stammspielern, auch Gonzalo Castro und Eren Derdiyok vollzogen unter Heynckes Leistungssprünge, Arturo Vidal geriet als einer der überragenden Mittelfeldspieler der Bundesliga in das Visier der ganz großen Clubs in Europa. „Fast alle haben sich toll entwickelt", erklärte Heynckes in Freiburg, und an seinen Kollegen gewandt, der seine Stelle antreten wird, sagte er: „Robin hat das große Los gezogen. Er wird eine absolute Toptruppe und einen sehr gut strukturierten Verein übernehmen." Ihm selbst falle der Abschied schwer, obwohl er sich auf München freue: „Die Spieler sind mir ans Herz gewachsen. Ich bin mit der Mannschaft durch dick und dünn gegangen."

Trainer Jupp Heynckes:

„Mit Extremsituationen umzugehen, ist ein Reifeprozess."

Oft wurde Leverkusen von den gegnerischen Trainern als das spielerisch allerbeste

Im Mittelfeld der Leverkusener ein herausragender Leistungsträger: der Chilene Arturo Vidal.

Nach schweren Verletzungen im zweiten Teil der Saison im Rhythmus: Michael Ballack.

Mit einer Choreografie bedanken sich die Fans von Bayer 04 Leverkusen bei Sami Hyypiä. Der finnische Abwehrspieler beendet seine lange und großartige Karriere.

Team der Bundesliga gelobt. Die Mannschaft kam aber nicht wirklich gut aus den Startlöchern wie in der Saison zuvor, als sie 24 Spieltage ungeschlagen blieb, ehe sie stark nachließ. Dem 2:0 in Dortmund schlossen sich das 3:6 zu Hause gegen Gladbach und zwei Unentschieden in Hannover und gegen Nürnberg an. Langsam arbeitete sich das Team, das in der UEFA Europa League bis zum Aus gegen Villarreal in zehn Spielen (sieben Siege, drei Unentschieden) nicht verlor, auf den zweiten Platz, der ab dem 19. Spieltag nicht mehr abgegeben wurde. Die Attacke auf den BVB war wegen der zu schwachen Heimausbeute mit nur neun Siegen nicht möglich. Nachdem mit einem 1:5 beim FC Bayern am Ostersamstag ein bitterer Rückschlag folgte, wurde der Kampf um die Vizemeisterschaft zunehmend zu einer Zitterpartie. „Mit Extremsituationen umzugehen, ist ein Reifeprozess", sagte Heynckes. „Diese Mannschaft ist nun weiter als

Blumen bei der Verabschiedung von Cheftrainer Jupp Heynckes, überreicht durch Sportdirektor Rudi Völler (rechts): Nach zwei Jahren kehrt der Fußballlehrer wieder zum FC Bayern München zurück.

die Teams, die in den Jahren 2000 und 2002 im Titelkampf scheiterten."

Lange beherrschte das Thema Michael Ballack das Umfeld. Heynckes führte den 34-Jährigen, aus Chelsea zurückgekehrten Topstar nach einer schweren Verletzung behutsam in die Stammelf zurück. Einige Nichtberücksichtigungen waren für Ballack schwer zu akzeptieren. Heynckes wich aber nicht von seiner Linie ab. „Er ist ein außergewöhnlicher Mann, ein außergewöhnlicher Typ und ein außergewöhnlicher Trainer", erklärte Holzhäuser. „Wir bedanken uns bei ihm, er hat uns weitergebracht." Auch Michael Ballack bekam zum Abschluss ein Lob. „Er ist für den Verein viel wert. Ohne ihn zählten wir zum oberen Drittel, mit ihm waren wir plötzlich ein Mitfavorit."

ALLE SPIELE

Hinrunde									Rückrunde
1	22.08.	A	0:2	(0:2)	Borussia Dortmund	1:3	(0:0)	H	14.01. 18
2	29.08.	H	3:6	(1:3)	Borussia Mönchengladbach	1:3	(0:2)	A	23.01. 19
3	11.09.	A	2:2	(1:0)	Hannover 96	2:0	(2:0)	H	28.01. 20
4	19.09.	H	0:0		1. FC Nürnberg	1:0	(0:0)	A	05.02. 21
5	22.09.	H	2:1	(1:1)	Eintracht Frankfurt	0:3	(0:2)	A	12.02. 22
6	25.09.	A	1:4	(0:2)	VfB Stuttgart	4:2	(2:1)	H	20.02. 23
7	03.10.	H	2:2	(1:0)	SV Werder Bremen	2:2	(0:1)	A	27.02. 24
8	16.10.	A	2:3	(1:0)	VfL Wolfsburg	3:0	(3:0)	H	05.03. 25
9	24.10.	H	0:1	(0:0)	1. FSV Mainz 05	0:1	(0:0)	A	13.03. 26
10	30.10.	A	0:1	(0:0)	FC Schalke 04	2:0	(2:0)	H	20.03. 27
11	07.11.	H	3:1	(1:1)	1. FC Kaiserslautern	0:1	(0:0)	A	02.04. 28
12	13.11.	A	0:1	(0:0)	FC St. Pauli	2:1	(0:0)	H	10.04. 29
13	20.11.	H	1:1	(1:1)	FC Bayern München	5:1	(4:0)	A	17.04. 30
14	27.11.	A	2:2	(1:2)	1899 Hoffenheim	2:1	(1:1)	H	23.04. 31
15	05.12.	H	3:2	(1:1)	1. FC Köln	2:0	(0:0)	A	30.04. 32
16	11.12.	A	2:4	(0:1)	Hamburger SV	1:1	(0:1)	H	07.05. 33
17	19.12.	H	2:2	(1:1)	SC Freiburg	0:1:	(0:1)	A	14.05. 34

BAYER 04 LEVERKUSEN AUF EINEN BLICK

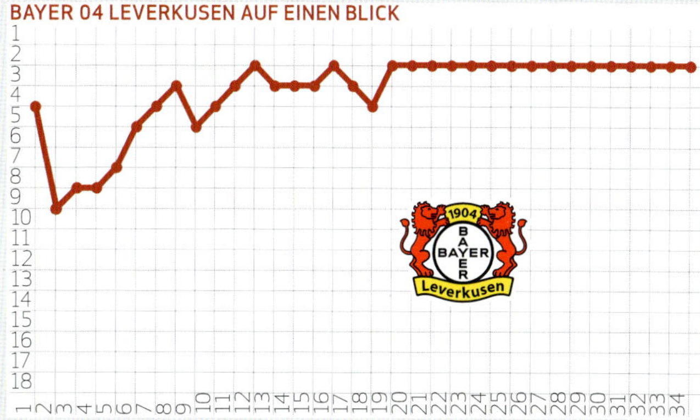

ALLE SPIELER

Name	Vorname	Geburtsdatum	Nationalität	Position	Rücken-Nr.	Einsätze	Auswechslungen	Einwechslungen	Gelbe Karten	Gelb-Rote Karten	Rote Karten	Tore	Elfmeter	Eigentore
Adler	René	15.01.1985	D	T	1	32	-	-	2	-	-	-	-	-
Augusto	Renato	08.02.1988	BRA	M	10	27	12	1	5	-	-	7	-	-
Balitsch	Hanno	02.01.1981	D	M	14	24	3	15	1	-	-	3	-	-
Ballack	Michael	26.09.1976	D	M	13	17	3	4	3	-	-	-	-	-
Barnetta	Tranquillo	22.05.1985	SUI	M	7	24	14	5	3	-	-	2	-	-
Bender	Lars	27.04.1989	D	M	8	27	3	17	3	-	-	3	-	-
Bobel	Tomasz	29.12.1974	POL	T	33	-	-	-	-	-	-	-	-	-
Castro	Gonzalo	11.06.1987	D	A	27	23	7	4	3	-	-	3	-	-
da Costa	Danny	13.07.1993	D	A	20	-	-	-	-	-	-	-	-	-
Derdiyok	Eren	12.06.1988	SUI	S	19	32	8	14	1	-	-	6	-	-
Fernandez	Benedikt	08.01.1985	D	T	22	-	-	-	-	-	-	-	-	-
Friedrich	Manuel	13.09.1979	D	A	5	19	1	2	5	-	-	-	-	-
Giefer	Fabian	17.05.1990	D	T	36	2	-	-	-	-	-	-	-	-
Haitz	Tobias	12.02.1992	D	A	15	-	-	-	-	-	-	-	-	-
Helmes	Patrick	01.03.1984	D	S	9	11	5	3	-	-	-	5	-	-
Hyypiä	Sami	07.10.1973	FIN	A	4	21	3	1	1	-	-	1	-	-
Jörgensen	Nicolai	15.01.1991	DEN	S	31	9	1	8	-	-	-	-	-	-
Kadlec	Michal	13.12.1984	CZE	A	24	32	4	2	6	-	-	2	-	-
Kampl	Kevin	09.10.1990	SVN	M	26	-	-	-	-	-	-	-	-	-
Kaplan	Burak	01.02.1990	TUR	M	28	-	-	-	-	-	-	-	-	-
Kießling	Stefan	25.01.1984	D	S	11	22	4	7	3	-	-	7	-	1
Reinartz	Stefan	01.01.1989	D	A	3	31	2	2	7	-	-	2	-	-
Riedel	Julian	10.08.1991	D	A	32	-	-	-	-	-	-	-	-	-
Risse	Marcel	17.12.1989	D	M	21	-	-	-	-	-	-	-	-	-
Rolfes	Simon	21.01.1982	D	M	6	28	6	7	1	-	-	5	-	1
Sam	Sidney	31.01.1988	D	M	18	30	14	4	4	-	-	7	-	-
Sarpei	Hans	28.06.1976	GHA	A	15	-	-	-	-	-	-	-	-	-
Schwaab	Daniel	23.08.1988	D	A	2	30	3	2	3	-	-	-	-	-
Vida	Domagoj	29.04.1989	CRO	A	17	1	-	1	-	-	-	-	-	-
Vidal	Arturo	22.05.1987	CHI	M	23	33	8	2	4	1	-	10	6	1

Das Minimalziel noch erreicht

In der kompletten Hinrunde verletzt, dann beim FC Bayern München Garant für die Rückkehr in die Erfolgsspur: Arjen Robben, hier gegen Torhüter Thomas Kessler vom FC St. Pauli.

Der Autor: **Karlheinz Wild** ist Chefreporter der Fachzeitschrift „kicker" und seit vielen Jahren mit dem FC Bayern München sehr intensiv befasst.

Mit dem dritten Platz in der Endabrechnung ist der FC Bayern München seinen eigenen hohen Ansprüchen nicht gerecht geworden. Schon in der Anfangsphase verspielte der deutsche Rekordmeister alle Chancen auf eine erfolgreiche Titelverteidigung.

Es begann so selbstverständlich. Künstlerisch wertvoll und formvollendet schön fiel dieser erste Treffer der Saison 2010/11 aus. Schon in der neunten Minute des Eröffnungsspiels gegen den VfL Wolfsburg lupfte Thomas Müller den Ball auf Toni Kroos, der ihn auf den zielgerichtet durch die Gästeabwehr hindurcheilenden Müller schaufelte, ehe der wenige Wochen zuvor als Topscorer der WM 2010 aus Südafrika Heimgekehrte die Kugel in der Luft an- und mitnahm und mit links volley in die lange Ecke schmetterte, 1:0. Was sollte bei diesem verheißungsvollen Start, einer idealen Synthese aus Eleganz und Effizienz, noch schiefgehen für den „Double"-Gewinner 2010? Zumal nach dem zwischenzeitlichen 1:1-Gleichstand Bastian Schweinsteiger in der Nachspielzeit das Happy End besorgte, 2:1-Sieg, also alles in bester Ordnung.

Aufsteiger der WM-Saison 2009/10 und auch in der vergangenen Spielzeit wieder gut in Schuss: Thomas Müller.

Diese nur am Anfang und Ende geglückte Ouvertüre wies tatsächlich die Richtung für den weiteren Saisonverlauf, aber völlig anders, als man es sich beim FC Bayern vorgestellt hatte: Es wurde ein zähes, holpriges Jahr, in dem der deutsche Rekordmeister aus München kein einziges Mal auf dem zweiten, geschweige denn je auf dem ersten Platz notiert war. Am zweiten und siebten Spieltag hatten 0:2-Niederlagen in Kaiserslautern und Dortmund den Titelverteidiger sogar auf den zwölften Rang hinabgestoßen. „Diese Saison haben wir an den ersten sieben Spieltagen weggegeben", sagt Thomas Müller und verweist auf die bis dahin dürftigen acht Punkte: „Mit dieser Bilanz steigst du über die Saison gesehen ab."

Mit 28 Treffern sichert sich Mario Gomez zum ersten Mal die Torjägerkanone.

So deftig kam es freilich nicht, aber das erneute Absinken auf Platz fünf nach der 1:3-Niederlage in Hannover in der 25. Runde löste beim FC Bayern die schlimmsten Befürchtungen aus, die Sorge, dass es lediglich zur Qualifikation für die UEFA Europa League reichen würde. Präsident Uli Hoeneß sprach als Erster von diesem Horrorszenario: Stell' dir vor, es ist Champions-League-Finale 2012 in München, und der FC Bayern darf gar nicht mitmachen bei diesem Wettbewerb!

Dieses mindeste Minimalziel, die Zulassung zur europäischen Premiumliga, gilt beim FC Bayern als nicht verhandelbare Vorgabe. Und als die Verantwortlichen in München nach dem erneut deprimierenden 1:1-Unentschieden in Nürnberg selbst den dritten Bundesliga-Platz und damit die Aufnahme in die Qualifikationsrunde für die kommende UEFA Champions League bedroht sahen, handelten sie und stellten Trainer Louis van Gaal frei. Dessen Mandat ging auf seinen vorherigen ersten Assistenten Andries Jonker über. Bereits Anfang März, nach dem Rückschlag in Hannover, hatten die Clubführung und der niederländische Fußballlehrer vereinbart, die erst Ende September 2010 bis zum 30. Juni 2012 ausgeweitete Zusammenarbeit in jedem Fall ein Jahr früher abzubrechen – wegen gravierender Unterschiede in der Philosophie.

Vor allem eine Personalie schlug negativ für van Gaal durch: Nach der Winterpause setzte der eigenwillige Coach in einem Alleingang den Torwartwechsel von Jörg Butt zu Thomas Kraft durch. Als der junge, hochtalentierte, aber unerfahrene Kraft in Hannover und Nürnberg patzte, bewahrheitete sich die vorherige Skepsis der Bayern-Verantwortlichen, die im Winter auch der Freigabe für Mark van Bommel zugestimmt hatten. Der routinierte und auf dem Feld pragmatische Kapitän und Kopf der Mannschaft wanderte zum AC Milan weiter, Landsmann van Gaal plante nicht mehr mit ihm.

Thomas Müller:

„Diese Saison haben wir an den ersten sieben Spieltagen weggegeben."

Ein anderer wichtiger Niederländer, Arjen Robben, war wegen seines fünf Zentimeter großen Lochs im Muskel, das er sich im WM-Dienst für „Oranje" eingehandelt hatte, die komplette Vorrunde ausgefallen, um in der zweiten Halbserie in 14 Einsätzen zwölf Tore zu erzielen und zehn Assists zu geben. Mario Gomez profitierte von diesem guten Service seiner Kollegen am meisten. „Ich bekam 28 fantastische Bälle, also konn-

Louis van Gaal (links) bei seinem letzten Spiel als Cheftrainer des FC Bayern beim Derby in Nürnberg. Andries Jonker, zuvor Assistent seines Landsmannes aus den Niederlanden, wird Interimscoach und bleibt ungeschlagen.

te ich 28 Tore erzielen", sagte der Torschützenkönig 2010/11 artig und dankbar. In der Summe erzielte diese Bayern-Offensive mit den Superstars Robben, Ribéry, Gomez, Müller und Klose 81 Tore, zuletzt waren es 1987/88 mehr gewesen, 83 damals. Gomez kann es bis heute nicht begreifen, dass diese Angriffswucht in den ersten sieben Spielen nur fünf Treffer zusammenbrachte, darunter ein Mainzer Eigentor.

„Wir haben am Anfang zu wenige Punkte geholt und zu viele Tore kassiert", sagt Philipp Lahm und spricht damit die vierzig Gegentreffer sowie das kollektiv ungeordnete Defensivverhalten an. Der neue Kapitän sieht darin den „Hauptgrund, dass wir nur um Platz drei mitgespielt haben". So mangelte es an der Konstanz, gerade auswärts, von wo ganze 24 Zähler geholt wurden. Lediglich zwischen dem 26. und 28. Spieltag stehen drei Siege in Serie, sonst nie. Immerhin gelang der Zieleinlauf mit neun aufeinander folgenden Auftritten ohne Niederlage, die zumindest Platz drei sicherten. „Wir müssen diese Saison akzeptieren, leider", sagt der Vorstandsvorsitzende Karl-Heinz Rummenigge, nachdem die Bayern als einzigen Titel den Supercup gewonnen haben, und er nennt ganz unmissverständlich die Vorgaben für 2011/12: „Wir erwarten wieder Titel." Dieser gewohnte Anspruch werde erfüllt, verspricht Lahm: „Wir werden in der kommenden Saison die Meisterschaft holen, davon bin ich fest überzeugt." Mit diesem Selbstverständnis soll die kommende Spielzeit begonnen und beendet werden.

Beratung zwischen Bayern-Kapitän Philipp Lahm und seinem Stellvertreter Bastian Schweinsteiger: In der kommenden Saison will der FC Bayern wieder auf Titeljagd gehen.

ALLE SPIELE

Hinrunde										Rückrunde
1	20.08.	H	2:1	(1:0)	VfL Wolfsburg	1:1	(0:1)	A	15.01.	18
2	27.08.	A	2:0	(2:0)	1. FC Kaiserslautern	5:1	(1:0)	H	22.01.	19
3	11.09.	H	0:0		SV Werder Bremen	1:3	(0:0)	A	29.01.	20
4	18.09.	H	0:0		1. FC Köln	3:2	(0:2)	A	05.02.	21
5	21.09.	A	1:2	(1:0)	1899 Hoffenheim	4:0	(2:0)	H	12.02.	22
6	25.09.	H	1:2	(1:1)	1. FSV Mainz 05	1:3	(0:1)	A	19.02.	23
7	03.10.	A	2:0	(0:0)	Borussia Dortmund	1:3	(1:2)	H	26.02.	24
8	16.10.	H	3:0	(1:0)	Hannover 96	3:1	(1:0)	A	05.03.	25
9	22.10.	A	0:0		Hamburger SV	6:0	(1:0)	H	12.03.	26
10	29.10.	H	4:2	(1:0)	SC Freiburg	1:2	(1:1)	A	19.03.	27
11	06.11.	A	3:3	(1:2)	Borussia Mönchengladbach	1:0	(0:0)	H	02.04.	28
12	14.11.	H	3:0	(1:0)	1. FC Nürnberg	1:1	(0:1)	A	09.04.	29
13	20.11.	A	1:1	(1:1)	Bayer 04 Leverkusen	5:1	(4:0)	H	17.04.	30
14	27.11.	H	4:1	(1:1)	Eintracht Frankfurt	1:1	(0:0)	A	23.04.	31
15	04.12.	A	2:0	(0:0)	FC Schalke 04	4:1	(3:1)	H	30.04.	32
16	11.12.	H	3:0	(1:0)	FC St. Pauli	1:8	(0:2)	A	07.05.	33
17	19.12.	A	3:5	(0:3)	VfB Stuttgart	2:1	(1:1)	H	14.05.	34

FC BAYERN MÜNCHEN AUF EINEN BLICK

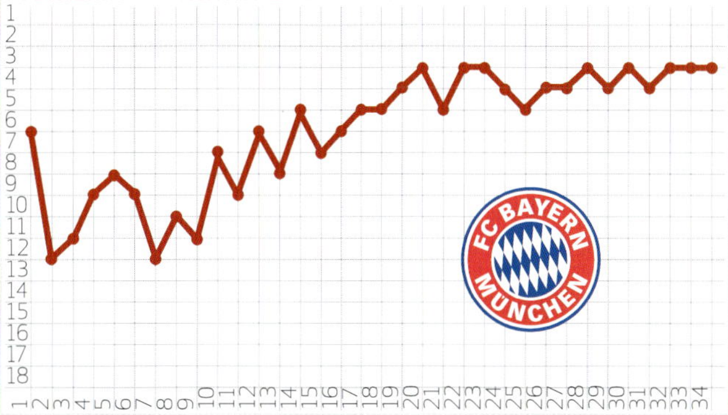

ALLE SPIELER

Name	Vorname	Geburtsdatum	Nationalität	Position	Rücken-Nr.	Einsätze	Auswechslungen	Einwechslungen	Gelbe Karten	Gelb-Rote Karten	Rote Karten	Tore	Elfmeter	Eigentore
Alaba	David	24.06.1992	AUT	M	27	2	-	2	-	-	-	-	-	-
Altintop	Hamit	08.12.1982	TUR	M	8	14	4	6	1	-	-	2	-	-
Badstuber	Holger	13.03.1989	D	A	28	23	3	2	5	-	-	-	-	1
Braafheid	Edson	08.04.1983	NED	A	4	3	2	1	-	-	-	-	-	1
Breno		13.10.1989	BRA	A	2	13	-	6	-	-	1	-	-	-
Butt	Jörg	28.05.1974	D	T	1	23	-	1	-	-	-	-	-	-
Contento	Diego	01.05.1990	D	A	26	14	3	2	-	-	-	-	-	-
Demichelis	Martin	20.12.1980	ARG	A	6	6	1	3	1	-	-	1	-	-
Deul	Boy	30.08.1987	NED	M	36	-	-	-	-	-	-	-	-	-
Gomez	Mario	10.07.1985	D	S	33	32	6	5	2	-	-	28	2	-
Gustavo	Luiz	23.07.1987	BRA	M	30	14	5	1	1	-	-	1	-	-
Haas	Maximilian	07.12.1985	D	A	32	-	-	-	-	-	-	-	-	-
Jüllich	Nicolas	27.03.1990	D	M	34	-	-	-	-	-	-	-	-	-
Klose	Miroslav	09.06.1978	D	S	18	20	6	11	2	-	-	1	-	-
Knasmüllner	Christoph	30.04.1992	AUT	M	29	-	-	-	-	-	-	-	-	-
Kraft	Thomas	22.07.1988	D	T	35	12	1	-	-	-	-	-	-	-
Kroos	Toni	04.01.1990	D	M	39	27	8	8	3	-	-	1	-	-
Lahm	Philipp	11.11.1983	D	A	21	34	-	-	3	-	-	3	3	-
Müller	Thomas	13.09.1989	D	S	25	34	9	2	2	-	-	12	-	-
Olic	Ivica	14.09.1979	CRO	S	11	6	3	3	1	-	-	-	-	-
Ottl	Andreas	01.03.1985	D	M	16	15	1	6	-	-	-	-	-	-
Pranjic	Danijel	02.12.1981	CRO	M	23	28	4	6	2	-	-	-	-	-
Ribéry	Franck	07.04.1983	FRA	M	7	25	2	3	5	-	-	7	-	-
Robben	Arjen	23.01.1984	NED	M	10	14	4	1	3	-	1	12	-	-
Sansone	Nicola	10.09.1991	ITA	S	37	-	-	-	-	-	-	-	-	-
Sattelmaier	Rouven	07.08.1987	D	T	22	-	-	-	-	-	-	-	-	-
Schweinsteiger	Bastian	01.08.1984	D	M	31	32	5	1	6	-	-	4	1	-
Sosa	Jose	19.06.1985	ARG	M	20	-	-	-	-	-	-	-	-	-
Tymoshchuk	Anatoliy	30.03.1979	UKR	M	44	26	5	3	3	-	-	3	-	-
van Bommel	Mark	22.04.1977	NED	M	17	13	1	1	2	-	-	-	-	-
van Buyten	Daniel	07.02.1978	BEL	A	5	21	4	3	1	-	-	2	-	-

BUNDESLIGA

Die „Roten" landen einen echten Coup

In der vorangegangenen Saison fast abgestiegen, nun ganz oben in der Tabelle mit dabei: Hannover 96 gehörte zu den ganz großen Überraschungen der Spielzeit 2010/11 und wurde belohnt mit einem Platz auf der europäischen Bühne.

Die „beste Saison aller Zeiten" hat bei Hannover 96 für eine Aufbruchstimmung gesorgt. „Auf nach Europa", hieß es in der Clubführung, in der Mannschaft, bei Sponsoren und Partnern sowie vor allem bei den Fans nach einer außergewöhnlich erfolgreichen Spielzeit 2010/11. Seit das Team von Cheftrainer Mirko Slomka sich im Bereich der vorderen Tabellenplätze festgesetzt hatte, machte sich in der niedersächsischen Landeshauptstadt nach einer schwierigen Vorsaison mit dem erst spät gesicherten Klassenerhalt ein positiver Wandel breit. Das Motto der 96er „Unsere Stadt – Unser Verein – Unsere Leidenschaft" elektrisierte eine ganze Region. Und fast wäre den „Roten" nicht nur eine große Überraschung gelungen, sondern gar eine echte Sensation, als die Mannschaft einige Zeit vor dem deutschen Rekordmeister FC Bayern München auf dem dritten Tabellenrang lag.

Zu diesem Zeitpunkt wurde in den Medien schon gerechnet und ausgelotet, wie sich die UEFA Champions League wohl wirtschaftlich auswirken könnte. Dieser Traum wäre in Hannover vielleicht Wirklichkeit geworden, wenn der Mannschaft am Schluss nicht ein wenig die Luft ausgegan-

Der Autor: **Hans-Joachim Zwingmann** ist ehemaliger Sportchef im Landesbüro Niedersachsen/Bremen der Deutschen Presse-Agentur (dpa) und über Jahrzehnte journalistischer Begleiter von Hannover 96.

Didier Ya Konan in Aktion: Zusammen mit seinem ebenfalls aus Norwegen gekommenen Partner Mohammed Abdellaoue bildet der Ivorer ein hervorragendes Sturmduo.

BUNDESLIGA

Zu Beginn der Rückrunde wird Ron-Robert Zieler im Spiel bei Eintracht Frankfurt von Trainer Mirko Slomka zur Nummer eins im Tor von Hannover 96 ernannt.

gen wäre. So sagte Clubchef Martin Kind in seiner Saisonbilanz: „Wir haben das ganz große Ziel zwar nicht geschafft, sind aber mit Platz vier mehr als zufrieden. Das hatte uns vor Beginn der Saison niemand zugetraut." Hannover 96 auf der europäischen Bühne – das war vor dem Saisonstart im Sommer 2010 tatsächlich nicht zu erwarten.

Die Väter des Erfolges sind neben Kind zweifellos Jörg Schmadte und Mirko Slomka. Das Trio aus Geschäftsführer, Sportdirektor und Trainer hat mit großer Akribie eine Mannschaft entwickelt, die Teamgeist, Leidenschaft und Kampfeswille zeigte. Daran vermochte nicht einmal das Aus in der ersten DFB-Pokalrunde beim Regionalligisten SV Elversberg etwas ändern. Im Gegenteil: Die Spieler rückten danach noch enger zusammen, schafften einen erfolgreichen Bundesliga-Start und trumpften in der Vorrunde immer stärker auf.

Bei Transfers hatte Schmadtke ein feines Händchen. Nach Didier Ya Konan (2009) wurden 2010 mit Mohammed Abdellaoue, Emanuel Pogatetz und Lars Stindl Spieler verpflichtet, die sich auf Anhieb als Volltreffer erwiesen. Schmadtke, inzwischen zum Vorstandsmitglied aufgestiegen, erklärt zum Aufschwung jedoch: „Es ist ein Verdienst unseres Trainers. Er hat die Mannschaft auf ein schnelles Konterspiel eingestellt und damit die Gegner oft überrascht."

Das Credo für Martin Kind lautet schon seit Jahren: „Ich möchte die Mannschaft und den Verein weiterentwickeln und für Nachhaltigkeit sorgen." Für den Geschäftsführer ist deshalb der Einstieg in den internationalen Wettbewerb für die „Marke 96" ganz besonders wichtig: „Wir werden in Zukunft nicht mehr nur noch regional oder national wahrgenommen, sondern können in Europa für Aufmerksamkeit sorgen." Der Clubchef ist überzeugt davon, dass sich die Teilnahme auf der europäischen Ebene auch für die Sponsoren, Partner und die unterstützenden Unternehmen positiv auswirken wird: „Die Begeisterung ist überall festzustellen."

Altin Lala und Steven Cherundolo, die beiden dienstältesten Profis im Kader, sorgten nach der Tragödie um Torhüter Robert Enke in der vergangenen Saison durch ihr Engagement, ihre Erfahrung und Einfühlsamkeit

Slogan von Hannover 96:

„Unsere Stadt – Unser Verein – Unsere Leidenschaft."

dafür, dass die Mannschaft sich mit den neu verpflichteten Spielern wieder ganz auf das Alltagsgeschäft konzentrieren konnte. Der albanische Nationalspieler Lala fehlte lange Zeit wegen einer Verletzung, dafür kümmerte sich Kapitän Cherundolo um den Zusammenhalt der Mannschaft auf dem Platz und auch abseits von Training und Spielen.

In den Fokus auf dem Rasen rückten besonders die Stürmer Ya Konan und Abdellaoue sowie die Mittelfeldspieler Manuel

Von Hannover 96 im hohen Norden bei Valerenga Oslo entdeckt: Mohammed Abdellaoue, auch schon in Norwegens Nationalelf eingesetzt.

Schmiedebach und Sergio Pinto. Schon nach der ersten Halbserie lobte Schmadtke diese vier: „Sie sind unsere Stützpfeiler in einer Mannschaft, die etwas erreichen will."

Nach der glanzvollen Vorrunde begann die Rückserie mit einem Paukenschlag. Slomka machte Ron-Robert Zieler anstelle von Florian Fromlowitz zur neuen Nummer eins im Tor. Schon während seiner Zeit beim FC Schalke 04 hatte der Trainer einen Wechsel der Keeper vollzogen, damals von Frank Rost zu Manuel Neuer. Die Entscheidung in Hannover erwies sich als richtig, denn der bei Manchester United ausgebildete Zieler wurde zum großen Rückhalt der Mannschaft.

Der Traum von der UEFA Champions League endete erst im Endspurt der Meisterschaftsrunde durch die unerwartete Heimniederlage gegen Borussia Mönchengladbach (0:1) und ein 1:2 beim VfB Stuttgart. Dennoch war das Saisonfinale gegen den 1. FC Nürnberg in der AWD-Arena schon viele Wochen zuvor ausverkauft. Und das freute ganz besonders Clubchef Kind, wurde doch ein Schnitt von über 43.000 Zuschauern erreicht – kalkuliert waren nur 38.000. Auch auf diesem Gebiet fällt die Saisonbilanz bei Hannover 96 also positiv aus – sportlich sowieso.

Da klatscht der Trainer Beifall vor Begeisterung über das Spiel seines Teams: Mirko Slomka hat Hannover 96 in den vergangenen zwölf Monaten zu einer Einheit geformt, die in spielerischer wie kämpferischer Weise überzeugt.

Auch Jörg Schmadtke, bei der Verlängerung seines Vertrags in den Vorstand berufen, freut sich über den Aufschwung während der nun vergangenen Saison in Hannover. Bei manchem Transfer hat der ehemalige Bundesliga-Keeper ein feines Händchen bewiesen.

ALLE SPIELE

Hinrunde										Rückrunde
1	21.08.	H	2:1	(1:1)	Eintracht Frankfurt	0:3	(0:2)	A	16.01.	18
2	28.08.	A	1:2	(0:1)	FC Schalke 04	0:1	(0:1)	H	22.01.	19
3	11.09.	H	2:2	(1:0)	Bayer 04 Leverkusen	2:0	(2:0)	A	28.01.	20
4	18.09.	A	2:0	(0:0)	VfL Wolfsburg	1:0	(1:0)	H	05.02.	21
5	21.09.	H	4:1	(1:1)	SV Werder Bremen	1:1	(0:1)	A	13.02.	22
6	26.09.	A	0:1	(0:1)	1. FC Kaiserslautern	3:0	(2:0)	H	19.02.	23
7	01.10.	H	0:1	(0:1)	FC St. Pauli	0:1	(0:0)	A	26.02.	24
8	16.10.	A	3:0	(1:0)	FC Bayern München	3:1	(1:0)	H	05.03.	25
9	23.10.	H	2:1	(2:0)	1. FC Köln	4:0	(1:0)	A	11.03.	26
10	31.10.	A	4:0	(1:0)	1899 Hoffenheim	2:0	(1:0)	H	19.03.	27
11	07.11.	H	0:4	(0:1)	Borussia Dortmund	4:1	(0:0)	A	02.04.	28
12	13.11.	A	0:1	(0:1)	1. FSV Mainz 05	2:0	(1:0)	H	09.04.	29
13	20.11.	H	3:2	(1:1)	Hamburger SV	0:0		A	16.04.	30
14	27.11.	H	3:0	(1:0)	SC Freiburg	1:3	(0:2)	A	21.04.	31
15	04.12.	A	1:2	(1:0)	Borussia Mönchengladbach	0:1	(0:0)	H	30.04.	32
16	10.12.	H	2:1	(1:0)	VfB Stuttgart	2:1	(0:0)	A	07.05.	33
17	18.12.	A	3:1	(2:0)	1. FC Nürnberg	3:1	(1:1)	H	14.05.	34

HANNOVER 96 AUF EINEN BLICK

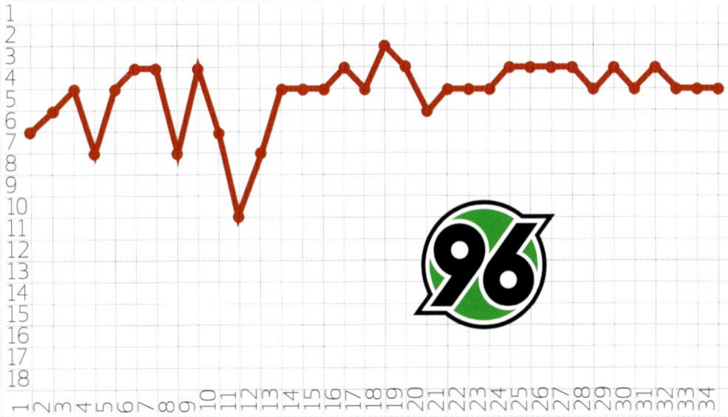

ALLE SPIELER

Name	Vorname	Geburtsdatum	Nationalität	Position	Rücken-Nr.	Einsätze	Auswechslungen	Einwechslungen	Gelbe Karten	Gelb-Rote Karten	Rote Karten	Tore	Elfmeter	Eigentore
Abdellaoue	Mohammed	23.10.1985	NOR	S	25	26	12	-	1	-	-	10	-	-
Andreasen	Leon	23.04.1983	DEN	M	3	-	-	-	-	-	-	-	-	-
Avevor	Christopher	11.02.1992	D	A	35	5	-	2	-	-	-	-	-	-
Beasley	DaMarcus	24.05.1982	USA	M	16	4	-	4	-	-	-	-	-	-
Burmeister	Felix	09.03.1990	D	A	37	-	-	-	-	-	-	-	-	-
Carlitos		06.09.1982	POR	M	30	6	2	4	-	-	-	-	-	-
Chahed	Sofian	18.04.1983	TUN	A	23	18	1	16	2	-	-	-	-	-
Cherundolo	Steven	19.02.1979	USA	A	6	33	2	-	5	1	-	-	-	1
Djakpa	Constant	17.10.1986	CIV	A	15	14	-	9	-	-	-	-	-	-
Eggimann	Mario	24.01.1981	SUI	A	5	12	-	5	-	-	-	-	-	-
Ernst	Henrik	02.09.1986	D	M	41	-	-	-	-	-	-	-	-	-
Evseev	Willi	14.02.1992	D	M	36	-	-	-	-	-	-	-	-	-
Forssell	Mikael	15.03.1981	FIN	S	32	12	1	11	-	-	-	-	-	-
Fromlowitz	Florian	02.07.1986	D	T	1	20	-	1	2	-	-	-	-	-
Haggui	Karim	20.01.1984	TUN	A	21	25	-	-	3	-	2	1	-	-
Hanke	Mike	05.11.1983	D	S	9	7	-	7	-	-	-	3	-	-
Hofmann	Tim	09.06.1988	D	A	31	-	-	-	-	-	-	-	-	-
Lala	Altin	18.11.1975	ALB	M	8	10	2	8	-	-	-	-	-	-
Miller	Markus	08.04.1982	D	T	14	-	-	-	-	-	-	-	-	-
Pinto	Sergio	16.10.1980	D	M	7	31	10	-	11	-	-	5	1	-
Pogatetz	Emanuel	16.01.1983	AUT	A	4	28	1	-	4	1	-	-	-	-
Rama	Valdet	20.11.1987	KOS	M	22	-	-	-	-	-	-	-	-	-
Rausch	Konstantin	15.03.1990	D	M	34	34	19	-	1	-	-	5	-	-
Schlaudraff	Jan	18.07.1983	D	S	13	21	15	5	1	-	-	4	-	-
Schmiedebach	Manuel	05.12.1988	D	M	33	32	8	1	7	1	-	-	-	-
Schulz	Christian	01.04.1983	D	A	19	33	1	-	4	-	-	4	-	-
Stindl	Lars	26.08.1988	D	M	28	33	6	10	6	-	-	2	-	-
Stoppelkamp	Moritz	11.12.1986	D	S	17	23	7	13	-	-	-	-	-	-
Ya Konan	Didier	22.05.1984	CIV	S	11	28	8	-	6	-	-	14	2	-
Zieler	Ron-Robert	12.02.1989	D	T	20	15	1	-	1	-	-	-	-	-

Nicht nur die „Boy Group" hat

sich entwickelt

Fußballspaß pur bei André Schürrle, Adam Szalai und Lewis Holtby (von links) nach dem 2:0-Sieg des 1. FSV Mainz 05 beim SV Werder Bremen, dem vierten Erfolg im vierten Saisonspiel.

BUNDESLIGA

Der Autor: **Jörg Schneider** ist Sportredakteur der „Mainzer Rhein-Zeitung" und berichtet regelmäßig über den 1. FSV Mainz 05.

Begeistert von der Gesamtleistung der Mannschaft: Präsident Harald Strutz.

Anfangs wurde in der rheinland-pfälzischen Landeshauptstadt sogar von dem ganz großen Coup geträumt: Nach sieben Siegen zum Auftakt schien für den 1. FSV Mainz 05 alles möglich. Am Saisonende war auch der fünfte Platz eine Sensation.

Ganz erstaunliche 58 Punkte, das ist eine Marke, die bisher eher den so genannten Großen der Bundesliga vorbehalten war. Nicht für möglich gehaltene elf Zähler Vorsprung vor dem Tabellensechsten 1. FC Nürnberg. Sieben Startsiege, Bundesliga-Rekord eingestellt. Insgesamt überragende 18 Saisonsiege. Davon zehn auf des Gegners Platz, unter anderem beim FC Bayern München – und damit die drittbeste Auswärtsbilanz. Zweitbeste Defensive. Unumstrittener Fußball-„König" im Rhein-Main-Gebiet. Einzug in die Qualifikation zur UEFA Europa League. Der Club, der seine unverwechselbare Marke und bundesweit hohen Sympathiewerte diversen fröhlichen Nichtabstiegsfeiern und von Tränen begleiteten missglückten Aufstiegsversuchen in vergangenen Zweitligazeiten verdankt, ist eine echte Nummer geworden im deutschen Profifußball.

Der Abschied vom liebenswürdigen Bruchwegstadion mit seiner sehr besonderen Atmosphäre fällt allen Beteiligten leicht. Weil in Fußwegweite ein modernes, 34.000 Zuschauer fassendes, wirtschaftlich ertragreicheres Schmuckkästchen als neue Heimspielstätte bereitsteht. In die neu gebaute Coface Arena zieht der 1. FSV Mainz 05 im Juli ein auf dem sportlichen Höhepunkt seiner 106-jährigen Clubgeschichte. Nach dem 2:1-Sieg im historischen „Endspiel" am Bruchweg gegen den FC St. Pauli haben die 05er die Saison 2010/11 als Tabellenfünfter abgeschlossen. Eine Saison der Superlative. „Was soll man zu dieser Mannschaft noch sagen?" So stellte Präsident Harald Strutz nach dem letzten Saisonauftritt des Teams, das seine Anhänger derart begeistert, die rhetorische Frage. „Für uns ist das ein Aufbruch zu neuen Ufern, ein Meilenstein", sagt Strutz, der seit über zwanzig Jahren den Club führt und auch 2. Vizepräsident des Ligaverbandes ist. „Wir haben jetzt die große Chance, den Verein weiterzuentwickeln. Wir wollen das, was wir am Bruchweg hatten, auch im neuen Stadion erleben."

Präsident Harald Strutz:

„Für uns ein Aufbruch zu neuen Ufern, ein Meilenstein."

In 32 Saisonspielen dabei – auf mehr Einsätze als Kapitän Nikolce Noveski, hier vor dem Leverkusener Stefan Kießling (hinten) am Ball, kommt bei Mainz 05 nur André Schürrle.

Die Verantwortlichen um Strutz, Manager Christian Heidel und vor allem Trainer Thomas Tuchel, brauchten nur zwei Spielzeiten, um einen Kader zu formen, der in der Lage ist, auch mit den Großen mitzuhalten. Tuchel hat dem Team ein Gesicht gegeben, einen Spielstil kreiert, wobei das Kollektiv im Vordergrund steht. Die gern verwendete Floskel, alle Positionen doppelt besetzt zu haben, ist bei Tuchel keine Worthülse, die dem Praxistest nicht standhält. Nahezu der komplette Kader kam in den Genuss von Einsatzzeiten. Tuchel schickte sein gesamtes Personal je nach Aufgabenstellung und eigenem

Matchplan in den unterschiedlichsten Formationen ins Rennen. Mit einer sehr eigenen Spielidee, mit der Maßgabe, eigenen Ballbesitz zu kultivieren und mit enorm hohem Aufwand.

„Den Spielern gehört die größte Anerkennung, dass sie auch am Ende einer solchen Saison noch immer das ganze Programm in dieser Art und Weise abrufen", sagt der 37-Jährige. Das, so der 05-Coach, sei ein Alleinstellungsmerkmal dieser Mannschaft: „Das ist Qualität, die man nicht kleinreden darf." Das gesamte Team betreibe einen außergewöhnlichen Aufwand. Und zwar schon in jeder einzelnen Trainingseinheit.

Verschmitzt zeigt sich Manager Christian Heidel, der immer aufs Neue mit passenden Verstärkungen für den 1. FSV Mainz 05 für Überraschungen sorgt.

Das konsequente Umsetzen mutiger Trainingsmethoden stieß bei leidenschaftlich mitziehenden Spielern auf einen perfekten Nährboden. Tuchel formte aus dem großen Talent André Schürrle einen Nationalspieler mit überragenden Fähigkeiten. Schürrle wechselt zu Bayer 04 Leverkusen. Die Mainzer schreckt auch der Weggang des zweiten Edeltalentes nicht. Lewis Holtby muss nach einjähriger Ausleihzeit zurück zum FC Schalke 04. Interessant: Beide Nationalspieler, die mit ihren Erfolgen den Ruf der „Mainzer Boy Group" prägten, durchlebten eine harte Schule, mussten sich bei Formschwankungen über die Rolle als „Joker" neu anbieten und beweisen. Mit dem Resultat der Entwicklung vom Talent zum verlässlichen Mannschaftsspieler.

Hat in dieser Saison beim 1. FSV Mainz 05 nahezu alle Spieler seines Kaders zum Einsatz gebracht: Trainer Thomas Tuchel dirigiert engagiert am Spielfeldrand.

Natürlich wird das Duo in der neuen Saison fehlen. Nervös wird deshalb in Mainz niemand. Der Weggang von Leistungsträgern ist für den Club wirtschaftlich unabdingbar und gehört dazu. Manager Heidel bleibt seinem Konzept treu und hat für die nächste Spielzeit schon einige potenzielle Nachfolger verpflichtet. Trainer Tuchel wird erneut mit einer Mischung aus erfahrenen Profis und hungrigen, jungen Spielern versuchen, eine gute Rolle zu spielen. Übersteigerte Erwartungen gibt's nicht. Denn Präsident Strutz weiß: „Diese Saison ist so was von sensationell gelaufen. Das ist eine Ausnahmesituation für einen Verein wie uns. Man muss auch damit rechnen, dass es nicht immer so gehen wird."

ALLE SPIELE

Hinrunde										Rückrunde
1	22.08.	H	2:0	(1:0)	VfB Stuttgart	1:0	(0:0)	A	15.01.	18
2	28.08.	A	3:4	(3:1)	VfL Wolfsburg	0:1	(0:0)	H	22.01.	19
3	12.09.	H	2:1	(0:1)	1. FC Kaiserslautern	0:1	(0:1)	A	29.01.	20
4	18.09.	A	0:2	(0:0)	SV Werder Bremen	1:1	(1:0)	H	05.02.	21
5	21.09.	H	2:0	(0:0)	1. FC Köln	4:2	(2:1)	A	13.02.	22
6	25.09.	A	1:2	(1:1)	FC Bayern München	1:3	(0:1)	H	19.02.	23
7	02.10.	H	4:2	(1:1)	1899 Hoffenheim	1:2	(0:1)	A	26.02.	24
8	16.10.	H	0:1	(0:0)	Hamburger SV	2:4	(1:0)	A	06.03.	25
9	24.10.	A	0:1	(0:0)	Bayer 04 Leverkusen	0:1	(0:0)	H	13.03.	26
10	31.10.	H	0:2	(0:1)	Borussia Dortmund	1:1	(1:0)	A	19.03.	27
11	06.11.	A	1:0	(0:0)	SC Freiburg	1:1	(0:1)	H	02.04.	28
12	13.11.	H	0:1	(0:1)	Hannover 96	2:0	(1:0)	A	09.04.	29
13	20.11.	A	2:3	(0:0)	Borussia Mönchengladbach	1:0	(0:0)	H	15.04.	30
14	26.11.	H	3:0	(1:0)	1. FC Nürnberg	0:0		A	24.04.	31
15	04.12.	A	2:1	(1:1)	Eintracht Frankfurt	3:0	(3:0)	H	30.04.	32
16	12.12.	H	0:1	(0:1)	FC Schalke 04	1:3	(0:0)	A	07.05.	33
17	18.12.	A	2:4	(1:3)	FC St. Pauli	2:1	(0:1)	H	14.05.	34

1. FSV MAINZ 05 AUF EINEN BLICK

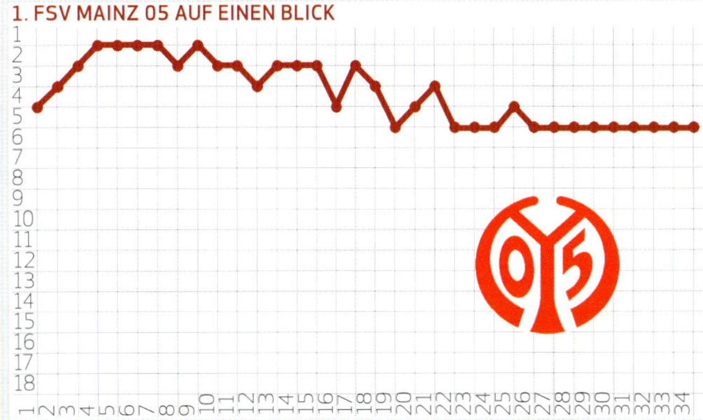

ALLE SPIELER

Name	Vorname	Geburtsdatum	Nationalität	Position	Rücken-Nr.	Einsätze	Auswechslungen	Einwechslungen	Gelbe Karten	Gelb-Rote Karten	Rote Karten	Tore	Elfmeter	Eigentore
Allagui	Sami	28.05.1986	TUN	S	9	28	12	10	1	-	-	10	-	-
Babangida	Haruna	01.10.1982	NGA	S	17	1	1	-	-	-	-	-	-	-
Bancé	Aristide	19.09.1984	BFA	S	23	-	-	-	-	-	-	-	-	-
Bell	Stefan	24.08.1991	D	A	34	-	-	-	-	-	-	-	-	-
Bungert	Niko	24.10.1986	D	A	26	28	3	2	2	-	-	1	-	-
Caligiuri	Marco	14.04.1984	D	M	6	22	6	5	2	-	-	1	-	-
Fathi	Malik	29.10.1983	D	A	3	19	5	2	1	-	-	-	-	-
Fuchs	Christian	07.04.1986	AUT	A	22	31	2	1	6	-	-	-	-	-
Gjorgiev	Dragan	16.12.1990	MKD	S	36	-	-	-	-	-	-	-	-	-
Gopko	Eugen	05.01.1991	D	A	5	1	1	1	-	-	-	-	-	-
Heller	Florian	10.03.1982	D	A	16	19	5	12	2	-	-	1	-	-
Holtby	Lewis	18.09.1990	D	M	18	30	14	7	3	-	-	4	-	-
Ivanschitz	Andreas	15.10.1983	AUT	M	25	20	10	7	-	-	-	3	-	-
Karhan	Miroslav	21.06.1976	SVK	M	21	13	1	4	1	-	-	-	-	-
Kirchhoff	Jan	01.10.1990	D	A	15	10	-	2	2	-	-	-	-	-
Löw	Zsolt	29.04.1979	HUN	A	24	-	-	-	-	-	-	-	-	-
Müller	Heinz	30.05.1978	D	T	33	10	-	-	1	-	-	-	-	-
Noveski	Nikolce	28.04.1979	MKD	A	4	32	1	-	3	-	1	2	-	-
Pieckenhagen	Martin	15.11.1971	D	T	1	1	-	1	-	-	-	-	-	-
Polanski	Eugen	17.03.1986	D	M	7	28	6	3	10	-	-	-	1	-
Rasmussen	Morten	31.01.1985	DEN	S	11	5	3	2	-	-	-	2	-	-
Risse	Marcel	17.12.1989	D	M	23	25	9	13	-	-	-	2	-	-
Schürrle	André	06.11.1990	D	S	14	33	7	7	2	-	-	15	4	-
Simak	Jan	13.10.1978	CZE	M	10	1	-	1	-	-	-	-	-	-
Sliskovic	Petar	21.02.1991	CRO	S	35	9	1	8	-	-	-	2	-	-
Soto	Elkin	04.08.1980	COL	M	19	26	4	5	3	-	-	4	-	-
Svensson	Bo	04.08.1979	DEN	A	2	19	1	-	5	-	-	-	-	1
Szalai	Adam	09.12.1987	HUN	S	28	20	6	6	1	-	-	4	-	-
Trojan	Filip	21.02.1983	CZE	M	11	-	-	-	-	-	-	-	-	-
Wetklo	Christian	11.01.1980	D	T	29	24	1	-	4	-	-	-	-	-
Zabavnik	Radoslav	16.09.1980	SVK	A	8	20	2	2	5	-	-	-	-	-

„Club"-Wonnemonate sorgenfrei genießen

In den beiden vergangenen Spielzeiten war der 1. FC Nürnberg jeweils an der wieder eingeführten Relegation beteiligt. Über die „zweite Chance" wurde 2009 der Aufstieg und 2010 der Klassenerhalt geschafft. Von solcher Nervenanspannung waren die Franken 2010/11 ganz weit entfernt.

An die Initialzündung für den bemerkenswerten Höhenflug, der den „Club" beinahe auf die internationale Bühne katapultiert hätte, erinnert sich Dieter Hecking noch ganz genau. Der Trainer des 1. FC Nürnberg bekommt sogar eine Gänsehaut, wenn er an diesen wundervollen Abend denkt. An den Moment unter Flutlicht, der den weiteren Saisonverlauf in fast magischer Weise erhellen sollte.

22. September 2010, 21.46 Uhr. 1:1 steht es im Traditionsduell zwischen dem 1. FC Nürnberg und dem VfB Stuttgart. Die Schwaben sind in Überzahl und drängen auf den Sieg. Noch eine Ecke, ihre letzte Chance. Doch die Franken bleiben hellwach, wehren die Gefahr ab und holen aus zum Gegenzug. Plötzlich läuft Javier Pinola allein auf Torwart Sven Ulreich zu und trifft in letzter Sekunde zum 2:1. Begleitet von einem Jubelsturm, der das Stadion in seinen Grundfesten erschüttert.

Der Autor: **Harald Büttner** ist Sportchef der „Nürnberger Zeitung" und berichtet seit vielen Jahren über den „Club".

Im fünften Anlauf war der erste Saisonsieg endlich perfekt. Nur vor diesem Spieltag stand der 1. FCN auf dem Relegationsplatz, danach ging es konstant bergauf. Der fränkische Altmeister, dem seit geraumer Zeit auch der fragwürdige Titel des Rekordabsteigers und -aufsteigers anhängt, verzückte seine Fans mit einer absolut sorgenfreien Saison. Nie drohte auch nur ansatzweise Abstiegsgefahr, permanent bewegte sich Heckings Team deutlich mit Abstand zur Gefahrenzone. Das hatte es zuletzt in der Saison 2006/07 gegeben, als die Nürnberger zudem DFB-Pokalsieger wurden, und davor auch nur vier Mal in 28 Jahren Bundesliga-Zugehörigkeit.

„Wir können stolz sein, mein Team hat eine überragende Runde gespielt", bilanziert Hecking, der den 1. FCN in bemerkenswerter Weise wiederbelebt hat. „Die Mannschaft präsentiert sich nun schon seit eineinhalb Jahren stabil", erinnert Sportdirektor Martin Bader an die erfolgreiche Aufholjagd in der Rückrunde der vergangenen Saison, inklusive der souverän gemeisterten Relegation, und die darauf folgenden zwölf „Wonnemonate" für Nürnberg. „Konti-

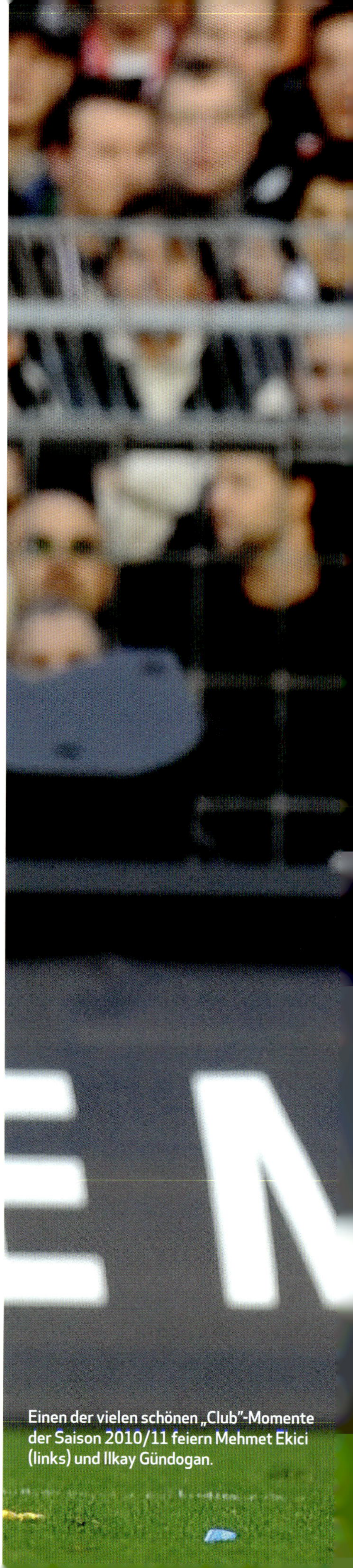

Einen der vielen schönen „Club"-Momente der Saison 2010/11 feiern Mehmet Ekici (links) und Ilkay Gündogan.

ARE
FCN
37

Zusammen mit Trainer Dieter Hecking der „Macher" beim 1. FC Nürnberg, schon seit 2004 „Club"-Sportdirektor: Martin Bader.

nuität ist Luxus", betont Bader. Er weiß, wovon er spricht. Seit 2004 hat er alle Höhen und Tiefen durchlebt bei diesem außergewöhnlichen Verein.

Hecking und Bader, die beiden „Frontmänner", ergänzten sich nahezu perfekt. Der 46-jährige Chefcoach wird von den Fans zwar nicht glorifiziert wie einst Hans Meyer, doch die Franken schätzen und respektieren den bodenständig und akribisch arbeitenden Fußballfachmann. Bader (43) sorgt mit Unaufgeregtheit und Eloquenz für eine hervorragende Außendarstellung und hat Jahr für Jahr eine recht ordentliche Transferbilanz vorzuweisen. Von der auch Finanzvorstand Ralf Woy profitiert. Der Transfer von Ilkay Gündogan zu Borussia Dortmund beschleunigt nun seinen ambitionierten Plan, den Verein zu entschulden.

Der Zuschauerschnitt von rund 42.000 ebenfalls. Fast immer war die Hütte voll. „Es ist unheimlich viel passiert zwischen Mannschaft und den Fans, wir konnten uns ein Stück weit revanchieren für die unglaubliche Treue der Menschen", sagt Bader mit Blick auf die vielen Highlights 2010/11. Unvergessen bleiben neben dem Last-Minute-Jubel gegen Stuttgart etwa das 4:1 im Rück-

Trainer Dieter Hecking:

„Wir können stolz sein, das Team hat eine überragende Runde gespielt."

spiel beim VfB, das Hecking zum Anlass nahm, vorzeitig den Klassenerhalt auszurufen. Nur drei Wochen später zelebrierte der 1. FCN mit dem 5:0 gegen den FC St. Pauli einen seiner höchsten Bundesliga-Siege überhaupt. Vor allem dank Christian Eigler, der nach dem 63. „Viererpack" der

Zwei Stürmer, die den 1. FC Nürnberg verlassen: Links im Bild Julian Schieber, der nach einem Jahr bei den Franken und einer enormen Entwicklung wieder zum VfB Stuttgart zurückkehrt, und Marek Mintal (oben), beim letzten Heimspiel der Saison von den Fans mit Standing Ovations verabschiedet.

Eigentlich ein sehr ruhiger Fachmann, aber während der neunzig Minuten auch nicht frei von Emotionen: Trainer Dieter Hecking, der den 1. FC Nürnberg in dieser Saison ein gutes Stück nach vorne gebracht hat.

Bundesliga-Geschichte von den Fans kurzerhand zum „Fußballgott" gekürt wurde.

Nach dem 2:0-Erfolg Mitte April beim 1. FC Kaiserslautern nahm Heckings Elf sogar die UEFA Europa League ins Visier, doch schon eine Woche später folgte mit dem torlosen Unentschieden im „Endspiel" gegen den 1. FSV Mainz 05 die Ernüchterung. Vielleicht sogar besser so. Vor vier Jahren bezahlte der „Club" die Doppelbelastung von nationaler und internationaler Beschäftigung mit dem Abstieg.

Das letzte Heimspiel gegen 1899 Hoffenheim (1:2) geriet zur Hommage an Marek Mintal. Das „Phantom" nahm nach acht Jahren Abschied. Unter Tränen. Noch lange nach dem Abpfiff feierten die Fans den 33-Jährigen, der sich 2005 als bislang einziger „Club"-Profi die Bundesliga-Torjägerkanone hatte sichern können, mit Standing Ovations.

Zuletzt kam der Slowake allerdings nicht mehr über eine Reservistenrolle hinaus. Andere avancierten zu Protagonisten. Gündogan und Mehmet Ekici etwa. Die beiden scheidenden Deutsch-Türken standen für Kreativität und Offensivdrang. Und auch Julian Schieber, Leihgabe aus Stuttgart, geht mit der Referenz, seinen Marktwert in zwölf Monaten Nürnberg um ein Vielfaches gesteigert zu haben, zum VfB zurück.

Im Schatten dieses Trios erwiesen sich die emsigen Mittelfeldarbeiter Timmy Simons und Almog Cohen als absolute Volltreffer. Und Innenverteidiger Philipp Wollscheid verkörpert als Senkrechtstarter den neuen Jugendstil. Hecking integrierte zudem Talente wie Timothy Chandler, Marvin Plattenhardt und Markus Mendler aus dem vereinseigenen Talentschuppen in den Profikader. Vor der Zukunft muss dem 1. FC Nürnberg also nicht bange sein.

ALLE SPIELE

Hinrunde										Rückrunde
1	21.08.	A	1:1	(1:1)	Borussia Mönchengladbach	0:1	(0:1)	H	15.01.	18
2	28.08.	H	1:2	(1:1)	SC Freiburg	1:1	(1:0)	A	22.01.	19
3	11.09.	A	1:1	(0:0)	Hamburger SV	2:0	(0:0)	H	29.01.	20
4	19.09.	A	0:0		Bayer 04 Leverkusen	1:0	(0:0)	H	05.02.	21
5	22.09.	H	2:1	(1:0)	VfB Stuttgart	1:4	(1:2)	A	12.02.	22
6	25.09.	A	2:0	(1:0)	Eintracht Frankfurt	3:0	(0:0)	H	18.02.	23
7	02.10.	H	2:1	(0:0)	FC Schalke 04	1:1	(0:1)	A	26.02.	24
8	16.10.	A	3:2	(1:0)	FC St. Pauli	5:0	(3:0)	H	05.03.	25
9	23.10.	H	2:1	(1:1)	VfL Wolfsburg	1:2	(1:1)	A	12.03.	26
10	30.10.	A	2:3	(1:1)	SV Werder Bremen	1:3	(1:1)	H	19.03.	27
11	06.11.	H	3:1	(2:1)	1. FC Köln	1:0	(0:0)	A	03.04.	28
12	14.11.	A	3:0	(1:0)	FC Bayern München	1:1	(0:1)	H	09.04.	29
13	20.11.	H	1:3	(0:3)	1. FC Kaiserslautern	0:2	(0:1)	A	16.04.	30
14	26.11.	A	3:0	(1:0)	1. FSV Mainz 05	0:0		H	24.04.	31
15	05.12.	H	0:2	(0:1)	Borussia Dortmund	2:0	(2:0)	A	30.04.	32
16	11.12.	A	1:1	(0:0)	1899 Hoffenheim	1:2	(1:1)	H	07.05.	33
17	18.12.	H	3:1	(2:0)	Hannover 96		:	A	14.05.	34

1. FC NÜRNBERG AUF EINEN BLICK

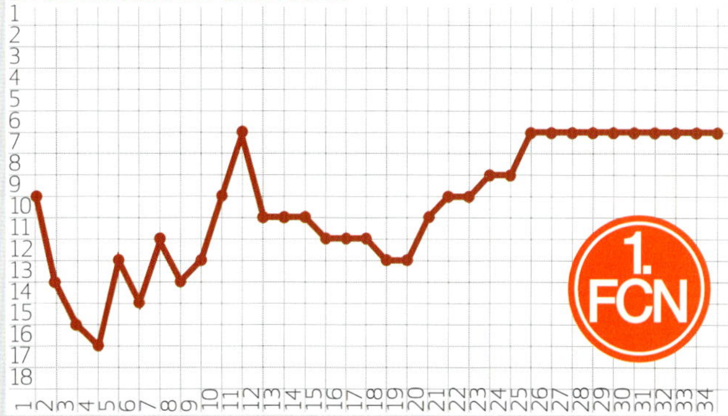

ALLE SPIELER

Name	Vorname	Geburtsdatum	Nationalität	Position	Rücken-Nr.	Einsätze	Auswechslungen	Einwechslungen	Gelbe Karten	Gelb-Rote Karten	Rote Karten	Tore	Elfmeter	Eigentore
Batz	Daniel	12.01.1991	D	T	32	-	-	-	-	-	-	-	-	-
Ben Khalifa	Nassim	13.01.1992	SUI	S	19	1	-	1	-	-	-	-	-	-
Bieler	Pascal	26.02.1986	D	A	20	4	1	1	1	-	-	-	-	-
Boakye	Isaac	26.11.1981	GHA	S	19	2	-	2	-	-	-	-	-	-
Brown Forbes	Felicio	28.08.1991	D	A	33	-	-	-	-	-	-	-	-	-
Bunjaku	Albert	29.11.1983	SUI	S	10	3	3	-	-	-	-	-	-	-
Chandler	Timothy	29.03.1990	D	M	26	14	1	3	2	1	-	1	-	-
Charisteas	Angelos	09.02.1980	GRE	S	9	-	-	-	-	-	-	-	-	-
Cohen	Almog	01.09.1988	ISR	M	18	25	14	6	6	-	-	2	-	-
Eigler	Christian	01.01.1984	D	S	8	32	6	11	2	1	-	8	-	-
Ekici	Mehmet	25.03.1990	TUR	M	37	32	14	3	6	-	-	3	-	-
Frantz	Mike	14.10.1986	D	M	17	14	9	4	-	-	-	2	-	-
Gündogan	Ilkay	24.10.1990	D	M	22	25	12	4	2	-	-	5	-	-
Hegeler	Jens	22.01.1988	D	M	13	34	13	5	3	-	-	3	-	-
Judt	Juri	24.07.1986	D	A	16	24	7	-	5	-	-	-	-	-
Klewer	Daniel	04.03.1977	D	T	12	-	-	-	-	-	-	-	-	-
Mak	Robert	08.03.1991	SVK	S	14	22	5	16	1	-	-	3	-	-
Maroh	Dominic	04.03.1987	SVN	A	6	8	-	2	1	-	-	-	-	-
Mendler	Markus	07.01.1993	D	M	27	6	1	5	1	-	-	-	-	-
Mintal	Marek	02.09.1977	SVK	M	11	17	-	17	-	-	-	-	-	-
Nilsson	Per	15.09.1982	SWE	A	3	19	-	5	1	-	-	1	-	-
Ochs	Timo	17.10.1981	D	T	24	-	-	-	-	-	-	-	-	-
Okotie	Rubin	06.06.1987	AUT	S	29	4	-	4	-	-	-	-	-	-
Pinola	Javier	24.02.1983	ARG	A	25	28	4	1	7	-	-	2	2	-
Plattenhardt	Marvin	26.01.1992	D	A	40	9	1	5	1	-	-	-	-	-
Sauter	Christoph	03.08.1991	D	M	15	-	-	-	-	-	-	-	-	-
Schäfer	Raphael	30.01.1979	D	T	1	34	1	-	4	-	-	-	-	-
Schieber	Julian	13.02.1989	D	S	23	29	6	1	2	-	-	7	-	-
Simons	Timmy	11.12.1976	BEL	M	2	34	-	-	4	-	-	2	1	-
Stephan	Alexander	15.09.1986	D	T	30	1	-	1	-	-	-	-	-	-
Vidosic	Dario	08.04.1987	AUS	M	21	5	1	4	-	-	-	-	-	-
Wießmeier	Julian	04.11.1992	D	M	31	1	1	-	-	-	-	1	-	-
Wolf	Andreas	12.06.1982	D	A	5	30	1	-	11	1	-	3	1	-
Wollscheid	Philipp	06.03.1989	D	A	38	19	1	1	3	-	-	3	-	-

Auch in kritischen Momenten Ruhe bewahrt

Nicht immer ganz frei von sportlichen Problemen, letztlich aber souverän hat der 1. FC Kaiserslautern sein Bundesliga-Comeback erfolgreich bewältigt und sein vorrangiges Ziel, den Klassenerhalt, erreicht und ist beim Saisonfinale noch auf den siebten Tabellenplatz geklettert.

Ein rasanter Zweikampf in der Luft zwischen Christian Tiffert, einem der überragenden Leistungsträger beim 1. FC Kaiserslautern in dieser Saison, und Gerald Asamoah (links), Stürmer beim FC St. Pauli.

Allgäuer
Latschen
Kiefer®

Srdjan Lakic, mit 16 Treffern erfolgreichster Torschütze der „Roten Teufel" in der ersten Saison nach dem Bundesliga-Wiederaufstieg.

Der Autor: **Horst Konzok**, Ressortleiter Sport der Ludwigshafener Tageszeitung „DIE RHEINPFALZ", berichtet schon seit Jahrzehnten über den 1. FC Kaiserslautern.

Geschafft! Eine Woche vor dem Saisonfinale gegen den SV Werder Bremen setzte das große Aufatmen beim 1. FC Kaiserslautern ein. 43 Punkte – der Klassenerhalt war auch rechnerisch geschafft. „Wir haben uns für ein weiteres Jahr Bundesliga qualifiziert", sagte Trainer Marco Kurz. Zwei Tage nach dem letzten Saisonspiel in dem zum siebten Mal in dieser Saison mit 49.780 Zuschauern ausverkauften Fritz-Walter-Stadion ist er 42 Jahre alt geworden. Ein Coach, der mit beharrlicher Arbeit und klarem Kurs für den Aufschwung der „Roten Teufel" steht: Aufstieg 2010, Klassenerhalt 2011.

Marco Kurz über Tobias Sippel/Martin Amedick

„Zwei Härtefälle. Aber bei uns ist die Mannschaft der Star."

Beim FCK herrschte in dieser Saison stets Ruhe. „Die Trainerfrage stellt sich nicht, wir haben den Vertrag mit Marco Kurz bewusst vor der Saison bis 2012 verlängert", erklärte Stefan Kuntz, der FCK-Vorstandsvorsitzende, als es nach fantastischem Saisonstart eine erste Niederlagenserie gab. „Es gab keinen Grund, unruhig zu werden. Die Ergebnisse stimmten wohl nicht, aber wir haben in dieser Phase nicht schlecht gespielt." So formulierte Kurz, dessen Autorität gestärkt war, um seinen Kurs zu steuern. „Er ist ein mutiger Trainer, der auch mit umstrittensten Personalentscheidungen letztlich erfolgreich war", attestierte Kuntz dem Coach, der nie nach Namen, der nie nach zurückliegenden Verdiensten aufstellte. „Ich versuche immer, die beste Formation zu finden", begründet Kurz Personalien, die oft Schlagzeilen machten.

So tauschte er auf der Zielgeraden der Saison den Torwart, so nahm er nach dem Fehlstart in die Rückrunde den Kapitän aus der Startelf. Mit Tobias Sippel und Martin Amedick saßen plötzlich zwei Asse des Wiederaufstiegs auf der Bank. „Härtefälle", sagte Kurz. „Aber bei uns ist die Mannschaft der Star. Man darf nicht vergessen, dass wir ohne ‚Tobi' gar nicht in der Bundesliga wären." Er hatte Kevin Trapp im wichtigen Heimspiel gegen den SC Freiburg gebracht, weil Sippel an Grippe erkrankt war. Trapp spielte stark, war ein Garant des 2:1-Sieges, hielt eine Woche später das 1:0 im Mönchengladbach fest. Fortan schenkte Kurz dem 20-Jährigen das Vertrauen.

Für Amedick kam Mathias Abel, der in der Hinrunde ein sagenhaftes Comeback nach mehr als zweijähriger Zwangspause und sechs Knieoperationen gefeiert hatte. Beim 2:0 gegen den FC St. Pauli sorgte Abel per Kopfball für den entscheidenden zweiten Treffer. „Ein Traum für mich als echtem Lauterer", jubelte Abel. Es hatte schon etwas Symbolhaftes, als sich die Mannschaft an jenem Freitagabend mit einem Plakat vor der legendären Westkurve aufbaute. In Riesenlettern stand auf dem Dankeschön-Transparent: „Gemeinsam unzerstörbar."

Des Trainers These „Der Star ist die Mannschaft" bestätigte Amedick am vorletzten Spieltag in Wolfsburg. Der Kapitän spielte für den erkrankten Abel – und schoss das Siegtor.

Kopf, Herz und Seele der Mannschaft aber war Christian Tiffert: Antreiber, bester Vorlagengeber, zentrale Figur. „Konstant wie noch nie, diese Leistung hat er sich selbst nicht zugetraut", schwärmte der Trainer nach der grandiosen Saison des 29-Jährigen, der vom MSV Duisburg gekommen war. Als Zehner, als Achter, als Sechser und auf der Außenbahn bewegte Tiffert unglaublich viel. „Unsere Standards waren eine Waffe", bilanzierte der Vielgelobte, den die Leser der Ludwigshafener Tageszeitung „DIE RHEINPFALZ" zum Spieler der Saison kürten. „Manche sagen, ich sei im vierten Frühling, ich sage: Ich bin im ersten", bemerkte Tiffert mit dem ihm eigenen Humor.

Von Tifferts Flanken, Ecken und Freistößen profitierte vor allem Srdjan Lakic. Er schoss 16 Tore, arbeitete auch als Einmann-

Geht einen geraden Weg und scheut dabei auch nicht vor unpopulären Entscheidungen zurück: Marco Kurz, Trainer des FCK.

sturm erstklassig, als Kurz zwischenzeitlich vom 4-4-2 auf 4-1-4-1 umgestellt hatte, was Stabilität brachte, half, die Ergebnisflaute in der Hinrunde zu besiegen.

Unruhe beim FCK kam nur auf, als Lakics Wechsel zum VfL Wolfsburg öffentlich wurde, ein Teil der Fans nach dem 1:1 gegen den HSV den Torjäger ins Visier nahm, auspfiff, schmähte. Lakic aber bekam Rückenstärkung – durch die Mannschaft, durch Kuntz und vor allem durch Kurz. Er war das Schutzschild für den Kroaten, der seine Ladehemmung besiegte, goldene Tore beim 4:2-Erfolg in Stuttgart, beim 1:0 „auf Schalke" und beim 2:1-Sieg in Wolfsburg schoss. Mit dem Kopfballtreffer zum 1:1 gegen seinen künftigen Arbeitgeber bewies Lakic Charakterstärke. Ein Mann ließ Worten Taten folgen: „Ich habe immer gesagt, ich gebe alles bis zum letzten Tag für den FCK. Die mich beschimpft haben, sollen sich schämen." In drei Jahren beim FCK hat sich der Musterprofi toll entwickelt und sagte, am letzten Spieltag mit den Fans versöhnt: „Lakic und der FCK – das hat gepasst." Ganz besonders wusste er sich bei Trainer Kurz zu bedanken. Mit Amedick war Lakic in den letzten beiden Jahren gleichberechtigter Kapitän. Eine gute Wahl.

Der FCK bleibt erstklassig. Und hat auch in der neuen Saison nur ein Ziel. „Vierzig Punkte plus X, es geht für uns nur um den Klassenerhalt", betont der Vorstandsvorsitzende. „Es wird eine knüppelharte Saison", erwartet Kurz, der den FCK mittelfristig mit Kuntz „wieder auf gesunde Beine stellen will". Der Aufsichtsratsvorsitzende Prof. Dr. Dieter Rombach signalisierte schon, den Ende 2012 auslaufenden Vertrag mit Kuntz verlängern zu wollen. Ein Signal für eine geordnete Zukunft.

Gut lachen hat am Ende der Vorstandsvorsitzende Stefan Kuntz über die außerordentlich gute Platzierung auf Rang sieben nach einer teils schwierigen, aber letztlich für den Traditionsclub zufriedenstellenden Saison.

Foto mit Symbolwert, denn mit den Fans im Rücken ist der FCK gerade im Fritz-Walter-Stadion zu starken Leistungen imstande. Hier bedankt sich das Team nach dem Spiel gegen den FC St. Pauli.

ALLE SPIELE

Hinrunde										Rückrunde
1	21.08.	A	1:3	(1:0)	1. FC Köln	1:1	(0:1)	H	16.01.	18
2	27.08.	H	2:0	(2:0)	FC Bayern München	5:1	(1:0)	A	22.01.	19
3	12.09.	A	2:1	(0:1)	1. FSV Mainz 05	0:1	(0:1)	H	29.01.	20
4	18.09.	H	2:2	(0:1)	1899 Hoffenheim	3:2	(2:0)	A	05.02.	21
5	22.09.	A	5:0	(2:0)	Borussia Dortmund	1:1	(0:0)	H	12.02.	22
6	26.09.	H	0:1	(0:1)	Hannover 96	3:0	(2:0)	A	19.02.	23
7	02.10.	A	2:1	(0:1)	Hamburger SV	1:1	(1:0)	H	26.02.	24
8	17.10.	H	0:3	(0:1)	Eintracht Frankfurt	0:0		A	05.03.	25
9	23.10.	A	2:1	(1:1)	SC Freiburg	2:1	(1:1)	H	12.03.	26
10	30.10.	H	3:0	(0:0)	Borussia Mönchengladbach	0:1	(0:0)	A	18.03.	27
11	07.11.	A	3:1	(1:1)	Bayer 04 Leverkusen	0:1	(0:0)	H	02.04.	28
12	13.11.	H	3:3	(0:2)	VfB Stuttgart	2:4	(2:1)	A	09.04.	29
13	20.11.	A	1:3	(0:3)	1. FC Nürnberg	0:2	(0:1)	H	16.04.	30
14	27.11.	H	5:0	(2:0)	FC Schalke 04	0:1	(0:1)	A	23.04.	31
15	03.12.	A	1:0	(0:0)	FC St. Pauli	2:0	(1:0)	H	29.04.	32
16	11.12.	H	0:0		VfL Wolfsburg	1:2	(1:2)	A	07.05.	33
17	18.12.	A	1:2	(1:1)	SV Werder Bremen	:		H	14.05.	34

1. FC KAISERSLAUTERN AUF EINEN BLICK

ALLE SPIELER

Name	Vorname	Geburtsdatum	Nationalität	Position	Rücken-Nr.	Einsätze	Auswechslungen	Einwechslungen	Gelbe Karten	Gelb-Rote Karten	Rote Karten	Tore	Elfmeter	Eigentore
Abel	Mathias	22.06.1981	D	A	6	19	1	-	4	-	-	2	-	-
Amedick	Martin	06.09.1982	D	A	5	26	-	3	3	-	-	2	-	-
Amri	Chadli	14.12.1984	ALG	M	10	6	1	5	-	-	-	-	-	-
Bilek	Jiri	04.11.1983	CZE	M	19	15	7	1	1	-	-	-	-	-
Bugera	Alexander	08.08.1978	D	A	17	12	2	1	2	1	-	-	-	-
Correia	Marcel	16.05.1989	POR	A	28	-	-	-	-	-	-	-	-	-
de Wit	Pierre	26.09.1987	D	M	21	13	5	6	2	-	-	-	-	-
Dick	Florian	09.11.1984	D	A	23	27	5	-	8	-	-	1	-	-
Fuchs	Danny	25.02.1976	D	M	18	1	-	1	-	-	-	-	-	-
Hlousek	Adam	20.12.1988	CZE	M	24	13	4	1	3	-	-	1	-	-
Hoffer	Erwin	14.04.1987	AUT	S	33	24	6	13	1	-	-	5	-	-
Hornig	Manuel	18.12.1982	D	A	14	-	-	-	-	-	-	-	-	-
Ilicevic	Ivo	14.11.1986	CRO	M	22	21	6	2	3	1	-	5	1	-
Jessen	Leon	11.06.1986	DEN	A	3	27	2	4	3	-	-	-	-	-
Kirch	Oliver	21.08.1982	D	M	7	29	7	6	2	-	-	-	-	-
Knaller	Marco	26.03.1987	AUT	T	27	-	-	-	-	-	-	-	-	-
Lakic	Srdjan	02.10.1983	CRO	S	9	31	6	1	7	-	1	16	1	-
Lucas		14.07.1991	BRA	A	14	-	-	-	-	-	-	-	-	-
Micanski	Ilian	20.12.1985	BUL	S	11	10	2	8	1	-	-	1	-	-
Moravek	Jan	01.11.1989	CZE	M	16	29	9	6	4	-	-	5	-	-
Nemec	Adam	02.09.1985	SVK	S	32	24	5	17	-	-	-	3	-	1
Petsos	Thanos	05.06.1991	GRE	M	13	20	5	4	1	-	1	-	-	-
Rivic	Stiven	09.08.1985	CRO	M	25	12	7	5	3	-	-	2	-	-
Rodnei		11.09.1985	BRA	A	20	26	-	-	1	-	-	2	-	-
Schulz	Bastian	10.07.1985	D	M	4	3	1	2	1	-	-	-	-	-
Simunek	Jan	20.02.1987	CZE	A	2	-	-	-	-	-	-	-	-	-
Sippel	Tobias	22.03.1988	D	T	1	25	-	-	1	-	-	-	-	-
Stulin	Alan	05.06.1990	POL	M	38	-	-	-	-	-	-	-	-	-
Tiffert	Christian	18.02.1982	D	M	8	33	7	-	8	-	-	2	-	1
Trapp	Kevin	08.07.1990	D	T	29	9	-	-	-	-	-	-	-	-
Walch	Clemens	10.07.1987	AUT	M	15	12	5	7	-	-	-	-	-	-
Zellner	Steven	14.03.1991	D	S	26	-	-	-	-	-	-	-	-	-

BUNDESLIGA

Ruud van Nistelrooy im Zweikampf mit Dortmunds Neven Subotic (rechts), links im Bild Mladen Petric.

Der „Dino" bewegt sich zwischen den Fronten

Nur Achter in der Abschlusstabelle und damit weit hinter den Erwartungen zurückgeblieben, weil die Qualifikation für die europäischen Wettbewerbe erneut verpasst worden ist. Und so wurden im hohen Norden schon frühzeitig die Weichen für die kommende Saison gestellt.

Eine ganz wesentliche Entscheidung im Laufe der vergangenen Saison betraf schon die bevorstehende Spielzeit, die nahe Zukunft beim Hamburger SV. Dem ersten Neuzugang wird eine zentrale Rolle bei den „Rothosen" zukommen. Frank Arnesen (54), ehemaliger dänischer Nationalspieler und nach seiner aktiven Karriere bislang in den Niederlanden und in England tätig, soll den Traditionsclub als neuer Sportchef wieder zurück in die Erfolgsspur führen. „Das ist eine große Herausforderung für mich", sagt Arnesen. „Deshalb wechsle ich von Chelsea London zum HSV. Auf uns kommt viel Arbeit zu."

Denn auch in der abgelaufenen Saison hat der Hamburger SV die Erwartungen und die großen Hoffnungen seiner Fans nicht erfüllen können. Unter dem Strich standen in der Endabrechnung 45 Punkte und Tabellenplatz acht. Zu wenig für die angestrebte Qualifikation für die UEFA Europa League, zumal auch im DFB-Pokal schon früh in der zweiten Runde bei Eintracht Frankfurt (2:5) Endstation war.

Der HSV reagierte auf diese Entwicklung. Bei sieben Profis – von Torhüter Frank Rost über Mittelfeld-Dauerläufer Zé Roberto bis zu Ruud van Nistelrooy in der Spitze, dazu bei Piotr Trochowski, Collin Benjamin, Tunay Torun sowie Maxim Choupo-Moting – wurden die auslaufenden Verträge nicht verlängert. Die sieben Spieler wurden beim Saisonfinale gegen Borussia Mönchengladbach (1:1) verabschiedet. Auch die teilweise recht namhaften Stars hatten dem Abwärtstrend beim Hamburger SV nicht nachhaltig entgegenwirken können.

Nach der Trennung von Trainer Armin Veh (links) übernimmt Michael Oenning die Rolle als Chefcoach des Hamburger SV, auch in der kommenden Saison.

Dabei hatte die 48. Bundesliga-Saison, von denen einzig der „Dino" alle Spielzeiten ohne Unterbrechung in der Erstklassigkeit verbrachte, für den HSV mit einem tollen Frühstart begonnen. Das Team des neu gekommenen Trainers Armin Veh besiegte zum Auftakt durch zwei Tore von Weltstar Ruud van Nistelrooy Vizemeister FC Schalke 04 mit 2:1. Und als anschließend in Frankfurt gleich ein 3:1-Sieg nachgelegt wurde, träumten die zuvor nicht regelmäßig mit Erfolgen verwöhnten HSV-Fans schon von einer überraschenden Chance auf die Meisterschaft.

Verfrüht. Denn schon schnell wurde deutlich, dass die Chemie im Kader nicht wie gewünscht stimmte, die Zusammenstellung der Gruppe nicht so ausgewogen war, um auf Dauer eine Rolle in den oberen Tabellenregionen zu spielen. Trainer Veh sagte später: „Es ist uns nie gelungen, eine richtige Mannschaft zu werden." Die herbeigesehnte Konstanz stellte sich auch nicht ein, als am achten Spieltag das Kunststück gelang, mit einem 1:0 beim 1. FSV Mainz 05 die Rekordauftaktserie des Gegners zu stoppen.

Der Autor: **Babak Milani** ist Chefreporter der „BILD" in Hamburg und seit Jahren Experte für den Hamburger SV.

HAMBURG

BUNDESLIGA

Der HSV 2010/11 bewegte sich quasi zwischen den Fronten, konnte sich aufgrund regelmäßiger Rückschläge nicht im oberen Tabellenteil entscheidend festsetzen, die Mannschaft des sechsmaligen Deutschen Meisters lief andererseits aber auch zu keinem Zeitpunkt Gefahr, in die Abstiegszone abzurutschen.

Ein Umbruch wurde schon während der Saison auf der Führungsebene vollzogen. Nach achtjähriger Tätigkeit verließ der Vorstandsvorsitzende Bernd Hoffmann zusammen mit seiner Vorstandskollegin Katja Kraus vorzeitig den HSV. Carl E. Jarchow, ehemals Aufsichtsratsmitglied und Unternehmer, wurde als Hoffmanns Nachfolger berufen.

Kapitän Heiko Westermann:

„Das Wichtigste ist, dass wir künftig als Mannschaft auftreten."

Einen personellen Wechsel gab es dann auch auf der Trainerbank. Zunächst hatte es im Heimspiel gegen den Stadtrivalen FC St. Pauli mit 0:1 die erste Niederlage in diesem Derby seit 33 Jahren gegeben – für die Fans ein ganz besonders schmerzliches Erlebnis. Wenige Wochen später folgte mit einem 0:6 beim FC Bayern München eine weitere bittere Enttäuschung für den HSV. Den Part von Veh übernahm am Tag darauf der bisherige Assistent Michael Oenning, der beim 1. FC Nürnberg schon die Verantwortung als Chefcoach getragen hatte.

Torhüter Frank Rost (links) dankt den Fans und wird beim Hamburger SV ebenso verabschiedet wie Eric Maxim Choupo-Moting, Piotr Trochowski, Tunay Torun, Collin Benjamin (von rechts) sowie Zé Roberto (vorne) und Ruud van Nistelrooy (links daneben). Ganz links HSV-Vorstandsmitglied Joachim Hilke, rechts neben Rost Sportdirektor Bastian Reinhardt und Oliver Scheel, ebenfalls HSV-Vorstand.

Nach zwei Jahren als Dauerläufer – wie in der Bundesliga zuvor auch schon bei Bayer 04 Leverkusen und beim FC Bayern München – wird der Brasilianer Zé Roberto in der kommenden Saison nicht mehr zum Kader des Hamburger SV gehören.

Die Premiere von Oenning, der noch während der vergangenen Saison einen Trainervertrag bis 2013 erhielt, gelang mit einem triumphalen 6:2 gegen den 1. FC Köln. Allerdings wurde anschließend bis zum Saisonende keines der weiteren sieben Spiele mehr gewonnen. Aber auch Oenning blickte schon auf die anstehende Spielzeit: „Wir müssen Geduld haben. Der Dortmunder Weg hat auch über drei Jahre gedauert. Es ist nicht so, dass man 15 neue Spieler holt und der Erfolg vom Himmel fällt." Kapitän Heiko Westermann weiß ebenfalls, worauf es in der nahen Zukunft beim HSV ankommen wird: „Das Wichtigste ist, dass wir künftig als Mannschaft auftreten." Und damit diese Einheit wieder funktioniert und die Fans wieder erfolgreichere HSV-Auftritte bejubeln können, ist im Zusammenspiel mit Trainer Oenning insbesondere der neue Sportchef Arnesen gefordert.

ALLE SPIELE

Hinrunde											Rückrunde
1	21.08.	H	2:1	(0:0)	FC Schalke 04	0:1	(0:0)	A	15.01.	18	
2	28.08.	A	1:3	(1:0)	Eintracht Frankfurt	1:0	(0:0)	H	21.01.	19	
3	11.09.	H	1:1	(0:0)	1. FC Nürnberg	2:0	(0:0)	A	29.01.	20	
4	19.09.	A	1:1	(0:0)	FC St. Pauli	0:1	(0:0)	H	16.02.	21	
5	22.09.	H	1:3	(1:1)	VfL Wolfsburg	0:1	(0:1)	A	12.02.	22	
6	25.09.	A	3:2	(2:0)	SV Werder Bremen	4:0	(1:0)	H	19.02.	23	
7	02.10.	H	2:1	(0:1)	1. FC Kaiserslautern	1:1	(1:0)	A	26.02.	24	
8	16.10.	A	0:1	(0:0)	1. FSV Mainz 05	2:4	(1:0)	H	06.03.	25	
9	22.10.	H	0:0		FC Bayern München	6:0	(1:0)	A	12.03.	26	
10	30.10.	A	3:2	(2:2)	1. FC Köln	6:2	(4:0)	H	19.03.	27	
11	06.11.	H	2:1	(1:1)	1899 Hoffenheim	0:0		A	02.04.	28	
12	12.11.	A	2:0	(0:0)	Borussia Dortmund	1:1	(1:0)	H	09.04.	29	
13	20.11.	A	3:2	(1:1)	Hannover 96	0:0		H	16.04.	30	
14	27.11.	H	4:2	(3:1)	VfB Stuttgart	3:0	(1:0)	A	23.04.	31	
15	04.12.	A	1:0	(1:0)	SC Freiburg	0:2	(0:1)	H	30.04.	32	
16	11.12.	H	2:4	(0:1)	Bayer 04 Leverkusen	1:1	(0:1)	A	07.05.	33	
17	17.12.	A	1:2	(0:0)	Borussia Mönchengladbach	1:1	(0:1)	H	14.05.	34	

HAMBURGER SV AUF EINEN BLICK

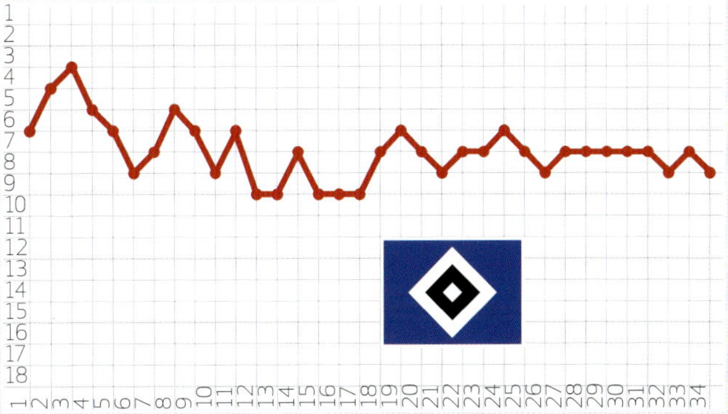

ALLE SPIELER

Name	Vorname	Geburtsdatum	Nationalität	Position	Rücken-Nr.	Einsätze	Auswechslungen	Einwechslungen	Gelbe Karten	Gelb-Rote Karten	Rote Karten	Tore	Elfmeter	Eigentore
Aogo	Dennis	14.01.1987	D	A	6	20	1	-	3	-	-	-	-	-
Behrens	Hanno	26.03.1990	D	M	36	-	-	-	-	-	-	-	-	-
Ben-Hatira	Änis	18.07.1988	D	M	31	18	6	6	1	1	-	3	-	-
Benjamin	Collin	03.08.1978	NAM	A	30	8	-	5	1	-	-	-	-	-
Bertram	Sören	05.06.1991	D	M	27	-	-	-	-	-	-	-	-	-
Besic	Muhamed	10.09.1992	BIH	A	34	3	-	1	-	-	-	-	-	-
Castelen	Romeo	03.05.1983	NED	M	18	-	-	-	-	-	-	-	-	-
Choupo-Moting	Maxim	23.03.1989	CMR	S	17	10	2	6	1	-	-	2	-	-
Demel	Guy	13.06.1981	CIV	A	20	21	4	2	2	-	-	-	-	1
Diekmeier	Dennis	20.10.1989	D	A	2	8	3	-	1	-	-	-	-	-
Drobny	Jaroslav	18.10.1979	CZE	T	45	5	-	1	-	-	-	-	-	-
Elia	Eljero	13.02.1987	NED	S	11	24	10	6	1	-	-	2	-	-
Groß	Christian	08.02.1989	D	M	24	-	-	-	-	-	-	-	-	-
Guerrero	Paolo	01.01.1984	PER	S	9	25	8	7	4	-	-	4	-	-
Hesl	Wolfgang	13.01.1986	D	T	12	-	-	-	-	-	-	-	-	-
Jansen	Marcell	04.11.1985	D	A	7	16	5	4	1	-	-	2	-	-
Jarolim	David	17.05.1979	CZE	M	14	24	8	1	10	-	-	-	-	-
Kacar	Gojko	26.01.1987	SRB	M	44	23	3	5	2	-	1	2	-	-
Mathijsen	Joris	05.04.1980	NED	A	5	19	2	-	4	-	-	2	-	-
Mickel	Tom	19.04.1989	D	T	29	-	-	-	-	-	-	-	-	-
Petric	Mladen	01.01.1981	CRO	S	10	22	3	4	1	-	-	11	1	-
Pitroipa	Jonathan	12.04.1986	BFA	M	21	26	11	6	1	-	-	2	-	-
Pressel	Gerrit	19.06.1990	D	A	41	-	-	-	-	-	-	-	-	-
Rincon	Tomas	13.01.1988	VEN	M	25	19	2	7	2	-	-	-	-	-
Rost	Frank	30.06.1973	D	T	1	30	1	-	1	-	-	-	-	-
Rozehnal	David	05.07.1980	CZE	A	3	-	-	-	-	-	-	-	-	-
Son	Heung Min	08.07.1992	KOR	S	40	13	4	5	1	-	-	3	-	-
Sowah	Lennard	23.08.1992	D	A	19	-	-	-	-	-	-	-	-	-
Stepanek	Miroslav	15.01.1990	CZE	A	33	-	-	-	-	-	-	-	-	-
Tavares	Mickael	25.10.1982	SEN	M	28	-	-	-	-	-	-	-	-	-
Tesche	Robert	27.05.1987	D	M	13	11	-	6	-	-	-	-	-	-
Torun	Tunay	21.04.1990	TUR	S	35	5	4	1	-	-	-	-	-	-
Trochowski	Piotr	22.03.1984	D	M	15	21	2	8	2	-	-	2	-	-
van Nistelrooy	Ruud	01.07.1976	NED	S	22	25	6	6	5	-	-	7	1	-
Westermann	Heiko	14.08.1983	D	A	4	34	-	-	4	-	-	2	-	1
Zé Roberto		06.07.1974	BRA	M	8	31	2	-	5	-	-	1	1	-

BUNDESLIGA

Intaktes Kollektiv mit vielen Mosaiksteinchen

SC Freiburg 2010/11 – viel mehr als nur allein Papiss Demba Cissé, der großartige Torjäger der Breisgauer. Der Sportclub im zweiten Jahr nach seiner Rückkehr in die Bundesliga – ein gewachsenes Team.

Wenn Stadionsprecher Claus Köhn beim SC Freiburg die Mannschaftsaufstellung verliest, ist das eigentlich ein feierlicher Moment. Voller Inbrunst schmettern die Fans nach der Nennung des Vornamens den Nachnamen hinunter auf das Spielfeld. Am lautesten, wenn Köhn zum großen Finale ansetzt: „... und unser Trainer heißt Robiiiiiiin ...“

In den letzten Heimspielen dieser Saison beschlich den Anhang bei dem lieb gewonnenen Ritual zunehmend ein mulmiges Gefühl. Dass der SC-Coach in der kommenden Spielzeit nicht mehr „Duuuttt“ heißen wird, weil er seine Zelte in Leverkusen aufschlägt, steht jedoch seit längerem fest. Ebenso, dass der Nachfolger von Robin Dutt (46) aus den eigenen Reihen kommt: Marcus Sorg (45), zuletzt verantwortlicher U23-Trainer und vom Ersten Vorsitzenden Fritz Keller vorab mit den klaren Worten bedacht: „Er fängt ohne Probezeit an. Die hat er schließlich längst bestanden.“

Doch auch der ein oder andere Leistungsträger wird ab der kommenden Spielzeit bei einem Konkurrenten spielen. So begleitet der talentierte Ömer Toprak Cheftrainer Dutt zu Bayer 04. Immerhin: U21-Nationalkeeper Oliver Baumann hält dem Club weiter die Treue. Jener Baumann, der für den am Sprunggelenk verletzten französischen Stammkeeper Simon Pouplin einsprang und so grandios hielt, dass auch

Der Autor: **Christoph Ruf** arbeitet als freier Journalist unter anderem für die „Süddeutsche Zeitung“, den „Stern“, „Spiegel Online“, „Financial Times Deutschland“, die „Tageszeitung“ und die „Frankfurter Rundschau“, berichtet aus den Stadien im Süden Deutschlands und über das Geschehen in den Fankurven.

Bundestorwarttrainer Andreas Köpke auf ihn aufmerksam wurde.

Doch so traurig der erneute Aderlass die Freiburger Fans auch stimmt – sie wissen, dass sie ihre Sympathien an einen Club verloren haben, der sich nur deshalb in der Bundesliga halten kann, weil er immer wieder seine besten Spieler abgeben muss. Die zugrundeliegende Gelassenheit kennzeichnet auch die nachwachsende Fangeneration. „Jeder hier weiß, dass es in der kommenden Saison wieder gegen den Abstieg gehen kann", sagt Sportdirektor Dirk Dufner. Und in der Tat war „Wir steigen auf und wieder ab – und zwischendurch Europacup" an der Dreisam lange Jahre ein beliebter Fangesang.

Mannschaftliche Geschlossenheit und kompaktes Auftreten: Stärken des SC Freiburg in der Saison 2010/11. In dieser Szene setzen Jan Rosenthal, Oliver Barth (von links), Felix Bastians (3) und Mensur Mujdza Dortmunds Mario Götze beim Spiel im heimischen badenova-Stadion unter Druck.

Torjäger Papiss Demba Cissé, mit seinen vielen Toren herausragender Spieler der Breisgauer. Trainer Robin Dutt (oben rechts), in der kommenden Saison bei Bayer 04 Leverkusen, stellt vor allem aber die Leistung der gesamten Mannschaft heraus.

Es kann – und dagegen hätte auch Dufner überhaupt nichts einzuwenden – aber auch besser laufen als gedacht. Vielleicht sogar so gut wie in der abgelaufenen Saison, als der Sportclub lange an den Rängen zur UEFA Europa League kratzte, gegen hochkarätig besetzte Teams wie den VfL Wolfsburg gewann und gegen den Hamburger SV, 1899 Hoffenheim sowie den VfB Stuttgart jeweils sechs Punkte holte. Und dabei gegen die beiden letztgenannten Teams auch die inoffiziell ausgerufene „baden-württembergische Meisterschaft" gewann.

Die Identifikation mit der Mannschaft ist in Freiburg traditionell hoch. Und das weitgehend unabhängig vom sportlichen Erfolg. Die Zuschauer wissen, dass der Club in schöner Regelmäßigkeit künftige Stars heranzieht – wie zuletzt Baumann und Toprak, die beide in der hoch anerkannten Freiburger Fußballschule ausgebildet wurden, in die alljährlich eine Summe von mehreren Millionen Euro fließt.

Dutt führte das Team 2009 in die Bundesliga, hielt den SCF im ersten Jahr in der Klasse, um es in der zweiten Saison erneut einen großen Schritt nach vorne zu bringen. Der Sportclub spielte in der zurückliegenden Spielzeit taktisch ungeheuer variabel, beherrschte das 4-5-1 genauso wie ein 4-4-2 oder ein 4-4-1-1. Getreu des Trainers Mottos,

Robin Dutt über unterschiedliche Trainer:

„Jeder Typus braucht seinen Sprit. Dieser Sprit heißt Erfolg."

wonach „man aufhört gut zu sein, wenn man nicht mehr besser werden will". Auch deshalb führte Dutt – wie sein Freund Jürgen Klopp – im vergangenen Sommer Einheiten nach den Grundsätzen der „Life Kinetik" ein. Es handelt sich dabei um ein spezielles motorisches Training, das die Synapsen im Gehirn besser vernetzen und so die Handlungsschnelligkeit der Spieler erhöhen soll. Für Dutt allerdings nur ein kleiner Mosaikstein, ein zusätzlicher bei der Weiterentwicklung der Mannschaft, in der auch Spieler wie Yacine Abdessadki, Felix Bastians, Julian Schuster oder Jan Rosenthal leistungsmäßig noch einmal vorangekommen sind. Konditionell war das Team auch in der Saison 2010/11 sowieso voll auf der Höhe.

Doch Dutt wäre nicht in das Visier so vieler Topclubs geraten, wenn er nur ein ausgewiesener Fachmann wäre. Der Fußballlehrer ist zudem Motivator und Pädagoge. Wenn die Medien einzelne Spieler herausheben wollen – zuletzt war das natürlich gerne einmal der Serientorschütze Papiss Demba Cissé – steuert er dezent dagegen. Er tut nicht so, als hätte der treffsichere Senegalese nichts Herausragendes vollbracht, vergisst aber nie, auch die jeweiligen Passgeber zu loben. Jeder im Team soll Wertschätzung spüren. Dutt ist davon überzeugt, dass eine Fußballmannschaft nur als Kollektiv funktionieren kann. Und hätte er Unrecht, hätten am Ende dieser Saison nicht so viele Mannschaften hinter dem Sportclub gestanden, deren individuelle Qualität um einiges höher liegt als die der überzeugenden Freiburger.

Einen großartigen Eindruck hat der talentierte Oliver Baumann im Tor des SC Freiburg als Vertreter der verletzten Nummer eins, Simon Pouplin, hinterlassen.

Sehr gereift ist beim Sportclub neben anderen Spielern Julian Schuster als kreativer Mittelfeldmann der Breisgauer. Hier kämpft der ehemalige Stuttgarter mit dem Bremer Wesley (rechts) um den Ball.

Ömer Toprak, in dieser Situation vor Paolo Guerrero (hinten) vom Hamburger SV am Ball, stammt aus der Fußballschule des SC Freiburg, wird zur kommenden Saison aber seinem Trainer Robin Dutt nach Leverkusen folgen.

ALLE SPIELE

Hinrunde										Rückrunde
1	21.08.	H	1:3	(0:0)	FC St. Pauli	2:2	(1:0)	A	15.01.	18
2	28.08.	A	1:2	(1:1)	1. FC Nürnberg	1:1	(1:0)	H	22.01.	19
3	11.09.	H	2:1	(0:1)	VfB Stuttgart	0:1	(0:1)	A	30.01.	20
4	17.09.	A	0:1	(0:0)	Eintracht Frankfurt	0:0		H	06.02.	21
5	22.09.	H	1:2	(0:1)	FC Schalke 04	1:0	(0:0)	A	12.02.	22
6	26.09.	A	2:1	(1:1)	VfL Wolfsburg	2:1	(1:1)	H	19.02.	23
7	02.10.	H	3:2	(2:1)	1. FC Köln	1:0	(0:0)	A	26.02.	24
8	16.10.	A	2:1	(1:0)	SV Werder Bremen	1:3	(0:1)	H	06.03.	25
9	23.10.	H	2:1	(1:1)	1. FC Kaiserslautern	2:1	(1:1)	A	12.03.	26
10	29.10.	A	4:2	(1:0)	FC Bayern München	1:2	(1:1)	H	19.03.	27
11	06.11.	H	1:0	(0:0)	1. FSV Mainz05	1:1	(0:1)	A	02.04.	28
12	14.11.	A	0:1	(0:0)	1899 Hoffenheim	3:2	(1:2)	H	09.04.	29
13	20.11.	H	1:2	(1:0)	Borussia Dortmund	3:0	(2:0)	A	17.04.	30
14	27.11.	A	3:0	(1:0)	Hannover 96	1:3	(0:2)	H	21.04.	31
15	04.12.	H	1:0	(1:0)	Hamburger SV	0:2	(0:1)	A	30.04.	32
16	12.12.	H	3:0	(2:0)	Borussia Mönchengladbach	2:0	(0:0)	A	07.05.	33
17	19.12.	A	2:2	(1:1)	Bayer 04 Leverkusen	:		H	14.05.	34

SC FREIBURG AUF EINEN BLICK

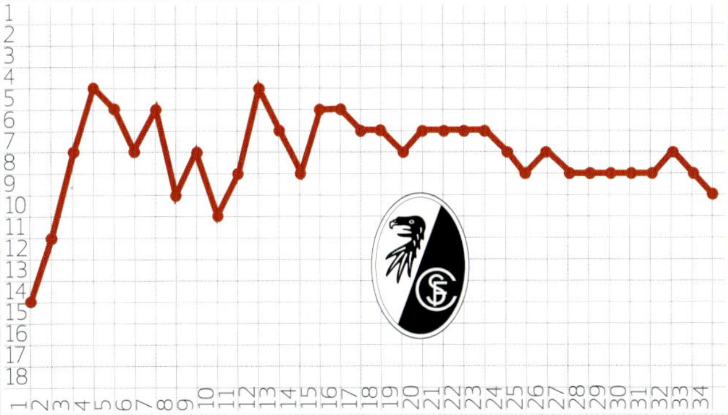

ALLE SPIELER

Name	Vorname	Geburtsdatum	Nationalität	Position	Rücken-Nr.	Einsätze	Auswechslungen	Einwechslungen	Gelbe Karten	Gelb-Rote Karten	Rote Karten	Tore	Elfmeter	Eigentore
Abdessadki	Yacine	01.01.1981	MAR	M	6	21	9	1	4	-	-	-	-	-
Banovic	Ivica	02.08.1980	CRO	M	20	2	-	1	-	-	1	-	-	-
Barth	Oliver	06.10.1979	D	A	15	29	2	1	3	-	-	1	-	-
Bastians	Felix	09.05.1988	D	A	3	29	-	-	1	-	-	-	-	-
Baumann	Oliver	02.06.1990	D	T	37	30	-	-	-	-	-	-	-	-
Bechmann	Tommy	22.12.1981	DEN	S	13	-	-	-	-	-	-	-	-	-
Bektasi	Scipon	14.09.1990	ALB	S	34	1	-	1	-	-	-	-	-	-
Butscher	Heiko	28.07.1980	D	A	5	25	2	3	3	-	-	1	-	-
Caligiuri	Daniel	15.01.1988	D	M	40	23	8	12	2	-	-	-	-	-
Cissé	Papiss	03.06.1985	SEN	S	9	32	8	-	8	-	-	22	6	-
Flum	Johannes	14.12.1987	D	M	18	12	5	2	1	-	-	2	-	-
Höfler	Nicolas	09.03.1990	D	M	31	-	-	-	-	-	-	-	-	-
Jäger	Jonathan	23.05.1978	FRA	S	11	12	1	8	-	-	-	-	-	-
Jendrisek	Erik	26.10.1986	SVK	S	19	8	5	3	-	-	-	-	-	-
Krmas	Pavel	03.03.1980	CZE	A	2	6	-	1	-	-	1	-	-	-
Lorenzoni	Nicolai	01.05.1992	D	M	38	-	-	-	-	-	-	-	-	-
Makiadi	Cedrick	23.02.1984	COD	M	7	34	10	-	1	-	-	-	-	-
Mujdza	Mensur	28.03.1984	BIH	A	24	32	2	-	8	-	-	-	-	1
Nicu	Maximilian	25.11.1982	ROM	M	10	23	7	6	-	-	-	-	-	-
Pamic	Zvonko	04.02.1991	CRO	M	14	2	-	2	-	-	-	-	-	-
Pouplin	Simon	28.05.1985	FRA	T	1	4	-	-	1	-	-	-	-	-
Putsila	Anton	23.06.1987	BLR	M	21	25	13	4	6	-	-	-	-	-
Reisinger	Stefan	14.09.1981	D	S	27	22	2	19	2	-	-	4	-	-
Rosenthal	Jan	07.04.1986	D	M	8	22	12	3	1	-	-	5	-	-
Salz	Manuel	06.08.1985	D	T	26	-	-	-	-	-	-	-	-	-
Schmid	Jonathan	26.06.1990	FRA	M	32	1	-	1	-	-	-	-	-	-
Schuster	Julian	15.04.1985	D	M	23	26	6	-	3	-	-	3	-	-
Schwolow	Alexander	02.06.1992	D	T	36	-	-	-	-	-	-	-	-	-
Sereinig	Daniel	10.05.1982	AUT	A	35	2	-	2	-	-	-	-	-	-
Toprak	Ömer	21.07.1989	D	A	58	24	1	6	2	1	-	-	-	-
Williams	Daniel	08.03.1989	D	M	28	7	-	6	-	-	-	-	-	-
Yano	Kisho	05.04.1984	JPN	S	22	15	2	13	-	-	-	-	-	-

FREIBURG

BUNDESLIGA

Nach Auf und Ab an das rettende Ufer

Schlussjubel beim 1. FC Köln um Kapitän Lukas Podolski (rechts), auch hier in der Führungsrolle: Nach dem 3:2-Sieg gegen den FC Bayern München nach 0:2-Rückstand feiern „Poldi" und Co. im Zusammenspiel mit den Fans.

Für Überraschungen ist der 1. FC Köln schon immer gut gewesen – in alle Richtungen. Ein Wechselbad der Gefühle gab es für die FC-Fans und -Verantwortlichen auch wieder in der abgelaufenen Saison. Mit Happy End. Oder wie der Kölner sagt: „Et hät noch immer jot jejange."

Die Erleichterung im Lager des 1. FC Köln war riesengroß. Kapitän Lukas Podolski und seine Mitstreiter feierten ausgelassen den 2:0-Erfolg bei Eintracht Frankfurt am 33. und vorletzten Bundesliga-Spieltag ausgerechnet gegen ihren Extrainer Christoph Daum. Ein viertes Jahr in Folge wird der erste Bundesliga-Meister damit der Eliteklasse erhalten bleiben. Hinter dem FC lag allerdings eine wechselvolle Saison mit etlichen Problemen und Rückschlägen, aber zugleich erstaunlichen Spielen und Erfolgen, die letztlich auch für Präsident Wolfgang Overath im Vordergrund standen: „Ich gratuliere der Mannschaft und dem Trainer zu dieser Energieleistung."

Neun Monate zuvor waren die Kölner mit üblichem rheinischen Optimismus in die Saison gegangen. Trainer Zvonimir Soldo hatte namhafte Verstärkungen erhalten. Gleich der Saisonauftakt gegen den Aufsteiger 1. FC Kaiserslautern bescherte Köln allerdings eine große Enttäuschung. Die Pfälzer entführten beim 3:1 die drei Punkte. Nach nur 87 Sekunden hatten die Rheinländer dabei Youssef Mohamad durch eine Rote Karte verloren – der schnellste Platzverweis in der Bundesliga-Geschichte.

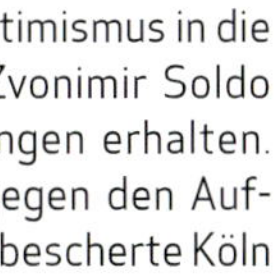

Der Autor: **Ralph Durry** ist seit 1983 bei der Nachrichtenagentur Sport-Informations-Dienst (SID) tätig, seit 1998 als Fußballchef und Mitglied der Redaktionsleitung und seit vielen Jahren journalistischer Begleiter des 1. FC Köln.

BUNDESLIGA

Der slowenische Nationalstürmer Milivoje Novakovic, mit 17 Treffern der beste Torschütze des 1. FC Köln in dieser Saison – vor allem bei Heimspielen brandgefährlich.

Auch in den folgenden Wochen wussten Podolski und Co. nur phasenweise zu überzeugen. Achtungserfolge wie das torlose Unentschieden beim FC Bayern München wechselten sich immer wieder mit mäßigen Leistungen ab. Nach drei Niederlagen im Oktober 2010 in Folge erfolgte die Trennung von Trainer Zvonimir Soldo. Overath sagte damals: „Die Entscheidung ist uns sehr schwer gefallen. Es ist ihm aber nicht gelungen, den Abwärtstrend zu stoppen."

Zum Nachfolger wurde der vorherige U23-Coach Frank Schaefer bestimmt, ein Kölner Urgestein und schon mehr als zwei Jahrzehnte als Trainer für den Club tätig. Schaefer übernahm die Aufgabe mit Mut und Entschlossenheit – und mit Erfolg: Gleich im ersten Bundesliga-Spiel unter seiner Regie gab es einen 3:2-Sieg gegen den Hamburger SV, zu dem Milivoje Novakovic alle drei Tore beisteuerte.

Rockstar und FC-Fan Wolfgang Niedecken:

„Was 'Poldi' alles schultern muss – dagegen ist Kollege Atlas ein Weichei."

Wer in diesem Glücksmoment jedoch glaubte, die Kölner hätten längerfristig die Wende zum Besseren vollzogen, wurde schon zwei Wochen später widerlegt. Im rheinischen Prestigekampf gegen Borussia Mönchengladbach gab es ein ernüchterndes 0:4, das Nationalspieler Podolski entsprechend kommentierte: „Dieser Schock wird uns einige Zeit beschäftigen, das sitzt ganz tief."

Ein 1:0-Erfolg beim VfB Stuttgart im darauf folgenden Spiel beruhigte die Gemüter aber schon wieder. Doch Konstanz stellte sich immer noch nicht ein. Ende November vollzog der Club die Trennung von Michael Meier als Geschäftsführer Sport und engagierte dafür in Volker Finke, der in Japan bei Urawa Red Diamonds als Trainer tätig war, einen ausgewiesenen Fußballfachmann in der Funktion des Sportdirektors. Der langjährige Chefcoach des SC Freiburg trat seinen Dienst zum 1. Februar 2011 an.

Entscheidend war jedoch, dass in der Winterpause wichtige personelle Weichen gestellt wurden. Mit Michael Rensing (zuletzt FC Bayern München) wurde ein Torhüter verpflichtet, der ein Volltreffer war. Auch andere Neuzugänge wie Christian Eichner (1899 Hoffenheim) und Slawomir Peszko (Lech Posen) erwiesen sich als echte Verstärkungen.

Und Schaefer machte Podolski im Trainingslager im türkischen Belek zum neuen Kapitän und Nachfolger von Mohamad – eine richtungweisende Entscheidung für die starke Rückrunde der „Geißböcke". Vor allem im RheinEnergieStadion wurde der FC zu einer Macht. Am Ende standen sieben Heimsiege in Folge und ein Vereinsrekord. Damit wurde die bisherige Serie von sechs Heimsiegen in Folge aus der Saison 1987/88 verbessert. Die Bestmarke liegt weiter bei neun aufeinander folgenden Heimsiegen aus der Saison 1977/78 mit dem „Double"-Gewinn.

Saisonhöhepunkt aus Kölner Sicht war sicherlich das 3:2 nach 0:2-Rückstand gegen den FC Bayern – ausgerechnet im Premierenspiel des neuen Sportdirektors Finke. Dank seiner Heimstärke zog sich der FC peu à peu selbst aus der Abstiegszone und schien nach der 28. Runde und einem 1:0 gegen den 1. FC Nürnberg mit 35 Punkten fast schon am rettenden Ufer.

Doch der 1. FC Köln wäre nicht der 1. FC Köln, würde es die „launische Diva" vom

In den drei abschließenden Saisonspielen übernimmt Volker Finke, seit Februar eigentlich Sportdirektor des 1. FC Köln, doch noch einmal die Aufgabe als Trainer, nachdem Frank Schaefer (rechts) zuvor seinen Rücktritt bekannt gegeben hat von dem Amt, das der ehemalige U23-Coach von Zvonimir Soldo übernommen hatte. Finke spricht Schaefer einen gehörigen Anteil am Klassenerhalt zu.

Rhein nicht doch noch einmal spannend machen. In Gladbach (1:5), gegen Stuttgart (1:3) und in Wolfsburg (1:4) gab es aufeinander folgend herbe Rückschläge. Schaefer hatte Zweifel, ob er der Mannschaft noch entscheidende Impulse in den letzten drei Saisonspielen geben könnte. Der Coach trat aus persönlichen Gründen zurück, nachdem er zuvor schon bekannt gegeben hatte, dass er für den Part des Cheftrainers nicht über das Saisonende hinaus zur Verfügung stehen würde. Die FC-Führung überredete Finke, entgegen seiner Ankündigung in der Not doch noch einmal auf die Trainerbank zurückzukehren. Dem 63-Jährigen war es dann vorbehalten, durch einen Sieg gegen den Nachbarn Bayer 04 Leverkusen (2:0) und das eingangs erwähnte 2:0 in Frankfurt den Klassenerhalt klarzumachen.

Als Glücksgriff hat sich für den 1. FC Köln die Verpflichtung von Michael Rensing in der Winterpause entpuppt. Der frühere Keeper des FC Bayern München, seit dem vergangenen Sommer ohne Club, liefert eine starke Rückrunde ab und trägt viel dazu bei, dass die „Geißböcke" den Klassenerhalt schaffen.

ALLE SPIELE

Hinrunde										Rückrunde
1	21.08.	H	1:3	(1:0)	1. FC Kaiserslautern	1:1	(0:1)	A	16.01.	18
2	28.08.	A	4:2	(2:1)	SV Werder Bremen	3:0	(2:0)	H	22.01.	19
3	12.09.	H	1:0	(1:0)	FC St. Pauli	3:0	(2:0)	A	29.01.	20
4	18.09.	A	0:0		FC Bayern München	3:2	(0:2)	H	05.02.	21
5	21.09.	A	2:0	(0:0)	1. FSV Mainz 05	4:2	(2:1)	H	13.02.	22
6	24.09.	H	1:1	(1:0)	1899 Hoffenheim	1:1	(0:0)	A	19.02.	23
7	02.10.	A	3:2	(2:1)	SC Freiburg	1:0	(0:0)	H	26.02.	24
8	15.10.	H	1:2	(0:1)	Borussia Dortmund	1:0	(1:0)	A	04.03.	25
9	23.10.	A	2:1	(2:0)	Hannover 96	4:0	(1:0)	H	11.03.	26
10	30.10.	H	3:2	(2:2)	Hamburger SV	6:2	(4:0)	A	19.03.	27
11	06.11.	A	3:1	(2:1)	1. FC Nürnberg	1:0	(0:0)	H	03.04.	28
12	13.11.	H	0:4	(0:0)	Borussia Mönchengladbach	5:1	(3:0)	A	10.04.	29
13	21.11.	A	0:1	(0:0)	VfB Stuttgart	1:3	(0:0)	H	16.04.	30
14	28.11.	H	1:1	(0:0)	VfL Wolfsburg	4:1	(2:1)	A	24.04.	31
15	05.12.	A	3:2	(1:1)	Bayer 04 Leverkusen	2:0	(0:0)	H	30.04.	32
16	11.12.	H	1:0	(0:0)	Eintracht Frankfurt	0:2	(0:1)	A	07.05.	33
17	18.12.	A	3:0	(1:0)	FC Schalke 04	2:1	(1:0)	H	14.05.	34

1. FC KÖLN AUF EINEN BLICK

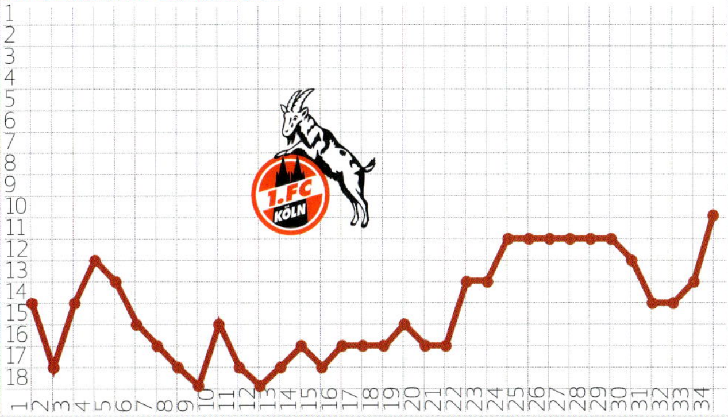

ALLE SPIELER

Name	Vorname	Geburtsdatum	Nationalität	Position	Rücken-Nr.	Einsätze	Auswechslungen	Einwechslungen	Gelbe Karten	Gelb-Rote Karten	Rote Karten	Tore	Elfmeter	Eigentore
Andrezinho		09.10.1981	BRA	A	12	8	1	2	1	-	-	-	-	-
Basala-Mazana	Bienvenue	02.01.1992	D	A	36	-	-	-	-	-	-	-	-	-
Brecko	Miso	01.05.1984	SVN	A	2	29	4	1	6	-	-	-	-	-
Brosinski	Daniel	17.07.1988	D	M	13	-	-	-	-	-	-	-	-	-
Buchtmann	Christopher	25.04.1992	D	M	29	-	-	-	-	-	-	-	-	-
Chihi	Adil	21.02.1988	MAR	S	20	11	1	7	1	-	-	1	-	-
Clemens	Christian	04.08.1991	D	M	27	27	15	5	4	-	-	2	-	-
Cullmann	Carsten	05.03.1976	D	A	28	-	-	-	-	-	-	-	-	-
Ehret	Fabrice	28.09.1979	FRA	M	22	21	4	5	3	-	-	-	-	-
Eichner	Christian	24.11.1982	D	A	4	17	1	-	2	-	-	-	-	-
Freis	Sebastian	23.04.1985	D	S	7	13	5	5	1	-	-	1	-	-
Geromel	Pedro	21.09.1985	BRA	A	21	27	1	-	8	-	-	2	-	-
Giannoulis	Konstantinos	09.12.1987	GRE	A	18	-	-	-	-	-	-	-	-	-
Horn	Timo	12.05.1993	D	T	26	-	-	-	-	-	-	-	-	-
Ionita	Alexandru	05.08.1989	ROM	S	14	8	-	8	1	-	-	-	-	-
Ishiaku	Manasseh	09.01.1983	NGA	S	9	-	-	-	-	-	-	-	-	-
Jajalo	Mato	25.05.1988	CRO	M	19	30	7	6	5	-	-	2	-	-
Lanig	Martin	11.07.1984	D	M	5	28	4	4	12	-	-	2	-	-
Makino	Tomoaki	11.05.1987	JPN	A	43	5	-	4	-	-	-	-	-	-
Matip	Marvin	25.09.1985	D	A	4	-	-	-	-	-	-	-	-	-
Matuschyk	Adam	14.02.1989	POL	M	25	24	4	8	5	-	-	2	-	-
McKenna	Kevin	21.01.1980	CAN	A	23	7	-	5	1	-	-	1	-	-
Mohamad	Youssef	01.07.1980	LIB	A	3	28	2	-	2	-	1	2	-	-
Mondragon	Faryd	21.06.1971	COL	T	1	12	-	-	2	-	-	-	-	-
Niedrig	Michael	12.01.1980	D	M	33	-	-	-	-	-	-	-	-	-
Novakovic	Milivoje	18.05.1979	SVN	S	11	28	9	4	4	-	-	17	-	1
Peszko	Slawomir	19.02.1985	POL	M	15	11	8	-	3	-	-	-	-	-
Petit		25.09.1976	POR	M	8	24	12	1	8	-	-	1	-	-
Pezzoni	Kevin	22.03.1989	D	A	17	20	3	5	1	-	-	-	-	-
Podolski	Lukas	04.06.1985	D	S	10	32	6	-	5	-	-	13	2	-
Rensing	Michael	14.05.1984	D	T	1	17	-	-	2	-	-	-	-	-
Salger	Stephan	30.01.1990	D	A	32	5	2	-	-	-	-	-	-	-
Sanou	Wilfried	16.03.1984	BFA	S	13	3	-	3	-	-	-	-	-	-
Schorch	Christopher	30.01.1989	D	A	16	4	1	3	-	-	-	-	-	-
Schwabke	Daniel	19.07.1989	D	T	24	-	-	-	-	-	-	-	-	-
Terodde	Simon	02.03.1988	D	S	30	5	-	5	-	-	-	-	-	-
Uth	Mark	24.08.1991	D	S	31	-	-	-	-	-	-	-	-	-
Vaaßen	Alexander	09.12.1991	D	A	35	-	-	-	-	-	-			
Varvodic	Miro	15.05.1989	CRO	T	34	5	-	-	-	-	-			
Vunguidica	Jose Pierre	03.01.1990	ANG	S	49	1	-	1	-	-	-			
Yabo	Reinhold	10.02.1992	D	M	37	4	1	3	1	-	-			
Yalcin	Taner	18.02.1990	D	M	6	16	5	11	1	-	-			

KÖLN

Schon wieder diese verflixte Rückrunde

Die dritte Saison der Bundesliga-Zugehörigkeit hat für 1899 Hoffenheim eine Fortführung der vergangenen beiden Spielzeiten gebracht. In der Hinserie stark, im zweiten Abschnitt mit schwächeren Phasen – macht unter dem Strich erneut einen Platz im Mittelfeld.

Wie schnell die Gefühlswelten im Sport vom einen ins andere Extrem wechseln können, wissen sie nirgendwo besser als bei 1899 Hoffenheim. Erst drei Spielzeiten ist der Club aus Nordbaden Mitglied in der Bundesliga und hat dabei einige große Erfolge erlebt – aber auch bittere Enttäuschungen. Unvergessen bleibt der mit berauschendem Offensivfußball erspielte Gewinn der Herbstmeisterschaft in der Premierensaison 2008/09, der so viele Hoffnungen weckte, die der Alltag in der Folge nicht zu erfüllen vermochte. Am Ende belegte die junge Mannschaft von Trainer Ralf Rangnick Platz sieben.

Das Phänomen einer starken Vorrunde und einer weniger guten Rückrunde zieht sich auch durch die folgenden Jahre der Hoffenheimer Erstligazugehörigkeit. In der zweiten Saison stand am Ende Platz elf in der Tabelle und die Trennung vom langjährigen Manager Jan Schindelmeiser. Ernst Tanner, zuvor Leiter des Nachwuchszentrums des Clubs, übernahm diesen Part. Auch in der dritten Saison gelang der Mannschaft in der ersten Saisonhälfte noch einmal, an bessere Zeiten zu erinnern. Nach der Vorrunde stand das Team von Ralf Rangnick auf Platz sieben der Tabelle, nur vier Zähler von Platz fünf entfernt, der zur Teilnahme an der UEFA Europa League berechtigt.

Aus der Stammelf der Vorsaison hatte nur Torhüter Timo Hildebrand den Club ver-

Der Kapitän und ein Youngster, der sich in der vergangenen Saison stärker in den Vordergrund und in die Stammformation gespielt hat: Andreas Beck, Spielführer von 1899 Hoffenheim, und – rechts im Bild – Offensivmann Boris Vukcevic aus dem eigenen Nachwuchs der Kraichgauer.

Der Autor: **Tobias Schächter** lebt als freier Journalist in Karlsruhe und berichtet unter anderem für die „Süddeutsche Zeitung“, die „Berliner Zeitung“, die „taz“ und „Financial Times Deutschland“ über den Fußball in Südwestdeutschland.

Starker Rückhalt einer Mannschaft mit insgesamt starken Schwankungen: der zum Saisonbeginn vom MSV Duisburg aus der 2. Bundesliga gekommene Tom Starke.

lassen, Tom Starke vom Zweitligisten MSV Duisburg ersetzte ihn und spielte eine hervorragende Runde. In Peniel Mlapa, verpflichtet vom TSV 1860 München, Sebastian Rudy vom VfB Stuttgart und Gylfi Sigurdsson vom FC Reading in England

Torhüter Tom Starke:

„Ein Jahr, aus dem wir unsere Lehren ziehen müssen."

kamen drei hoffnungsvolle Talente in den Kraichgau. Im Gegenzug wechselte kurz nach Beginn der Runde der Brasilianer Carlos Eduardo, der lange das Offensivspiel der Rangnick-Elf entscheidend geprägt hatte, zum russischen Champions-League-Teilnehmer Rubin Kasan.

Fast die gesamte Vorrunde über gelang es den jungen Neuzugängen, die von Eduardo hinterlassene Lücke auszufüllen. Der Saisonauftakt geriet begeisternd, der SV Werder Bremen wurde in der heimischen Rhein-Neckar-Arena mit 4:1 geschlagen, und nach dem 2:0 am dritten Spieltag gegen den FC Schalke 04 stand Hoffenheim verlustpunktfrei an der Tabellenspitze. Doch die Spitzenspiele gegen den FC Bayern München (1:2) und beim 1. FSV Mainz 05 (2:4) gingen verloren. Die 0:1-Heimniederlage gegen den SC Freiburg am zwölften Spieltag war nach dem vorangegangenen 1:2 beim Hamburger SV ein großer Dämpfer für die am Anfang der Saison geweckten Hoffnungen. Zwar verlor die Mannschaft danach keine der abschließenden fünf Vorrundenbegegnungen – sie gewann aber auch nur noch einmal, am 13. Spieltag bei Eintracht Frankfurt (4:0). Ein Sieg gelang den Hoffenheimern dann erst wieder am 20. Spieltag beim Hamburger SV (1:0) – mit dem neuen Trainer Marco Pezzaiuoli.

Denn während der Winterpause hatten sich die Wege von Ralf Rangnick und 1899 Hoffenheim getrennt. Der Verein stand vor einer Zäsur, Rangnick hatte den Club innerhalb von zwei Jahren von der Regionalliga in die Bundesliga gebracht und wollte sein Team in die internationalen Ränge coachen. Das Erreichen dieses Ziels sah er nicht mehr gewährleistet, nachdem der großartige defensive Mittelfeldspieler Luiz Gustavo zur Rückrunde an den FC Bayern abgegeben wurde. Zudem wechselte Angreifer Demba Ba vor Beginn der Rückrunde zu West Ham United in die Premier League nach England.

Diesen Aderlass langjähriger Spitzenkräfte konnten bei 1899 Hoffenheim auch

Akrobat schööön, Roberto Firmino, während der Winterpause aus Brasilien in die Bundesliga gekommen, führt seinen Teamkollegen Gylfi Thor Sigurdsson (rechts) und Tobias Weis (im Hintergrund) beim Spiel gegen Eintracht Frankfurt einen perfekten Fallrückzieher vor. In der Schlussphase der Saison rückte Firmino verstärkt in den Vordergrund und in die Anfangsformation von 1899 Hoffenheim.

Marco Pezzaiuoli, zuvor Assistent von Ralf Rangnick, hat 1899 Hoffenheim in der Rückrunde betreut.

die Winterzugänge Firmino (Figueirense FC Florianopolis/Brasilien), David Alaba, Edson Braafheid (beide FC Bayern München) und Ryan Babel (FC Liverpool) in der zweiten Saisonhälfte nicht kompensieren. Der Sturz in das Tabellenmittelfeld war die Folge. Pezzaiuoli, zuvor als Assistent von Rangnick tätig, wollte angesichts der Abgänge den Druck von seiner Mannschaft nehmen, und erklärte zunächst den Nichtabstieg als vorrangiges Saisonziel. Einen bitteren Rückschlag bildete das Aus im DFB-Pokal-Viertelfinale beim Zweitligisten FC Energie Cottbus. Die wenig spektakulären Auftritte in der Bundesliga konnten dann keine neue Euphorie mehr im Kraichgau wecken. Und so steht 1899 Hoffenheim nach dieser Saison wieder vor einem Umbruch. Frühzeitig stand fest, dass Pezzaiuoli nicht über die nun vergangene Saison Chefcoach bleiben würde, und wenig später war durch die Verpflichtung von Holger Stanislawski, zuvor FC St. Pauli, auch die Nachfolgefrage geklärt.

Mittelfeldspieler Sebastian Rudy ist im vergangenen Sommer vom VfB Stuttgart zum Nachbarn gewechselt und hat auf Anhieb einen Stammplatz inne.

ALLE SPIELE

Hinrunde										Rückrunde
1	21.08.	H	4:1	(4:1)	SV Werder Bremen	2:1	(1:0)	A	15.01.	18
2	28.08.	A	0:1	(0:0)	FC St. Pauli	2:2	(1:0)	H	23.01.	19
3	10.09.	H	2:0	(1:0)	FC Schalke 04	0:1	(0:1)	A	29.01.	20
4	18.09.	A	2:2	(0:1)	1. FC Kaiserslautern	3:2	(2:0)	H	05.02.	21
5	21.09.	H	1:2	(1:0)	FC Bayern München	4:0	(2:0)	A	12.02.	22
6	24.09.	A	1:1	(1:0)	1. FC Köln	1:1	(0:0)	H	19.02.	23
7	02.10.	A	4:2	(1:1)	1. FSV Mainz 05	1:2	(0:1)	H	26.02.	24
8	17.10.	H	3:2	(0:1)	Borussia Mönchengladbach	2:0	(0:0)	A	05.03.	25
9	24.10.	A	1:1	(0:1)	Borussia Dortmund	1:0	(0:0)	H	12.03.	26
10	31.10.	H	4:0	(1:0)	Hannover 96	2:0	(1:0)	A	19.03.	27
11	06.11.	A	2:1	(1:1)	Hamburger SV	0:0		H	02.04.	28
12	14.11.	H	0:1	(0:0)	SC Freiburg	3:2	(1:2)	A	09.04.	29
13	20.11.	A	0:4	(0:1)	Eintracht Frankfurt	1:0	(0:0)	H	16.04.	30
14	27.11.	H	2:2	(1:2)	Bayer 04 Leverkusen	2:1	(1:1)	A	23.04.	31
15	04.12.	A	1:1	(1:1)	VfB Stuttgart	1:2	(1:0)	H	30.04.	32
16	11.12.	H	1:1	(0:0)	1. FC Nürnberg	1:2	(1:1)	A	07.05.	33
17	18.12.	A	2:2	(0:2)	VfL Wolfsburg	:		H	14.05.	34

1899 HOFFENHEIM AUF EINEN BLICK

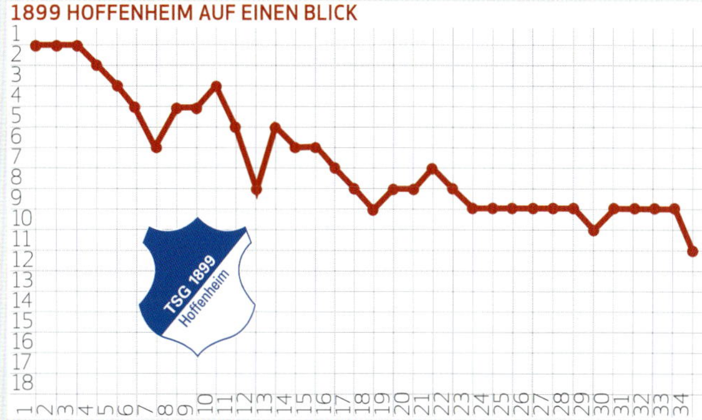

ALLE SPIELER

Name	Vorname	Geburtsdatum	Nationalität	Position	Rücken-Nr.	Einsätze	Auswechslungen	Einwechslungen	Gelbe Karten	Gelb-Rote Karten	Rote Karten	Tore	Elfmeter	Eigentore
Alaba	David	24.06.1992	AUT	M	8	17	-	-	3	-	-	2	-	-
Ba	Demba	25.05.1985	SEN	S	9	17	7	2	-	-	-	6	-	-
Babel	Ryan	19.12.1986	NED	S	10	15	8	-	3	-	-	1	-	-
Beck	Andreas	13.03.1987	D	A	2	33	1	-	7	-	-	-	-	-
Braafheid	Edson	08.04.1983	NED	A	28	10	2	1	2	-	1	-	-	-
Compper	Marvin	14.06.1985	D	A	5	32	3	-	4	-	-	2	-	-
Eduardo	Carlos	18.07.1987	BRA	M	10	-	-	-	-	-	-	-	-	-
Eichner	Christian	24.11.1982	D	A	8	4	-	2	1	-	-	-	-	-
Firmino	Roberto	02.10.1991	BRA	M	22	11	2	6	1	-	-	3	-	-
Grahl	Jens	22.09.1988	D	T	30	-	-	-	-	-	-	-	-	-
Gulde	Manuel	12.02.1991	D	A	37	1	-	1	-	-	-	-	-	-
Gustavo	Luiz	23.07.1987	BRA	M	21	17	3	-	4	-	-	2	-	1
Haas	Daniel	01.08.1983	D	T	1	9	-	-	-	-	-	-	-	-
Herdling	Kai	27.06.1984	D	S	38	-	-	-	-	-	-	-	-	-
Ibertsberger	Andreas	27.07.1982	AUT	A	26	20	2	2	1	-	-	-	-	-
Ibisevic	Vedad	06.08.1984	BIH	S	19	31	13	6	3	-	-	8	1	-
Jaissle	Matthias	05.04.1988	D	A	3	9	1	5	1	-	-	-	-	-
Kaiser	Dominik	16.09.1988	D	M	36	1	-	1	-	-	-	-	-	-
Ludwig	Andreas	11.09.1990	D	M	31	-	-	-	-	-	-	-	-	-
Mlapa	Peniel	20.02.1991	D	S	15	30	15	12	6	-	-	4	-	-
Neupert	Robin	19.08.1991	D	A	32	-	-	-	-	-	-	-	-	-
Obasi	Chinedu	01.06.1986	NGA	S	20	5	2	3	-	-	-	-	-	-
Özcan	Ramazan	28.06.1984	AUT	T	27	-	-	-	-	-	-	-	-	-
Raitala	Jukka	15.09.1988	FIN	A	22	-	-	-	-	-	-	-	-	-
Rudy	Sebastian	28.02.1990	D	M	6	32	6	3	4	-	-	1	-	-
Salihovic	Sejad	08.10.1984	BIH	M	23	26	5	2	8	1	-	5	2	-
Sigurdsson	Gylfi	08.09.1989	ISL	M	11	29	3	19	-	-	-	9	2	-
Simunic	Josip	18.02.1978	CRO	A	14	10	1	3	2	-	1	-	-	-
Starke	Tom	18.03.1981	D	T	33	25	-	-	1	-	-	-	-	-
Tagoe	Prince	09.11.1986	GHA	S	18	6	-	6	-	-	-	-	-	-
Thomalla	Denis	16.08.1992	D	S	34	4	-	4	-	-	-	-	-	-
Vestergaard	Jannik	03.08.1992	DEN	A	29	1	-	1	-	-	-	-	-	-
Vorsah	Isaac	21.06.1988	GHA	A	25	30	2	1	3	-	1	3	-	-
Vukcevic	Boris	16.03.1990	D	M	7	26	8	10	3	-	-	2	-	-
Weis	Tobias	30.07.1985	D	M	17	17	10	4	4	-	-	-	-	-

HOFFENHEIM

BUNDESLIGA

Doch noch sanft im Ziel

In der Hinrunde sportlich fernab vom Kurs, im zweiten Teil der Saison zurück auf dem rechten Weg: Der VfB Stuttgart hat die Nerven seiner Fans erneut sehr stark beansprucht.

Der Autor: **Oliver Trust** berichtet als freier Journalist über die Bundesliga aus dem Südwesten, vor allem auch über den VfB Stuttgart, und schreibt unter anderem für die „Frankfurter Allgemeine Zeitung", den Berliner „Tagesspiegel", die „Stuttgarter Zeitung" und den Zürcher „Tages-Anzeiger".

Sonntag, 8. Mai. Bruno Labbadia schlendert mit seinem Sohn Luca über das Gelände des Stuttgarter Frühlingsfestes. „Mein erster entspannter Tag", sagt er. Ein Satz, der viel über die vergangenen schweren Monate aussagt. Es ist Tag eins nach der Rettung, an die im Winter kaum einer mehr recht glauben wollte. Der VfB Stuttgart hat am vorletzten Spieltag der Saison ein kleines Wunder geschafft. Nach nur zwölf Punk-

gelandet

ten bis zum Ende der Vorrunde stehen am Schluss 42 zu Buche. VfB-Coach Labbadia sagt nur ein einziges Wort: „Unglaublich."

Auf dem Rasen der Mercedes-Benz Arena spielen sich nach dem 2:1 über Hannover 96 Szenen wie nach dem Gewinn einer Deutschen Meisterschaft ab. Labbadia fliegt in die Luft. Immer wieder. Hoch und runter, hoch und runter. Seine Spieler fangen ihn auf. Es wurde doch noch eine sanfte Landung,

Jedes Erfolgserlebnis als Erlösung für den VfB Stuttgart auf schwerem Weg: Hier bejubeln Torschütze Martin Harnik, Serdar Tasci, Christian Träsch, Patrick Funk und Timo Gebhart (von rechts) den Sieg gegen den 1. FSV Mainz 05.

Ruhe bewahren, so die Devise von VfB-Sportdirektor Fredi Bobic auf seiner ersten Bundesliga-Station als Sportdirektor.

nachdem mancher dem Club vom Neckar den zweiten Abstieg der Vereinsgeschichte nach 1975 voraussagte. Jetzt plumpsen mit einem Schlag tonnenschwere Steine. Mit ein paar Schrammen, vielleicht einem blauen Auge, aber auch einer Portion Stolz rollen die Stutt-

Trainer Bruno Labbadia:

„Wir haben es geschafft, eine Gemeinschaft zu werden."

garter in ihrem fast fertig umgebauten reinen Fußballstadion über die Ziellinie.

„Wir haben Ruhe bewahrt", sagt Sportdirektor Fredi Bobic. „Wir haben es geschafft, eine Gemeinschaft zu werden", sagt Labbadia. Beide sehen mitgenommen aus. Bobic, weil ihm Mittelfeldspieler Christian Träsch aus Übermut und Freude einen Eimer Wasser über den Kopf gekippt hat, und Labbadia vom Feiern auf dem Rasen. Trotz des Erfolgs oder besser gesagt, der Vermeidung einer gefühlten sportlichen Katastrophe, wollte sich keiner auf die Schulter klopfen lassen. Dabei hätten Bobic und Labbadia genau das verdient gehabt. Der eine, Bobic, ließ sich an seiner ersten Station als sportlich Verantwortlicher in der Bundesliga nicht von Unruhe anstecken. Unermüdlich korrigierte er die Stellschrauben. Labbadia brachte Struktur in Mannschaft und Spiel.

„Wir haben im Gesamtpaket viele richtige Entscheidungen getroffen", beschreibt „Retter" Labbadia die schwierige Mission Klassenerhalt. Am Ende der Aufholjagd stehen die Stuttgarter wieder einmal als eine der besten Rückrundenmannschaften da. Mit dieser Halbetappe eigentlich auf Kurs UEFA Champions League. Im Dezember hingegen schienen die Weichen schon in Richtung Zweitklassigkeit gestellt. Eine Saison der Extreme.

Rückblende Dezember 2010: Der VfB steht im Keller der Tabelle, Auswege und Lösungen sind kaum in Sicht. Selbst als Labbadia als dritter Trainer nach Christian Gross und Jens Keller Mitte des Monats mit dem ersten Training beginnt, folgen zwei Niederlagen in Bundesliga und DFB-Pokal gegen den FC Bayern München. Trotzdem glaubt das Duo an die Chance zur Rettung. „Die Vorbereitung auf die Rückrunde hat begonnen", sagen sie – noch vor Weihnachten.

In der Winterpause gelingen Bobic, der zuvor viel Kritik einstecken muss, zwei „Schlüsseltransfers". Aus Japan kommt Stürmer Shinji Okazaki und aus Dortmund Mittelfeldspieler Tamás Hajnal. Es passt zum abschließenden Festtag am 33. Spieltag, dass diese beiden den Sieg über Hannover 96 mit jeweils einem Tor herausschießen. Nicht nur der VfB wird dadurch belohnt: Hajnals Vertrag verlängert sich automatisch um zwei Jahre – und auch der von Labbadia läuft jetzt bis 2013.

Der Berg- und Talfahrt geht eine schwierige Saisonvorbereitung voraus. Die Stuttgarter müssen den Wechsel von Sportvorstand Horst Heldt zum FC Schalke 04 wegstecken und sich durch eine lange Qualifikation zur UEFA Europa League kämpfen. Es folgen Tage, die von Ungewissheit geprägt sind, während hinter den Kulissen an Lösungen gearbeitet wird. Der VfB entscheidet sich für Exspieler Bobic als neuen Sportdirektor. Ein Mann mit Stallgeruch und einem „roten Herzen".

Nach sieben Spieltagen ist der VfB Letzter und hat lediglich drei magere Pünktchen ergattert. Man trennt sich von Gross. Keller, ehemaliger VfB-Profi und Assistenztrainer, wird befördert. Neun Spieltage lang versucht er sein Glück. Neun Punkte holt er. Der VfB steht auf Rang 17, als Labbadia seinen Dienst antritt. Nun wird an Fitness, Teamspirit und Taktik gefeilt. Schon in jenen dunklen Tagen

Zu einem echten Rückhalt im Tor des VfB Stuttgart hat sich im Laufe der Saison Sven Ulreich entwickelt – keine leichte Aufgabe für den jungen Nachfolger von Jens Lehmann.

Neben dem Ungarn Tamás Hajnal hat mit dem Japaner Shinji Okazaki (links) auch ein weiterer Transfer in der Winterpause die VfB-Erwartungen erfüllt. Neben dem Neuzugang auf diesem Foto Christian Träsch und Cacau (von rechts).

Ein schweres Stück Arbeit liegt vor Bruno Labbadia, als der neue Trainer am Ende des vergangenen Jahres sein Engagement beim VfB Stuttgart beginnt, oftmals auch – wie auf diesem Foto in der Mercedes-Benz Arena – mit dem skeptischen Blick des früheren Torjägers. Doch am Ende wird gejubelt.

fällt auf: Hajnal und Okazaki tun dem verunsicherten schwäbischen Team überaus gut. Spielfreude und Ideen bringt der Ungar ein, unermüdlichen Einsatzwillen und Optimismus der Mann aus Fernost. Die beiden werden zur entscheidenden Ergänzung.

Den Rest erledigt der nimmermüde Labbadia auf dem Trainingsplatz. Am Ende muss er sich sogar entschuldigen. „Ich habe ein wenig gelogen", sagt er in der Pressekonferenz nach dem Klassenerhalt und grinst. „Denn ich habe gesagt, es wird bis zum letzten Spieltag gegen den Abstieg gehen. Jetzt sind wir schon am vorletzten Spieltag gerettet."

ALLE SPIELE

Hinrunde										Rückrunde
1	22.08.	A	2:0	(1:0)	1. FSV Mainz 05	1:0	(0:0)	H	15.01.	18
2	29.08.	H	1:3	(0:3)	Borussia Dortmund	1:1	(1:0)	A	22.01.	19
3	11.09.	A	2:1	(0:1)	SC Freiburg	0:1	(0:1)	H	30.01.	20
4	18.09.	H	7:0	(2:0)	Borussia Mönchengladbach	2:3	(2:0)	A	05.02.	21
5	22.09.	A	2:1	(1:0)	1. FC Nürnberg	1:4	(1:2)	H	12.02.	22
6	25.09.	H	1:4	(0:2)	Bayer 04 Leverkusen	4:2	(2:1)	A	20.02.	23
7	03.10.	H	1:2	(0:1)	Eintracht Frankfurt	0:2	(0:0)	A	27.02.	24
8	16.10.	A	2:2	(1:1)	FC Schalke 04	1:0	(1:0)	H	05.03.	25
9	24.10.	H	2:0	(1:0)	FC St. Pauli	1:2	(1:1)	A	13.03.	26
10	30.10.	A	2:0	(1:0)	VfL Wolfsburg	1:1	(0:1)	H	20.03.	27
11	07.11.	H	6:0	(3:0)	SV Werder Bremen	1:1	(1:1)	A	02.04.	28
12	13.11.	A	3:3	(0:2)	1. FC Kaiserslautern	2:4	(2:1)	H	09.04.	29
13	21.11.	H	0:1	(0:0)	1. FC Köln	1:3	(0:0)	A	16.04.	30
14	27.11.	A	4:2	(3:1)	Hamburger SV	3:0	(1:0)	H	23.04.	31
15	04.12.	H	1:1	(1:1)	1899 Hoffenheim	1:2	(1:0)	A	30.04.	32
16	10.12.	A	2:1	(1:0)	Hannover 96	2:1	(0:0)	H	07.05.	33
17	19.12.	H	3:5	(0:3)	FC Bayern München	2:1	(1:1)	A	14.05.	34

VFB STUTTGART AUF EINEN BLICK

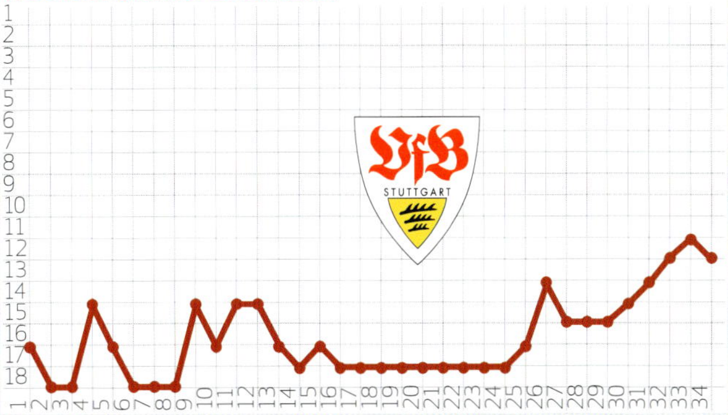

ALLE SPIELER

Name	Vorname	Geburtsdatum	Nationalität	Position	Rücken-Nr.	Einsätze	Auswechslungen	Einwechslungen	Gelbe Karten	Gelb-Rote Karten	Rote Karten	Tore	Elfmeter	Eigentore
Audel	Johan	12.12.1983	FRA	M	11	3	-	3	1	-	-	-	-	-
Bah	Mamadou	25.04.1988	GUI	M	24	2	1	-	-	-	-	-	-	-
Bicakcic	Ermin	24.01.1990	D	A	38	1	1	-	-	-	-	-	-	-
Boka	Arthur	02.04.1983	CIV	A	15	23	5	5	4	-	-	2	-	-
Boulahrouz	Khalid	28.12.1981	NED	A	21	16	3	3	3	-	-	-	-	1
Cacau		27.03.1981	D	S	18	27	8	3	4	-	-	8	2	-
Camoranesi	Mauro	04.10.1976	ITA	M	16	7	2	4	-	-	1	-	-	-
Celozzi	Stefano	02.11.1988	D	A	27	7	2	1	2	-	-	-	-	-
Degen	Philipp	15.02.1983	SUI	A	2	5	4	1	1	-	-	-	-	-
Delpierre	Matthieu	26.04.1981	FRA	A	17	18	1	3	3	-	2	1	-	-
Didavi	Daniel	21.02.1990	D	M	26	8	3	4	-	-	-	-	-	-
Elson		16.11.1981	BRA	M	25	3	1	1	1	-	-	-	-	-
Funk	Patrick	11.02.1990	D	M	14	9	4	2	-	-	-	1	-	-
Gebhart	Timo	12.04.1989	D	M	13	25	6	10	6	-	-	2	1	-
Gentner	Christian	14.08.1985	D	M	20	31	7	8	1	-	-	5	1	-
Geyer	Thomas	06.03.1991	D	A	43	-	-	-	-	-	-	-	-	-
Hajnal	Tamás	15.03.1981	HUN	M	28	12	9	1	1	-	-	3	-	-
Harnik	Martin	10.06.1987	AUT	S	7	32	5	15	7	-	-	9	-	-
Khedira	Sami	04.04.1987	D	M	28	-	-	-	-	-	-	-	-	-
Kuzmanovic	Zdravko	22.09.1987	SRB	M	8	32	5	5	2	-	-	9	4	-
Marica	Ciprian	02.10.1985	ROM	S	9	13	6	5	-	-	1	3	-	-
Molinaro	Cristian	30.07.1983	ITA	A	3	27	7	3	3	-	-	-	-	-
Niedermeier	Georg	26.02.1986	D	A	6	29	1	4	7	-	-	5	-	-
Okazaki	Shinji	16.04.1986	JPN	S	31	12	6	-	2	-	-	2	-	-
Pogrebnyak	Pavel	08.11.1983	RUS	S	29	26	9	8	5	-	-	8	-	-
Rudy	Sebastian	28.02.1990	D	M	16	-	-	-	-	-	-	-	-	-
Schipplock	Sven	08.11.1988	D	S	36	12	1	11	2	-	-	1	-	-
Schwarz	Matthias	28.12.1987	D	M	22	-	-	-	-	-	-	-	-	-
Stolz	Alexander	13.10.1983	D	T	12	-	-	-	-	-	-	-	-	-
Tasci	Serdar	24.04.1987	D	A	5	26	1	-	4	-	-	-	-	-
Träsch	Christian	01.09.1987	D	M	35	34	2	-	3	-	-	1	-	-
Ulreich	Sven	03.08.1988	D	T	1	34	-	-	2	-	-	-	-	-
Walch	Clemens	10.07.1987	AUT	M	24	-	-	-	-	-	-	-	-	-
Ziegler	Marc	13.06.1976	D	T	23	-	-	-	-	-	-	-	-	-

Im Endspurt die Probleme rechtzeitig gemeistert

Diese Spielzeit wird in der Chronik vieler herausragender Bundesliga-Jahre des SV Werder Bremen kein besonderes Kapitel einnehmen. Doch trotz so mancher Enttäuschung schafften die Hanseaten rechtzeitig die Wende – auch dank der diesem Club eigenen Besonnenheit.

Tief einatmen, lange ausatmen – Klaus Allofs (54) sind die Strapazen einer langen Saison auch noch Tage nach dem 34. Spieltag anzumerken, wenn er über die vergangenen Monate spricht. „Das war insgesamt kein einfaches Jahr", sagt der Vorsitzende der Geschäftsführung beim SV Werder Bremen, der gleichzeitig auch für die sportlichen Geschicke verantwortlich zeichnet. Ja, es war kein gutes Jahr für die Bremer, die am Ende zwar im gefestigten Mittelfeld landeten, aber erstmals seit 2005 in der kommenden Saison nicht international vertreten sein werden. Und das ist ein neues Gefühl an der Weser.

Viel ist über die Bremer in den vergangenen Monaten berichtet worden. Und es war nicht immer erfreulich. Denn die Mannschaft, die Fußball-Deutschland in den früheren Jahren mit spektakulärem Offensivfußball verzauberte, geriet gehörig ins Stottern. Am Ende ging es nur noch ums Verbleiben in der Bundesliga. Eine Situation, auf die sich viele Spieler über Wochen einstellen mussten, um sie erst am vorletzten Spieltag endgültig zu meistern.

Der Autor: **Mathias Sonnenberg** arbeitet als Chefreporter bei „BILD" und ist seit vielen Jahren auch mit dem SV Werder Bremen befasst.

Eines muss allerdings auch gesagt werden, allen Schwarzmalereien zum Trotz: Auf einem Abstiegsplatz standen diese Bremer kein einziges Mal in der abgelaufenen Saison. „Aber das ist ja kein Anlass, aus dem wir irgendwelche Lehren ziehen können", sagt Allofs. Denn er weiß auch: Einfach nur abhaken und dann weiter machen, nein, das funktioniert nicht. Dafür hat zu vieles nicht gepasst bei Werder.

Klaus Allofs

„Unsere Spieler haben immer gehofft, früher die Kurve zu kriegen."

Aber was sind die Gründe für diese unterdurchschnittliche Saison? Viel wird an der Person Mesut Özil festgemacht. Zweieinhalb Jahre spielte er in Bremen. Schoss den SV Werder 2009 zum DFB-Pokalsieg, dirigierte die Bremer 2010 auf Platz drei und in die UEFA Champions League. Als Özil dann aber im vergangenen August zu Real Madrid wechselte, versuchte Trainer Thomas Schaaf (50) die Verantwortung im Mittelfeld auf zwei Spieler zu übertragen: Marko Marin und Aaron Hunt. Beide fühlten sich in dieser Rolle aber augenscheinlich nicht wohl. Und somit hatten die Bremer plötzlich ein echtes Problem in der Kreativzentrale.

Dazu gesellten sich große Verletzungssorgen. Mit Naldo fehlte dem SV Werder über die komplette Saison eine der entscheidenden Abwehrsäulen. Die Knieprobleme bei dem Brasilianer zogen sich über ein Jahr hin. Und als dann auch noch Stürmerstar Claudio Pizarro öfters verletzt ausfiel, meinte Bundestrainer Joachim Löw: „Özil abgegeben, Naldo und Pizarro verletzt – das kann keine Mannschaft einfach mal so kompensieren."

Wie Recht Löw doch hatte. Denn die Bremer Schwierigkeiten nahmen zu. Hinzu kam, dass Neuzugang Marco Arnautovic eher neben als auf dem Platz auf sich aufmerksam machte. Und dass der Brasilianer Wesley nach gutem Beginn ebenfalls lange verletzt ausfiel.

Dabei hatte die Mannschaft zu Saisonbeginn noch gejubelt, als man in der Qualifikation zur UEFA Champions League Sampdoria Genua ausgeschaltet hatte. Doch die Auftritte in der „Königsklasse" waren insgesamt enttäuschend: In einer Gruppe mit Inter Mailand, Tottenham Hotspur und

Auch der zeitweilige Ausfall von Claudio Pizarro, in der Offensive unersetzlich, ist für den SV Werder ein Problem gewesen.

Twente Enschede blieb nur der letzte Platz. Im DFB-Pokal kam schon in Runde zwei das unglückliche Aus beim FC Bayern – und die Erkenntnis reifte, dass es eine schwere Saison werden würde.

Das Tückische an Werders Sorgen war, dass die Mannschaft zunächst noch kleine Erfolgserlebnisse hatte. Beim FC Bayern holte man einen Punkt, in Leverkusen ebenfalls, den Nordrivalen HSV besiegte man. Und nach jedem solchen Lichtstrahl keimte in der Mannschaft die Hoffnung auf, dass man jetzt begriffen habe, worum es geht. Und dass man jetzt hoffentlich die Wende geschafft habe. Doch bittere Rückschläge wie das 0:6 in Stuttgart machten jeden Hoffnungsschimmer schnell wieder zunichte.

Allofs hat sogar Verständnis für den immer wieder durchdringenden Optimismus: „Als Spieler hofft man doch nach jedem Spiel, das gut gelaufen ist, auf eine Wende. Unsere Spieler haben immer gehofft, dass wir noch früher die Kurve kriegen."

Einer aber hatte schon früh gewarnt: Torwart Tim Wiese. Als in der Winterpause einige Spieler noch von der UEFA Europa League träumten, war der Nationalkeeper

Aufrüttelnde Worte in schweren Phasen von Tim Wiese, dem Bremer Keeper, der bei seinen Einsätzen durchweg stabile Leistungen gezeigt hat.

Routinier und Leitfigur des SV Werder, selbst wie das gesamte Team in dieser Saison aber auch nicht mit der notwendigen Konstanz: Torsten Frings.

längst in der Realität angekommen. „Es geht jetzt nur noch ums Überleben. Es wäre schön, wenn das jeder verinnerlichen würde."

Aber das sollte noch einige Wochen dauern. Die Bremer legten zwar einen ordentlichen Schlussspurt hin, mussten aber letztlich doch noch bis zum 33. Spieltag warten, um sich den Klassenerhalt endgültig zu sichern. Ausgerechnet ein Sieg gegen den Meister Borussia Dortmund beendete die lästige Rechnerei.

Auch in schwierigen Phasen nicht aus der Ruhe zu bringen: Klaus Allofs, der Vorsitzende der Geschäftsführung bei den Bremern, und Trainer Thomas Schaaf (links) – und im Hintergrund halten Werder-Fans die Fahne hoch.

ALLE SPIELE

Hinrunde										Rückrunde
1	21.08.	A	4:1	(4:1)	1899 Hoffenheim	2:1	(1:0)	H	15.01.	18
2	28.08.	H	4:2	(2:1)	1. FC Köln	3:0	(2:0)	A	22.01.	19
3	11.09.	A	0:0		FC Bayern München	1:3	(0:0)	H	29.01.	20
4	18.09.	H	0:2	(0:0)	1. FSV Mainz 05	1:1	(1:0)	A	05.02.	21
5	21.09.	A	4:1	(1:1)	Hannover 96	1:1	(0:1)	H	13.02.	22
6	25.09.	H	3:2	(2:0)	Hamburger SV	4:0	(1:0)	A	19.02.	23
7	03.10.	A	2:2	(1:0)	Bayer 04 Leverkusen	2:2	(0:1)	H	27.02.	24
8	16.10.	H	2:1	(1:0)	SC Freiburg	1:3	(0:1)	A	06.03.	25
9	23.10.	A	1:4	(0:2)	Borussia Mönchengladbach	1:1	(1:0)	H	12.03.	26
10	30.10.	H	2:3	(1:1)	1. FC Nürnberg	1:3	(1:1)	A	19.03.	27
11	07.11.	A	6:0	(3:0)	VfB Stuttgart	1:1	(1:1)	H	02.04.	28
12	13.11.	H	0:0		Eintracht Frankfurt	1:1	(0:0)	A	08.04.	29
13	20.11.	A	4:0	(2:0)	FC Schalke 04	1:1	(0:0)	H	16.04.	30
14	28.11.	H	3:0	(2:0)	FC St. Pauli	1:3	(1:0)	A	23.04.	31
15	04.12.	A	0:0		VfL Wolfsburg	0:1	(0:1)	H	29.04.	32
16	11.12.	A	2:0	(1:0)	Borussia Dortmund	2:0	(1:0)	H	07.05.	33
17	18.12.	H	1:2	(1:1)	1. FC Kaiserslautern		:	A	14.05.	34

SV WERDER BREMEN AUF EINEN BLICK

ALLE SPIELER

Name	Vorname	Geburtsdatum	Nationalität	Position	Rücken-Nr.	Einsätze	Auswechslungen	Einwechslungen	Gelbe Karten	Gelb-Rote Karten	Rote Karten	Tore	Elfmeter	Eigentore
Almeida	Hugo	23.05.1984	POR	S	23	13	1	6	-	-	1	9	-	-
Andersen	Niklas	04.08.1988	D	A	27	-	-	-	-	-	-	-	-	-
Arnautovic	Marko	19.04.1989	AUT	S	7	25	6	10	4	-	-	3	-	-
Avdic	Denni	05.09.1988	SWE	S	9	7	2	5	1	-	-	-	-	-
Ayik	Onur	28.01.1990	TUR	S	46	1	-	1	-	-	-	-	-	-
Balogun	Leon-Aderemi	28.06.1988	D	A	37	3	-	3	-	-	-	-	-	-
Bargfrede	Philipp	03.03.1989	D	M	44	28	10	5	7	1	-	-	-	-
Boenisch	Sebastian	01.02.1987	POL	A	2	1	-	-	-	-	-	-	-	-
Borowski	Tim	02.05.1980	D	M	6	12	8	2	3	-	-	-	-	-
Frings	Torsten	22.11.1976	D	M	22	32	5	-	7	-	-	6	6	-
Fritz	Clemens	07.12.1980	D	A	8	29	3	-	5	-	-	-	-	1
Hunt	Aaron	04.09.1986	D	M	14	29	15	8	2	-	-	3	1	-
Husejinovic	Said	13.05.1988	BIH	M	17	4	-	4	-	-	-	-	-	-
Ikeng	Jose-Alex	30.01.1988	D	M	32	-	-	-	-	-	-	-	-	-
Jensen	Daniel	25.06.1979	DEN	M	20	11	-	8	3	-	-	-	-	-
Kroos	Felix	12.03.1991	D	M	18	5	3	2	-	-	-	-	-	-
Marin	Marko	13.03.1989	D	M	10	34	6	6	4	-	-	3	-	-
Mertesacker	Per	29.09.1984	D	A	29	30	-	-	1	-	-	2	-	2
Mielitz	Sebastian	18.07.1989	D	T	21	6	-	1	-	-	-	-	-	-
Naldo		10.09.1982	BRA	A	4	-	-	-	-	-	-	-	-	-
Özil	Mesut	15.10.1988	D	M	11	-	-	-	-	-	-	-	-	-
Pasanen	Petri	24.09.1980	FIN	A	3	24	3	1	4	-	-	-	-	-
Perthel	Timo	11.02.1989	D	M	45	-	-	-	-	-	-	-	-	-
Pizarro	Claudio	03.10.1978	PER	S	24	22	7	2	5	-	-	9	-	-
Prödl	Sebastian	21.06.1987	AUT	A	15	25	-	-	8	-	-	1	-	-
Rosenberg	Markus	27.09.1982	SWE	S	9	-	-	-	-	-	-	-	-	-
Samuel		07.04.1986	BRA	A	25	-	-	-	-	-	-	-	-	-
Schindler	Kevin	21.05.1988	D	S	28	-	-	-	-	-	-	-	-	-
Schmidt	Dominik	01.07.1987	D	A	41	12	1	5	1	-	-	-	-	-
Silvestre	Mikael	09.08.1977	FRA	A	16	26	2	-	3	-	-	1	-	-
Stevanovic	Predrag	03.03.1991	SRB	M	31	3	1	2	-	-	-	-	-	-
Testroet	Pascal	26.09.1990	D	S	43	-	-	-	-	-	-	-	-	-
Thy	Lennart	25.02.1992	D	S	36	2	-	2	-	-	-	-	-	-
Trinks	Florian	11.03.1992	D	M	35	8	3	4	-	-	-	-	-	-
Vander	Christian	24.10.1980	D	T	33	-	-	-	-	-	-	-	-	-
Wagner	Sandro	29.11.1987	D	S	19	23	7	11	4	1	-	5	3	-
Wesley		24.06.1987	BRA	M	5	20	7	2	1	-	-	1	-	-
Wiedwald	Felix	15.03.1990	D	T	42	-	-	-	-	-	-			
Wiese	Tim	17.12.1981	D	T	1	29	-	-	4	-	1			

BUNDESLIGA

Mit Logik fast nicht zu erklären

Nach dem zweiten Platz in der vorangegangenen Saison schien der Traum von der Deutschen Meisterschaft für viele Fans des FC Schalke 04 durchaus realistisch. Doch zumindest in der Bundesliga sah die Wirklichkeit dann anders aus.

Vor dem letzten Heimspiel der Saison gegen den 1. FSV Mainz 05 entrollten die Profis des FC Schalke 04 ein großes Transparent und präsentierten es den Fans: „Höhen und Tiefen. Aber Ihr seid die Besten. Danke!"

Die Huldigung an das Publikum war also gleichzeitig auch eine Saisonbilanz. Und mit den Begriffen „Höhen und Tiefen" hatten die „Königsblauen" dabei ins Schwarze getroffen, bei strenger Auslegung hätte die Reihenfolge aber eine andere sein können. Denn Schalkes Bundesliga-Saison 2010/11 hatte einige Talsohlen, der erhoffte Gipfelsturm hingegen blieb aus. Sehr versöhnlich und ensprechend gefeiert war jedoch der Abschluss: Mit einem 5:0-Erfolg gegen den MSV Duisburg holte Schalke zum fünften Mal den DFB-Pokal. Durch den Sieg im Berliner Olympiastadion wurde somit auch noch ein gestecktes Ziel erreicht, die erneute Qualifikation für die europäische Ebene.

In der Bundesliga dokumentiert der Blick auf die Fakten für Schalker Ansprüche aber ein enttäuschendes Jahr. Die ganze Saison spielte sich für die „Knappen" zwischen den Tabellenplätzen neun und 18 ab. In der Hinrunde stand die als Vizemeister gestartete Mannschaft gleich zehn Mal auf einem Abstiegs- beziehungsweise Relegationsplatz. Erst am vorletzten Spieltag war der Klassenerhalt für Schalke endgültig gesichert.

Aber was war passiert mit dieser Mannschaft, die in der Saison davor unter Trainer Felix Magath sogar kurz von der Meister-

Der Autor: **Norbert Neubaum**, NB Medienservice, berichtet seit zwei Jahrzehnten über den FC Schalke 04 und schreibt unter anderem für die „Recklinghäuser Zeitung".

Total auf den heranfliegenden Ball fixiert ist Manuel Neuer, der die ganze Saison über als Kapitän und Torhüter des FC Schalke 04 eine außerordentlich starke Leistung abliefert.

SCHALKE

BUNDESLIGA

Seit dem Frühjahr zum zweiten Mal Trainer des FC Schalke 04: Ralf Rangnick.

schale träumen durfte? Die mit einer No-Name-Truppe und vielen Talenten die Zuschauer begeistert und sich für die UEFA Champions League qualifiziert hatte? Antworten darauf fielen auch Magath schwer. Nach der 1:3-Heimniederlage gegen Borussia Dortmund, als Schalke in der eigenen Arena vom späteren Deutschen Meister an die Wand gespielt wurde, musste er erstmals zugeben, „ratlos" zu sein. Vier Spieltage waren da absolviert, Schalke stand noch immer ohne einen einzigen Punkt da.

Magath hatte die Vizemeister-Elf umgekrempelt – mit Marcelo Bordon, Heiko Westermann und Rafinha ging fast der komplette und stabile Defensivverbund, mit Kevin Kuranyi der Toptorjäger. Durch viele Neuzugänge wollte Magath auch für die UEFA Champions League gerüstet sein. Die Rechnung ging nicht auf. Das Puzzle aus großen Namen wie Raúl, Christoph Metzelder, Klaas-Jan Huntelaar, Jefferson Farfan und Manuel Neuer zusammenzubauen, brauchte Zeit und gestaltete sich als äußerst schwierig. Vor allem fehlte die Konstanz. Starken Leistungen in der UEFA Champions League und im DFB-Pokal folgten regelmäßig Rückschläge in der Bundesliga. Mit sportlicher Logik waren Schalkes Resultate nicht zu erklären. Etwa: Gegen den SV Werder Bremen gewann Schalke 4:0, eine Woche später gab es beim 1. FC Kaiserslautern ein 0:5.

Große Sprünge in der Tabelle ließen sich mit solchen Resultaten natürlich nicht

Ein Weltstar auf Schalke: Raúl, im vergangenen Sommer von Real Madrid zu den „Knappen" gekommen, wird von den Fans der gesamten Bundesliga sehr positiv aufgenommen.

Raúl:

„Deutschland hat für mich eine der besten Ligen der Welt."

machen. Die Erfolglosigkeit auf dem Bundesliga-Parkett zehrte an den Nerven. „Wir waren keine Einheit", schimpfte Neuer im Februar 2011 nach der 1:2-Niederlage beim damaligen Schlusslicht Borussia Mönchengladbach. Neuer durfte sich diese Kritik am Kollektiv erlauben. Der Nationaltorhüter spielte in allen Wettbewerben eine bärenstarke Saison. „In der Bundesliga hat er uns zehn Punkte gerettet", so die klare Aussage von Horst Heldt.

Heldt ist Magaths Nachfolger als Vorstand Sport, Spielbetrieb und Kommunikation, Ralf Rangnick löste Magath als Trainer ab. Am 16. März 2011 erklärte Aufsichtsratschef Clemens Tönnies die Ehe zwischen Schalke 04 und Felix Magath für beendet. Der in seiner ersten Saison bei den „Königsblauen" noch als „Magier" Gefeierte, auf Schalke Vorstandssprecher, Manager und Trainer in einer Person, kehrte kurz nach der Trennung zurück zum VfL Wolfsburg.

Nach einem kurzen Höhenflug unter Rangnick mit zwei Bundesliga-Siegen und der Sensation gegen Inter Mailand in der UEFA Champions League, wo erst im Halbfinale gegen Manchester United Endstation war, verfiel Schalke wieder in die geradezu unerklärliche Bundesliga-Lethargie. Neuer hatte zwischendurch erklärt, seinen bis 2012 auf Schalke laufenden Vertrag nicht verlängern zu wollen, was die Stimmung zusätzlich drückte. Nach dem 1:3 gegen Mainz fällte auch Rangnick ein ernüchterndes Urteil: „In entscheidenden Situationen hat es mit dem Willen zu tun. Die Mannschaft hat gezeigt, dass sie es kann. Sie hat es aber nicht im Naturell, es immer zu tun."

Schalke steht erneut vor einem Umbruch. Rangnick und Heldt müssen den Kader umbauen. Der Trend dürfte auch wegen der notwendigen finanziellen Konsolidierung mehr zu jungen entwicklungsfähigen Spielern gehen, die von erfahrenen Profis wie Raúl geführt werden sollen. Meisterambitionen, mit denen sich die „Königsblauen" in den vergangenen Jahren unter Druck setzten und unter Druck setzen ließen, werden in der kommenden Saison zumindest nicht offiziell zu den Schalker Saisonplänen gehören. Die Fans wären wohl schon zufrieden, wenn es in der Bundesliga-Saison 2011/12 mehr Höhen als Tiefen auf Schalke gäbe – also anders als in der nun abgelaufenen Spielzeit.

Durch seine Leistungen beim FC Schalke 04 in dieser Saison noch ein Stück weiter in den Blickpunkt gerückt ist Innenverteidiger Benedikt Höwedes.

Auf Schalke schon mit 17 Jahren in der Bundesliga: Julian Draxler (rechts), der hier auf den genau doppelt so alten Bremer Torsten Frings trifft.

ALLE SPIELE

Hinrunde										Rückrunde
1	21.08.	A	2:1	(0:0)	Hamburger SV	0:1	(0:0)	H	15.01.	18
2	28.08.	H	1:2	(0:1)	Hannover 96	0:1	(0:1)	A	22.01.	19
3	10.09.	A	2:0	(1:0)	1899 Hoffenheim	0:1	(0:1)	H	29.01.	20
4	19.09.	H	1:3	(0:1)	Borussia Dortmund	0:0		A	04.02.	21
5	22.09.	A	1:2	(0:1)	SC Freiburg	1:0	(0:0)	H	12.02.	22
6	25.09.	H	2:2	(0:2)	Borussia Mönchengladbach	2:1	(2:1)	A	20.02.	23
7	02.10.	A	2:1	(0:0)	1. FC Nürnberg	1:1	(0:1)	H	26.02.	24
8	16.10.	H	2:2	(1:1)	VfB Stuttgart	1:0	(1:0)	A	05.03.	25
9	23.10.	A	0:0		Eintracht Frankfurt	2:1	(1:0)	H	12.03.	26
10	30.10.	H	0:1	(0:0)	Bayer 04 Leverkusen	2:0	(2:0)	A	20.03.	27
11	05.11.	H	3:0	(1:0)	FC St. Pauli	0:2	(0:1)	A	01.04.	28
12	13.11.	A	2:2	(2:1)	VfL Wolfsburg	1:0	(0:0)	H	09.04.	29
13	20.11.	H	4:0	(2:0)	SV Werder Bremen	1:1	(0:0)	A	16.04.	30
14	27.11.	A	5:0	(2:0)	1. FC Kaiserslautern	0:1	(0:1)	H	23.04.	31
15	04.12.	H	2:0	(0:0)	FC Bayern München	4:1	(3:1)	A	30.04.	32
16	12.12.	A	0:1	(0:1)	1. FSV Mainz 05	1:3	(0:0)	H	07.05.	33
17	18.12.	H	3:0	(1:0)	1. FC Köln	2:1	(1:0)	A	14.05.	34

FC SCHALKE 04 AUF EINEN BLICK

ALLE SPIELER

Name	Vorname	Geburtsdatum	Nationalität	Position	Rücken-Nr.	Einsätze	Auswechslungen	Einwechslungen	Gelbe Karten	Gelb-Rote Karten	Rote Karten	Tore	Elfmeter	Eigentore
Annan	Anthony	21.07.1986	GHA	M	40	9	2	1	2	-	-	-	-	-
Avelar	Danilo	09.06.1989	BRA	A	23	3	-	1	-	-	-	-	-	-
Baumjohann	Alexander	23.01.1987	D	M	11	9	3	6	1	-	-	-	-	-
Charisteas	Angelos	09.02.1980	GRE	S	15	4	1	3	1	-	-	1	-	-
Deac	Ciprian	16.02.1986	ROM	M	27	2	2	-	-	-	-	-	-	-
Draxler	Julian	20.09.1993	D	M	31	15	1	12	1	-	-	1	-	-
Edu		30.11.1981	BRA	S	9	28	11	13	2	-	-	3	-	-
Escudero	Sergio	02.09.1989	ESP	A	3	6	2	1	-	-	-	-	-	-
Farfan	Jefferson	26.10.1984	PER	S	17	28	4	2	7	-	-	3	-	-
Gavranovic	Mario	24.11.1989	SUI	S	19	8	4	4	-	-	-	-	-	-
Hao	Junmin	24.03.1987	CHN	M	8	6	-	4	2	-	-	-	-	-
Hoogland	Tim	11.06.1985	D	A	6	-	-	-	-	-	-	-	-	-
Huntelaar	Klaas-Jan	12.08.1983	NED	S	25	24	4	2	1	-	-	8	2	-
Höwedes	Benedikt	29.02.1988	D	A	4	30	-	-	2	1	1	1	-	-
Jendrisek	Erik	26.10.1986	SVK	S	26	3	-	3	-	-	-	-	-	-
Jones	Jermaine	03.11.1981	USA	M	23	10	5	-	5	1	-	1	-	-
Jurado	José Manuel	29.06.1986	ESP	M	18	28	14	7	1	-	-	3	1	-
Karimi	Ali	08.11.1978	IRN	M	10	1	-	1	-	-	-	-	-	-
Kenia	Levan	18.10.1990	GEO	M	30	-	-	-	-	-	-	-	-	-
Kluge	Peer	22.11.1980	D	M	12	22	7	4	3	-	-	1	-	-
Matip	Joel	08.08.1991	CMR	M	32	26	5	12	1	-	-	-	-	-
Metzelder	Christoph	05.11.1980	D	A	21	32	4	-	3	-	-	1	-	1
Moritz	Christoph	21.07.1990	D	M	28	12	4	4	1	-	-	-	-	-
Neuer	Manuel	27.03.1986	D	T	1	34	-	-	1	-	-	-	-	-
Pander	Christian	28.08.1983	D	A	24	4	-	3	-	-	-	-	-	-
Papadopoulos	Kyriakos	23.02.1992	GRE	A	14	18	2	8	5	-	-	-	-	-
Plestan	Nicolas	02.06.1981	FRA	A	5	3	1	-	-	1	-	-	-	-
Pliatsikas	Vasileios	14.04.1988	GRE	M	20	1	1	-	-	-	-	-	-	-
Rakitic	Ivan	10.03.1988	CRO	M	10	16	7	2	-	-	-	1	-	-
Raúl		27.06.1977	ESP	S	7	34	7	-	2	-	-	13	-	-
Sarpei	Hans	28.06.1976	GHA	A	2	9	2	3	1	-	-	-	-	-
Schmitz	Lukas	13.10.1988	D	M	13	23	2	2	6	-	-	-	-	-
Schober	Mathias	08.04.1976	D	T	33	-	-	-	-	-	-	-	-	-
Uchida	Atsuto	27.03.1988	JPN	A	22	26	5	2	3	-	-	-	-	-
Unnerstall	Lars	20.07.1990	D	T	36	-	-	-	-	-	-	-	-	-

Rettung aus höchster Not

Ausgelassene Freude beim Saisonfinale: Ashkan Dejagah, Grafite, Mario Mandzukic, Simon Kjaer, Sascha Riether, Marcel Schäfer und Cicero feiern den Sieg bei 1899 Hoffenheim und den Klassenerhalt.

In der zweiten Saison nach der Deutschen Meisterschaft 2009 sollte wieder an die Tür zu den europäischen Wettbewerben geklopft werden. Zum Saisonende hin jedoch musste der VfL Wolfsburg mit der letztlich erfolgreichen Sicherung des Klassenerhalts eine ganz andere Aufgabe lösen.

Schon der erste Spieltag zeigte, dass die Saison 2010/11 und der VfL Wolfsburg keine echten Freunde werden sollten. Es lief die letzte Minute des Eröffnungsspiels beim Deutschen Meister FC Bayern, weit flog der Ball von der linken Seite durch den Strafraum, Bastian Schweinsteiger lauerte am langen Pfosten an der richtigen Stelle und erzielte den 2:1-Siegtreffer für München – nur fast hätte der VfL Wolfsburg mit einem Unentschieden für eine Überraschung und sein erstes Erfolgserlebnis gesorgt.

Fast. Ein Wort, das sich durch die gesamte Saison der Wolfsburger zog. Fast. Am Ende wären sie fast abgestiegen.

Fast wäre der ehemalige englische Nationalcoach Steve McClaren nicht als Trainer mit dem VfL in diese Saison gegangen, sondern der Franzose Gerald Houllier, der schließlich absagte. Fast wäre Michael Ballack in Wolfsburg statt in Leverkusen gelandet. Mit der Verpflichtung von Diego gelang Dieter Hoeneß, dem Vorsitzenden der Geschäftsführung des VfL, aber noch ein

Der Autor: **Andreas Pahlmann** berichtet seit 1992 über den VfL Wolfsburg und leitet seit 1999 die Sportredaktionen der „Wolfsburger Allgemeinen" und der „Aller-Zeitung".

WOLFSBURG

BUNDESLIGA

Von Steve McClaren, dem ersten englischen Bundesliga-Trainer, über Weltmeister Pierre Littbarski (Mitte) zu Felix Magath (ganz rechts), der mit dem VfL Wolfsburg in einem Herzschlagfinale doch noch den Klassenerhalt feiern darf.

Auf den letzten Metern einer schwierigen Saison mit seinen Toren von enormer Wichtigkeit: Mario Mandzukic.

großer Transfercoup, der jedoch auch nötig war, um Zvjezdan Misimovic zu ersetzen.

Allerdings: Der Kader, den der VfL dann hatte, passte nur fast zu den taktischen Vorstellungen von McClaren. Eine Spitze, drei Offensive dahinter: Der Engländer wollte so spielen lassen wie die deutsche Nationalelf oder der FC Bayern München. Dafür allerdings, auch das zeigte sich im Laufe der Wochen und Monate, fehlte ihm das richtige Spielerpersonal.

Und so lief der VfL Wolfsburg den eigenen Erwartungen hinterher. Schon in der Hinrunde wurde mit fast jedem Spiel deutlicher, dass das Saisonziel, die Qualifikation für einen internationaler Wettbewerb, nur schwer zu erreichen sein würde. Vom 3:4 nach 3:0-Führung gegen den 1. FSV Mainz 05, nur eines von mehreren Spielen, das Wolfsburg trotz Dominanz und Führung noch aus der Hand gab, bis zur Serie von sieben Unentschieden in Folge ab Spieltag zwölf: Immer wieder sah es nur fast, nur kurzzeitig danach aus, als würde der VfL doch noch den Weg zu erfolgreichem Fußball finden. Zu diesem Eindruck in der Bundesliga kam im Dezember noch das Aus im DFB-Pokal-Achtelfinale im Heimspiel gegen den FC Energie Cottbus.

In der Winterpause kamen gleich sechs neue Spieler: Patrick Helmes, Dieudonné Mbokani, Tuncay, Jan Polak und Yohandry Orozco spielten nicht die ihnen zugetraute Rolle als wesentliche Verstärkungen. Einzig der Koreaner Ja-Cheol Koo hinterließ als „Joker" einen wirklich nachhaltig guten Eindruck.

Nach vier Punkten aus den ersten vier Rückrundenspielen erfolgte die Trennung von McClaren, dem ersten englischen Coach überhaupt in der Bundesliga. Der Schritt wurde nach einer 0:1-Niederlage vollzogen, bei der sich Diego gegen den Willen des Trainers den Ball zum Elfmeter schnappte – und verschoss. Eigentlich war geplant, die Verantwortung bis zum Saisonende bei dem vom Assistenten zum Cheftrainer aufgestiegenen Pierre Littbarski, Weltmeister von 1990, zu belassen. Doch nach einer 1:2-Heimniederlage gegen den 1. FC Nürnberg und der Trennung von Hoeneß nahm Prof. Dr. Martin Winterkorn, Vorstandsvorsitzender der Volkswagen AG, die Angelegenheit persönlich in die Hand: mit der Verpflichtung von Felix Magath, der kurz zuvor noch als Trainer beim FC Schalke 04 engagiert war.

Begleitet die Bundesliga und den VfL Wolfsburg aufmerksam: Prof. Dr. Martin Winterkorn, Vorstandsvorsitzender der Volkswagen AG, hat Felix Magath im Frühjahr zur Rückkehr zum Deutschen Meister 2009 bewegt.

Magath sagte auch zu, weil der VfL, den er 2009 zur Deutschen Meisterschaft geführt hatte, ihm eine Herzensangelegenheit ist. Bei seinem ersten Training in Wolfsburg begrüßten ihn Hunderte von Fans euphorisch. Der VfL war Vorletzter, das Vertrauen in Magath grenzenlos. Später sollte er sagen: „Das war meine schwerste Aufgabe.

Und ich habe am Anfang auch einiges falsch eingeschätzt."

Vielleicht wäre trotzdem alles entspannt gelaufen, wenn das erste Spiel unter Magaths Regie beim VfB Stuttgart gewonnen worden wäre. Aber auch dort gab es nur fast einen Sieg. In der Nachspielzeit erzielte Georg Niedermeier den Ausgleich für den VfB. Magath: „Und so wurde es dann eine schwere Geburt."

Am Ende spitzte sich alles noch einmal zu. Diego verließ die Mannschaftssitzung, weil er beim entscheidenden Spiel bei 1899 Hoffenheim nicht in der Startformation stand, der VfL geriet in der Rhein-Neckar-Arena in Rückstand, der Abstieg schien nah,

Trainer Felix Magath:

„Am Anfang habe ich einiges auch falsch eingeschätzt."

ehe das Spiel noch in einen 3:1-Erfolg gedreht wurde, was den Klassenerhalt bedeutete. Zwei Tore erzielte dabei der Kroate Mario Mandzukic, der in der Rückrunde ohnehin zum großen Gewinner geworden war. Von Magath als zentrale Spitze eingesetzt, war Mandzukic mit sieben Toren in den letzten sieben Begegnungen quasi der „Retter". Endlich wurde der in der Winterpause an Manchester City abgegebene Edin Dzeko nicht mehr so sehr vermisst.

Und so hatte die Saison ein fröhliches Ende, Magath, die Spieler und die Fans feierten in zwei Sonderzügen von Sinsheim nach Wolfsburg gemeinsam den Klassenerhalt. Gerührt nahm Magath die Glückwünsche der VfL-Anhänger entgegen und stieß mit ihnen an. Fast hätte er dabei Tränen in den Augen gehabt. Fast.

ALLE SPIELE

Hinrunde									Rückrunde	
1	20.08.	A	2:1	(1:0)	FC Bayern München	1:1	(0:1)	H	15.01.	18
2	28.08.	H	3:4	(3:1)	1. FSV Mainz 05	0:1	(0:0)	A	22.01.	19
3	11.09.	A	2:0	(0:0)	Borussia Dortmund	0:3	(0:2)	H	29.01.	20
4	18.09.	H	2:0	(0:0)	Hannover 96	1:0	(1:0)	A	05.02.	21
5	22.09.	A	1:3	(1:1)	Hamburger SV	0:1	(0:1)	H	12.02.	22
6	26.09.	H	2:1	(1:1)	SC Freiburg	2:1	(1:1)	A	19.02.	23
7	02.10.	A	1:1	(0:1)	Borussia Mönchengladbach	2:1	(2:0)	H	25.02.	24
8	16.10.	H	2:3	(1:0)	Bayer 04 Leverkusen	3:0	(3:0)	A	05.03.	25
9	23.10.	A	2:1	(1:1)	1. FC Nürnberg	1:2	(1:1)	H	12.03.	26
10	30.10.	H	2:0	(1:0)	VfB Stuttgart	1:1	(0:1)	A	20.03.	27
11	06.11.	A	3:1	(2:0)	Eintracht Frankfurt	1:1	(0:0)	H	03.04.	28
12	13.11.	H	2:2	(2:1)	FC Schalke 04	1:0	(0:0)	A	09.04.	29
13	21.11.	A	1:1	(1:0)	FC St. Pauli	2:2	(1:0)	H	16.04.	30
14	28.11.	A	1:1	(0:0)	1. FC Köln	4:1	(2:1)	H	24.04.	31
15	04.12.	H	0:0		SV Werder Bremen	0:1	(0:1)	A	29.04.	32
16	11.12.	A	0:0		1. FC Kaiserslautern	1:2	(1:2)	H	07.05.	33
17	18.12.	H	2:2	(0:2)	1899 Hoffenheim	1:3	(0:0)	A	14.05.	34

VFL WOLFSBURG AUF EINEN BLICK

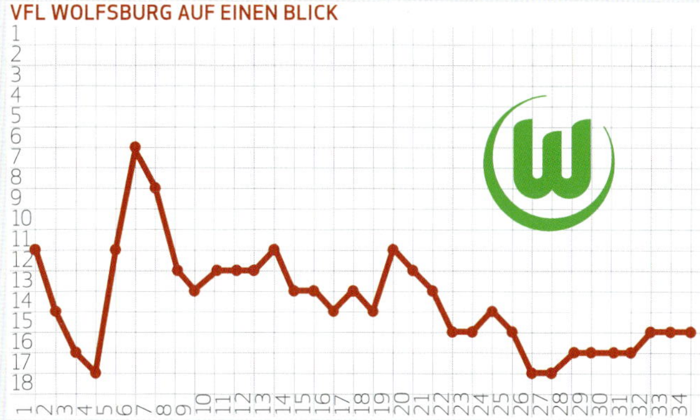

ALLE SPIELER

Name	Vorname	Geburtsdatum	Nationalität	Position	Rücken-Nr.	Einsätze	Auswechslungen	Einwechslungen	Gelbe Karten	Gelb-Rote Karten	Rote Karten	Tore	Elfmeter	Eigentore
Barzagli	Andrea	08.05.1981	ITA	A	43	17	1	-	4	-	-	-	-	-
Ben Khalifa	Nassim	13.01.1992	SUI	S	21	-	-	-	-	-	-	-	-	-
Benaglio	Diego	08.09.1983	SUI	T	1	28	1	-	1	-	-	-	-	-
Caiuby		14.07.1988	BRA	S	31	-	-	-	-	-	-	-	-	-
Cicero		26.08.1984	BRA	M	11	21	8	7	6	-	-	1	-	-
Cigerci	Tolga	23.03.1992	D	M	14	6	2	1	-	-	-	-	-	-
Dejagah	Ashkan	05.07.1986	D	S	24	23	2	13	2	-	1	3	-	-
Diego		28.02.1985	BRA	M	28	30	10	-	7	-	-	6	2	-
Dzeko	Edin	17.03.1986	BIH	S	9	17	2	-	4	-	-	10	1	-
Esswein	Alexander	25.03.1990	D	S	27	-	-	-	-	-	-	-	-	-
Friedrich	Arne	29.05.1979	D	A	3	15	-	-	6	1	-	-	-	-
Gogia	Akaki	18.01.1992	D	M	27	-	-	-	-	-	-	-	-	-
Grafite		02.04.1979	BRA	S	23	28	10	6	5	-	-	9	1	-
Hasebe	Makoto	18.01.1984	JPN	M	13	23	6	4	2	-	-	-	-	-
Helmes	Patrick	01.03.1984	D	S	33	8	4	3	-	-	-	1	-	-
Hitz	Marwin	18.09.1987	SUI	T	35	6	-	1	-	-	-	-	-	-
Johnson	Fabian	11.12.1987	D	A	16	6	-	5	-	-	-	-	-	-
Josué		19.07.1979	BRA	M	7	26	10	-	4	-	-	-	-	-
Kahlenberg	Thomas	20.03.1983	DEN	M	8	14	7	6	1	-	-	1	-	-
Karimow	Sergej	21.12.1986	KAZ	A	37	-	-	-	-	-	-	-	-	-
Kjaer	Simon	26.03.1989	DEN	A	34	32	2	-	6	-	-	1	-	-
Knoche	Robin	22.05.1992	D	A	31	-	-	-	-	-	-	-	-	-
Koo	Ja-Cheol	27.02.1989	KOR	M	5	10	1	9	3	-	-	-	-	-
Lenz	Andre	19.11.1973	D	T	12	1	-	-	1	-	-	-	-	-
Madlung	Alexander	11.07.1982	D	A	17	20	1	16	2	-	-	-	-	-
Mandzukic	Mario	21.05.1986	CRO	S	18	24	5	9	6	-	-	8	-	-
Mbokani	Dieudonné	22.11.1985	COD	S	25	7	2	5	2	-	-	-	-	-
Misimovic	Zvjezdan	05.06.1982	BIH	M	10	1	-	1	-	-	-	-	-	-
Orozco	Yohandry	19.03.1991	VEN	M	30	-	-	-	-	-	-	-	-	-
Pekarik	Peter	30.10.1986	SVK	A	19	23	3	4	5	-	-	-	-	-
Polak	Jan	14.03.1981	CZE	M	29	12	7	3	2	-	-	1	-	-
Riether	Sascha	23.03.1983	D	M	20	28	5	-	-	-	-	2	-	-
Sanli	Tuncay	16.01.1982	TUR	M	6	4	2	1	-	-	-	-	-	-
Schindzielorz	Sebastian	21.01.1979	D	A	32	-	-	-	-	-	-	-	-	-
Schulze	Michael	13.01.1989	D	A	39	-	-	-	-	-	-	-	-	-
Schäfer	Marcel	07.06.1984	D	A	4	34	-	-	1	-	-	-	-	-
Ziani	Karim	17.08.1982	ALG	M	15	5	4	1	1	-	-	-	-	-

Lucien Favre löst das Megarätsel

Kaum noch eine Chance auf den Klassenerhalt wurde Borussia Mönchengladbach eingeräumt, als die Bundesliga zum Endspurt ansetzte. Mit einem starken Finish schaffte der fünfmalige Deutsche Meister aber doch noch ein „Wunder".

Die Spieler um Mike Hanke lassen Trainer Lucien Favre hochleben: Der Schweizer hat mit Borussia Mönchengladbach in der Relegation ein Fußball-„Wunder" geschafft.

M'GLADBACH

BUNDESLIGA

Der Autor: **Karsten Kellermann** ist Sportredakteur der „Rheinischen Post" in Mönchengladbach und über Jahre journalistischer Begleiter der Borussia.

Lucien Favre ist ein netter Mensch. „Merci", sagt der Trainer aus der Schweiz im vornehmen frankophonen Tonfall, wenn man ihm für anstehende Aufgaben alles Gute wünscht. „Merci, Lucien Favre", riefen die Fans nun in Mönchengladbach, nachdem die Borussen durch das 1:1 beim VfL Bochum 1848 auf dem Umweg der Relegation ein weiteres Jahr in der Bundesliga gebucht hatten. Favre ist am Niederrhein nicht nur der Architekt eines Rettungs-„Wunders", er steht auch für die Hoffnung, dass es in der kommenden Saison besser läuft, nachdem es in der abgelaufenen Spielzeit ein Happy End gegeben hatte – doch noch. Eigentlich hatten die Borussen das Wort „Abstiegskampf" streichen wollen, letztlich waren sie aber in nichts anderes verwickelt. Sie wollten Konstanz, mussten sich aber von Trainer Michael Frontzeck trennen, als die Situation fast unlösbar schien.

Dabei lag der Keim der Probleme in der Schönheit. Am zweiten Spieltag siegten die Borussen 6:3 bei Bayer 04 Leverkusen. Es war das spektakulärste Spiel in der Ära von Gladbach-Trainer Frontzeck. Das Problem: Die Sehnsucht nach dem Revival der großen Siebzigerjahre der Borussia ist immens, jeder durch Konter erreichte Sieg wird als Hinweis missverstanden, dass eine neue Nachfolgegeneration des einstigen Erfolgsteams geboren wurde. „Die ‚Fohlen' holten Meisterschaften, davon sind wir weit entfernt", sagte Frontzeck. Leverkusens Trainer Jupp Heynckes lobte Frontzecks „Handschrift": geschicktes Kontern aus einer kompakten Defensive.

Max Eberl:

„Lucien Favre hat die richtigen Hebel angesetzt."

Defizite wurden nach großen Siegen wenig beachtet, die Jetztzeit-Borussen vielmehr weiter mit denen der Siebziger verglichen. Frontzeck versuchte, dies aus den Köpfen der Spieler herauszuhalten. Dennoch folgte eine negative Entwicklung: 0:4 gegen Eintracht Frankfurt, 0:7 beim VfB Stuttgart, 1:2 gegen den FC St. Pauli. Borussia war von Spieltag 13 an ständiger Tabellenletzter. Nur noch ein Sieg gelang in der Hinrunde (4:0 in Köln), zudem ein Erfolg im DFB-Pokal gegen Leverkusen im Elfmeterschießen. Der Rest: zehn Punkte, 47 Gegentore, fünf Platzverweise, kein Heimsieg.

Dazu gab es ein fast schon mysteriöses Verletzungspech: Mit Roel Brouwers und Dante fiel die Innenverteidigung über Monate aus, der neue Stürmer Igor de Camargo ebenfalls. Da zudem einige Leistungsträger nicht das erhoffte Niveau zeigten und es zu viele Undiszipliniertheiten gab, wuchsen die sportlichen Sorgen. „Wir waren immer von der Qualität des Kaders überzeugt, leider entstand dann die personelle Ausnahmesituation", sagte Frontzeck, an dem die Verantwortlichen festhielten. „Wir reden nicht nur von Konstanz, wir leben sie", sagte Vizepräsident Rainer Bonhof.

In der Winterpause holten Frontzeck und Sportdirektor Max Eberl Verstärkun-

Ende gut, alles gut: Nach dem zweiten Relegationsspiel, dem 1:1 beim VfL Bochum 1848, bejubeln Mike Hanke, Igor de Camargo und Torschütze Marco Reus (von links) den Klassenerhalt von Borussia Mönchengladbach. Nach Monaten des Bangens fällt eine zentnerschwere Last von den Profis und den Verantwortlichen des Traditionsclubs vom Niederrhein.

Keine Angst vor großen Namen: Der junge Torhüter Marc-André ter Stegen, von Lucien Favre ins kalte Wasser geworfen, hält den Ball vor Ruud van Nistelrooy (links) vom Hamburger SV fest.

gen: Verteidiger Martin Stranzl, den „Sechser" Havard Nordtveit, Stürmer Mike Hanke und Mittelfeldspieler Michael Fink. Und die Rückrunde begann gut: Gladbach siegte 1:0 in Nürnberg und Frankfurt, blieb aber durch das 1:3 gegen Leverkusen weiter ohne Heimsieg. Dann kam Stuttgart. Borussia führte 2:0, verlor aber 2:3. Nach einer weiteren Niederlage, einem 1:3 beim FC St. Pauli, wurde Frontzeck von Favre abgelöst.

Favre ging die Sache analytisch an und im Höchsttempo. „Wir haben den Druck, immer zu gewinnen, wir müssen hart und präzise arbeiten", sagte er. Zum Einstieg gab es ein 2:1 gegen den FC Schalke 04, doch die fehlende Konstanz des Teams bekam auch Favre zunächst nicht in den Griff: Nach dem 0:1 gegen den 1. FC Kaiserslautern schien schon alles verloren. Favre traf jedoch fortan die richtigen Entscheidungen: Er stellte den hochbegabten Teenager Marc-André ter Stegen ins Tor, stabilisierte die Defensive und gab dem Team mit strikt positivem Denken neues Selbstvertrauen. „Lucien Favre hat die richtigen Hebel angesetzt", sagte Eberl.

Und als es darauf ankam, hatten alle das Prinzip Favre verinnerlicht: Es gab kaum noch Gegentore und einen famosen Endspurt mit 13 Punkten aus sechs Spielen. Die schon abgeschriebenen Gladbacher hatten sich die „zweite Chance" mit der Relegation verdient. Im ersten Spiel gegen Bochum erzielte „Joker" Igor de Camargo das 1:0-Siegtor in der Nachspielzeit mit einem kunstvollen Hackenschuss. Die Aktion war symbolisch für Favres Gesamtwerk: Ästhetik, Willenskraft und Glück kamen zusammen. Im Rückspiel war Marco Reus, der während der Saison mit zehn Toren Gladbachs sportliche Lebensversicherung war, der „Held". Ende gut, alles gut. Und als das Fußball-„Wunder" geschafft war, sagte Trainer Favre: „Es war meine bislang schwerste Aufgabe. Das wusste ich. Aber wir haben immer daran geglaubt, dass wir es schaffen können."

In der Winterpause von Spartak Moskau nach Gladbach gekommen und eine Verstärkung: der Österreicher Martin Stranzl.

ALLE SPIELE

Hinrunde										Rückrunde
1	21.08.	H	1:1	(1:1)	1. FC Nürnberg	0:1	(0:1)	A	15.01.	18
2	29.08.	A	3:6	(1:3)	Bayer 04 Leverkusen	1:3	(0:2)	H	23.01.	19
3	11.09.	H	0:4	(0:2)	Eintracht Frankfurt	0:1	(0:0)	A	30.01.	20
4	18.09.	A	7:0	(2:0)	VfB Stuttgart	2:3	(2:0)	H	05.02.	21
5	22.09.	H	1:2	(1:0)	FC St. Pauli	3:1	(1:1)	A	12.02.	22
6	25.09.	A	2:2	(0:2)	FC Schalke 04	2:1	(2:1)	H	20.02.	23
7	02.10.	H	1:1	(0:1)	VfL Wolfsburg	2:1	(2:0)	A	25.02.	24
8	17.10.	A	3:2	(0:1)	1899 Hoffenheim	2:0	(0:0)	H	05.03.	25
9	23.10.	H	1:4	(0:2)	SV Werder Bremen	1:1	(1:0)	A	12.03.	26
10	30.10.	A	3:0	(0:0)	1. FC Kaiserslautern	0:1	(0:0)	H	18.03.	27
11	06.11.	H	3:3	(1:2)	FC Bayern München	1:0	(0:0)	A	02.04.	28
12	13.11.	A	0:4	(0:0)	1. FC Köln	5:1	(3:0)	H	10.04.	29
13	20.11.	H	2:3	(0:0)	1. FSV Mainz 05	1:0	(0:0)	A	15.04.	30
14	27.11.	A	4:1	(1:1)	Borussia Dortmund	1:0	(1:0)	H	23.04.	31
15	04.12.	H	1:2	(1:0)	Hannover 96	0:1	(0:0)	A	30.04.	32
16	12.12.	A	3:0	(2:0)	SC Freiburg	2:0	(0:0)	H	07.05.	33
17	17.12.	H	1:2	(0:0)	Hamburger SV	1:1	(0:1)	A	14.05.	34

BORUSSIA MÖNCHENGLADBACH AUF EINEN BLICK

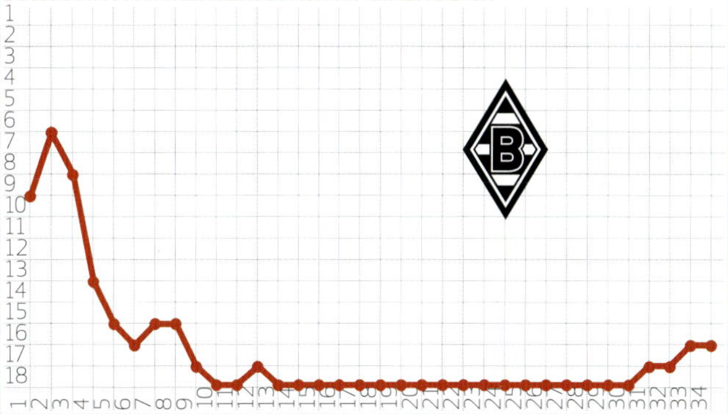

ALLE SPIELER

Name	Vorname	Geburtsdatum	Nationalität	Position	Rücken-Nr.	Einsätze	Auswechslungen	Einwechslungen	Gelbe Karten	Gelb-Rote Karten	Rote Karten	Tore	Elfmeter	Eigentore
Alberman	Gal	17.04.1983	ISR	M	19	-	-	-	-	-	-	-	-	-
Anderson	Bamba	10.01.1988	BRA	A	5	13	-	2	-	-	-	-	-	1
Arango	Juan	17.05.1980	VEN	M	18	25	7	1	3	-	1	4	-	-
Bailly	Logan	27.12.1985	BEL	T	30	15	-	-	-	-	-	-	-	1
Bobadilla	Raul	18.06.1987	ARG	S	9	14	3	6	1	-	1	3	-	-
Bradley	Michael	31.07.1987	USA	M	26	19	2	2	4	-	-	3	-	-
Brouwers	Roel	28.11.1981	NED	A	4	15	3	5	-	-	1	1	-	-
Bäcker	Fabian	28.05.1990	D	S	29	-	-	-	-	-	-	-	-	-
Callsen-Bracker	Jan-Ingwer	23.09.1984	D	A	6	4	-	1	-	-	-	-	-	-
Daems	Filip	31.10.1978	BEL	A	3	34	-	-	2	-	-	4	4	-
Dante		18.10.1983	BRA	A	31	18	3	1	3	1	-	2	-	-
de Camargo	Igor	12.05.1983	BEL	S	10	19	8	5	2	-	1	7	-	-
Dorda	Christian	06.12.1988	D	A	23	-	-	-	-	-	-	-	-	-
Fink	Michael	01.02.1982	D	M	6	6	3	2	-	-	-	-	-	-
Hanke	Mike	05.11.1983	D	S	19	14	8	4	-	1	-	1	-	-
Heimeroth	Christofer	01.08.1981	D	T	1	13	-	-	-	-	-	-	-	-
Herrmann	Patrick	12.02.1991	D	M	15	24	14	9	1	-	-	3	-	-
Idrissou	Mohamadou	08.03.1980	CMR	S	25	33	7	7	4	1	-	5	-	-
Janeczek	Bernhard	10.03.1992	AUT	A	17	-	-	-	-	-	-	-	-	-
Jantschke	Tony	07.04.1990	D	M	24	11	1	1	-	-	-	-	-	-
Jaures	Jean-Sebastien	30.09.1977	FRA	A	20	-	-	-	-	-	-	-	-	-
Kachunga	Elias	22.04.1992	D	S	32	2	-	2	-	-	-	-	-	-
Levels	Tobias	22.11.1986	D	A	22	22	-	-	6	-	-	-	-	-
Marx	Thorben	01.06.1981	D	M	14	27	7	8	5	-	-	1	-	-
Matmour	Karim	25.06.1985	ALG	S	40	18	2	15	1	-	-	-	-	-
Meeuwis	Marcel	31.10.1980	NED	M	8	2	-	2	-	-	-	-	-	-
Neustädter	Roman	18.02.1988	D	M	13	24	6	4	2	-	-	1	-	-
Nordtveit	Havard	21.06.1990	NOR	A	16	16	2	1	-	-	-	1	-	-
Reus	Marco	31.05.1989	D	M	11	32	8	-	9	-	-	10	-	-
Schachten	Sebastian	06.11.1984	D	A	2	13	1	6	4	-	1	-	-	-
Stranzl	Martin	16.06.1980	AUT	A	39	17	-	-	3	-	-	1	-	-
Stuckmann	Michael	01.09.1979	D	A	36	-	-	-	-	-	-	-	-	-
ter Stegen	Marc-André	30.04.1992	D	T	21	6	-	-	-	-	-	-	-	-
Wissing	Jens	02.01.1988	D	A	27	3	-	1	-	-	-	-	-	-

Wunder gibt es doch nicht

Aus realistischen Gedanken an eine Qualifikation für die UEFA Europa League gerissen und anschließend sogar den Klassenerhalt verpasst: Die sportliche Bilanz von Eintracht Frankfurt ist wie eine komplette Saison zweigeteilt – bei dem Team aus der Bankenmetropole in Haben und Soll.

Am Boden zerstört sind Marcel Heller (links) und Marco Russ. Eintracht Frankfurt steigt zum vierten Mal aus der Bundesliga ab.

immer wieder

Kein Mensch in Frankfurt und der Rhein-Main-Region hat zum Jahreswechsel den Unheil verheißenden Kassandra-Ruf ausgestoßen. Also konnte eine Warnung vor dem möglichen Abstieg der Eintracht auch nicht überhört worden sein. Die Mannschaft von Trainer Michael Skibbe hatte gerade, kurz vor Weihnachten, die erfolgreichste Hinrunde der vergangenen 17 Jahre mit einem 1:0-Sieg gegen Tabellenführer Borussia Dortmund abgeschlossen und dem designierten Deutschen Meister die

Der Autor: **Hartmut Scherzer** berichtete von allen Fußball-Weltmeisterschaften seit 1962 und schreibt bundesweit aus den Bundesliga-Stadien.

BUNDESLIGA

erste Auswärtsniederlage zugefügt – durch ein spätes Tor von Theofanis Gekas, des mit 14 Treffern erfolgreichsten Serienschützen.

Die Eintracht durfte sich mit dem siebten Platz und 26 Punkten schmücken. Die Europapokalplätze lagen in unmittelbarer Reichweite. Von fünfzig Punkten und dem internationalen Wettbewerb sprach Skibbe, dessen Vertrag im Januar bis 2012 verlängert wurde. Kein Gedanke an Abstiegsgefahr. Hessens ganzer Fußballstolz ruhte auf einem vermeintlichen Sicherheitspolster von 14 beziehungsweise 16 Punkten.

Indes: Vom sportlichen Höhenflug stürzte Eintracht Frankfurt danach im freien Fall in ernüchternde Tiefen. Am 14. Mai ist der

Patrick Ochs:

„Im Endeffekt lag es nicht am Trainer, sondern es lag an uns."

In der Hinrunde wie eine „Torfabrik", im zweiten Abschnitt der Saison wie das gesamte Team der Frankfurter außer Tritt und nicht mehr in der Lage, für die nötigen Treffer zu sorgen: der Grieche Theofanis Gekas.

Traditionsclub zum vierten Mal nach 1996, 2001 und 2004 in die Zweitklassigkeit abgestiegen: nach einer beispiellosen Serie in der Rückrunde mit lediglich acht Punkten, gerade mal sieben Toren und nur einem einzigen Sieg, einem 2:1 gegen den späteren Mitabsteiger FC St. Pauli. Als die Eintracht zum Saisonschluss in Dortmund zu Gast war, wo die Borussia als Deutscher Meister ein rauschendes Fest feierte, war den Frankfurtern noch einmal eine schöne Hoffnung auf den direkten Klassenerhalt gegönnt. Eine exakt 22 Minuten dauernde, aber trügerische Hoffnung zwischen der Führung durch Sebastian Rode (46.) und dem 1:1 des BVB durch Lucas Barrios (68.). Es half nicht einmal mehr, dass Torhüter Ralf Fährmann, der in der Rückrunde zwischen den Pfosten Routinier Oka Nikolov abgelöst hatte, gleich zwei Elfmeter, von Barrios und Dede, parierte.

Im Mittelpunkt der Medien und Hoffnungsträger für die Eintracht-Fans, doch Trainer Christoph Daum kann in der Saisonendphase nicht mehr für die Wende sorgen.

Wunder, wie anno 1999, gibt es eben nicht immer wieder. Der Norweger Jan-Aage Fjörtoft hatte damals nach einem coolen Übersteiger in der letzten Minute das letzte noch erforderliche Tor zum 5:1 gegen den 1. FC Kaiserslautern geschossen. Ein solches furioses Finale blieb aus, nachdem Christoph Daum auf Skibbe gefolgt war, aber in allen sieben Spielen unter seiner Regie ohne Sieg blieb.

Jede Ursachenforschung hätte sich wohl erübrigt, wenn Gekas beim Stande von 1:0 gegen den FC Bayern München in der 82. Minute, freistehend drei Meter vor dem leeren Tor, nicht über den Ball getreten hätte. Allein auf diese Szene des in Teil zwei der Saison glücklosen Griechen lässt sich jedes Hätte, Wenn und Aber reduzieren. Mario Gomez glich mit einem Last-Minute-Elfmeter aus. In seinem vierten Spiel mit der Eintracht am 23. April, ausgerechnet gegen den FC Bayern, war Daum dem Sieg so nahe gewesen.

Eine Serie von acht Spielen ohne ein Frankfurter Tor, dem ein 1:2 und der Sieg gegen den FC St. Pauli folgten, ließ den Vorstandsvorsitzenden Heribert Bruchhagen mit dem Trainerwechsel handeln. Im Nachhinein wird moniert, dass die Frankfurter vor dem Rückrundenstart nicht aktiv geworden waren, obwohl gleich vier Innenverteidiger, Kapitän Chris, Maik Franz, Marco Russ und Aleksandar Vasoski, verletzungsbedingt nicht zur Verfügung standen. Für Youngster

Ein schmerzlicher Verlust: Chris, der lange verletzte Eintracht-Kapitän.

Patrick Ochs, Kapitän für den fehlenden Chris, verlässt Eintracht Frankfurt nach vielen Jahren in Richtung Wolfsburg.

wie Julian Dudda und Kevin Kraus kam das Bundesliga-Abenteuer wohl zu früh.

In der Öffentlichkeit konzentrierte sich der finale Abstiegskampf auf Daum, weniger auf eine instabile Mannschaft. Während der sieben Wochen mit dem früheren Meistertrainer fielen wiederum Stammkräfte aus: erneut Franz, Georgios Tzavellas, Ricardo Clark und Sonny Kittel. Patrick Ochs und Rode mussten gesperrt je ein Spiel zuschauen. „Wir waren sportlich zu schwach", kommentierte Bruchhagen den Abstieg. In der Rückrunde hatte die Eintracht unter Skibbe wie unter Daum, der zwei Tage nach dem Saisonende seinen Abschied aus Frankfurt verkündete, einfach keine Bundesliga-Tauglichkeit mehr gezeigt.

ALLE SPIELE

Hinrunde										Rückrunde
1	21.08.	A	2:1	(1:1)	Hannover 96	0:3	(0:2)	H	16.01.	18
2	28.08.	H	1:3	(1:0)	Hamburger SV	1:0	(0:0)	A	21.01.	19
3	11.09.	A	0:4	(0:2)	Borussia Mönchengladbach	0:1	(0:0)	H	30.01.	20
4	17.09.	H	0:1	(0:0)	SC Freiburg	0:0		A	06.02.	21
5	22.09.	A	2:1	(1:1)	Bayer 04 Leverkusen	0:3	(0:2)	H	12.02.	22
6	25.09.	H	2:0	(1:0)	1. FC Nürnberg	3:0	(0:0)	A	18.02.	23
7	03.10.	A	1:2	(0:1)	VfB Stuttgart	0:2	(0:0)	H	27.02.	24
8	17.10.	A	0:3	(0:1)	1. FC Kaiserslautern	0:0		H	05.03.	25
9	23.10.	H	0:0		FC Schalke 04	2:1	(1:0)	A	12.03.	26
10	30.10.	A	1:3	(1:1)	FC St. Pauli	2:1	(1:1)	H	19.03.	27
11	06.11.	H	3:1	(2:0)	VfL Wolfsburg	1:1	(0:0)	A	03.04.	28
12	13.11.	A	0:0		SV Werder Bremen	1:1	(0:0)	H	08.04.	29
13	20.11.	H	0:4	(0:1)	1899 Hoffenheim	1:0	(0:0)	A	16.04.	30
14	27.11.	A	4:1	(1:1)	FC Bayern München	1:1	(0:0)	H	23.04.	31
15	04.12.	H	2:1	(1:1)	1. FSV Mainz 05	3:0	(3:0)	A	30.04.	32
16	11.12.	A	1:0	(0:0)	1. FC Köln	0:2	(0:1)	H	07.05.	33
17	18.12.	H	1:0	(0:0)	Borussia Dortmund	3:1	(0:0)	A	14.05.	34

EINTRACHT FRANKFURT AUF EINEN BLICK

ALLE SPIELER

Name	Vorname	Geburtsdatum	Nationalität	Position	Rücken-Nr.	Einsätze	Auswechslungen	Einwechslungen	Gelbe Karten	Gelb-Rote Karten	Rote Karten	Tore	Elfmeter	Eigentore
Altintop	Halil	08.12.1982	TUR	S	10	34	8	8	1	-	-	-	-	1
Alvarez	Marcos	30.09.1991	D	S	35	-	-	-	-	-	-	-	-	-
Amanatidis	Ioannis	03.12.1981	GRE	S	18	19	2	13	-	-	-	-	-	-
Bajramovic	Zlatan	12.08.1979	BIH	M	8	-	-	-	-	-	-	-	-	-
Bellaid	Habib	28.03.1986	ALG	A	19	-	-	-	-	-	-	-	-	-
Caio		29.05.1986	BRA	M	30	27	5	15	2	-	-	1	-	-
Chris		25.08.1978	BRA	M	29	7	1	2	2	-	-	2	-	-
Clark	Ricardo	10.02.1983	USA	M	13	11	3	3	1	-	-	-	-	-
Dudda	Julian	08.04.1993	D	A	39	1	-	-	-	-	-	-	-	-
Fenin	Martin	16.04.1987	CZE	S	17	24	5	18	5	-	-	1	-	-
Franz	Maik	05.08.1981	D	A	4	23	5	-	13	-	-	-	-	-
Fährmann	Ralf	27.09.1988	D	T	22	15	-	1	1	-	-	-	-	-
Gekas	Theofanis	23.05.1980	GRE	S	21	34	15	3	2	-	-	16	4	-
Heller	Marcel	12.02.1986	D	S	25	10	2	7	-	-	-	-	-	-
Jung	Sebastian	22.06.1990	D	A	24	33	2	-	3	-	-	-	-	-
Kittel	Sonny	06.01.1993	D	M	28	8	1	6	1	-	-	-	-	-
Korkmaz	‹mit	17.09.1985	AUT	S	11	2	-	2	-	-	-	-	-	-
Kraus	Kevin	12.08.1992	D	A	19	1	-	-	-	-	-	-	-	-
Köhler	Benjamin	04.08.1980	D	M	7	30	6	2	4	-	-	2	-	-
Meier	Alexander	17.01.1983	D	M	14	24	10	4	5	-	-	2	-	-
Nikolov	Oka	25.05.1974	MKD	T	1	20	1	-	-	-	-	-	-	-
Ochs	Patrick	14.05.1984	D	M	2	29	6	-	7	1	-	2	-	-
Özer	Aykut	01.01.1993	D	T	32	-	-	-	-	-	-	-	-	-
Petkovic	Nikola	28.03.1986	SRB	A	3	1	1	-	-	-	-	-	-	-
Rode	Sebastian	11.10.1990	D	M	20	11	7	-	4	-	1	2	-	-
Russ	Marco	04.08.1985	D	A	23	31	-	-	5	-	-	1	-	1
Rössl	Andreas	20.02.1988	D	T	26	-	-	-	-	-	-	-	-	-
Schwegler	Pirmin	09.03.1987	SUI	M	27	32	5	-	7	-	-	1	-	-
Steinhöfer	Markus	07.03.1986	D	M	33	4	-	4	-	-	-	-	-	-
Titsch-Rivero	Marcel	11.02.1989	D	M	36	1	-	1	-	-	1	-	-	-
Tosun	Cenk	07.06.1991	TUR	S	34	-	-	-	-	-	-	-	-	-
Tzavellas	Georgios	26.11.1987	GRE	A	31	25	9	-	9	-	-	1	-	-
Vasoski	Aleksandar	21.11.1979	MKD	A	5	11	-	5	1	-	-	-	-	-

Doppelter Abschied

Am Ende der Saison wurde der angestrebte Klassenerhalt vom FC St. Pauli endgültig an einem denkwürdigen Tag verpasst – mit Tränen über den Abstieg nach einem Jahr in der Bundesliga und den gleichzeitigen Weggang von Trainer Holger Stanislawski.

Ein schwerer Gang, weil der Klassenerhalt für den FC St. Pauli nach dem 33. Spieltag auch rechnerisch nicht mehr möglich ist: Marius Ebbers (vorne links), Fabio Morena (vorne rechts) und ihre Mannschaftskollegen bedanken sich wehmütig bei ihren Fans.

Der Autor: **Martin Sonnleitner** ist freier Journalist in Hamburg und arbeitet unter anderem für die Deutsche Presse-Agentur (dpa), „Spiegel Online" und „sportschau.de".

Der Jubel wollte nicht verstummen – in diesem heißen Sommer 2010 in Hamburg. Der FC St. Pauli war nach acht Jahren Abstinenz wieder aufgestiegen in die Bundesliga, ausgerechnet im hundertsten Jubiläumsjahr des Kiezclubs. Die Elbmetropole schimmerte in Braun-Weiß. Knapp ein Jahr später machte sich Ernüchterung breit am Millerntor, der FC ist nach nur einer Saison in der Erstklassigkeit wieder abgestiegen.

Es war eine rasante Berg- und Talfahrt für das Team von Cheftrainer Holger Stanislawski, ein Jahr mit tollen Triumphen und am Ende auch bitteren Tränen. „Wir haben nun die Spieler, um schnellen, technisch guten Fußball nach vorne zu spielen", wähnte Sportdirektor Helmut Schulte den FC St. Pauli vor der Saison auf einem guten Weg, sich nachhaltig und „auf Dauer unter den 25 Besten in Deutschlands Fußballlandschaft zu etablieren".

Emotionaler Moment am Millerntor: Trainer Holger Stanislawski verlässt ebenso wie Assistent André Trulsen den FC St. Pauli.

Und es ließ sich gut an. Am achten Spieltag rangierten die Hamburger auf Platz sechs, es war der beste Saisonstart des Vereins in seiner Bundesliga-Geschichte. „Wenn die Jungs das umsetzen, was ich vorgebe, können wir erfolgreich sein", sagte Stanislawski, sein Team bewegte sich Mitte Oktober auf einer Erfolgswelle. Flachpassspiel statt hoher Bälle, Kombinationsfußball statt Kick-and-Rush, lautete die Devise. „Diese Elf glaubt immer an sich", freute sich der auf Leihbasis vom FC Schalke 04 gekommene Gerald Asamoah über eine willens- und kampfstarke Formation.

Doch der braun-weiße Lack bekam erste Kratzer. Im Verlauf der weiteren Hinrunde musste der FC St. Pauli in neun Spielen sieben Niederlagen hinnehmen, gewonnen wurde nur noch ein Mal. Als aber Anfang Dezember die Abstiegsränge immer näher kamen, wurde in einem beispiellosen Kraftakt Mitaufsteiger 1. FC Kaiserslautern mit 1:0 bezwungen. „Das war wieder mal das gute, alte St. Pauli, mit viel Kampf und Leidenschaft", freute sich Mittelfeldmotor Fabian Boll. Nach zwei weiteren Niederlagen rettete man sich auf Rang 15 in die Winterpause. „17 Punkte bedeuten eine vernünftige Halbserie", äußerte Stanislawski.

Stimmungsvoll wie eh und je ging es bei den Spielen am Millerntor zu. Vor dem Saisonbeginn war die neue Haupttribüne fertig gestellt worden, von der Südtribüne erschallten auch 2010/11 die St. Pauli-Hymnen, und hier waren auch wieder witzig-einfallsreiche Choreografien zu bestaunen.

Der 16. Februar 2011 sollte dann zu einem historischen Datum für den Kiezclub werden. Mit 1:0 gewann der FC St. Pauli im Nachholspiel beim Hamburger SV. Bereits in der Hinrunde hatte man dem großen Stadtrivalen am Millerntor ein 1:1 abgetrotzt. Der Kiez bebte, zudem war der kleinere Hamburger Verein als bestes Rückrundenteam mit 28 Punkten auf Platz elf in der Tabelle geklettert, alles deutete auf den Klassenerhalt hin. Torschütze Asamoah sagte entsprechend euphorisch: „Das war ein Weltklassetag für uns."

Fabian Boll nach dem Sieg gegen Kaiserslautern

„Das war wieder mal das gute, alte St. Pauli, mit viel Kampf und Leidenschaft."

Doch die Siegeshymnen nach dem ersten Erfolg im 16. Stadtderby in der Bundesliga waren bald verhallt. Es folgte

Durch ein Tor von Gerald Asamoah, der hier zwischen Zé Roberto (rechts) und Keeper Frank Rost einköpft, kommt der FC St. Pauli zu einem 1:0 im Stadtderby beim Hamburger SV.

eine heftige Niederlagenserie. Die Folge: das Abrutschen auf Platz 18. „Wir haben zwischen den Strafräumen gut mitgespielt, in den Sechzehnern hat aber die Durchschlagskraft gefehlt", analysierte Stanislawski. Auch ein nicht zu kompensierendes Verletzungspech trug zum Abstieg des FC St. Pauli bei, der dann am 33. Spieltag mit einem bitteren 1:8 gegen den FC Bayern München besiegelt wurde.

Trotz der höchsten Bundesliga-Niederlage für die Braun-Weißen war die Niederlage gegen den deutschen Rekordmeister ebenfalls ein denkwürdiger Tag. Nach 18 Jahren als Spieler, Sportchef, Vizepräsident und Trainer verlässt Holger Stanislawski das Millerntor in Richtung 1899 Hoffenheim, zusammen mit ihm geht auch Cotrainer André Trulsen. Zwei riesengroße Lebkuchenherzen, liebevoll aus Pappe gebastelt, hingen über der elektrisierten Südtribüne. „Stani" und „Truller" prangte inmitten des Konterfeis. Es war das Sinnbild eines frenetisch gefeierten Abschieds zweier Kiezlegenden.

ALLE SPIELE

Hinrunde										Rückrunde
1	21.08.	A	1:3	(0:0)	SC Freiburg	2:2	(1:0)	H	15.01.	18
2	28.08.	H	0:1	(0:0)	1899 Hoffenheim	2:2	(1:0)	A	23.01.	19
3	12.09.	A	1:0	(1:0)	1. FC Köln	3:0	(2:0)	H	29.01.	20
4	19.09.	H	1:1	(0:0)	Hamburger SV	0:1	(0:0)	A	16.02.	21
5	22.09.	A	1:2	(1:0)	Borussia Mönchengladbach	3:1	(1:1)	H	12.02.	22
6	25.09.	H	1:3	(1:1)	Borussia Dortmund	2:0	(1:0)	A	19.02.	23
7	01.10.	A	0:1	(0:1)	Hannover 96	0:1	(0:0)	H	26.02.	24
8	16.10.	H	3:2	(1:0)	1. FC Nürnberg	5:0	(3:0)	A	05.03.	25
9	24.10.	A	2:0	(1:0)	VfB Stuttgart	1:2	(1:1)	H	13.03.	26
10	30.10.	H	1:3	(1:1)	Eintracht Frankfurt	2:1	(1:1)	A	19.03.	27
11	05.11.	A	3:0	(1:0)	FC Schalke 04	0:2	(0:1)	H	01.04.	28
12	13.11.	H	0:1	(0:0)	Bayer 04 Leverkusen	2:1	(0:0)	A	10.04.	29
13	21.11.	H	1:1	(1:0)	VfL Wolfsburg	2:2	(1:0)	A	16.04.	30
14	28.11.	A	3:0	(2:0)	SV Werder Bremen	1:3	(1:0)	H	23.04.	31
15	03.12.	H	1:0	(0:0)	1. FC Kaiserslautern	2:0	(1:0)	A	29.04.	32
16	11.12.	A	3:0	(1:0)	FC Bayern München	1:8	(0:2)	H	07.05.	33
17	18.12.	H	2:4	(1:3)	1. FSV Mainz 05	2:1	(0:1)	A	14.05.	34

FC ST. PAULI AUF EINEN BLICK

ALLE SPIELER

Name	Vorname	Geburtsdatum	Nationalität	Position	Rücken-Nr.	Einsätze	Auswechslungen	Einwechslungen	Gelbe Karten	Gelb-Rote Karten	Rote Karten	Tore	Elfmeter	Eigentore
Asamoah	Gerald	03.10.1978	D	S	13	27	9	6	4	1	-	6	-	-
Bartels	Fin	07.02.1987	D	S	22	31	6	8	3	-	1	2	-	-
Boll	Fabian	16.06.1979	D	M	17	28	16	-	3	-	-	3	-	-
Bruns	Florian	21.08.1979	D	M	8	30	8	19	4	-	-	3	2	-
Brückner	Hauke	29.02.1980	D	A	3	-	-	-	-	-	-	-	-	-
Daube	Dennis	11.07.1989	D	M	30	13	4	6	2	-	-	-	-	-
Drobo-Ampem	Davidson	26.03.1988	GHA	A	32	1	-	1	-	-	-	-	-	-
Ebbers	Marius	04.01.1978	D	S	9	31	2	10	1	-	-	3	-	-
Eger	Marcel	23.03.1983	D	A	14	7	-	3	1	-	-	1	-	-
Filipovic	Petar	14.09.1990	D	M	35	1	-	1	-	-	-	-	-	-
Gunesch	Ralph	02.09.1983	D	A	11	20	1	-	-	-	-	-	-	1
Hain	Mathias	31.12.1972	D	T	25	4	-	1	-	-	-	-	-	-
Hennings	Rouwen	28.08.1987	D	S	7	16	9	6	1	-	-	1	-	-
Herber	Deniz	05.03.1992	D	M	31	-	-	-	-	-	-	-	-	-
Kalla	Jan-Philipp	06.08.1986	D	A	27	5	1	1	1	1	-	-	-	-
Kessler	Thomas	20.01.1986	D	T	26	26	-	-	-	-	1	-	-	-
Kruse	Max	19.03.1988	D	M	18	33	14	6	2	-	-	2	-	-
Lechner	Florian	03.03.1981	D	A	2	10	1	1	1	-	-	-	-	-
Lehmann	Matthias	28.05.1983	D	M	20	33	2	-	8	-	-	5	1	-
Morena	Fabio	19.03.1980	D	A	4	7	2	-	1	-	-	-	-	-
Naki	Deniz	09.07.1989	D	S	23	20	5	14	1	-	-	1	-	-
Oczipka	Bastian	12.01.1989	D	A	6	20	2	-	1	-	-	-	-	-
Pichinot	Nils	29.08.1989	D	S	29	-	-	-	-	-	-	-	-	-
Pliquett	Benedikt	20.12.1984	D	T	1	5	-	-	-	-	-	-	-	-
Rothenbach	Carsten	03.09.1980	D	A	24	13	-	-	2	-	-	-	-	-
Schenk	Arvid	28.07.1989	D	T	34	-	-	-	-	-	-	-	-	-
Schultz	Timo	26.08.1977	D	M	12	4	-	4	1	-	-	-	-	-
Sukuta-Pasu	Richard	24.06.1990	D	S	19	9	1	8	-	-	-	1	-	-
Takyi	Charles	12.11.1984	D	M	10	24	16	5	3	-	-	4	-	-
Thorandt	Markus	01.04.1981	D	A	16	29	1	-	8	-	1	1	-	1
Volz	Moritz	21.01.1983	D	A	28	9	1	1	3	-	-	-	-	-
Zambrano	Carlos	10.07.1989	PER	A	5	20	1	1	5	-	-	1	-	-

Spektakuläre Bundesliga mit fliegenden Profis im Kampf um den Ball: Hauptdarsteller in diesem Fall sind Mladen Petric vom Hamburger SV und Torhüter Daniel Haas von 1899 Hoffenheim.

Die Chronik der Saison

Die 34 Spieltage der Bundesliga 2010/11 auf einen Blick, Highlights der 306 Begegnungen in Wort und Bild, mit der kompletten Statistik eines besonders aufregenden Fußballjahres.

BUNDESLIGA

Ein Stimmungsbild von der traditionellen Eröffnung der neuen Bundesliga-Saison, wie immer unter Einbeziehung des Deutschen Meisters, zum Start 2010/11 also von Titelverteidiger FC Bayern München, der nach einem farbenfrohen Vorprogramm in der Allianz Arena den VfL Wolfsburg empfängt.

FC Bayern gewinnt den Auftakt durch ein Last-Minute-Tor

Den Auftakt der 306 Saisonspiele bildet die Begegnung zwischen dem Deutschen Meister 2010 und dem Titelträger 2009. Sieben Wochen nach der Weltmeisterschaft in Südafrika eröffnen der FC Bayern München und der VfL Wolfsburg die 48. Bundesliga-Spielzeit. Ein Last-Minute-Tor von Bastian Schweinsteiger sichert den Münchnern einen 2:1-Sieg am ersten Spieltag, der mit einigen Überraschungen einen Vorgeschmack auf noch kommende Sensationen bringt.

Die Aufsteiger siegen auswärts, beide nach Rückständen, der FC St. Pauli mit 3:1

DER SPIELER DES SPIELTAGES

Ein gutes Gefühl hat Ruud van Nistelrooy (34, Foto) schon in den Wochen vor dem Anpfiff zur neuen Saison. Endlich kann der Niederländer wieder einmal eine komplette Vorbereitung ohne gesundheitliche Probleme absolvieren. Der im vergangenen Winter von Real Madrid zum Hamburger SV gekommene Mittelstürmer fühlt sich topfit. In bester Verfassung ist „Van the Man" während seiner großartigen Karriere schon Torschützenkönig in den Niederlanden, in der englischen Premier League und der spanischen Primera División geworden. Beim Wiedersehen mit seinem früheren Real-Teamkollegen Raúl hat van Nistelrooy beim 2:1 des HSV gegen den FC Schalke 04 das bessere Ende für sich – weil er selbst beide Treffer zum Auftakterfolg der Hanseaten beisteuert.

DATEN & FAKTEN

Zuschauer gesamt	402.364
pro Spiel	44.707
Tore gesamt	28
Elfmeter	2
Eigentore	0
Gelbe Karten	19
Gelb-Rote Karten	1
Rote Karten	1

FC Bayern München – VfL Wolfsburg 2:1 (1:0)

FC Bayern München: Butt - Lahm, van Buyten, Badstuber, Contento - van Bommel, Schweinsteiger - T. Müller, T. Kroos (73. Pranjic), Ribéry - Klose (73. Gomez)
VfL Wolfsburg: Benaglio - Pekarik (46. Misimovic), Kjaer, Barzagli, M. Schäfer - Josué - Riether, Cicero - Ziani (77. Dejagah), Mandzukic (88. Grafite) - Dzeko
Tore: 1:0 T. Müller (9.), 1:1 Dzeko (55.), 2:1 Schweinsteiger (90+1.)
Ecken: 9:3
Schiedsrichter: Kinhöfer (Herne)
Zuschauer: 69.000 (ausverkauft)
Gelb: van Bommel - Pekarik, Cicero, Barzagli **Gelb-Rot:** keine **Rot:** keine

1899 Hoffenheim – SV Werder Bremen 4:1 (4:1)

1899 Hoffenheim: Starke - Beck, Simunic, Vorsah, Compper (72. Eichner) - Gustavo - Weis, Salihovic - Mlapa (77. Thomalla), Ba (62. Vukcevic) - Ibisevic
SV Werder Bremen: Wiese - Fritz, Mertesacker, Prödl, Pasanen - Frings - Bargfrede, Borowski (73. Wagner) - Hunt (46. Marin) - Pizarro, Almeida (24. Arnautovic)
Tore: 0:1 Frings (3., Handelfmeter), 1:1 Ba (20.), 2:1 Mlapa (37.), 3:1 Ibisevic (41.), 4:1 Salihovic (43.)
Ecken: 5:5
Schiedsrichter: Perl (Pullach)
Zuschauer: 30.150 (ausverkauft)
Gelb: Eichner - Borowski, Fritz
Gelb-Rot: keine **Rot:** keine

Borussia Mönchengladbach – 1. FC Nürnberg 1:1 (1:1)

Borussia M'gladbach: Bailly - Levels, Brouwers, Dante, Daems - Bradley, Marx - Reus, Arango (83. Herrmann) - Matmour (64. Bobadilla) - Idrissou
1. FC Nürnberg: R. Schäfer - Judt, Nilsson, Wolf, Pinola (67. Bieler) - Hegeler, Simons - Ekici (73. Eigler), Gündogan, Bunjaku (86. Frantz) - Schieber
Tore: 0:1 Hegeler (15.), 1:1 Idrissou (31.)
Ecken: 6:5
Schiedsrichter: Gagelmann (Bremen)
Zuschauer: 42.202
Gelb: R. Schäfer
Gelb-Rot: keine **Rot:** keine

1. FC Köln – 1. FC Kaiserslautern 1:3 (1:0)

1. FC Köln: Mondragon - Brecko, McKenna, Mohamad, Salger - Petit (85. Ehret) - Lanig, Jajalo - Yalcin (14. Pezzoni) - Novakovic, Podolski (78. Freis)
1. FC Kaiserslautern: Sippel - Dick, Amedick, Rodnei, Bugera (46. Jessen) - Bilek, Moravek (78. Nemec) - Tiffert, Kirch (46. Ilicevic) - Lakic, Hoffer
Tore: 1:0 Novakovic (8.), 1:1 Lakic (70.), 1:2 Lakic (84.), 1:3 Ilicevic (88.)
Ecken: 5:6
Schiedsrichter: Brych (München)
Zuschauer: 49.200
Gelb: Podolski - Dick, Jessen
Gelb-Rot: keine **Rot:** Mohamad (2.)

beim SC Freiburg, mit dem gleichen Ergebnis der 1. FC Kaiserslautern beim 1. FC Köln, der Youssef Mohamad nach nicht einmal zwei Minuten durch eine Rote Karte verliert. Noch nie musste ein Spieler in der Bundesliga den Platz schneller nach dem Anpfiff wieder verlassen. Der SV Werder Bremen, der VfB Stuttgart und Borussia Dortmund, drei Teilnehmer an UEFA-Clubwettbewerben, finden sich nach dem Saisonstart auf den Plätzen 16 bis 18 wieder. Bremen liegt nach einer schnellen Führung durch ein Strafstoßtor schon zur Halbzeit hoffnungslos mit 1:4 bei 1899 Hoffenheim zurück, das zum ersten Tabellenführer gekürt wird, obwohl der bisherige Spielmacher Carlos Eduardo den Club kurzfristig in Richtung Rubin Kasan in Russland verlassen hat. Stuttgart findet mit 0:2 beim 1. FSV Mainz 05 seinen Meister, und Dortmund unterliegt im heimischen SIGNAL IDUNA PARK in einem hochklassigen Spiel gegen Bayer 04 Leverkusen mit dem Rückkehrer Michael Ballack ebenfalls mit 0:2. „Wir haben unseren Rhythmus nicht gefunden", sagt Borussia-Trainer Jürgen Klopp.

Der FC Schalke 04 beendet sein Gastspiel beim Hamburger SV nach einer Gelb-Roten Karte für Benedikt Höwedes mit nur zehn Spielern und verliert mit 1:2, wobei Ruud van Nistelrooy beide Treffer für die Gastgeber erzielt. Kapitän des HSV ist Heiko Westermann, der im Sommer überraschend von Gelsenkirchen an die Elbe gewechselt ist. Mit demselben Resultat setzt sich Hannover 96 in der AWD-Arena gegen Eintracht Frankfurt durch. „Dieser Sieg stimmt uns glücklich nach den turbulenten Tagen in den vergangenen Wochen", kommentiert Mirko Slomka erleichtert den Erfolg, weil im DFB-Pokal das Aus beim West-Regionalligisten SV Elversberg vorausgegangen ist. Nur eine Begegnung des Eröffnungsspieltages endet mit einem Unentschieden: Borussia Mönchengladbach wendet nach einem Rückstand die erste Heimniederlage noch ab und erreicht gegen den 1. FC Nürnberg ein 1:1.

Sein Comeback in der Bundesliga nach vier Jahren in England gibt beim 2:0-Erfolg von Bayer 04 Leverkusen in Dortmund Michael Ballack (links), hier in einem Zweikampf mit Robert Lewandowski. Rechts im Bild Arturo Vidal, dahinter Nuri Sahin vom BVB.

RESULTATE

Freitag, 20.08.2010	FC Bayern München - VfL Wolfsburg	2:1	(1:0)
Samstag, 21.08.2010	1899 Hoffenheim - Werder Bremen	4:1	(4:1)
	Bor. M'gladbach - 1. FC Nürnberg	1:1	(1:1)
	1. FC Köln - 1. FC Kaiserslautern	1:3	(1:0)
	SC Freiburg - FC St. Pauli	1:3	(0:0)
	Hannover 96 - Eintracht Frankfurt	2:1	(1:1)
	Hamburger SV - FC Schalke 04	2:1	(0:0)
Sonntag, 22.08.2010	1. FSV Mainz 05 - VfB Stuttgart	2:0	(1:0)
	Bor. Dortmund - Bayer Leverkusen	0:2	(0:2)

TORJÄGER

Ruud van Nistelrooy	Hamburger SV	2
Srdjan Lakic	1. FC Kaiserslautern	2
Torsten Frings	SV Werder Bremen	1
Tranquillo Barnetta	Bayer 04 Leverkusen	1
Benjamin Köhler	Eintracht Frankfurt	1
Konstantin Rausch	Hannover 96	1
Mohamadou Idrissou	Borussia M'gladbach	1
Bastian Schweinsteiger	FC Bayern München	1
und weitere 18 Spieler mit je einem Treffer		

PERSONALIEN

Unmittelbar vor dem Saisonauftakt wird der Transfer von **Nelson Valdez** (26) von Borussia Dortmund nach Spanien verkündet. Der Nationalstürmer aus Paraguay wechselt in die Primera División zu Hercules Alicante.

Beim Hamburger SV muss Nationalspieler **Piotr Trochowski** (26) aufgrund von Achillessehnenbeschwerden vor dem Spiel gegen den FC Schalke 04 passen.

Bei Hannover 96 erleidet der vom FC Basel gekommene **Carlitos** (27) schon in der ersten Spielminute bei seinem Bundesliga-Debüt gegen Eintracht Frankfurt einen Kreuzbandriss im rechten Knie.

TABELLE

Rang	Club	Sp.	g	u	v	Tore	Diff.	Pkt.
1	1899 Hoffenheim	1	1	0	0	4:1	3	3
2	FC St. Pauli	1	1	0	0	3:1	2	3
	1. FC Kaiserslautern	1	1	0	0	3:1	2	3
4	1. FSV Mainz 05	1	1	0	0	2:0	2	3
	Bayer 04 Leverkusen	1	1	0	0	2:0	2	3
6	Hamburger SV	1	1	0	0	2:1	1	3
	Hannover 96	1	1	0	0	2:1	1	3
	FC Bayern München	1	1	0	0	2:1	1	3
9	1. FC Nürnberg	1	0	1	0	1:1	0	1
	Borussia M'gladbach	1	0	1	0	1:1	0	1
11	Eintracht Frankfurt	1	0	1	1	1:2	-1	0
	FC Schalke 04	1	0	0	1	1:2	-1	0
	VfL Wolfsburg	1	0	0	1	1:2	-1	0
14	1. FC Köln	1	0	0	1	1:3	-2	0
	SC Freiburg	1	0	0	1	1:3	-2	0
16	VfB Stuttgart	1	0	0	1	0:2	-2	0
	Borussia Dortmund	1	0	0	1	0:2	-2	0
18	SV Werder Bremen	1	0	0	1	1:4	-3	0

SC Freiburg – FC St. Pauli 1:3 (0:0)

■ **SC Freiburg:** Pouplin - Mujdza (46. Williams), Barth, Butscher, Bastians - Schuster - D. Caligiuri (56. Nicu), Rosenthal (89. Reisinger), Makiadi, Jäger - Cissé
■ **FC St. Pauli:** Hain - Rothenbach, Zambrano, Thorandt, Oczipka - Boll, Lehmann - Bruns (58. Kruse), Hennings (68. Bartels), Naki (80. Sukuta-Pasu) - Ebbers
Tore: 1:0 Cissé (78.), 1:1 Boll (83.), 1:2 Sukuta-Pasu (89.), 1:3 Bartels (90+1.)
Ecken: 3:6
Schiedsrichter: Drees (Münster-Sarmsheim)
Zuschauer: 24.000 (ausverkauft)
Gelb: keine **Gelb-Rot:** keine **Rot:** keine

Hannover 96 – Eintracht Frankfurt 2:1 (1:1)

■ **Hannover 96:** Fromlowitz - Cherundolo, Haggui, Pogatetz, C. Schulz - Schmiedebach (85. Stindl), Pinto - Carlitos (4. Stoppelkamp), Rausch (74. Djakpa) - Ya Konan, Abdellaoue
■ **Eintracht Frankfurt:** Nikolov - Jung, Franz, Russ, Tzavellas (65. Korkmaz) - Meier, Schwegler (79. Caio) - Ochs, Köhler - Gekas (59. Halil Altintop), Amanatidis
Tore: 1:0 Rausch (21.), 1:1 Köhler (27.), 2:1 Ya Konan (75.)
Ecken: 2:6
Schiedsrichter: Aytekin (Oberasbach)
Zuschauer: 37.212
Gelb: Tzavellas
Gelb-Rot: keine **Rot:** keine

Hamburger SV – FC Schalke 04 2:1 (0:0)

■ **Hamburger SV:** Rost - Demel, Westermann, Mathijsen, Jansen (77. Rincon) - Jarolim, Zé Roberto - Pitroipa, Petric (70. Guerrero), Elia (80. Kacar) - van Nistelrooy
■ **FC Schalke 04:** Neuer - Matip (59. Uchida), Höwedes, Metzelder, Hao - Papadopoulos (49. Schmitz), Jones - Farfan, Rakitic - Edu, Raúl (63. Moritz)
Tore: 1:0 van Nistelrooy (46.), 1:1 Farfan (80.), 2:1 van Nistelrooy (83.)
Ecken: 7:4
Schiedsrichter: Stark (Ergolding)
Zuschauer: 57.000 (ausverkauft)
Gelb: van Nistelrooy, Zé Roberto
Gelb-Rot: Höwedes (60.) **Rot:** keine

1. FSV Mainz 05 – VfB Stuttgart 2:0 (1:0)

■ **1. FSV Mainz 05:** Wetklo - Zabavnik, Svensson, Noveski, Fuchs - Karhan (67. M. Caligiuri) - Polanski, Soto - Holtby (89. Simak) - Rasmussen (72. Szalai), Allagui
■ **VfB Stuttgart:** Ulreich - Degen (67. Harnik), Boulahrouz, Niedermeier, Molinaro - Kuzmanovic, Gentner - Träsch, Gebhart (58. Audel) - Cacau, Marica (75. Pogrebnyak)
Tore: 1:0 Allagui (26.), 2:0 Rasmussen (47.) **Besonderes Vorkommnis:** Wetklo hält Foulelfmeter von Cacau (19.)
Ecken: 5:4 **Schiedsrichter:** Gräfe (Berlin)
Zuschauer: 20.300 (ausverkauft)
Gelb: Svensson, Zabavnik, Fuchs, Wetklo - Niedermeier
Gelb-Rot: keine **Rot:** keine

Borussia Dortmund – Bayer 04 Leverkusen 0:2 (0:2)

■ **Borussia Dortmund:** Weidenfeller - Owomoyela (77. Rangelov), Subotic, Hummels, Schmelzer - Kehl (63. Lewandowski), Sahin - Götze, Kagawa, Großkreutz (67. Piszczek) - Barrios
■ **Bayer 04 Leverkusen:** Adler - Castro, Reinartz, Hyypiä, Kadlec - Vidal (88. Balitsch), Ballack - Augusto (81. Schwaab), Barnetta (76. L.Bender) - Kießling, Derdiyok
Tore: 0:1 Barnetta (19.), 0:2 Augusto (22.)
Ecken: 8:1
Schiedsrichter: Meyer (Burgdorf)
Zuschauer: 73.300
Gelb: keine **Gelb-Rot:** keine
Rot: keine

BUNDESLIGA

Lautern besiegt die Bayern – Fünf Clubs noch ohne Punkt

Unhaltbar trifft Ivo Ilicevic (22) zur Führung des 1. FC Kaiserslautern und leitet damit den 2:0-Erfolg des Aufsteigers gegen den FC Bayern ein. Keeper Jörg Butt hat ebenso wenig eine Abwehrchance wie die Münchner Abwehrspieler.

Es hagelt Tore an diesem wunderbaren Spieltag, der Ergebnisse zu Tage fördert, die in keiner Prognose zu finden sind. 26 Mal hintereinander hat Borussia Mönchengladbach gegen Bayer 04 Leverkusen nicht gewinnen können, doch mit 6:3 gelingt dem Team vom Niederrhein gegen den Ur-Borussen und noch immer in Mönchengladbach lebenden Bayer-Trainer Jupp Heynckes ein großer Triumph nach einer grandiosen Leistung. Ein starkes Stück Fußball bieten die Borussen, die danach als „neue Fohlen" gefeiert werden. Youngster Patrick Herrmann schießt das herrlichste Tor in einer Serie wunderbarer Treffer.

Ältere Fans des FC Bayern München müssen sich an jene Zeiten erinnert fühlen, als Paul Breitner & Co. ihre Punkte lieber per Post auf den Betzenberg schicken wollten. Der Meister verliert trotz anfangs deutlicher Vorteile mit 0:2 beim Aufsteiger 1. FC Kaiserslautern durch einen Doppelschlag des Kroaten Ivo Ilicevic und des Serben Srdjan Lakic binnen zwei Minuten noch vor der Pause.

Hannover 96, in der vorigen Saison erst kurz vor dem Saisonschluss gerettet, gewinnt mit 2:1 beim FC Schalke 04. Mirko Slomka erlebt damit eine sehr erfreuliche Rückkehr an seine alte Wirkungsstätte. Und der 1. FSV Mainz 05 setzt seine erstaunliche Entwicklung fort: Mit dem 4:3 beim VfL Wolfsburg sorgen die Rheinhessen für eine große Überraschung. Wolfsburgs neuer Trainer, der frühere englische Nationalcoach Steve McClaren, fühlt sich beim Anblick seines Teams an den Filmklassiker „Dr. Jekyll und Mr. Hyde" erinnert. Seine Mannschaft führt nach glänzendem Start schon mit 3:0, um anschließend gegen die furios aufspielenden Mainzer noch unter die Räder zu kommen.

Auch der 1. FC Nürnberg ist 45 Minuten lang dem Gegner klar überlegen, unterliegt aber zu Hause den Südbadenern vom SC Freiburg mit 1:2. Überhaupt gibt es nicht nur zahlreiche Tore, sondern auch außergewöhnlich viele Auswärtssiege, nämlich sechs. Der 4:2-Erfolg des SV Werder Bremen mit dem starken österreichischen Neuzugang Marko Arnautovic, der seine außerordentlichen Fähigkeiten eindrucksvoll demonstriert, gegen den 1. FC Köln bildet eine Ausnahme.

DER SPIELER DES SPIELTAGES

Mit seinem ersten Bundesliga-Tor, einem Linksschuss zum 2:0, sorgt Mohammed Abdellaoue (24, Foto) für eine Vorentscheidung zugunsten von Hannover 96 auf Schalke. Der norwegische Nationalspieler mit marokkanischen Wurzeln, in Oslo geboren, ist zum Saisonbeginn von Valerenga IF zu den Niedersachsen gekommen, nach Didier Ya Konan (früher Rosenborg Trondheim) schon der zweite Stürmer, den die „Roten" aus Skandinavien an die Leine holen. Mit seinem letzten Club ist 2008 der Pokalsieg gelungen, 2010 wird Abdellaoue gar zu „Norwegens Fußballer des Jahres" gekürt. Und in der Bundesliga demonstriert er fast auf Anhieb seine Qualitäten. Dem eigenen Treffer, einem schönen Schlenzer, geht schon die Vorbereitung der 96-Führung durch Konstantin Rausch voraus.

DATEN & FAKTEN

Zuschauer gesamt	356.475
pro Spiel	39.608
Tore gesamt	39
Elfmeter	3
Eigentore	1
Gelbe Karten	26
Gelb-Rote Karten	1
Rote Karten	0

1. FC Kaiserslautern – FC Bayern München 2:0 (2:0)

1. FC Kaiserslautern: Sippel - Dick, Amedick, Rodnei, Jessen - Bilek, Tiffert (90. B. Schulz) - Kirch, Ilicevic - Nemec (53. Walch) - Lakic (78. Hoffer)
FC Bayern München: Butt - Lahm, van Buyten, Badstuber, Contento (63. Pranjic) - van Bommel, Schweinsteiger - Olic (63. T. Kroos), T. Müller, Ribéry - Klose (75. Gomez)
Tore: 1:0 Ilicevic (36.), 2:0 Lakic (37.)
Ecken: 7:7
Schiedsrichter: Meyer (Burgdorf)
Zuschauer: 49.780 (ausverkauft)
Gelb: T. Müller **Gelb-Rot:** Ilicevic (90+2.) **Rot:** keine

FC Schalke 04 – Hannover 96 1:2 (0:1)

FC Schalke 04: Neuer - Uchida (62. Hao), Matip, Metzelder, Sarpei - Rakitic, Jones (90+1. Papadopoulos) - Farfan, Baumjohann (79. Jendrisek) - Edu, Raúl
Hannover 96: Fromlowitz - Cherundolo, Haggui, Pogatetz, C. Schulz - Schmiedebach, Pinto - Stoppelkamp (70. Chahed), Rausch (84. Stindl) - Ya Konan, Abdellaoue (79. Djakpa)
Tore: 0:1 Rausch (31.), 0:2 Abdellaoue (49.), 1:2 Jones (82.) **Ecken:** 15:1
Schiedsrichter: Schmidt (Stuttgart)
Zuschauer: 61.226
Gelb: Sarpei, Jones - Pogatetz, Haggui
Gelb-Rot: keine **Rot:** keine

SV Werder Bremen – 1. FC Köln 4:2 (2:1)

SV Werder Bremen: Wiese - Fritz, Mertesacker, Prödl, Boenisch - Frings - Bargfrede, Borowski (69. Hunt) - Marin (83. Jensen) - Pizarro (39. Almeida), Arnautovic
1. FC Köln: Mondragon - Brecko, McKenna, Pezzoni, Salger (46. Ehret) - Petit - Lanig, Jajalo - Yalcin (69. Matuschyk) - Podolski - Novakovic (77. Ionita)
Tore: 1:0 Frings (33., Foulelfmeter), 2:0 Arnautovic (36.), 2:1 Podolski (37.), 3:1 Almeida (74.), 4:1 Arnautovic (90+1.), 4:2 McKenna (90+3.)
Ecken: 6:7 **Schiedsrichter:** Fritz (Korb)
Zuschauer: 36.500 (ausverkauft)
Gelb: Frings - Lanig, Jajalo
Gelb-Rot: keine **Rot:** keine

VfL Wolfsburg – 1. FSV Mainz 05 3:4 (3:1)

VfL Wolfsburg: Benaglio - Riether, Kjaer, Barzagli, M. Schäfer - Josué, Cicero (87. Dejagah) - Ziani (62. Grafite), Diego, Mandzukic (62. Johnson) - Dzeko
1. FSV Mainz 05: Wetklo - Zabavnik, Svensson, Noveski, Fuchs - Polanski, Karhan, Soto - Holtby (75. Bungert) - Rasmussen (61. Szalai), Allagui (46. Schürrle)
Tore: 1:0 Dzeko (23.), 2:0 Dzeko (27.), 3:0 Diego (30.), 3:1 Rasmussen (39.), 3:2 Soto (48.), 3:3 Schürrle (58.), 3:4 Szalai (85.) **Ecken:** 4:5
Schiedsrichter: Sippel (München)
Zuschauer: 26.116 **Gelb:** Mandzukic, Diego, Dzeko - Polanski, Soto, Szalai
Gelb-Rot: keine **Rot:** keine

Kurz vor Schluss sorgt Paolo Guerrero mit dem 3:1 für die Entscheidung für den Hamburger SV bei Eintracht Frankfurt mit Benjamin Köhler (rechts), der das Gegentor nicht verhindern kann.

Routiniers im Kampf um den Ball: Der Dortmunder Sebastian Kehl hat mit Borussia beim Schlusspfiff gegen den VfB Stuttgart mit Cacau (rechts) das bessere Ende für sich.

Der Hamburger SV gewinnt 3:1 bei Eintracht Frankfurt, Borussia Dortmund macht die Niederlage zum Auftakt beim 3:1 als Gast des VfB Stuttgart wett. Knapp und durch ein spätes Tor zum 1:0 setzt sich 1899 Hoffenheim beim FC St. Pauli durch. Trainer Ralf Rangnick veranlasst dies zur ehrlichen Äußerung, dass es sich eigentlich um ein „Unentschiedenspiel" gehandelt habe, doch darf er sich weiter über die Tabellenspitze freuen. Fünf Clubs haben nach zwei Spieltagen noch keinen Punkt verbuchen können. Stuttgart, Schalke, Wolfsburg, Frankfurt und Köln nehmen die Plätze ab Rang 14 ein, oben stehen hinter Kaiserslautern und Hoffenheim, ebenfalls noch ohne Verlustpunkt, Mainz, Hamburg und Hannover.

RESULTATE

Freitag, 27.08.2010	1. FC Kaiserslautern - B. München	2:0	(2:0)
Samstag, 28.08.2010	FC Schalke 04 - Hannover 96	1:2	(0:1)
	SV Werder Bremen - 1. FC Köln	4:2	(2:1)
	VfL Wolfsburg - 1. FSV Mainz 05	3:4	(3:1)
	Eintracht Frankfurt - Hamburger SV	1:3	(1:0)
	1. FC Nürnberg - SC Freiburg	1:2	(1:1)
	FC St. Pauli - 1899 Hoffenheim	0:1	(0:0)
Sonntag, 29.08.2010	Bayer Leverkusen - Bor. M'gladbach	3:6	(1:3)
	VfB Stuttgart - Borussia Dortmund	1:3	(0:3)

TORJÄGER

Ruud van Nistelrooy	Hamburger SV	3
Srdjan Lakic	1. FC Kaiserslautern	3
Edin Dzeko	VfL Wolfsburg	3
Papiss Cissé	SC Freiburg	3
Torsten Frings	SV Werder Bremen	2
Konstantin Rausch	Hannover 96	2
Mohamadou Idrissou	Borussia M'gladbach	2
Ivo Ilicevic	1. FC Kaiserslautern	2
und weitere 3 Spieler mit je zwei Treffern		

PERSONALIEN

Mit seiner Einwechslung in der 84. Minute gegen den Hamburger SV ist **Sonny Kittel** mit 17 Jahren und 234 Tagen der zweitjüngste Spieler von Eintracht Frankfurt in der Bundesliga-Geschichte. Auf Platz eins dieser vereinsinternen Wertung liegt weiterhin der frühere Torhüter Jürgen Friedl, der bei seinem Debüt in der Saison 1975/76 erst 17 Jahre und 26 Tage jung gewesen ist.

Seinen Einstand für 1899 Hoffenheim gibt **Sebastian Rudy** (20), der vom VfB Stuttgart zum Team von Trainer **Ralf Rangnick** gekommen ist.

Einer Knöcheloperation muss sich **Johan Audel** (26), von Valenciennes FC gekommener französischer Offensivspieler des VfB Stuttgart, unterziehen.

TABELLE

Rang	Club	Sp.	g	u	v	Tore	Diff.	Pkt.	
1	1. FC Kaiserslautern	2	2	0	0	5:1	4	6	↗
	1899 Hoffenheim	2	2	0	0	5:1	4	6	→
3	1. FSV Mainz 05	2	2	0	0	6:3	3	6	↗
4	Hamburger SV	2	2	0	0	5:2	3	6	↗
5	Hannover 96	2	2	0	0	4:2	2	6	↗
6	Borussia M'gladbach	2	1	1	0	7:4	3	4	↗
7	FC St. Pauli	2	1	0	1	3:2	1	3	↘
8	Borussia Dortmund	2	1	0	1	3:3	0	3	↗
9	Bayer 04 Leverkusen	2	1	0	1	5:6	-1	3	↘
	SV Werder Bremen	2	1	0	1	5:6	-1	3	↗
11	SC Freiburg	2	1	0	1	3:4	-1	3	↗
12	FC Bayern München	2	1	0	1	2:3	-1	3	↘
13	1. FC Nürnberg	2	0	1	1	2:3	-1	1	↘
14	VfL Wolfsburg	2	0	0	2	4:6	-2	0	↘
15	FC Schalke 04	2	0	0	2	2:4	-2	0	↘
16	Eintracht Frankfurt	2	0	0	2	2:5	-3	0	↘
17	1. FC Köln	2	0	0	2	3:7	-4	0	↘
18	VfB Stuttgart	2	0	0	2	1:5	-4	0	↘

Eintracht Frankfurt – Hamburger SV 1:3 (1:0)

Eintracht Frankfurt: Fährmann - Jung, Franz, Russ, Köhler - Meier (84. Kittel), Schwegler - Ochs, Caio (84. Gekas), Halil Altintop - Amanatidis
Hamburger SV: Rost - Demel, Westermann, Mathijsen, Jansen - Jarolim, Zé Roberto - Pitroipa (87. Kacar), Guerrero (90+1. Rincon), Elia (60. Trochowski) - van Nistelrooy
Tore: 1:0 Ochs (37.), 1:1 Mathijsen (61.), 1:2 van Nistelrooy (81.), 1:3 Guerrero (89.)
Ecken: 4:6
Schiedsrichter: Zwayer (Berlin)
Zuschauer: 51.500 (ausverkauft)
Gelb: Schwegler, Franz - Jansen
Gelb-Rot: keine **Rot:** keine

1. FC Nürnberg – SC Freiburg 1:2 (1:1)

1. FC Nürnberg: R. Schäfer - Judt, Nilsson, Wolf, Pinola - Hegeler (64. Eigler), Simons - Frantz (64. Mak), Ekici, Bunjaku (73. Mintal) - Schieber
SC Freiburg: Pouplin - Mujdza, Barth, Butscher, Bastians - Schuster (30. Reisinger) - Abdessadki (90+1. Williams), Banovic, Makiadi, Jäger - Cissé (86. Krmas)
Tore: 1:0 Schieber (15.), 1:1 Cissé (40., Foulelfmeter), 1:2 Cissé (53.)
Ecken: 4:2
Schiedsrichter: Welz (Wiesbaden)
Zuschauer: 36.780
Gelb: Ekici, Wolf - Mujdza
Gelb-Rot: keine **Rot:** keine

FC St. Pauli – 1899 Hoffenheim 0:1 (0:0)

FC St. Pauli: Hain - Rothenbach, Zambrano, Thorandt, Oczipka - Boll, Lehmann - Bruns (64. Bartels), Hennings (71. Sukuta-Pasu), Naki (81. Kruse) - Ebbers
1899 Hoffenheim: Starke - Beck, Simunic, Vorsah, Compper - Gustavo - Weis (70. Vukcevic), Salihovic - Mlapa (89. Rudy), Ba (62. Tagoe) - Ibisevic
Tor: 0:1 Vorsah (87.)
Ecken: 5:8
Schiedsrichter: Gräfe (Berlin)
Zuschauer: 23.863 (ausverkauft)
Gelb: Bartels, Boll
Gelb-Rot: keine **Rot:** keine

Bayer 04 Leverkusen – Bor. Mönchengladbach 3:6 (1:3)

Bayer 04 Leverkusen: Adler - Castro, Reinartz, Hyypiä, Kadlec - Vidal (71. Balitsch), Ballack (63. L. Bender) - Augusto, Barnetta (63. Jörgensen) - Kießling, Derdiyok
Borussia M'gladbach: Bailly - Levels, Brouwers, Dante, Daems - Bradley, Marx - Herrmann (81. Schachten), Arango (76. Bobadilla) - Reus (85. Neustädter) - Idrissou
Tore: 0:1 Herrmann (20.), 1:1 Derdiyok (24.), 1:2 Brouwers (40.), 1:3 Herrmann (44.), 1:4 Arango (56.), 2:4 Vidal (58., Foulelfmeter), 2:5 Idrissou (60.), 2:6 Reus (69.), 3:6 Kießling (70.) **Ecken:** 4:7
Schiedsrichter: Stark (Ergolding)
Zuschauer: 30.210 (ausverkauft) **Gelb:** Castro - Marx **Gelb-Rot:** keine **Rot:** keine

VfB Stuttgart – Borussia Dortmund 1:3 (0:3)

VfB Stuttgart: Ulreich - Boulahrouz (90. Funk), Tasci, Niedermeier (46. Didavi), Molinaro - Kuzmanovic, Träsch - Gebhart, Gentner - Cacau, Marica (46. Harnik)
Borussia Dortmund: Weidenfeller - Owomoyela, Subotic, Hummels, Schmelzer - Kehl, Sahin (88. S. Bender) - Götze, Kagawa, Großkreutz (75. Piszczek) - Barrios (65. Lewandowski)
Tore: 0:1 Boulahrouz (5., Eigentor), 0:2 Barrios (26.), 0:3 Götze (37.), 1:3 Cacau (69.)
Ecken: 7:3 **Schiedsrichter:** Gagelmann (Bremen)
Zuschauer: 40.500 (ausverkauft)
Gelb: Schmelzer, Kehl
Gelb-Rot: keine **Rot:** keine

2. SPIELTAG

BUNDESLIGA

Hoffenheim und Mainz spitze – Erste Siege für Frankfurt und Köln

Die noch verlustpunktfreien Mannschaften von 1899 Hoffenheim und des 1. FSV Mainz 05 stellen nach diesem Spieltag im Anschluss an eine längere Länderspielpause die neue Doppelspitze der Tabelle. Hoffenheim schlägt zum Auftakt am Freitag den FC Schalke 04 in der Rhein-Neckar-Arena mit 2:0. Der Vizemeister mit seinem auf vielen Positionen neu zusammengestellten Team sucht noch nach seiner Topform der vergangenen Saison. Die Mainzer gewinnen am Sonntag gegen den 1. FC Kaiserslautern mit 2:1. Im Rheinland-Pfalz-Derby führen die „Roten Teufel" zur Halbzeit noch, müssen dann aber ihre erste Niederlage hinnehmen, nachdem sie ihre vierjährige Bundesliga-Abstinenz beendet haben und in das „Oberhaus" zurückgekehrt sind. Bis zur Halbzeit dürfen die Gäste nach dem vierten Saisontor von Srdjan Lakic auf die maximale Ausbeute von neun Punkten aus den drei Begegnungen zum Auftakt hoffen, die schlussendlich aber Mainz erreicht, weil die 05er das Spiel durch Treffer von Niko Bungert und André Schürrle noch drehen.

Erleichterung herrscht beim 1. FC Köln und bei Eintracht Frankfurt, die jeweils ihre ersten Saisonsiege einfahren. Köln gewinnt gegen den Aufsteiger St. Pauli mit 1:0, die Frankfurter setzen sich relativ leicht mit 4:0 bei Borussia Mönchengladbach durch, das nach dem triumphalen Erfolg zwei Wochen zuvor in Leverkusen hart auf den Boden der Tatsachen zurückgeholt wird. Der SC Freiburg gewinnt mit 2:1 das badisch-schwäbische Derby gegen den VfB Stuttgart. Bei Stuttgart, das zunächst in Führung geht, gibt Mauro Camoranesi, einer der italienischen Weltmeister von 2006, sein Debüt. Bei Freiburg fällt erneut Demba Papiss Cissé besonders auf, der bereits seinen vierten Saisontreffer erzielt und in der Torschützenliste gemeinsam mit Srdjan Lakic oben steht.

Rassige Spielszene mit den Hauptdarstellern Klaas-Jan Huntelaar vom FC Schalke 04 sowie den beiden Hoffenheimern Andreas Beck und Josip Simunic (von rechts).

DER PECHVOGEL DES SPIELTAGES

Das Spiel bei Hannover 96 ist für Michael Ballack (33, Foto) schon nach 31 Minuten zu Ende. Nach einem Zweikampf mit Sergio Pinto muss der Nationalmannschaftskapitän frühzeitig die Segel streichen.

Am Tag darauf folgt die bittere Diagnose: Bruch des Schienbeinkopfes am linken Bein. Das Fußballjahr 2010 ist für den vom FC Chelsea nach Leverkusen zurückgekehrten Star damit beendet. Ein Jahr, das für Ballack schon den zweiten schweren Rückschlag bringt, nachdem er die WM in Südafrika wegen eines Innenband- und Syndesmoserisses im rechten Sprunggelenk verpasst hat. Bayer-Trainer Jupp Heynckes sagt: „Die Verletzung kommt für Michael und uns zum schlimmsten Zeitpunkt. Er war auf dem Weg zu seiner Form."

DATEN & FAKTEN

Zuschauer gesamt	406.316
pro Spiel	45.146
Tore gesamt	21
Elfmeter	1
Eigentore	0
Gelbe Karten	38
Gelb-Rote Karten	1
Rote Karten	0

1899 Hoffenheim – FC Schalke 04 2:0 (1:0)

■ **1899 Hoffenheim:** Starke - Beck, Simunic, Vorsah, Compper - Gustavo - Weis (89. Rudy), Salihovic - Mlapa (68. Vukcevic), Ba (77. Sigurdsson) - Ibisevic
■ **FC Schalke 04:** Neuer - Metzelder (46. Matip), Höwedes, Plestan, Sarpei - Jones, Rakitic (79. Jurado) - Moritz, Raúl, Edu (46. Baumjohann) - Huntelaar
Tore: 1:0 Vorsah (37.), 2:0 Salihovic (90+3.)
Ecken: 3:5
Schiedsrichter: Brych (München)
Zuschauer: 30.150 (ausverkauft)
Gelb: Mlapa - Jones
Gelb-Rot: keine **Rot:** keine

Borussia Dortmund – VfL Wolfsburg 2:0 (0:0)

■ **Borussia Dortmund:** Weidenfeller - Owomoyela, Subotic, Hummels, Schmelzer - Kehl (72. S. Bender), Sahin - Blaszczykowski (76. Götze), Kagawa, Großkreutz (85. Piszczek) - Barrios
■ **VfL Wolfsburg:** Benaglio - Johnson, Kjaer, Barzagli, M. Schäfer - Josué, Cicero (53. Hasebe) - Ziani (72. Dejagah), Diego, Mandzukic (77. Grafite) - Dzeko
Tore: 1:0 Sahin (50.), 2:0 Kagawa (67.)
Ecken: 4:0
Schiedsrichter: Aytekin (Oberasbach)
Zuschauer: 73.600
Gelb: Sahin, Großkreutz - Cicero, Diego, Dejagah
Gelb-Rot: keine **Rot:** keine

Hamburger SV – 1. FC Nürnberg 1:1 (0:0)

■ **Hamburger SV:** Rost - Demel, Westermann, Mathijsen, Jansen - Jarolim (86. Choupo-Moting), Zé Roberto - Guerrero, Trochowski (56. Elia), Pitroipa (86. Kacar) - van Nistelrooy
■ **1. FC Nürnberg:** R. Schäfer - Judt, Nilsson, Wolf, Pinola - Simons - Eigler, Cohen (80. Vidosic), Gündogan (69. Hegeler), Bunjaku (69. Frantz) - Schieber
Tore: 1:0 Mathijsen (61.), 1:1 Pinola (82., Foulelfmeter)
Ecken: 4:2
Schiedsrichter: Wingenbach (Diez)
Zuschauer: 54.099
Gelb: Demel, Trochowski, Kacar - Nilsson, Wolf, Pinola
Gelb-Rot: keine **Rot:** keine

Borussia Mönchengladbach – Eintracht Frankfurt 0:4 (0:2)

■ **Borussia M'gladbach:** Bailly - Levels, Brouwers, Dante, Daems - Bradley, Neustädter (57. Bobadilla) - Herrmann (80. Meeuwis), Arango - Reus - Idrissou
■ **Eintracht Frankfurt:** Nikolov - Jung, Franz, Russ, Tzavellas - Schwegler (90. Clark) - Ochs, Meier (86. Caio), Halil Altintop, Köhler - Gekas (79. Chris)
Tore: 0:1 Köhler (24.), 0:2 Gekas (35.), 0:3 Ochs (50.), 0:4 Gekas (64.)
Ecken: 9:6
Schiedsrichter: Drees (Münster-Sarmsheim) **Zuschauer:** 45.315
Gelb: Bradley, Levels, Arango - Russ, Meier **Gelb-Rot:** keine
Rot: keine

Eindrucksvolles Kopfballspiel von Kaiserslauterns Jiri Bilek gegen Eugen Polanski vom 1. FSV Mainz 05. Auf dem kleinen Foto oben freuen sich Torschütze Taner Yalcin (links) und Mato Jajalo über den ersten Saisonerfolg des 1. FC Köln.

Neben Schalke, einem der deutschen Vertreter in der UEFA Champions League, und Stuttgart, einem Teilnehmer an der UEFA Europa League, steht Wolfsburg ohne Punkt am Tabellenende. Mit 0:2 verliert der Deutsche Meister von 2009 bei Borussia Dortmund. Nuri Sahin trifft aus 29 Metern genau ins obere Toreck zur BVB-Führung, der Japaner Shinji Kagawa erhöht auf 2:0. Es ist der erste Heimsieg des BVB in dieser Saison. Hannover 96 verpasst nur knapp den dritten Saisonerfolg. Beim 2:2 gegen Bayer 04 Leverkusen müssen die Niedersachsen erst kurz vor Schluss ein Freistoßtor von Patrick Helmes hinnehmen. Der 1. FC Nürnberg erreicht ein respektables 1:1 beim Hamburger SV, der seine Führung durch den Niederländer Joris Mathijsen nicht über die Zeit bringen kann.

RESULTATE

Freitag, 10.09.2010	1899 Hoffenheim - FC Schalke 04	2:0	(1:0)
Samstag, 11.09.2010	Bor. Dortmund - VfL Wolfsburg	2:0	(0:0)
	Hamburger SV - 1. FC Nürnberg	1:1	(0:0)
	B. M'gladbach - Eintracht Frankfurt	0:4	(0:2)
	SC Freiburg - VfB Stuttgart	2:1	(0:1)
	Hannover 96 - Bayer Leverkusen	2:2	(1:0)
	Bayern München - Werder Bremen	0:0	
Sonntag, 12.09.2010	FSV Mainz 05 - 1. FC Kaiserslautern	2:1	(0:1)
	1. FC Köln - FC St. Pauli	1:0	(1:0)

TORJÄGER

Srdjan Lakic	1. FC Kaiserslautern	4
Papiss Cissé	SC Freiburg	4
Ruud van Nistelrooy	Hamburger SV	3
Edin Dzeko	VfL Wolfsburg	3
Torsten Frings	SV Werder Bremen	2
Joris Mathijsen	Hamburger SV	2
Benjamin Köhler	Eintracht Frankfurt	2
Konstantin Rausch	Hannover 96	2
und weitere 13 Spieler mit je zwei Treffern		

PERSONALIEN

Zu seinem 65. Geburtstag wird **Franz Beckenbauer** vor dem Spiel gegen den SV Werder Bremen vom FC Bayern München gefeiert. Neben einem Blumenstrauß gibt es für den Ehrenpräsidenten ein Ständchen von 69.000 Zuschauern: „Happy Birthday" und seinen eigenen Kulthit „Gute Freunde kann niemand trennen".

Gal Alberman (27) verlässt Borussia Mönchengladbach und wechselt zu Maccabi Tel Aviv.

Statt **Anton Putsilo** wird der weißrussische Profi des SC Freiburg – wie offiziell in seinen Ausweisdokumenten – nun auch in den Bundesliga-Statistiken **Anton Putsila** (23) genannt.

TABELLE

Rang	Club	Sp.	g	u	v	Tore	Diff.	Pkt.	
1	1899 Hoffenheim	3	3	0	0	7:1	6	9	→
2	1. FSV Mainz 05	3	3	0	0	8:4	4	9	↗
3	Hamburger SV	3	2	1	0	6:3	3	7	↗
4	Hannover 96	3	2	1	0	6:4	2	7	↗
5	1. FC Kaiserslautern	3	2	0	1	6:3	3	6	↘
6	Borussia Dortmund	3	2	0	1	5:3	2	6	↗
7	SC Freiburg	3	2	0	1	5:5	0	6	↗
8	Bayer 04 Leverkusen	3	1	1	1	7:8	-1	4	↗
	Borussia M'gladbach	3	1	1	1	7:8	-1	4	↘
10	SV Werder Bremen	3	1	1	1	5:6	-1	4	↘
11	FC Bayern München	3	1	1	1	2:3	-1	4	↗
12	Eintracht Frankfurt	3	1	0	2	6:5	1	3	↗
13	FC St. Pauli	3	1	0	2	3:3	0	3	↘
14	1. FC Köln	3	1	0	2	4:7	-3	3	↗
15	1. FC Nürnberg	3	0	2	1	3:4	-1	2	↘
16	VfL Wolfsburg	3	0	0	3	4:8	-4	0	↘
17	FC Schalke 04	3	0	0	3	2:6	-4	0	↘
18	VfB Stuttgart	3	0	0	3	2:7	-5	0	→

SC Freiburg - VfB Stuttgart 2:1 (0:1)

■ **SC Freiburg:** Baumann - Mujdza, Barth, Butscher, Bastians - Schuster - Abdessadki, Makiadi, Jäger (49. Nicu) - Reisinger (57. Yano), Cissé (83. Toprak)
■ **VfB Stuttgart:** Ulreich - Träsch, Tasci, Niedermeier, Molinaro - Kuzmanovic, Gentner - Camoranesi (61. Gebhart), Didavi (76. Boka) - Cacau, Pogrebnyak (76. Harnik)
Tore: 0:1 Pogrebnyak (27.), 1:1 Cissé (58.), 2:1 Schuster (72.)
Ecken: 6:7
Schiedsrichter: Sippel (München)
Zuschauer: 23.000
Gelb: Abdessadki - Gebhart
Gelb-Rot: keine **Rot:** keine

Hannover 96 - Bayer 04 Leverkusen 2:2 (1:0)

■ **Hannover 96:** Fromlowitz - Cherundolo, Haggui, Pogatetz, C. Schulz - Schmiedebach (84. Chahed), Pinto (71. Stindl) - Stoppelkamp, Rausch - Ya Konan, Abdellaoue (69. Djakpa)
■ **Bayer 04 Leverkusen:** Adler - Castro, M. Friedrich, Hyypiä (60. Reinartz), Kadlec - Vidal, Ballack (31. L. Bender) - Augusto, Sam (60. Derdiyok) - Helmes, Kießling
Tore: 1:0 Ya Konan (20.), 2:0 Abdellaoue (50.), 2:1 Derdiyok (62.), 2:2 Helmes (90.) **Ecken:** 6:5
Schiedsrichter: Winkmann (Kerken)
Zuschauer: 40.852 **Gelb:** Cherundolo, Fromlowitz - Ballack, Kadlec, L. Bender, Reinartz
Gelb-Rot: Pogatetz (36.) **Rot:** keine

FC Bayern München - SV Werder Bremen 0:0

■ **FC Bayern München:** Butt - Lahm, van Buyten (73. Demichelis), Badstuber, Contento - van Bommel, Schweinsteiger - T. Müller, Klose (46. T. Kroos), Ribéry - Olic (78. Gomez)
■ **SV Werder Bremen:** Wiese - Fritz, Prödl, Pasanen, Silvestre - Bargfrede, Frings - Marin (85. Almeida), Wesley (69. Borowski), Hunt (90+1. Jensen) - Arnautovic
Tore: keine
Ecken: 11:4
Schiedsrichter: Kircher (Rottenburg)
Zuschauer: 69.000 (ausverkauft)
Gelb: keine
Gelb-Rot: keine **Rot:** keine

1. FSV Mainz 05 - 1. FC Kaiserslautern 2:1 (0:1)

■ **1. FSV Mainz 05:** Wetklo - Zabavnik (46. F. Heller), Bungert, Noveski, Fuchs - Karhan - Polanski, Soto - Holtby - Rasmussen (62. Szalai), Allagui (46. Schürrle)
■ **1. FC Kaiserslautern:** Sippel - Dick (81. Walch), Amedick, Rodnei, Jessen - Bilek, Tiffert - Kirch, Rivic (58. Amri) - Lakic, Hoffer (69. Nemec)
Tore: 0:1 Lakic (20.), 1:1 Bungert (71.), 2:1 Schürrle (73.)
Ecken: 2:7
Schiedsrichter: Kinhöfer (Herne)
Zuschauer: 20.300 (ausverkauft)
Gelb: Polanski - Tiffert, Rivic, Rodnei, Amedick, Jessen
Gelb-Rot: keine **Rot:** keine

1. FC Köln - FC St. Pauli 1:0 (1:0)

■ **1. FC Köln:** Mondragon - Andrezinho, Geromel, Pezzoni, Ehret - Petit - Freis, Yalcin (81. Lanig), Jajalo (70. Matuschyk), Clemens (76. Ionita) - Podolski
■ **FC St. Pauli:** Kessler - Rothenbach, Zambrano, Thorandt, Oczipka - Boll (80. Sukuta-Pasu), Lehmann - Hennings (73. Bruns), Takyi (66. Bartels), Kruse - Ebbers
Tor: 1:0 Yalcin (17.)
Ecken: 6:10 **Schiedsrichter:** Dingert (Lebecksmühle)
Zuschauer: 50.000 (ausverkauft) **Gelb:** Ehret, Ionita, Mondragon - Takyi, Thorandt, Zambrano
Gelb-Rot: keine **Rot:** keine

BUNDESLIGA

Der Japaner Shinji Kagawa sorgt mit seinem zweiten Treffer zum 2:0 für die Vorentscheidung zugunsten von Borussia Dortmund im Derby beim FC Schalke 04. Torhüter Manuel Neuer ist ohne Abwehrchance.

Mainz marschiert weiter – BVB lässt Schalke keine Chance

Oben thront der 1. FSV Mainz 05, der als einziger Club die Optimalpunktzahl von zwölf Zählern gesammelt hat. Mit 2:0 gewinnen die von Trainer Thomas Tuchel umsichtig gesteuerten Rheinhessen beim SV Werder Bremen. Die zweite große Überraschung des 4. Spieltages ist das 7:0 des zuvor punktlosen VfB Stuttgart gegen Borussia Mönchengladbach, das nur drei Wochen nach dem Kantersieg in Leverkusen nicht mehr wiederzuerkennen ist. Am Ende der Tabelle liegt der FC Schalke 04, der als einziges Team noch ohne jeden Punkt ist. Was umso mehr schmerzt, weil das Derby gegen den schwarz-gelben Rivalen Borussia Dortmund vor heimischer Kulisse für die „Königsblauen" mit 1:3 verloren geht. Die Schalker müssen sich gar bei ihrem Torhüter Manuel Neuer bedanken, dass die Niederlage gegen die groß auftrumpfenden Gäste nicht noch deutlicher ausfällt. „Das ist der schlimmste Tag für mich auf Schalke", sagt Trainer Felix Magath nach dem Spiel.

Die Tore, mit denen die großartige Leistung des BVB gekrönt wird, erzielen der Japaner Shinji Kagawa (2) und der Pole Robert Lewandowski, bevor kurz vor Schluss Klaas-Jan Huntelaar einen Treffer für Schalke beisteuert. Dortmund schiebt sich auf den dritten Platz vor.

Heimpunkte geben zwei andere Favoriten ab. Der FC Bayern München kommt zu

DATEN & FAKTEN

Zuschauer gesamt	365.968
pro Spiel	40.663
Tore gesamt	22
Elfmeter	0
Eigentore	0
Gelbe Karten	23
Gelb-Rote Karten	1
Rote Karten	0

Eintracht Frankfurt – SC Freiburg 0:1 (0:0)

■ **Eintracht Frankfurt:** Nikolov - Jung, Franz (90+2. Chris), Russ, Tzavellas - Schwegler - Ochs, Meier (60. Caio), Halil Altintop, Köhler (81. Korkmaz) - Gekas
■ **SC Freiburg:** Baumann - Mujdza, Barth, Butscher, Bastians - Schuster - Abdessadki (90+2. Toprak), Putsila - Rosenthal, Makiadi (70. Nicu) - Cissé
Tor: 0:1 Rosenthal (89.)
Ecken: 4:4
Schiedsrichter: Perl (Pullach)
Zuschauer: 40.600
Gelb: Tzavellas - Abdessadki, Rosenthal
Gelb-Rot: keine **Rot:** keine

FC Bayern München – 1. FC Köln 0:0

■ **FC Bayern München:** Butt - Lahm, van Buyten, Badstuber, Contento - van Bommel, Schweinsteiger - T. Kroos, T. Müller, Ribéry - Klose (71. Gomez)
■ **1. FC Köln:** Mondragon - Brecko, Geromel, Pezzoni, Ehret - Petit - Freis, Yalcin (66. Lanig), Jajalo (85. Matuschyk), Clemens (90. Ionita) - Podolski
Tore: keine
Ecken: 11:1
Schiedsrichter: Zwayer (Berlin)
Zuschauer: 69.000 (ausverkauft)
Gelb: Brecko
Gelb-Rot: keine **Rot:** keine

SV Werder Bremen – 1. FSV Mainz 05 0:2 (0:0)

■ **SV Werder Bremen:** Wiese - Fritz, Prödl, Pasanen (62. Bargfrede), Silvestre - Frings - Hunt, Borowski (62. Wagner) - Marin - Arnautovic (62. Wesley), Almeida
■ **1. FSV Mainz 05:** Wetklo - Bungert (70. F. Heller), Svensson, Noveski, Zabavnik - M. Caligiuri (83. Soto), Polanski, Karhan - Holtby - Risse - Szalai (55. Schürrle)
Tore: 0:1 Risse (53.), 0:2 Schürrle (61.)
Ecken: 5:6
Schiedsrichter: Schmidt (Stuttgart)
Zuschauer: 34.023 (ausverkauft)
Gelb: Borowski - Zabavnik
Gelb-Rot: keine **Rot:** keine

VfB Stuttgart – Bor. Mönchengladbach 7:0 (2:0)

■ **VfB Stuttgart:** Ulreich - Träsch, Niedermeier, Delpierre, Boka - Kuzmanovic, Gentner - Camoranesi (59. Gebhart), Didavi - Cacau (67. Harnik), Pogrebnyak (73. Marica)
■ **Borussia M'gladbach:** Bailly - Levels, Brouwers (46. Anderson), Dante, Daems - Bradley, Marx - Herrmann, Arango (36. Bobadilla) - Reus - Idrissou (67. Neustädter)
Tore: 1:0 Pogrebnyak (2.), 2:0 Niedermeier (21.), 3:0 Pogrebnyak (54.), 4:0 Pogrebnyak (60.), 5:0 Kuzmanovic (64.), 6:0 Delpierre (72.), 7:0 Marica (80).
Ecken: 8:4 **Schiedsrichter:** Wingenbach (Diez)
Zuschauer: 39.500 **Gelb:** Reus, Dante
Gelb-Rot: keine **Rot:** keine

Hause in der Allianz Arena nicht über ein 0:0 gegen den 1. FC Köln hinaus, torlos geht es auch zwischen Bayer 04 Leverkusen und dem 1. FC Nürnberg zu. Die Bayern und Bayer liegen im Mittelfeld der Tabelle. Münchens Trainer Louis van Gaal bleibt dennoch geduldig und sagt, nach der Weltmeisterschaft bräuchten einige seiner Spieler einen längeren Anlauf, um zu ihrer besten Form zu kommen.

Neben Stuttgart holt der VfL Wolfsburg ebenfalls seine ersten Punkte. Im niedersächsischen Nachbarschaftsvergleich findet die anfängliche Erfolglosigkeit gegen Hannover 96 mit einem 2:0 ein Ende. Dennoch fallen die „Wölfe" von Platz 16 auf Rang 17 zurück. Der SC Freiburg schafft ein glückliches 1:0 bei Eintracht Frankfurt, besiegelt durch einen Treffer von Jan Rosenthal. Der dritte Sieg in Folge bedeutet für den Sportclub den besten Bundesliga-Start in seiner Vereinsgeschichte.

Im Fritz-Walter-Stadion trennen sich in ihrem ersten Bundesliga-Duell überhaupt der 1. FC Kaiserslautern und 1899 Hoffenheim mit 2:2, womit die Kraichgauer den zweiten Tabellenplatz verteidigen können. In dem mit Spannung erwarteten Hamburger Derby gibt es zwischen dem FC St. Pauli und den „Rothosen" am Millerntor ein 1:1-Unentschieden. Der HSV bleibt damit neben Mainz und Hoffenheim weiterhin ungeschlagen, das Tabellenbild hat unverändert ein sehr überraschendes Aussehen.

Marko Marin vom SV Werder Bremen und der Mainzer Eugen Polanski liefern sich ein sehenswertes Kopfballduell im Weser-Stadion, das die Gäste als Sieger verlassen.

Mathieu Delpierre macht das halbe Dutzend voll für den VfB Stuttgart und erzielt das 6:0 gegen enttäuschende Gladbacher um Dante (rechts), Filip Daems sowie Anderson (verdeckt). In der Mitte Pavel Pogrebnyak.

DER „JOKER" DES SPIELTAGES

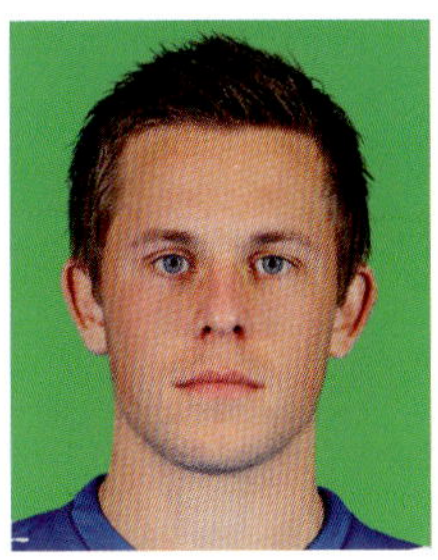

Wenn der Hinweis auf das glückliche Händchen des Trainers zutreffend ist, so gilt dies in jedem Fall für Ralf Rangnick und seine Entscheidung der Einwechslung von Gylfi Thor Sigurdsson (21, Foto). Denn Sekunden nachdem der Chefcoach von 1899 Hoffenheim den isländischen Nationalspieler aus Reykjavik im Fritz-Walter-Stadion gegen den 1. FC Kaiserslautern ins Rennen geschickt hat, erzielt der „Joker" mit seiner ersten Ballberührung den Treffer zum 2:2-Endstand – und das mit einem direkt verwandelten Freistoß. In seinem zweiten Bundesliga-Spiel markiert der vom FC Reading in England gekommene Stürmer sein erstes Tor. Und damit kommt Sigurdsson prompt Rangnicks Order nach, denn der Trainer hat ihm mit auf den Weg gegeben, „dass ich möglichst treffen sollte".

RESULTATE

Freitag, 17.09.2010	Eintracht Frankfurt - SC Freiburg	0:1	(0:0)
Samstag, 18.09.2010	FC Bayern München - 1. FC Köln	0:0	
	Werder Bremen - 1. FSV Mainz 05	0:2	(0:0)
	VfB Stuttgart - Bor. M'gladbach	7:0	(2:0)
	VfL Wolfsburg - Hannover 96	2:0	(0:0)
	1. FC K'lautern - 1899 Hoffenheim	2:2	(0:1)
Sonntag, 19.09.2010	FC St. Pauli - Hamburger SV	1:1	(0:0)
	FC Schalke 04 - Bor. Dortmund	1:3	(0:1)
	Bayer Leverkusen - 1. FC Nürnberg	0:0	

TORJÄGER

Pavel Pogrebnyak	VfB Stuttgart	4
Srdjan Lakic	1. FC Kaiserslautern	4
Edin Dzeko	VfL Wolfsburg	4
Papiss Cissé	SC Freiburg	4
Ruud van Nistelrooy	Hamburger SV	3
Shinji Kagawa	Borussia Dortmund	3
André Schürrle	1. FSV Mainz 05	3
Torsten Frings	SV Werder Bremen	2

und weitere 18 Spieler mit je zwei Treffern

PERSONALIEN

Über einen längeren Zeitraum muss der 1. FC Nürnberg auf **Albert Bunjaku** (26) verzichten. Der Schweizer Nationalstürmer muss wegen eines Außenmeniskus- und Knorpelschadens am rechten Knie operiert werden.

Erneut pausieren muss Kapitän **Sebastian Kehl** (30) von Borussia Dortmund, dieses Mal ist ein Riss im Sehnenansatz des linken Hüftbeugemuskels die Ursache.

Vorerst nicht zur Verfügung steht **Stefan Kießling** (25) seinem Club Bayer 04 Leverkusen. Im Spiel gegen den 1. FC Nürnberg erleidet der Nationalstürmer einen Syndesmoseriss am linken Sprunggelenk.

TABELLE

Rang	Club	Sp.	g	u	v	Tore	Diff.	Pkt.	
1	1. FSV Mainz 05	4	4	0	0	10:4	6	12	↗
2	1899 Hoffenheim	4	3	1	0	9:3	6	10	↘
3	Borussia Dortmund	4	3	0	1	8:4	4	9	↗
4	SC Freiburg	4	3	0	1	6:5	1	9	↗
5	Hamburger SV	4	2	2	0	7:4	3	8	↘
6	1. FC Kaiserslautern	4	2	1	1	8:5	3	7	↘
7	Hannover 96	4	2	1	1	6:6	0	7	↘
8	Bayer 04 Leverkusen	4	1	2	1	7:8	-1	5	→
9	FC Bayern München	4	1	2	1	2:3	-1	5	↗
10	FC St. Pauli	4	1	1	2	4:4	0	4	↗
11	SV Werder Bremen	4	1	1	2	5:8	-3	4	↘
12	1. FC Köln	4	1	1	2	4:7	-3	4	↗
13	Borussia M'gladbach	4	1	1	2	7:15	-8	4	↘
14	VfB Stuttgart	4	1	0	3	9:7	2	3	↗
15	Eintracht Frankfurt	4	1	0	3	6:6	0	3	↘
16	1. FC Nürnberg	4	0	3	1	3:4	-1	3	↘
17	VfL Wolfsburg	4	1	0	3	6:8	-2	3	↘
18	FC Schalke 04	4	0	0	4	3:9	-6	0	↘

VfL Wolfsburg – Hannover 96 2:0 (0:0)

VfL Wolfsburg: Benaglio - Riether (39. Pekarik), Kjaer, Barzagli, M. Schäfer - Josué - Hasebe, Kahlenberg - Diego (66. Dejagah) - Grafite (86. Mandzukic), Dzeko
Hannover 96: Fromlowitz - Cherundolo, Avevor, C. Schulz, Djakpa - Schmiedebach (71. Stindl), Pinto - Stoppelkamp (83. Forssell), Rausch (76. Beasley) - Ya Konan, Abdellaoue
Tore: 1:0 Diego (55.), 2:0 Dzeko (67.)
Ecken: 3:5
Schiedsrichter: Stark (Ergolding)
Zuschauer: 30.000 (ausverkauft)
Gelb: Diego, Josué - Schmiedebach, C. Schulz
Gelb-Rot: keine **Rot:** keine

1. FC Kaiserslautern – 1899 Hoffenheim 2:2 (0:1)

1. FC Kaiserslautern: Sippel - Dick, Amedick, Rodnei, Jessen - Bilek - Kirch, Tiffert, Ilicevic - Lakic, Hoffer
1899 Hoffenheim: Haas - Beck, Simunic, Vorsah, Compper - Gustavo - Weis (77. Sigurdsson), Salihovic (78. Rudy) - Mlapa (78. Vukcevic), Ba - Ibisevic
Tore: 0:1 Gustavo (39.), 1:1 Hoffer (46.), 2:1 Hoffer (75.), 2:2 Sigurdsson (77.)
Ecken: 9:3
Schiedsrichter: Gagelmann (Bremen)
Zuschauer: 44.453
Gelb: Ilicevic
Gelb-Rot: keine **Rot:** keine

FC St. Pauli – Hamburger SV 1:1 (0:0)

FC St. Pauli: Kessler - Rothenbach, Zambrano, Thorandt, Oczipka - Boll, Lehmann - Bruns (68. Bartels), Hennings (74. Asamoah), Naki (84. Kruse) - Ebbers
Hamburger SV: Rost - Rincon, Westermann, Mathijsen, Jansen - Jarolim (79. Trochowski), Zé Roberto - Pitroipa, Guerrero (63. Petric), Elia (79. Choupo-Moting) - van Nistelrooy
Tore: 1:0 Boll (77.), 1:1 Petric (88.)
Ecken: 6:5
Schiedsrichter: Meyer (Burgdorf)
Zuschauer: 24.360 (ausverkauft)
Gelb: Oczipka, Lehmann - Guerrero, Rincon **Gelb-Rot:** keine **Rot:** keine

FC Schalke 04 – Borussia Dortmund 1:3 (0:1)

FC Schalke 04: Neuer - Moritz, Höwedes, Plestan, Sarpei (66. Matip) - Kluge, Rakitic - Farfan, Deac (46. Edu) - Raúl - Huntelaar
Borussia Dortmund: Weidenfeller - Owomoyela, Subotic, Hummels, Schmelzer - S. Bender, Sahin - Götze (46. Blaszczykowski), Kagawa (74. Lewandowski), Großkreutz - Barrios (81. Piszczek)
Tore: 0:1 Kagawa (19.), 0:2 Kagawa (58.), 0:3 Lewandowski (86.), 1:3 Huntelaar (89.)
Ecken: 4:10
Schiedsrichter: Gräfe (Berlin)
Zuschauer: 60.069
Gelb: Owomoyela, Kagawa, Weidenfeller
Gelb-Rot: Plestan (61.) **Rot:** keine

Bayer 04 Leverkusen – 1. FC Nürnberg 0:0

Bayer 04 Leverkusen: Adler - Schwaab, M. Friedrich, Hyypiä, Kadlec - L. Bender, Reinartz - Sam (57. Vidal), Barnetta - Helmes (57. Jörgensen), Kießling (12. Derdiyok)
1. FC Nürnberg: R. Schäfer - Judt, Nilsson, Wolf, Pinola - Simons - Eigler (90+1. Cohen), Hegeler, Gündogan (66. Ekici), Frantz (85. Vidosic) - Schieber
Tore: keine
Ecken: 3:2
Schiedsrichter: Kircher (Rottenburg)
Zuschauer: 23.963
Gelb: L. Bender - Simons, Pinola
Gelb-Rot: keine **Rot:** keine

BUNDESLIGA

Erster Sieg für Schalke 04 – „Wölfe" gewinnen beim HSV

Ohne Abwehrmöglichkeit ist HSV-Torhüter Frank Rost beim 1:0 des VfL Wolfsburg durch Edin Dzeko (rechts im Hintergrund) – die Basis für das zweite Erfolgserlebnis in Folge für das Team des englischen Trainers Steve McClaren.

Der 1. FSV Mainz 05 entwickelt sich auf neuen Erfolgspfaden zu einem Dauerbrenner, Borussia Dortmund wird zum ersten Verfolger, der FC Bayern München ist im Mittelfeld positioniert, der SV Werder Bremen und der FC Schalke 04 kämpfen in der Gefahrenzone der Tabelle. In der „Englischen Woche" fällt in drei Spielen eine Last-Minute-Entscheidung. Durch ein 3:1 im Nordderby bei dem in dieser Saison erstmals besiegten Hamburger SV schafft der VfL Wolfsburg sein zweites Erfolgserlebnis hintereinander. Das Team von Trainer Steve McClaren setzt sich mit bestechenden Konterqualitäten absolut verdient durch.

Der FC Bayern siegt durch ein Tor von Daniel van Buyten unmittelbar vor dem Abpfiff bei 1899 Hoffenheim mit 2:1. Beim 1. FC Nürnberg heißt der Matchwinner Javier Pinola. Der Argentinier schießt den späten Treffer zum 2:1 gegen den VfB Stuttgart und stellt damit den ersten Sieg für den „Club" her. Ebenfalls erst kurz vor Spielende ist Bayer 04 Leverkusen gegen Eintracht Frankfurt erfolgreich. Ein Elfmetertor von Arturo Vidal bringt den 2:1-Sieg, die Hessen verlieren das zweite Spiel hintereinander recht unglücklich kurz vor dem Spielende.

Schalke feiert den ersten Sieg: mit einem 2:1 beim SC Freiburg, hergestellt kurz vor Schluss durch Klaas-Jan Huntelaar – und bleibt dennoch Schlusslicht. „Ich bin überaus erleichtert und sehr zufrieden, die ersten drei Punkte sind die schwersten", erklärt Felix Magath und lobt besonders die beiden Zugänge Christoph Metzelder und José Manuel Jurado sowie den jungen Joel

DATEN & FAKTEN

Zuschauer gesamt	340.182
pro Spiel	37.798
Tore gesamt	31
Elfmeter	3
Eigentore	1
Gelbe Karten	38
Gelb-Rote Karten	3
Rote Karten	1

1. FSV Mainz 05 – 1. FC Köln 2:0 (0:0)

1. FSV Mainz 05: Wetklo - F. Heller, Svensson, Noveski, Fuchs - Polanski (70. Karhan), Soto - Risse (80. Bungert), Ivanschitz, Schürrle (64. Holtby) - Szalai
1. FC Köln: Mondragon - Brecko, Geromel (80. Novakovic), Mohamad, Ehret - Petit - Freis, Yalcin (46. Matuschyk), Jajalo, Clemens (46. Pezzoni) - Podolski
Tore: 1:0 Holtby (72.), 2:0 Holtby (90+1.)
Ecken: 9:1
Schiedsrichter: Winkmann (Kerken)
Zuschauer: 20.300 (ausverkauft)
Gelb: Noveski, Svensson, F. Heller - Mondragon, Clemens, Pezzoni
Gelb-Rot: keine **Rot:** keine

1899 Hoffenheim – FC Bayern München 1:2 (1:0)

1899 Hoffenheim: Haas - Beck, Simunic, Vorsah, Compper (60. Ibertsberger) - Weis (46. Vukcevic), Gustavo - Ba (77. Mlapa), Rudy, Salihovic - Ibisevic
FC Bayern München: Butt - Lahm, van Buyten, Badstuber, Contento (46. Pranjic) - van Bommel, Schweinsteiger - T. Kroos (46. Olic), T. Müller, Ribéry (64. Hamit Altintop) - Klose
Tore: 1:0 Ibisevic (1.), 1:1 T. Müller (62.), 1:2 van Buyten (90+1.)
Ecken: 3:8
Schiedsrichter: Kinhöfer (Herne)
Zuschauer: 30.150 (ausverkauft)
Gelb: Weis - Hamit Altintop, van Bommel
Gelb-Rot: keine **Rot:** keine

Hannover 96 – SV Werder Bremen 4:1 (1:1)

Hannover 96: Fromlowitz - Cherundolo, Haggui, Pogatetz, C. Schulz - Schmiedebach, Pinto (90+3. Avevor) - Stoppelkamp (82. Chahed), Rausch (76. Stindl) - Ya Konan, Abdellaoue
SV Werder Bremen: Wiese - Fritz, Prödl, Pasanen, Silvestre - Bargfrede (73. Arnautovic), Frings - Hunt, Wesley (66. Almeida), Marin - Wagner
Tore: 1:0 Fritz (11., Eigentor), 1:1 Frings (36., Foulelfmeter), 2:1 Ya Konan (53.), 3:1 C. Schulz (79.), 4:1 Abdellaoue (90+2.)
Ecken: 5:2
Schiedsrichter: Brych (München)
Zuschauer: 43.127
Gelb: Schmiedebach, Pinto - Silvestre, Bargfrede, Marin
Gelb-Rot: keine **Rot:** keine

Bayer 04 Leverkusen – Eintracht Frankfurt 2:1 (1:1)

Bayer 04 Leverkusen: Adler - Schwaab, M. Friedrich, Reinartz, Kadlec - L. Bender (46. Rolfes), Balitsch - Vidal - Barnetta (90+2. Hyypiä), Jörgensen (70. Augusto) - Derdiyok
Eintracht Frankfurt: Nikolov - Jung, Franz, Russ, Tzavellas - Chris (76. Clark), Schwegler - Ochs, Köhler - Gekas (85. Caio), Halil Altintop
Tore: 1:0 L. Bender (9.), 1:1 Gekas (18.), 2:1 Vidal (90., Foulelfmeter)
Ecken: 4:7
Schiedsrichter: Sippel (München)
Zuschauer: 24.404
Gelb: Reinartz, Balitsch - Russ
Gelb-Rot: Ochs (90.) **Rot:** keine

DER SPIELER DES SPIELTAGES

In nur 27 Minuten zum „Spieler des Spiels" und zum Topstar der gesamten Dienstag-Mittwoch-Runde: Von der Ersatzbank aus wird Lewis Holtby (20, Foto) zum Matchwinner für den 1. FSV Mainz 05 gegen den 1. FC Köln. Per Kopfball und mit einem Linksschuss ist der vom FC Schalke 04 ausgeliehene Offensivspieler erfolgreich. Nach seiner ersten Profistation bei Alemannia Aachen und dem Wechsel nach Schalke hat der Sohn einer deutschen Mutter und eines englischen Vaters in der vorangegangenen Saison schon beim VfL Bochum 1848 Spielpraxis gesammelt. Seine großartige Technik und seinen außergewöhnlichen Spielwitz, dazu seine Torgefährlichkeit kann Holtby so richtig aber erst in Mainz zur Entfaltung bringen.

Matip, der den Siegtreffer überragend vorbereitet hat. Das fünfte 2:1 des Wochenspieltages gibt es in Mönchengladbach: Die Borussia verliert nach einer 1:0-Führung noch gegen Aufsteiger FC St. Pauli. Als noch größere Überraschung wird die hohe Niederlage des SV Werder bei Hannover 96 eingestuft. Die „Roten" aus der niedersächsischen Landeshauptstadt gewinnen mit 4:1 und schieben sich auf Platz vier vor, während Bremen auf Rang 14 zurückfällt.

Den höchsten Sieg des Tages feiert Borussia Dortmund mit einem 5:0 gegen Aufsteiger 1. FC Kaiserslautern. Eine halbe Stunde wehren sich die Pfälzer, dann aber brechen die Dämme. Die nach dem Sieg gegen den FC Bayern entstandene Euphorie ist verflogen. „In der zweiten Halbzeit waren wir chancenlos, wir haben viel Lehrgeld bezahlt", erklärt FCK-Trainer Marco Kurz. Lucas Barrios, der zwei Tore schießt, präsentiert sich in großartiger Verfassung. Vor den Westfalen stehen nur noch die Mainzer, bei denen Trainer Thomas Tuchel beim 2:0 gegen den 1. FC Köln erneut den Sieg einwechselt. Dem ins Spiel gebrachten Lewis Holtby gelingen beide Tore zum fünften Sieg der Rheinhessen im fünften Saisonspiel.

Im letzten Augenblick sorgt Daniel van Buyten für das entscheidende 2:1 des FC Bayern bei 1899 Hoffenheim und gegen Torhüter Daniel Haas und Josip Simunic. Links im Bild der Münchner Thomas Müller.

RESULTATE

Dienstag, 21.09.2010	1. FSV Mainz 05 - 1. FC Köln	2:0	(0:0)
	1899 Hoffenheim - Bayern München	1:2	(1:0)
	Hannover 96 - SV Werder Bremen	4:1	(1:1)
Mittwoch, 22.09.2010	Bayer Leverkusen - Eintracht Frankfurt	2:1	(1:1)
	Bor. Dortmund - 1. FC Kaiserslautern	5:0	(2:0)
	Hamburger SV - VfL Wolfsburg	1:3	(1:1)
	Bor. M'gladbach - FC St. Pauli	1:2	(1:0)
	SC Freiburg - FC Schalke 04	1:2	(0:1)
	1. FC Nürnberg - VfB Stuttgart	2:1	(1:0)

TORJÄGER

Edin Dzeko	VfL Wolfsburg	5
Papiss Cissé	SC Freiburg	5
Pavel Pogrebnyak	VfB Stuttgart	4
Srdjan Lakic	1. FC Kaiserslautern	4
Torsten Frings	SV Werder Bremen	3
Ruud van Nistelrooy	Hamburger SV	3
Theofanis Gekas	Eintracht Frankfurt	3
Shinji Kagawa	Borussia Dortmund	3
und weitere 4 Spieler mit je drei Treffern		

PERSONALIEN

Nach 241 Tagen Verletzungspause feiert Nationalspieler **Simon Rolfes** (28) von Bayer 04 Leverkusen gegen Eintracht Frankfurt nach der Halbzeit sein Bundesliga-Comeback.

Aufrund einer Schambeinentzündung steht WM-Teilnehmer **Dennis Aogo** (23) dem Hamburger SV für einen längeren Zeitraum nicht zur Verfügung.

Eine Verletzung am linken Fußwurzelknochen lässt für mehrere Wochen keinen Einsatz des brasilianischen Abwehrspielers **Dante** (26) bei Borussia Mönchengladbach zu.

TABELLE

Rang	Club	Sp.	g	u	v	Tore	Diff.	Pkt.	
1.	FSV Mainz 05	5	5	0	0	12:4	8	15	→
2	Borussia Dortmund	5	4	0	1	13:4	9	12	↗
3	1899 Hoffenheim	5	3	1	1	10:5	5	10	↘
4	Hannover 96	5	3	1	1	10:7	3	10	↗
5	SC Freiburg	5	3	0	2	7:7	0	9	↘
6	Hamburger SV	5	2	2	1	8:7	1	8	↘
7	Bayer 04 Leverkusen	5	2	2	1	9:9	0	8	↗
8	FC Bayern München	5	2	2	1	4:4	0	8	↗
9	FC St. Pauli	5	2	1	2	6:5	1	7	↗
10	1. FC Kaiserslautern	5	2	1	2	8:10	-2	7	↘
11	VfL Wolfsburg	5	2	0	3	9:9	0	6	↗
12	1. FC Nürnberg	5	1	3	1	5:5	0	6	↗
13	1. FC Köln	5	1	1	3	4:9	-5	4	↘
14	Werder Bremen	5	1	1	3	6:12	-6	4	↘
15	Borussia M'gladbach	5	1	1	3	8:17	-9	4	↘
16	VfB Stuttgart	5	1	0	4	10:9	1	3	↘
17	Eintracht Frankfurt	5	1	0	4	7:8	-1	3	↘
18	FC Schalke 04	5	1	0	4	5:10	-5	3	→

5. SPIELTAG

Borussia Dortmund - 1. FC Kaiserslautern 5:0 (2:0)

Borussia Dortmund: Weidenfeller - Piszczek, Subotic (78. Santana), Hummels, Schmelzer - S. Bender, Sahin - Blaszczykowski, Kagawa (69. Lewandowski), Großkreutz (69. Götze) - Barrios
1. FC Kaiserslautern: Sippel - Dick, Amedick, Rodnei, Jessen - Bilek, Tiffert - Kirch (60. Walch), Ilicevic - Lakic (77. Moravek), Hoffer (60. Micanski)
Tore: 1:0 Barrios (31.), 2:0 Großkreutz (38.), 3:0 Hummels (65.), 4:0 Lewandowski (75.), 5:0 Barrios (88.)
Ecken: 1:4 **Schiedsrichter**: Fritz (Korb)
Zuschauer: 70.100 **Gelb**: Subotic - Lakic, Amedick, Dick, Bilek
Gelb-Rot: keine **Rot**: keine

Hamburger SV - VfL Wolfsburg 1:3 (1:1)

Hamburger SV: Rost - Demel, Westermann, Mathijsen, Jansen - Jarolim (75. Elia), Zé Roberto - Pitroipa, Petric, Choupo-Moting (75. Trochowski) - van Nistelrooy
VfL Wolfsburg: Benaglio - Pekarik, Kjaer, Barzagli, M. Schäfer - Josué (76. Madlung) - Hasebe, Kahlenberg (90+1. Johnson) - Diego (88. Dejagah) - Grafite, Dzeko
Tore: 0:1 Dzeko (15.), 1:1 Choupo-Moting (27.), 1:2 Grafite (71.), 1:3 Grafite (78.)
Ecken: 15:1
Schiedsrichter: Perl (Pullach)
Zuschauer: 50.231
Gelb: keine
Gelb-Rot: keine **Rot**: keine

Borussia Mönchengladbach - FC St. Pauli 1:2 (1:0)

Borussia M'gladbach: Bailly - Levels, Anderson, Brouwers, Daems - Marx (78. Matmour), Bradley - Herrmann (74. Bobadilla), Arango - Reus - Idrissou
FC St. Pauli: Kessler - Rothenbach, Morena (23. Zambrano), Thorandt, Oczipka - Boll (51. Bartels), Lehmann - Bruns, Takyi, Kruse (63. Asamoah) - Ebbers
Tore: 1:0 Arango (25.), 1:1 Asamoah (66.), 1:2 Bruns (71., Foulelfmeter)
Ecken: 2:7
Schiedsrichter: Aytekin (Oberasbach)
Zuschauer: 41.080
Gelb: Marx - Zambrano, Thorandt
Gelb-Rot: Idrissou (90+1.) **Rot**: keine

SC Freiburg - FC Schalke 04 1:2 (0:1)

SC Freiburg: Baumann - Mujdza, Barth, Butscher, Bastians - Schuster - Abdessadki, Rosenthal (67. Yano), Makiadi (79. Banovic), Nicu (65. Putsila) - Cissé
FC Schalke 04: Neuer - Moritz (46. Sarpei), Höwedes, Metzelder, Schmitz - Jones, Matip, Rakitic (69. Kluge) - Jurado (85. Edu) - Raúl - Huntelaar
Tore: 0:1 Rakitic (9.), 1:1 Cissé (69.), 1:2 Huntelaar (87.)
Ecken: 7:2
Schiedsrichter: Zwayer (Berlin)
Zuschauer: 24.000 (ausverkauft)
Gelb: Barth, Schuster, Cissé - Matip, Schmitz, Kluge
Gelb-Rot: keine **Rot**: Banovic (90+1.)

1. FC Nürnberg - VfB Stuttgart 2:1 (1:0)

1. FC Nürnberg: R. Schäfer - Judt, Nilsson, Wolf, Pinola - Simons - Ekici (85. Frantz), Hegeler, Gündogan (69. Maroh), Eigler - Schieber (90+4. Vidosic)
VfB Stuttgart: Ulreich - Träsch, Niedermeier, Tasci, Boka - Kuzmanovic, Gentner - Gebhart (46. Marica), Didavi (25. Camoranesi) - Cacau, Pogrebnyak (70. Harnik)
Tore: 1:0 Schieber (3.), 1:1 Cacau (85.), 2:1 Pinola (90+1.)
Ecken: 0:5 **Schiedsrichter**: Drees (Münster-Sarmsheim)
Zuschauer: 36.790
Gelb: Ekici, Schieber, Judt, Hegeler - Boka, Gentner, Cacau
Gelb-Rot: Wolf (66.) **Rot**: keine

BUNDESLIGA

Mainz siegt beim FC Bayern – Bayer 04 gewinnt in Stuttgart

Der 1. FSV Mainz 05 ist noch immer nicht zu stoppen, die „Boy-Group" vom Bruchweg rockt die Liga, so lauten die Schlagzeilen, als Thomas Tuchels Mannschaft auch beim FC Bayern München mit 2:1 gewinnt. Für den Deutschen Meister ist die zweite Saisonniederlage mit dem Beginn des Oktoberfestes ein weiterer Rückschlag. Zwei Siege, zwei Unentschieden, zwei Niederlagen und 5:6 Tore bringen in der Gesamtbilanz den neunten Rang und für den Finalisten der UEFA Champions League und nationalen „Double"-Gewinner sehr ernüchternde Tabellenwerte. „Den Mainzern traue ich viel zu, sie können auch Meister werden", erklärt Bayern-Coach Louis van Gaal voller Respekt. „Wir fühlen uns nicht größer als wir sind", erwidert Tuchel, dessen Trainingsmethoden in den Mittelpunkt des Interesses rücken.

Zum ersten Verfolger des Spitzenreiters hat sich Borussia Dortmund aufgeschwungen, das mit einem 3:1 beim FC St. Pauli nach der Startniederlage gegen Bayer 04 Leverkusen den fünften Sieg in Serie feiert. Dortmund erfreut durch erfrischenden Fußball. Der Japaner Shinji Kagawa bejubelt schon seinen vierten Saisontreffer.

Hannover 96 gehört weiter zu den Mannschaften, die positiv aufhorchen lassen. Nach dem 1:0 beim 1. FC Kaiserslautern und dem damit schon vierten Saisonsieg setzt sich das Team auf Platz drei. Der neue Stürmer Mohammed Abdellaoue schiebt sich immer mehr in den Blickpunkt. Vier Tore hat der Norweger mit marokkanischen Wurzeln bereits erzielt. Tabellenvierter ist 1899 Hoffenheim nach einem 1:1 beim 1. FC Köln. Punktgleich ist Leverkusen, das den höchsten Tageserfolg erringt. Mit 4:1 siegt die „Werkself" beim VfB Stuttgart, der schon vor dem Platzverweis für Mauro Camoranesi mit 0:2 zurückliegt. „Das ist ein schwarzer Tag", urteilt Trainer Christian Gross. Die Schwaben fallen auf den letzten Tabellenplatz zurück, weil der FC Schalke

Staunend verfolgt Kapitän Mark van Bommel vom FC Bayern München, wie sich Adam Szalai (links) vom 1. FSV Mainz 05 zum Kopfball in die Höhe schraubt.

DATEN & FAKTEN

Zuschauer gesamt	383.763
pro Spiel	42.640
Tore gesamt	29
Elfmeter	1
Eigentore	2
Gelbe Karten	29
Gelb-Rote Karten	0
Rote Karten	2

1. FC Köln – 1899 Hoffenheim 1:1 (1:0)

1. FC Köln: Mondragon - Brecko, Geromel, Mohamad, Ehret - Petit - Clemens (81. Freis, 90+2. Ionita), Lanig, Matuschyk, Jajalo (81. Yalcin) - Podolski
1899 Hoffenheim: Starke - Beck, Simunic (46. Mlapa), Vorsah, Eichner - Weis (46. Sigurdsson), Gustavo - Ba, Rudy, Salihovic - Ibisevic (88. Tagoe)
Tore: 1:0 Podolski (17.), 1:1 Ba (54.)
Ecken: 8:9
Schiedsrichter: Kircher (Rottenburg)
Zuschauer: 45.000
Gelb: Lanig, Clemens, Freis - Simunic
Gelb-Rot: keine **Rot:** keine

FC Bayern München – 1. FSV Mainz 05 1:2 (1:1)

FC Bayern München: Butt - Lahm, van Buyten, Badstuber, Pranjic - van Bommel, Schweinsteiger - T. Müller, Klose (75. Gomez), T. Kroos (82. Tymoshchuk) - Olic (62. Hamit Altintop)
1. FSV Mainz 05: Wetklo - Bungert (64. Schürrle), Svensson, Noveski, Fuchs - Karhan, Polanski, M. Caligiuri - Holtby (46. Zabavnik) - Allagui, Szalai (82. F. Heller)
Tore: 0:1 Allagui (15.), 1:1 Svensson (45., Eigentor), 1:2 Szalai (77.)
Ecken: 7:5
Schiedsrichter: Rafati (Hannover)
Zuschauer: 69.000 (ausverkauft)
Gelb: Fuchs, Svensson
Gelb-Rot: keine **Rot:** keine

FC Schalke 04 – Bor. Mönchengladbach 2:2 (0:2)

FC Schalke 04: Neuer - Höwedes, Metzelder, Plestan (46. Uchida), Schmitz - Jones (51. Farfan), Matip, Rakitic (77. Edu) - Jurado - Raúl - Huntelaar
Borussia M'gladbach: Bailly - Levels, Anderson, Brouwers, Daems - Marx, Bradley - Herrmann (66. Schachten), Arango - Reus (90+1. Meeuwis) - Bobadilla (84. Neustädter)
Tore: 0:1 Daems (15., Foulelfmeter), 0:2 Bradley (43.), 1:2 Huntelaar (51.), 2:2 Raúl (87.)
Ecken: 11:2
Schiedsrichter: Gagelmann (Bremen)
Zuschauer: 61.673 (ausverkauft)
Gelb: Farfan - Levels, Herrmann, Marx, Schachten
Gelb-Rot: keine **Rot:** Brouwers (78.)

VfB Stuttgart – Bayer 04 Leverkusen 1:4 (0:2)

VfB Stuttgart: Ulreich - Träsch, Tasci, Delpierre, Boka (70. Molinaro) - Kuzmanovic, Gentner - Camoranesi, Harnik (63. Marica) - Cacau, Pogrebnyak
Bayer 04 Leverkusen: Adler - Schwaab, M. Friedrich, Hyypiä, Kadlec - Reinartz, Balitsch - Augusto (65. Rolfes), Vidal, Barnetta (79. Sam) - Derdiyok (90. Jörgensen)
Tore: 0:1 Hyypiä (19.), 0:2 Vidal (21.), 1:2 Kuzmanovic (52.), 1:3 Balitsch (69.), 1:4 Sam (88.)
Ecken: 3:7
Schiedsrichter: Meyer (Burgdorf)
Zuschauer: 38.300 **Gelb:** Kuzmanovic, Molinaro - M. Friedrich
Gelb-Rot: keine **Rot:** Camoranesi (31.)

04 zu Hause gegen Borussia Mönchengladbach unentschieden spielt (2:2). Ein Ergebnis, das die Ansprüche der „Königsblauen" aber nicht zufrieden stellt.

Bei Felix Magaths früherem Club wird die Stimmung freundlicher. Der Engländer Steve McClaren hat in der „Englischen Woche" mit dem VfL Wolfsburg drei Siege verbucht. 2:1 gewinnt der Deutsche Meister von 2009 gegen den SC Freiburg. Beim großen traditionsreichen Nordderby setzt sich Werder Bremen mit einem 3:2 gegen den Hamburger SV durch. Hugo Almeida markiert spät den entscheidenden Treffer zum etwas glücklichen Sieg. Für Entlastung in eigener Sache sorgt Eintracht Frankfurt, das mit einem 2:0 gegen den 1. FC Nürnberg den zweiten Saisonsieg landet.

Wettlauf um den Ball zwischen Sven Bender von Borussia Dortmund und Fin Bartels (22) vom FC St. Pauli am Millerntor.

DER TORSCHÜTZE DES SPIELTAGES

Es war der Überraschungstransfer vor der Saison, als der FC Schalke 04 Raúl González Blanco (33, Foto) nach 18 Jahren bei Real Madrid in das Ruhrgebiet lockte. Eine kurze Eingewöhnungszeit nach zuletzt wenig Spielpraxis bei den Madrilenen benötigt Raúl bei den Gelsenkirchenern, auch um wieder eine optimale Fitness zu erlangen.

In der Vorbereitung zeigt er mit einem fantastischen Tor bei einem Testturnier gegen den FC Bayern München, dass er nichts von seinem Können eingebüßt hat. Nach 228 Toren in 550 Spielen der Primera División und 66 Treffern in 132 Begegnungen der UEFA Champions League erzielt der spanische Superstar gegen Borussia Mönchengladbach sein erstes Bundesliga-Tor. Felix Magath betont, Raúl werde bei ihm immer eine Ausnahmestellung einnehmen.

Mohammed Abdellaoue (links) trifft gegen Kaiserslauterns Keeper Tobias Sippel zum entscheidenden 1:0 für Hannover 96 im Fritz-Walter-Stadion.

RESULTATE

Freitag, 24.09.2010	1. FC Köln - 1899 Hoffenheim	1:1	(1:0)
Samstag, 25.09.2010	Bayern München - 1. FSV Mainz 05	1:2	(1:1)
	FC Schalke 04 - Bor. M'gladbach	2:2	(0:2)
	VfB Stuttgart - Bayer Leverkusen	1:4	(0:2)
	Eintracht Frankfurt - 1. FC Nürnberg	2:0	(1:0)
	FC St. Pauli - Borussia Dortmund	1:3	(1:1)
	SV Werder Bremen - Hamburger SV	3:2	(2:0)
Sonntag, 26.09.2010	VfL Wolfsburg - SC Freiburg	2:1	(1:1)
	1. FC Kaiserslautern - Hannover 96	0:1	(0:1)

TORJÄGER

Papiss Cissé	SC Freiburg	6
Edin Dzeko	VfL Wolfsburg	5
Ruud van Nistelrooy	Hamburger SV	4
Theofanis Gekas	Eintracht Frankfurt	4
Pavel Pogrebnyak	VfB Stuttgart	4
Srdjan Lakic	1. FC Kaiserslautern	4
Shinji Kagawa	Borussia Dortmund	4
Grafite	VfL Wolfsburg	4
Mohammed Abdellaoue	Hannover 96	4

PERSONALIEN

Den 2:1-Sieg des 1. FSV Mainz 05 beim FC Bayern München erlebt Präsident **Harald Strutz** (59) nicht live in der Allianz Arena. Während das Team von Trainer **Thomas Tuchel** groß auftrumpft, heiratet der 2. Vizepräsident des Ligaverbandes seine langjährige Lebensgefährtin **Christine.**

Wegen eines Innenbandrisses im linken Knie muss Kapitän **Fabio Morena** (30) vom FC St. Pauli für unbestimmte Zeit pausieren.

Eine schwere Verletzung an der linken Schulter erleidet **Sebastian Freis** (25) vom 1. FC Köln nach seiner Einwechslung kurz vor Schluss gegen 1899 Hoffenheim.

TABELLE

Rang	Club	Sp.	g	u	v	Tore	Diff.	Pkt.	
1	1. FSV Mainz 05	6	6	0	0	14:5	9	18	→
2	Borussia Dortmund	6	5	0	1	16:5	11	15	→
3	Hannover 96	6	4	1	1	11:7	4	13	↗
4	1899 Hoffenheim	6	3	2	1	11:6	5	11	↘
5	Bayer 04 Leverkusen	6	3	2	1	13:10	3	11	↗
6	VfL Wolfsburg	6	3	0	3	11:10	1	9	↗
7	SC Freiburg	6	3	0	3	8:9	-1	9	↘
8	Hamburger SV	6	2	2	2	10:10	0	8	↘
9	FC Bayern München	6	2	2	2	5:6	-1	8	↘
10	FC St. Pauli	6	2	1	3	7:8	-1	7	↘
11	1. FC Kaiserslautern	6	2	1	3	8:11	-3	7	↘
12	SV Werder Bremen	6	2	1	3	9:14	-5	7	↗
13	Eintracht Frankfurt	6	2	0	4	9:8	1	6	↗
14	1. FC Nürnberg	6	1	3	2	5:7	-2	6	↘
15	1. FC Köln	6	1	2	3	5:10	-5	5	↘
16	Borussia M'gladbach	6	1	2	3	10:19	-9	5	↘
17	FC Schalke 04	6	1	1	4	7:12	-5	4	↗
18	VfB Stuttgart	6	1	0	5	11:13	-2	3	↘

Eintracht Frankfurt – 1. FC Nürnberg 2:0 (1:0)

Eintracht Frankfurt: Nikolov - Jung, Russ, Franz, Tzavellas - Chris, Schwegler - Halil Altintop, Caio (71. Kittel), Köhler - Gekas (84. Amanatidis)
1. FC Nürnberg: R. Schäfer - Judt (75. Vidosic), Nilsson, Maroh, Pinola - Simons - Ekici (80. Mintal), Gündogan, Hegeler, Frantz (46. Eigler) - Schieber
Tore: 1:0 Gekas (17.), 2:0 Chris (88.)
Ecken: 7:5
Schiedsrichter: Weiner (Giesen)
Zuschauer: 43.100
Gelb: Franz, Caio, Chris, Kittel - Hegeler
Gelb-Rot: keine **Rot:** keine

FC St. Pauli – Borussia Dortmund 1:3 (1:1)

FC St. Pauli: Kessler - Rothenbach, Gunesch, Thorandt, Oczipka (63. Kruse) - Lehmann - Bruns, Takyi (68. Asamoah), Ebbers, Bartels - Hennings (83. Schultz)
Borussia Dortmund: Weidenfeller - Owomoyela, Subotic, Hummels, Schmelzer - S. Bender, Sahin - Götze, Kagawa (70. Lewandowski), Großkreutz (85. Feulner) - Barrios (78. Blaszczykowski)
Tore: 0:1 Großkreutz (17.), 1:1 Hennings (25.), 1:2 Kagawa (50.), 1:3 Großkreutz (60.)
Ecken: 9:3
Schiedsrichter: Stark (Ergolding)
Zuschauer: 24.071 (ausverkauft)
Gelb: keine **Gelb-Rot:** keine **Rot:** keine

SV Werder Bremen – Hamburger SV 3:2 (2:0)

SV Werder Bremen: Wiese - Fritz (43. Bargfrede), Mertesacker, Prödl, Silvestre - Frings - Wesley, Marin - Hunt (81. Jensen) - Pizarro (88. Wagner), Almeida
Hamburger SV: Rost - Demel, Westermann, Mathijsen, Zé Roberto - Rincon (46. Kacar), Jarolim - Choupo-Moting, Elia (53. Pitroipa), Jansen (80. Trochowski) - van Nistelrooy
Tore: 1:0 Demel (25., Eigentor), 2:0 Almeida (28.), 2:1 van Nistelrooy (59.), 2:2 Pitroipa (63.), 3:2 Almeida (85.)
Ecken: 3:7
Schiedsrichter: Kinhöfer (Herne)
Zuschauer: 36.300 (ausverkauft)
Gelb: Wiese, Marin - Elia, Rincon
Gelb-Rot: keine **Rot:** keine

VfL Wolfsburg – SC Freiburg 2:1 (1:1)

VfL Wolfsburg: Benaglio - Pekarik, Kjaer (86. Madlung), Barzagli, M. Schäfer - Josué - Hasebe, Kahlenberg (80. Dejagah) - Diego (89. Johnson) - Grafite, Dzeko
SC Freiburg: Pouplin - Mujdza, Barth, Butscher (67. Toprak), Bastians - Schuster - Putsila (74. Rosenthal), Makiadi, Abdessadki - Cissé, Yano (46. D. Caligiuri)
Tore: 1:0 Grafite (25.), 1:1 Cissé (36.), 2:1 Grafite (64.)
Ecken: 5:2
Schiedsrichter: Schmidt (Stuttgart)
Zuschauer: 26.204
Gelb: Josué - Butscher, Mujdza
Gelb-Rot: keine **Rot:** keine

1. FC Kaiserslautern – Hannover 96 0:1 (0:1)

1. FC Kaiserslautern: Sippel - Dick, Amedick, Rodnei, Jessen (84. Micanski) - Bilek (76. Walch), Tiffert - Kirch (58. Moravek), Ilicevic - Lakic, Hoffer
Hannover 96: Fromlowitz - Cherundolo, Haggui, Pogatetz, C. Schulz - Schmiedebach, Pinto - Stoppelkamp, Rausch (89. Chahed) - Ya Konan (69. Stindl), Abdellaoue (78. Forssell)
Tor: 0:1 Abdellaoue (33.)
Ecken: 7:4
Schiedsrichter: Perl (Pullach)
Zuschauer: 40.115
Gelb: C. Schulz, Fromlowitz, Pogatetz
Gelb-Rot: keine **Rot:** keine

BUNDESLIGA

Mainz 05 stellt Startrekord ein – BVB mit Erfolg gegen FC Bayern

Im Topspiel zwischen Borussia Dortmund und dem FC Bayern kämpft der Münchner Bastian Schweinsteiger gegen Mats Hummels (Mitte) und Neven Subotic (links).

Der 1. Fußball- und Sport-Verein Mainz 05 e.V., kurz Mainz 05, entwickelt sich spätestens am 2. Oktober endgültig zur großen Überraschung der Saison 2010/11. Die Rheinhessen stellen mit einem 4:2 gegen 1899 Hoffenheim den Startrekord für die Bundesliga ein. Sieben Siege in sieben Spielen vom Beginn weg haben zuvor seit 1963 nur der FC Bayern (1995/96) und der 1. FC Kaiserslautern (2001/02) erreicht. In dem intensiven, temporeichen Spiel gelingen dem Team von Trainer Thomas Tuchel gegen die hoch eingeschätzten Kraichgauer immer zum richtigen Zeitpunkt die Tore. Lewis Holtby, die Leihgabe vom FC Schalke 04, spielt erneut großartig auf. Eine interessante Tatsache ist es, dass Tuchel in gewissem Sinne gar keine echte Stammelf hat, sondern seine Basisformation von Spiel zu Spiel auf vier oder fünf Positionen ändert. Spielphilosophie und Taktik bleiben jedoch gleich.

21 Punkte für Mainz, 18 für Dortmund. Auch die Borussia präsentiert sich beim 2:0 gegen den FC Bayern München erneut in Bestform. Der BVB ist das einzige Team, das Schritt halten kann mit Mainz. Bereits abgeschlagen mit 13 Punkten folgt Hannover 96, das trotz eines 0:1 zu Hause gegen den FC St. Pauli in dieser von den Ergebnissen und vom Tabellenbild fast ein wenig kurios anmutenden Saison Platz drei halten kann. Von den drei Plätzen, die zur UEFA Champions League führen, entfernt sich der Deutsche Meister immer weiter. Mit der Niederlage in Dortmund hat der FC Bayern seinen schwächsten Saisonstart seit 1966 hingelegt. „Es darf nicht wahr sein, dass wir 13 Punkte Rückstand zur Spitze haben", sagt der Vorstandsvorsitzende Karl-Heinz Rummenigge. Drei Niederlagen, nur zwei Siege und 5:8 Tore bedeuten Platz zwölf.

Der SV Werder Bremen liegt sogar nur auf Rang 13, erreicht bei Bayer 04 Leverkusen aber ein 2:2. In den unteren Tabellenregionen fest angesiedelt haben sich der VfB

DATEN & FAKTEN

Zuschauer gesamt	388.301
pro Spiel	43.145
Tore gesamt	29
Elfmeter	1
Eigentore	1
Gelbe Karten	41
Gelb-Rote Karten	1
Rote Karten	3

Hannover 96 – FC St. Pauli 0:1 (0:1)

Hannover 96: Fromlowitz - Cherundolo, Haggui, Pogatetz (59. Forssell), C. Schulz - Schmiedebach, Pinto - Stoppelkamp (86. Hanke), Stindl (78. Djakpa), Rausch - Abdellaoue
FC St. Pauli: Kessler - Lechner, Zambrano, Thorandt, Oczipka - Boll, Lehmann - Bartels, Hennings (66. Asamoah), Kruse (75. Naki) - Ebbers (78. Takyi)
Tor: 0:1 Ebbers (6.)
Ecken: 3:3
Schiedsrichter: Wingenbach (Diez)
Zuschauer: 49.000 (ausverkauft)
Gelb: Schmiedebach, Pinto - Kruse, Boll
Gelb-Rot: keine **Rot:** Haggui (80.)

Hamburger SV – 1. FC Kaiserslautern 2:1 (0:1)

Hamburger SV: Rost - Rincon, Westermann, Mathijsen, Zé Roberto - Tesche, Jarolim (38. Kacar) - Pitroipa (86. Benjamin), Elia (77. Trochowski) - Choupo-Moting, van Nistelrooy
1. FC Kaiserslautern: Sippel - Dick, Amedick, Rodnei, Jessen - Bilek (86. Hoffer) - Kirch (88. Micanski), Tiffert - Walch (71. Moravek), Ilicevic - Lakic
Tore: 0:1 Lakic (3.), 1:1 Kacar (69.), 2:1 Choupo-Moting (84.)
Ecken: 8:7
Schiedsrichter: Winkmann (Kerken)
Zuschauer: 57.000 (ausverkauft)
Gelb: Mathijsen - Lakic, Dick
Gelb-Rot: keine **Rot:** keine

1. FSV Mainz 05 – 1899 Hoffenheim 4:2 (1:1)

1. FSV Mainz 05: Wetklo - Zabavnik, Svensson, Noveski, Fuchs - Karhan, Polanski (56. Soto) - Holtby (87. Ivanschitz), Schürrle - Allagui (56. M. Caligiuri), Szalai
1899 Hoffenheim: Starke - Beck, Simunic, Vorsah, Eichner - Gustavo - Weis (60. Sigurdsson), Salihovic - Mlapa (68. Vukcevic), Ba - Ibisevic (68. Tagoe)
Tore: 1:0 Allagui (2.), 1:1 Ba (41.), 2:1 Szalai (47.), 3:1 Gustavo (59., Eigentor), 3:2 Sigurdsson (64.), 4:2 Schürrle (74., Foulelfmeter)
Ecken: 4:11 **Schiedsrichter:** Aytekin (Oberasbach) **Zuschauer:** 20.100
Gelb: Zabavnik - Vorsah, Weis, Salihovic, Gustavo, Vukcevic
Gelb-Rot: keine **Rot:** Simunic (72.)

Borussia Mönchengladbach – VfL Wolfsburg 1:1 (0:1)

Borussia M'gladbach: Bailly - Levels, Anderson, Daems, Schachten - Bradley, Marx - Herrmann (37. Idrissou), Arango - Reus - Bobadilla (82. de Camargo)
VfL Wolfsburg: Benaglio (69. Hitz) - Pekarik, Kjaer, Barzagli, M. Schäfer - Riether (82. Madlung) - Hasebe, Kahlenberg (76. Dejagah) - Diego - Grafite, Dzeko
Tore: 0:1 Kahlenberg (27.), 1:1 Marx (65.)
Ecken: 5:3
Schiedsrichter: Dingert (Lebecksmühle)
Zuschauer: 40.423
Gelb: Bradley, Reus - Kahlenberg, Dzeko
Gelb-Rot: keine **Rot:** keine

DER TORSCHÜTZE DES SPIELTAGES

Nach seinem Abstieg mit Hertha BSC Berlin angelt sich Eintracht Frankfurt den Griechen mit dem ausgeprägten Torinstinkt. Trainer Michael Skibbe schätzt Theofanis Gekas (30, Foto) aus gemeinsamen Zeiten bei Bayer 04 Leverkusen. Als die Hessen nach einigen Startschwierigkeiten in Schwung kommen, unterstreicht „Fanis", wie wichtig er für eine Mannschaft sein kann. Beim 2:1-Sieg beim VfB Stuttgart bringt der Mittelstürmer sein Team in typischer Manier in Führung. Als Chris sich für einen Einwurf vorbereitet, schleicht er den VfB-Abwehrspielern für einen Moment davon und köpft die Vorlage des Brasilianers ein. Nach zwanzig Toren für den VfL Bochum 1848, 13 für Leverkusen und sechs für Hertha BSC ist es sein erster Treffer für Frankfurt.

Sami Allagui (9) trifft – aus dem Hintergrund von Eugen Polanski (7) beobachtet – gegen 1899 Hoffenheim zur 1:0-Führung des 1. FSV Mainz 05.

Das Fragezeichen kann von den Mainzer Fans gestrichen werden: Die 05er stellen mit ihrem siebten Sieg den Bundesliga-Startrekord ein.

Stuttgart, der mit dem 1:2 zu Hause gegen Eintracht Frankfurt seinen schlechtesten Saisonstart seit 1974 beklagt und sich daraufhin von seinem Schweizer Trainer Christian Gross trennt. Kaum besser geht es dem FC Schalke 04, bei dem sich mit dem 1:2 beim 1. FC Nürnberg die in der UEFA Champions League mit dem Sieg gegen Benfica Lissabon geschürte Hoffnung auf Besserung auch in der Meisterschaft wieder zerschlägt.

Die so genannten Kleinen freuen sich über erstaunliche Leistungen. Mit dem 3:2 gegen den 1. FC Köln verbucht auch der SC Freiburg seinen besten Start in eine Spielzeit der Bundesliga nach sieben Spieltagen. Die Schwarzwälder stellen mit Papiss Demba Cissé den treffsichersten Schützen (sieben Tore). Neben den Kölnern hat auch Nachbar Borussia Mönchengladbach nachhaltige Probleme. Mit dem 1:1 gegen den VfL Wolfsburg gelingt noch immer kein Heimsieg. Während die kleine Siegesserie der „Wölfe" nach nur drei Spielen endet, wechselt der Hamburger SV mit dem 2:1 gegen den 1. FC Kaiserslautern nach vier sieglosen Spielen in ein positives Fahrwasser, ohne dabei überzeugen zu können. Nach einer frühen Führung der „Roten Teufel" durch Sjrdan Lakic, die lange hält, sorgen Gojko Kacar und Maxim Choupo-Moting noch für den HSV-Sieg.

RESULTATE

Freitag, 01.10.2010	Hannover 96 - FC St. Pauli	0:1	(0:1)
Samstag, 02.10.2010	Hamburger SV - 1. FC Kaiserslautern	2:1	(0:1)
	1. FSV Mainz 05 - 1899 Hoffenheim	4:2	(1:1)
	Bor. M'gladbach - VfL Wolfsburg	1:1	(0:1)
	SC Freiburg - 1. FC Köln	3:2	(2:1)
	1. FC Nürnberg - FC Schalke 04	2:1	(0:0)
Sonntag, 03.10.2010	VfB Stuttgart - Eintracht Frankfurt	1:2	(0:1)
	Bayer Leverkusen - Werder Bremen	2:2	(1:0)
	Bor. Dortmund - FC Bayern München	2:0	(0:0)

TORJÄGER

Papiss Cissé	SC Freiburg	7
Theofanis Gekas	Eintracht Frankfurt	5
Pavel Pogrebnyak	VfB Stuttgart	5
Srdjan Lakic	1. FC Kaiserslautern	5
Edin Dzeko	VfL Wolfsburg	5
Ruud van Nistelrooy	Hamburger SV	4
Klaas-Jan Huntelaar	FC Schalke 04	4
Hugo Almeida	SV Werder Bremen	4
und weitere 5 Spieler mit je vier Treffern		

PERSONALIEN

Aufgrund einer Erkältung muss **Mario Götze** (18) beim Topspiel von Borussia Dortmund gegen den FC Bayern München passen.

Eine Bänderdehnung im rechten Knie zwingt **Renato Augusto** (22) von Bayer 04 Leverkusen gegen den SV Werder Bremen zum Zuschauen.

Achillessehnenbeschwerden verhindern einen Einsatz von **Karim Matmour** (25) für Borussia Mönchengladbach gegen den VfL Wolfsburg.

TABELLE

Rang	Club	Sp.	g	u	v	Tore	Diff.	Pkt.	
1	1. FSV Mainz 05	7	7	0	0	18:7	11	21	→
2	Borussia Dortmund	7	6	0	1	18:5	13	18	→
3	Hannover 96	7	4	1	2	11:8	3	13	→
4	Bayer 04 Leverkusen	7	3	3	1	15:12	3	12	↗
5	SC Freiburg	7	4	0	3	11:11	0	12	↗
6	1899 Hoffenheim	7	3	2	2	13:10	3	11	↘
7	Hamburger SV	7	3	2	2	12:11	1	11	↗
8	VfL Wolfsburg	7	3	1	3	12:11	1	10	↘
9	FC St. Pauli	7	3	1	3	8:8	0	10	↗
10	Eintracht Frankfurt	7	3	0	4	11:9	2	9	↗
11	1. FC Nürnberg	7	2	3	2	7:8	-1	9	↗
12	FC Bayern München	7	2	2	3	5:8 -	3	8	↘
13	SV Werder Bremen	7	2	2	3	11:16	-5	8	↘
14	1. FC Kaiserslautern	7	2	1	4	9:13	-4	7	↘
15	Borussia M'gladbach	7	1	3	3	11:20	-9	6	↗
16	1. FC Köln	7	1	2	4	7:13	-6	5	↘
17	FC Schalke 04	7	1	1	5	8:14	-6	4	→
18	VfB Stuttgart	7	1	0	6	12:15	-3	3	→

SC Freiburg – 1. FC Köln 3:2 (2:1)

SC Freiburg: Pouplin - Mujdza, Barth, Toprak, Bastians - Schuster - Rosenthal (84. Sereinig), Makiadi, Abdessadki, D. Caligiuri (62. Jäger) - Cissé (73. Yano)
1. FC Köln: Mondragon - Brecko, Geromel, Mohamad, Ehret (51. Andrezinho) - Petit (74. Novakovic) - Clemens (82. Ionita), Lanig, Matuschyk, Jajalo - Podolski
Tore: 1:0 Rosenthal (4.), 2:0 Rosenthal (11.), 2:1 Mohamad (22.), 2:2 Matuschyk (50.), 3:2 Cissé (70.)
Ecken: 5:4 **Schiedsrichter:** Drees (Münster-Sarmsheim)
Zuschauer: 22.100 **Gelb:** Pouplin - Lanig, Mohamad, Matuschyk, Brecko
Gelb-Rot: keine **Rot:** keine

1. FC Nürnberg – FC Schalke 04 2:1 (0:0)

1. FC Nürnberg: R. Schäfer (59. Stephan) - Judt, Nilsson, Wolf, Bieler - Simons - Hegeler (80. Cohen), Ekici, Gündogan, Frantz (80. Boakye) - Schieber
FC Schalke 04: Neuer - Höwedes, Papadopoulos, Metzelder, Schmitz - Matip - Farfan (76. Jendrisek), Jones - Jurado (46. Kluge) - Raúl (54. Rakitic) - Huntelaar
Tore: 1:0 Frantz (62.), 1:1 Huntelaar (74.), 2:1 Wolf (84.)
Ecken: 5:5
Schiedsrichter: Fritz (Korb)
Zuschauer: 48.548 (ausverkauft)
Gelb: Wolf - Höwedes, Metzelder, Schmitz
Gelb-Rot: Jones (53.) **Rot:** keine

VfB Stuttgart – Eintracht Frankfurt 1:2 (0:1)

VfB Stuttgart: Ulreich - Celozzi (69. Harnik), Tasci, Delpierre, Molinaro (56. Boka) - Bah, Kuzmanovic - Träsch, Gentner (69. Marica) - Cacau, Pogrebnyak
Eintracht Frankfurt: Nikolov - Jung, Franz (70. Meier), Russ, Tzavellas - Chris, Schwegler - Ochs (88. Kittel), Köhler - Halil Altintop - Gekas (90+1. Amanatidis)
Tore: 0:1 Gekas (18.), 0:2 Chris (68.), 1:2 Pogrebnyak (85.)
Ecken: 6:3
Schiedsrichter: Brych (München)
Zuschauer: 40.200 (ausverkauft)
Gelb: Pogrebnyak, Boka - Schwegler, Franz, Russ, Tzavellas
Gelb-Rot: keine **Rot:** Delpierre (84.)

Bayer 04 Leverkusen – SV Werder Bremen 2:2 (1:0)

Bayer 04 Leverkusen: Adler - Schwaab, M. Friedrich, Hyypiä, Kadlec - Reinartz (73. Rolfes) - Vidal (57. L. Bender), Balitsch (65. Derdiyok) - Sam, Barnetta - Helmes
SV Werder Bremen: Wiese - Pasanen, Mertesacker, Prödl, Silvestre - Bargfrede (46. Almeida), Wesley - Hunt (86. Husejinovic), Jensen, Marin - Arnautovic (83. Ayik)
Tore: 1:0 Helmes (16.), 1:1 Almeida (53.), 1:2 Marin (62.), 2:2 Derdiyok (78.)
Ecken: 4:3
Schiedsrichter: Gräfe (Berlin)
Zuschauer: 30.210 (ausverkauft)
Gelb: Sam, Reinartz - Wesley, Jensen, Wiese, Prödl
Gelb-Rot: keine **Rot:** keine

Borussia Dortmund – FC Bayern München 2:0 (0:0)

Borussia Dortmund: Weidenfeller - Piszczek, Subotic, Hummels, Schmelzer - S. Bender, Sahin (87. da Silva) - Blaszczykowski, Kagawa (75. Lewandowski), Großkreutz - Barrios (85. Feulner)
FC Bayern München: Butt - Lahm, van Buyten (46. Demichelis), Badstuber, Braafheid (61. Olic) - van Bommel, Pranjic - T. Müller, Schweinsteiger, T. Kroos - Gomez
Tore: 1:0 Barrios (51.), 2:0 Sahin (60.) **Ecken:** 1:8
Schiedsrichter: Meyer (Burgdorf) **Zuschauer:** 80.720 (ausverkauft) **Gelb:** Demichelis, Olic, Schweinsteiger
Gelb-Rot: keine **Rot:** keine

BUNDESLIGA

Erste Niederlage für Mainz 05 – Dortmund übernimmt die Spitze

Nach der Länderspielpause mit den beiden 3:0-Siegen der deutschen Nationalelf gegen die Türkei und in Kasachstan eröffnet die Begegnung zwischen dem 1. FC Köln und Borussia Dortmund einen erneut turbulenten Spieltag. Im rheinisch-westfälischen Duell gewinnt Borussia Dortmund beim 1. FC Köln mit 2:1. Als die Domstädter nach dem Treffer zum 1:1 von Lukas Podolski schon auf ein Unentschieden hoffen, trifft Nuri Sahin beim letzten Angriff und sichert dem BVB den siebten „Dreier" in Serie. Die Schwarz-Gelben übernehmen die Tabellenspitze, weil der 1. FSV Mainz 05 mit dem 0:1 gegen den Hamburger SV seine erste Saisonniederlage hinnehmen muss und einen neuen, alleinigen Rekord verpasst. „Die Welt bricht für uns nicht zusammen", sagt Trainer Thomas Tuchel nach dem ersten Rückschlag in dieser Spielzeit, bei dem Paolo Guerrero mit seinem späten HSV-Treffer die Mainzer Hoffnungen wenigstens auf einen Punkt zerstört.

Dritter ist Bayer 04 Leverkusen, das Trainer Steve McClaren vom VfL Wolfsburg wieder einmal in ein Wechselbad der Gefühle stürzt. Wie bei der Achterbahnfahrt gegen Mainz 05 mit einem 3:4 nach 3:0-Vorsprung geht erneut eine Führung verloren. Die „Werkself" dreht gegen das Team aus der Autostadt einen 0:2-Rückstand. Als Trainer Jupp Heynckes in der 70. Minute Simon Rolfes einwechselt, folgt die sensationelle Wende. 1899 Hoffenheim wiederum festigt den vierten Tabellenplatz mit einem 3:2 gegen Borussia Mönchengladbach, das Juan Arango und Sebastian Schachten durch Rote Karten verliert und das 1:2 durch ein Eigentor von Anderson selbst produziert.

Einen Lauf hat Mario Gomez vom FC Bayern München, dem gegen Hannover 96 alle drei Tore gelingen. Rechts Christopher Avevor.

DATEN & FAKTEN

Zuschauer gesamt	369.729
pro Spiel	40.081
Tore gesamt	32
Elfmeter	4
Eigentore	1
Gelbe Karten	36
Gelb-Rote Karten	0
Rote Karten	2

1. FC Köln – Borussia Dortmund 1:2 (0:1)

■ **1. FC Köln:** Varvodic - Brecko, Geromel, Mohamad, Ehret - Petit (78. Novakovic) - Clemens, Lanig, Matuschyk, Jajalo (76. Chihi) - Podolski
■ **Borussia Dortmund:** Weidenfeller - Piszczek, Subotic, Hummels, Schmelzer - S. Bender, Sahin - Blaszczykowski, Kagawa (72. Götze), Großkreutz - Barrios (76. Lewandowski)
Tore: 0:1 Blaszczykowski (20.), 1:1 Podolski (82.), 1:2 Sahin (90+1.)
Ecken: 4:2 **Schiedsrichter:** Perl (Pullach) **Zuschauer:** 50.000 (ausverkauft) **Gelb:** Petit, Podolski - Hummels, Lewandowski, Sahin, Weidenfeller
Gelb-Rot: keine **Rot:** keine

FC Bayern München – Hannover 96 3:0 (1:0)

■ **FC Bayern München:** Butt - Lahm, Tymoshchuk, Badstuber, Braafheid (65. Schweinsteiger) - Ottl, Pranjic - Hamit Altintop, T. Müller, T. Kroos - Gomez
■ **Hannover 96:** Fromlowitz - Cherundolo, Avevor, C. Schulz, Rausch - Schmiedebach, Pinto (26. Djakpa) - Stoppelkamp (78. Schlaudraff), Stindl - Ya Konan, Forssell (60. Hanke)
Tore: 1:0 Gomez (21.), 2:0 Gomez (77.), 3:0 Gomez (90.)
Ecken: 5:3
Schiedsrichter: Fritz (Korb)
Zuschauer: 69.000 (ausverkauft)
Gelb: Gomez, Badstuber, Tymoshchuk - Ya Konan **Gelb-Rot:** keine **Rot:** keine

FC Schalke 04 – VfB Stuttgart 2:2 (1:1)

■ **FC Schalke 04:** Neuer - Uchida, Höwedes, Metzelder, Schmitz - Matip (71. Kluge) - Edu (85. Hao), Moritz - Jurado (76. Baumjohann) - Raúl - Huntelaar
■ **VfB Stuttgart:** Ulreich - Celozzi, Tasci, Niedermeier, Boka - Kuzmanovic, Träsch - Gebhart (71. Harnik), Gentner - Cacau (78. Pogrebnyak) - Marica
Tore: 0:1 Gebhart (15.), 1:1 Edu (29.), 1:2 Harnik (74.), 2:2 Huntelaar (80., Foulelfmeter)
Ecken: 7:3
Schiedsrichter: Meyer (Burgdorf)
Zuschauer: 61.673 (ausverkauft)
Gelb: Celozzi, Niedermeier, Tasci
Gelb-Rot: keine **Rot:** keine

SV Werder Bremen – SC Freiburg 2:1 (1:0)

■ **SV Werder Bremen:** Wiese - Fritz, Mertesacker, Prödl, Silvestre (69. Pizarro) - Frings - Wesley, Marin - Hunt (90. Bargfrede) - Arnautovic, Almeida
■ **SC Freiburg:** Baumann - Mujdza, Barth, Toprak, Bastians - Schuster - D. Caligiuri (74. Yano), Abdessadki (88. Reisinger), Makiadi, Nicu (77. Putsila) - Cissé
Tore: 1:0 Hunt (33.), 1:1 Schuster (62.), 2:1 Almeida (73.)
Ecken: 11:0
Schiedsrichter: Rafati (Hannover)
Zuschauer: 34.500 (ausverkauft)
Gelb: keine
Gelb-Rot: keine **Rot:** keine

Die späte Entscheidung im RheinEnergieStadion durch Nuri Sahin (8), der zum 2:1-Siegtreffer für Borussia Dortmund beim 1. FC Köln trifft, umringt von Pedro Geromel, Christian Clemens (von links) und Youssef Mohamad (rechts), die den BVB-Spielmacher aber nicht am Abschluss hindern können.

Nur einen Rang hinter dem HSV, der durch den Sieg in Mainz auf Platz fünf rückt, schiebt sich der FC St. Pauli nach vorne. Das 3:2 gegen den 1. FC Nürnberg bedeutet den ersten Sieg am Millerntor in der Bundesliga seit acht Jahren. Alle sind happy beim Aufsteiger. Für den Zweitliga-Meister von 2010 gibt es hingegen zu Hause eine herbe Niederlage: Mit 0:3 verliert der 1. FC Kaiserslautern das Südwest-Derby gegen Eintracht Frankfurt, das nach dem enttäuschenden Start zum dritten Mal hintereinander gewinnt.

Mario Gomez schiebt sich beim FC Bayern München ins Rampenlicht, als er alle drei Tore zum 3:0 gegen Hannover 96 erzielt. Es sind seine ersten Bundesliga-Treffer seit acht Monaten. Der ehemalige Stuttgarter kommt auch deswegen zum Zug, weil er den beim EM-Qualifikationsspiel in Kasachstan verletzten Miroslav Klose ersetzen muss. Auch in Astana war Gomez während der neunzig Minuten für Klose eingesprungen und hatte einen Treffer erzielt. Dem SV Werder Bremen gelingt mit dem 2:1 gegen den SC Freiburg der zweite Heimsieg hintereinander. Der FC Schalke 04 und der VfB Stuttgart trennen sich mit einem 2:2. Bei den Schwaben gibt der vorherige Assistenztrainer Jens Keller sein Debüt als Chefcoach.

DER „JOKER" DES SPIELTAGES

Es ist für Simon Rolfes (28, Foto) ein wunderbares Comeback in mehreren Schritten. Die WM 2010 hat er verpasst, nachdem er im Oktober 2009 beim 1:0 in Russland noch mit einer starken Leistung zur Qualifikation der Nationalmannschaft für die Endrunde in Südafrika beigetragen hatte.

Danach kommt der defensive Mittelfeldspieler durch eine Knieverletzung außer Tritt. Nach dem Beginn der Saison führt Jupp Heynckes seinen Kapitän langsam wieder an das Team heran. Im Spiel beim VfL Wolfsburg wird Rolfes zum vierten Mal seit dem 5. Spieltag bei Bayer 04 eingewechselt. Als „Joker" führt er die Wende beim Stand von 0:2 herbei. Er köpft nicht nur den Siegtreffer für Leverkusen. Zuvor hat der lange Blonde – ebenfalls mit einem Kopfball – bereits das Anschlusstor erzielt und den Foulelfmeter herausgeholt, den Arturo Vidal verwandelt.

RESULTATE

Freitag, 15.10.2010	1. FC Köln - Borussia Dortmund	1:2	(0:1)
Samstag, 16.10.2010	FC Bayern München - Hannover 96	3:0	(1:0)
	FC Schalke 04 - VfB Stuttgart	2:2	(1:1)
	Werder Bremen - SC Freiburg	2:1	(1:0)
	1. FSV Mainz 05 - Hamburger SV	0:1	(0:0)
	FC St. Pauli - 1. FC Nürnberg	3:2	(1:0)
	VfL Wolfsburg - Bayer Leverkusen	2:3	(1:0)
Sonntag, 17.10.2010	1. FC Kaiserslautern - Eintr. Frankfurt	0:3	(0:1)
	1899 Hoffenheim - Bor. M'gladbach	3:2	(0:1)

TORJÄGER

Theofanis Gekas	Eintracht Frankfurt	7
Papiss Cissé	SC Freiburg	7
Klaas-Jan Huntelaar	FC Schalke 04	5
Hugo Almeida	SV Werder Bremen	5
Pavel Pogrebnyak	VfB Stuttgart	5
Srdjan Lakic	1. FC Kaiserslautern	5
Edin Dzeko	VfL Wolfsburg	5
Grafite	VfL Wolfsburg	5

PERSONALIEN

Marvin Hitz (23) vertritt gegen Bayer 04 Leverkusen im Tor des VfL Wolfsburg seinen Landsmann Diego Benaglio, dessen Adduktorenverletzung keinen Einsatz zulässt.

Im siebten Bundesliga-Einsatz gelingt **Mehmet Ekici** (20) vom 1. FC Nürnberg mit dem 1:1 beim FC St. Pauli sein erstes Liga-Tor.

Cotrainer **Arno Michels** (43) verlängert seinen Vertrag beim 1. FSV Mainz 05 um zwei Jahre bis 2013.

TABELLE

Rang	Club	Sp.	g	u	v	Tore	Diff.	Pkt.	
1	Borussia Dortmund	8	7	0	1	20:6	14	21	↗
2	1. FSV Mainz 05	8	7	0	1	18:8	10	21	↘
3	Bayer 04 Leverkusen	8	4	3	1	18:14	4	15	↗
4	1899 Hoffenheim	8	4	2	2	16:12	4	14	↗
5	Hamburger SV	8	4	2	2	13:11	2	14	↗
6	FC St. Pauli	8	4	1	3	11:10	1	13	↗
7	Hannover 96	8	4	1	3	11:11	0	13	↘
8	Eintracht Frankfurt	8	4	0	4	14:9	5	12	↗
9	SC Freiburg	8	4	0	4	12:13	-1	12	↘
10	FC Bayern München	8	3	2	3	8:8	0	11	↗
11	SV Werder Bremen	8	3	2	3	13:17	-4	11	↗
12	VfL Wolfsburg	8	3	1	4	14:14	0	10	↘
13	1. FC Nürnberg	8	2	3	3	9:11	-2	9	↘
14	1. FC Kaiserslautern	8	2	1	5	9:16	-7	7	→
15	Borussia M'gladbach	8	1	3	4	13:23	-10	6	→
16	FC Schalke 04	8	1	2	5	10:16	-6	5	↗
17	1. FC Köln	8	1	2	5	8:15	-7	5	↘
18	VfB Stuttgart	8	1	1	6	14:17	-3	4	→

1. FSV Mainz 05 – Hamburger SV 0:1 (0:0)

■ **1. FSV Mainz 05:** Wetklo - F. Heller (30. Zabavnik), Svensson, Noveski, Fuchs - M. Caligiuri (81. Karhan), Polanski, Soto - Holtby - Szalai (84. Rasmussen), Schürrle
■ **Hamburger SV:** Rost - Demel (46. Benjamin), Westermann, Mathijsen, Jansen - Rincon - Kacar, Zé Roberto - Trochowski - Guerrero, van Nistelrooy (90+2. Choupo-Moting)
Tor: 0:1 Guerrero (89.)
Ecken: 7:4
Schiedsrichter: Brych (München)
Zuschauer: 20.300 (ausverkauft)
Gelb: Polanski - Kacar, Zé Roberto, van Nistelrooy
Gelb-Rot: keine **Rot:** keine

FC St. Pauli – 1. FC Nürnberg 3:2 (1:0)

■ **FC St. Pauli:** Kessler - Lechner, Zambrano, Thorandt, Oczipka - Boll, Lehmann - Kruse (84. Naki), Asamoah (74. Bruns), Bartels (64. Hennings) - Ebbers
■ **1. FC Nürnberg:** R. Schäfer - Judt, Nilsson, Wolf, Pinola - Simons, Hegeler (86. Mendler) - Eigler (76. Boakye), Gündogan (88. Mintal), Ekici - Schieber
Tore: 1:0 Asamoah (45+1.), 1:1 Ekici (48.), 2:1 Ebbers (59.), 2:2 Wolf (62.), 3:2 Bruns (82.)
Ecken: 6:6
Schiedsrichter: Gagelmann (Bremen)
Zuschauer: 24.326 (ausverkauft)
Gelb: Thorandt, Boll - Judt, Ekici, Mendler
Gelb-Rot: keine **Rot:** keine

VfL Wolfsburg – Bayer 04 Leverkusen 2:3 (1:0)

■ **VfL Wolfsburg:** Hitz - Riether, Kjaer, Barzagli, M. Schäfer - Josué (86. Dejagah) - Hasebe (79. Cicero), Kahlenberg (85. Mandzukic) - Diego - Grafite, Dzeko
■ **Bayer 04 Leverkusen:** Adler - Schwaab, M. Friedrich, Hyypiä, Kadlec - Vidal, Reinartz (69. Rolfes) - Sam, Barnetta (62. L. Bender) - Helmes (62. Jörgensen), Derdiyok
Tore: 1:0 Diego (9.), 2:0 Grafite (68.), 2:1 Rolfes (72.), 2:2 Vidal (75., Handelfmeter), 2:3 Rolfes (82.)
Ecken: 5:7 **Schiedsrichter:** Kinhöfer (Herne) **Zuschauer:** 30.000 (ausverkauft) **Gelb:** Dejagah - Barnetta, Reinartz, M. Friedrich, Kadlec, Sam
Gelb-Rot: keine **Rot:** keine

1. FC Kaiserslautern – Eintracht Frankfurt 0:3 (0:1)

■ **1. FC Kaiserslautern:** Sippel - Dick, Amedick, Rodnei, Jessen - Bilek (57. Moravek), Tiffert - Walch (46. Kirch), Ilicevic - Lakic, Hoffer (79. Nemec)
■ **Eintracht Frankfurt:** Nikolov - Jung, Franz, Russ, Tzavellas (89. Amanatidis) - Chris, Schwegler - Ochs (90+1. Steinhöfer), Halil Altintop, Köhler - Gekas (79. Meier)
Tore: 0:1 Gekas (45.), 0:2 Gekas (67.), 0:3 Meier (83.)
Besonderes Vorkommnis: Nikolov hält Foulelfmeter von Lakic (26.)
Ecken: 4:2
Schiedsrichter: Zwayer (Berlin)
Zuschauer: 49.780 (ausverkauft)
Gelb: Lakic - Tzavellas, Gekas, Franz
Gelb-Rot: keine **Rot:** keine

1899 Hoffenheim – Bor. Mönchengladbach 3:2 (0:1)

■ **1899 Hoffenheim:** Starke - Beck, Vorsah (85. Jaissle), Compper, Ibertsberger - Gustavo - Rudy, Salihovic - Mlapa (87. Obasi), Ba - Ibisevic (46. Vukcevic)
■ **Borussia M'gladbach:** Bailly - Levels, Anderson, Daems, Schachten - Bradley, Marx (78. de Camargo) - Arango, Idrissou - Reus (85. Wissing) - Bobadilla (78. Kachunga)
Tore: 0:1 Bobadilla (12.), 1:1 Ba (46.), 2:1 Anderson (67., Eigentor), 3:1 Salihovic (82., Foulelfmeter), 3:2 Idrissou (90+1.) **Ecken:** 9:6
Schiedsrichter: Weiner (Giesen)
Zuschauer: 30.150 (ausverkauft)
Gelb: Salihovic - Idrissou, Levels, Reus **Gelb-Rot:** keine
Rot: Arango (62.), Schachten (81.)

BUNDESLIGA

Dortmund im Glück, Mainz erholt – Erneuter Führungswechsel

Wieder „eingefangen" werden muss Torschütze Antonio da Silva nach seinem Ausgleich in letzter Sekunde von den BVB-Kollegen Roman Weidenfeller und Mats Hummels (von links).

Der Kampf um die Tabellenspitze bleibt spannend. Der 1. FSV Mainz 05 holt sich eine Woche nach der ersten Niederlage zum Abschluss des Spieltages mit einem wertvollen 1:0 bei Bayer 04 Leverkusen die Pole-Position zurück. Thomas Tuchel wechselt Mitte der zweiten Halbzeit André Schürrle und Andreas Ivanschitz für Lewis Holtby und Adam Szalai ein, zwei Minuten später zeichnet das „Joker"-Duo verantwortlich für den Siegtreffer. Die Mainzer besitzen, wie Tuchel fast jede Woche beweist, einen sehr ausgeglichenen Kader. Schürrle, dessen Wechsel nach Leverkusen zum Saisonende bereits fest vereinbart ist, bereitet mit einer perfekten Hereingabe den Torschuss des Österreichers Ivanschitz vor.

Die Rheinhessen setzen sich wieder auf Platz eins, weil Borussia Dortmund beim 1:1 gegen 1899 Hoffenheim nur einen Punkt gewinnt, diesen aber fast wie einen Sieg genießt. Denn der Treffer fällt erst in der Nachspielzeit. Antonio da Silva, den Trainer Jürgen Klopp in gemeinsamen Mainzer Zeiten schätzen gelernt und nun nach Dortmund gelotst hat, zirkelt einen Freistoß genau in den oberen Torwinkel. Der BVB weiß an diesem Tag das Glück auf seiner Seite, zuvor hat Nuri Sahin jedoch einen Handelfmeter verschossen.

Der 1. FC Köln trennt sich einen Tag nach dem 1:2 bei Hannover 96 und dem Sturz auf den letzten Tabellenplatz von Trainer Zvonimir Soldo und ersetzt den glücklosen Kroaten durch Frank Schaefer, bislang für die U23 verantwortlich. Mit dem fünften Saisonsieg klettern die Hannoveraner auf Platz drei . Der SV Werder Bremen schafft bei Borus-

DER REKORDMANN DES SPIELTAGES

Giovane Elber, sein ehemaliger Mitspieler beim FC Bayern München, schickt Grüße nach Mönchengladbach. „‚Pizza' ist ein würdiger Rekordhalter", sagt der Brasilianer, der an diesem Nachmittag vom bis dahin gemeinsamen Thron gestoßen wird. Claudio Pizarro (32, Foto) erzielt beim 4:1 des SV Werder Bremen bei Borussia Mönchengladbach sein 134. Tor in der Bundesliga und löst Elber als besten ausländischen Torjäger in der Bundesliga-Geschichte ab, mit dem er zuvor gleichauf gelegen hat. „Ich bin stolz und glücklich, dass ich Giovane überholt habe, das bedeutet mir sehr viel – für mich und meine Familie", sagt der Peruaner. Schwer zu erzielen ist der historische Treffer nicht, Pizarro markiert ihn aus kurzer Distanz. Sein erstes Tor hat er elf Jahre zuvor erzielt, am 12. September 1999 beim 5:0 der Bremer gegen den 1. FC Kaiserslautern.

DATEN & FAKTEN

Zuschauer gesamt	421.282
pro Spiel	46.809
Tore gesamt	19
Elfmeter	1
Eigentore	1
Gelbe Karten	30
Gelb-Rote Karten	1
Rote Karten	0

Hamburger SV – FC Bayern München 0:0

■ **Hamburger SV:** Rost (43. Drobny) - Benjamin, Westermann, Mathijsen, Jansen - Rincon - Pitroipa, Zé Roberto - Trochowski - Guerrero (62. Petric), van Nistelrooy (71. Choupo-Moting)
■ **FC Bayern München:** Butt - Lahm, Tymoshchuk, Badstuber, Pranjic - Ottl, Schweinsteiger - Hamit Altintop, T. Kroos, T. Müller - Gomez (86. Olic)
Tore: keine
Ecken: 5:2
Schiedsrichter: Gräfe (Berlin)
Zuschauer: 57.000 (ausverkauft)
Gelb: Mathijsen - Pranjic, Schweinsteiger
Gelb-Rot: keine **Rot:** keine

Eintracht Frankfurt – FC Schalke 04 0:0

■ **Eintracht Frankfurt:** Nikolov - Jung, Franz, Russ, Köhler - Chris, Schwegler - Ochs, Meier (82. Caio), Halil Altintop - Gekas (82. Fenin)
■ **FC Schalke 04:** Neuer - Uchida (85. Sarpei), Höwedes, Metzelder, Schmitz - Jones - Farfan, Rakitic (46. Moritz) - Jurado (61. Matip) - Raúl - Huntelaar
Tore: keine
Ecken: 8:5
Schiedsrichter: Kircher (Rottenburg)
Zuschauer: 51.500 (ausverkauft)
Gelb: Russ, Chris - Jones
Gelb-Rot: keine **Rot:** keine

Borussia Mönchengladbach – SV Werder Bremen 1:4 (0:2)

■ **Borussia M'gladbach:** Bailly - Levels, Anderson, Daems, Wissing - Bradley, Marx - Reus, Idrissou - de Camargo (67. Herrmann) - Bobadilla
■ **SV Werder Bremen:** Mielitz - Fritz, Mertesacker, Prödl, Silvestre - Frings (83. Jensen), Wesley - Hunt (68. Bargfrede), Marin - Pizarro (86. Almeida), Arnautovic
Tore: 0:1 Marin (5.), 0:2 Wesley (12.), 0:3 Hunt (51.), 1:3 Mertesacker (67., Eigentor), 1:4 Pizarro (75.)
Ecken: 3:3
Schiedsrichter: Perl (Pullach)
Zuschauer: 53.511
Gelb: Bradley, Marx - Silvestre, Jensen
Gelb-Rot: keine **Rot:** keine

SC Freiburg – 1. FC Kaiserslautern 2:1 (1:1)

■ **SC Freiburg:** Baumann - Mujdza, Barth, Toprak, Bastians - Schuster - Putsila (46. Nicu), Makiadi (70. D. Caligiuri), Abdessadki - Yano (56. Reisinger) - Cissé
■ **1. FC Kaiserslautern:** Sippel - Dick (44. Kirch), Amedick, Rodnei, Bugera - Bilek, Tiffert - Walch (72. Hoffer), Moravek, Ilicevic (72. Nemec) - Lakic
Tore: 0:1 Moravek (8.), 1:1 Cissé (35.), 2:1 Reisinger (60.)
Ecken: 6:7
Schiedsrichter: Aytekin (Oberasbach)
Zuschauer: 24.000 (ausverkauft)
Gelb: Cissé, Reisinger - Lakic
Gelb-Rot: keine **Rot:** keine

Der brasilianische Neuzugang Wesley (5) erzielt das Tor zum 2:0 des SV Werder Bremen bei Borussia Mönchengladbach, das erneut zu Hause nicht gewinnen kann. Torhüter Logan Bailly (rechts), Anderson und Thorben Marx (links) bleibt trotz allen Einsatzes bei Wesleys Schuss nur das Nachsehen.

sia Mönchengladbach mit 4:1 ein überraschend deutliches Erfolgserlebnis.

Anders als Bremen tritt der FC Bayern München mit dem 0:0 beim Hamburger SV weiter auf der Stelle. Dasselbe Ergebnis, das der FC Schalke 04 bei Eintracht Frankfurt erreicht und das Felix Magath als „sehr glücklich" bezeichnet. Die Stuttgarter, die bisher geradezu parallel zu Schalke ebenfalls keine erfolgreiche Saison spielen, sind nach dem 2:0 gegen den FC St. Pauli erleichtert. Der Erfolg bringt die Schwaben ein Stück nach vorne auf Platz 14. Der 1. FC Kaiserslautern muss hingegen die fünfte Niederlage in Serie verarbeiten. Mit dem 1:2 beim SC Freiburg nach einer 1:0-Führung hat das Team von FCK-Cheftrainer Marco Kurz seit dem überraschenden Erfolg gegen den FC Bayern am 2. Spieltag nicht mehr gewonnen.

Fin Bartels (22) vom FC St. Pauli versetzt in dieser Spielszene zwar Stuttgarts Georg Niedermeier, doch der VfB-Abwehrspieler erzielt gegen die Hamburger den Führungstreffer zum 1:0 und leitet den wichtigen Erfolg der Schwaben ein.

RESULTATE

Freitag, 22.10.2010	Hamburger SV - Bayern München	0:0	
Samstag, 23.10.2010	Eintracht Frankfurt - FC Schalke 04	0:0	
	Bor. M'gladbach - Werder Bremen	1:4	(0:2)
	SC Freiburg - 1. FC Kaiserslautern	2:1	(1:1)
	Hannover 96 - 1. FC Köln	2:1	(2:0)
	1. FC Nürnberg - VfL Wolfsburg	2:1	(1:1)
Sonntag, 24.10.2010	Bor. Dortmund - 1899 Hoffenheim	1:1	(0:1)
	B. Leverkusen - 1. FSV Mainz 05	0:1	(0:0)
	VfB Stuttgart - FC St. Pauli	2:0	(1:0)

TORJÄGER

Papiss Cissé	SC Freiburg	8
Theofanis Gekas	Eintracht Frankfurt	7
Grafite	VfL Wolfsburg	6
Klaas-Jan Huntelaar	FC Schalke 04	5
Hugo Almeida	SV Werder Bremen	5
Pavel Pogrebnyak	VfB Stuttgart	5
Srdjan Lakic	1. FC Kaiserslautern	5
Edin Dzeko	VfL Wolfsburg	5
und weitere 2 Spieler mit je fünf Treffern		

PERSONALIEN

Torhüter **Simon Pouplin** (25) vom SC Freiburg fällt nach einer Operation am Sprunggelenk bis auf Weiteres aus.

Abwehrspieler **Diego Contento** (20) steht dem FC Bayern München nach einer Leistenoperation vorerst nicht zur Verfügung.

Einen Nasenbeinbruch und eine Platzwunde unter dem rechten Auge erleidet **Christian Schulz** (27) von Hannover 96 im Spiel gegen den 1. FC Köln.

TABELLE

Rang	Club	Sp.	g	u	v	Tore	Diff.	Pkt.	
1	1. FSV Mainz 05	9	8	0	1	19:8	11	24	↗
2	Borussia Dortmund	9	7	1	1	21:7	14	22	↘
3	Hannover 96	9	5	1	3	13:12	1	16	↗
4	1899 Hoffenheim	9	4	3	2	17:13	4	15	→
5	Bayer 04 Leverkusen	9	4	3	2	18:15	3	15	↘
6	Hamburger SV	9	4	3	2	13:11	2	15	↘
7	SC Freiburg	9	5	0	4	14:14	0	15	↗
8	SV Werder Bremen	9	4	2	3	17:18	-1	14	↗
9	Eintracht Frankfurt	9	4	1	4	14:9	5	13	↘
10	FC St. Pauli	9	4	1	4	11:12	-1	13	↘
11	FC Bayern München	9	3	3	3	8:8	0	12	↘
12	1. FC Nürnberg	9	3	3	3	11:12	-1	12	↗
13	VfL Wolfsburg	9	3	1	5	15:16	-1	10	↘
14	VfB Stuttgart	9	2	1	6	16:17	-1	7	↗
15	1. FC Kaiserslautern	9	2	1	6	10:18	-8	7	↘
16	FC Schalke 04	9	1	3	5	10:16	-6	6	→
17	Borussia M'gladbach	9	1	3	5	14:27	-13	6	↘
18	1. FC Köln	9	1	2	6	9:17	-8	5	↘

Hannover 96 – 1. FC Köln 2:1 (2:0)

■ **Hannover 96:** Fromlowitz - Cherundolo, Avevor, C. Schulz, Djakpa - Schmiedebach, Pinto (90+1. Eggimann) - Stoppelkamp (70. Chahed), Rausch - Ya Konan, Abdellaoue (79. Stindl)
■ **1. FC Köln:** Varvodic - Andrezinho, Geromel, Mohamad, Brecko (66. Ehret) - Petit - Lanig, Matuschyk (66. Yalcin) - Clemens (46. Novakovic), Jajalo - Podolski
Tore: 1:0 Ya Konan (4.), 2:0 Ya Konan (15.), 2:1 Lanig (86.)
Ecken: 3:11
Schiedsrichter: Sippel (München)
Zuschauer: 44.214
Gelb: Pinto - Brecko
Gelb-Rot: keine **Rot:** keine

1. FC Nürnberg – VfL Wolfsburg 2:1 (1:1)

■ **1. FC Nürnberg:** R. Schäfer - Judt, Nilsson, Wolf, Pinola - Simons, Gündogan (90+2. Mintal) - Hegeler, Ekici (87. Cohen), Frantz (82. Eigler) - Schieber
■ **VfL Wolfsburg:** Hitz - Riether, Kjaer, Barzagli, M. Schäfer - Josué (78. Madlung) - Hasebe (59. Dejagah), Kahlenberg (78. Mandzukic) - Diego - Grafite, Dzeko
Tore: 1:0 Gündogan (11.), 1:1 Grafite (28.), 2:1 Frantz (63.)
Ecken: 4:4
Schiedsrichter: Winkmann (Kerken)
Zuschauer: 40.127
Gelb: Cohen - Josué, Grafite, Kjaer
Gelb-Rot: keine **Rot:** keine

Borussia Dortmund – 1899 Hoffenheim 1:1 (0:1)

■ **Borussia Dortmund:** Weidenfeller - Piszczek, Subotic, Hummels, Schmelzer - S. Bender (46. Götze), Sahin - Blaszczykowski (74. da Silva), Kagawa, Großkreutz (59. Lewandowski) - Barrios
■ **1899 Hoffenheim:** Starke - Beck, Vorsah, Compper, Gustavo - Rudy - Weis (90+1. Obasi), Salihovic - Vukcevic, Mlapa (46. Sigurdsson) - Ba
Tore: 0:1 Ba (9.), 1:1 da Silva (90+3.)
Besonderes Vorkommnis: Starke hält Handelfmeter von Sahin (15.)
Ecken: 8:3
Schiedsrichter: Stark (Ergolding)
Zuschauer: 80.720 (ausverkauft)
Gelb: Subotic - Beck, Gustavo, Vukcevic
Gelb-Rot: Salihovic (90+4.) **Rot:** keine

Bayer 04 Leverkusen – 1. FSV Mainz 05 0:1 (0:0)

■ **Bayer 04 Leverkusen:** Adler - Schwaab, M. Friedrich, Reinartz, Kadlec (75. Jörgensen) - Vidal - L. Bender, Rolfes (59. Balitsch) - Sam, Barnetta (59. Helmes) - Derdiyok
■ **1. FSV Mainz 05:** Wetklo - Bungert, Svensson, Noveski, Fuchs - M. Caligiuri, Polanski, Soto - Holtby (68. Schürrle) - Allagui (87. Karhan), Szalai (68. Ivanschitz)
Tor: 0:1 Ivanschitz (70.)
Ecken: 9:2
Schiedsrichter: Zwayer (Berlin)
Zuschauer: 30.210 (ausverkauft)
Gelb: Karhan, Wetklo
Gelb-Rot: keine **Rot:** keine

VfB Stuttgart – FC St. Pauli 2:0 (1:0)

■ **VfB Stuttgart:** Ulreich - Celozzi, Niedermeier, Tasci, Boka (82. Molinaro) - Kuzmanovic, Träsch - Gebhart, Gentner (38. Harnik) - Cacau, Pogrebnyak (71. Marica)
■ **FC St. Pauli:** Kessler - Lechner, Zambrano, Thorandt, Oczipka - Boll (63. Bruns), Lehmann - Kruse (58. Naki), Asamoah (83. Takyi), Bartels - Ebbers
Tore: 1:0 Niedermeier (19.), 2:0 Kuzmanovic (79.)
Ecken: 5:4 **Schiedsrichter:** Welz (Wiesbaden)
Zuschauer: 40.000 (ausverkauft)
Gelb: Celozzi, Träsch, Kuzmanovic - Ebbers, Lehmann
Gelb-Rot: keine **Rot:** keine

BUNDESLIGA

Auch im Topspiel beim 1. FSV Mainz 05 wirbelt der Japaner Shinji Kagawa (links) durch die Abwehrreihen. Hier haben Kapitän Nikolce Noveski und Niko Bungert (rechts) ihre liebe Müh' und Not gegen den Shootingstar.

BVB gewinnt Topspiel in Mainz – Der FC Bayern kommt in Fahrt

Nach einem temporeichen Topspiel, das alle Erwartungen erfüllt, übernimmt Borussia Dortmund wieder die Tabellenführung. Mit 2:0 siegt der BVB beim 1. FSV Mainz 05, der die zweite Heimniederlage hintereinander einstecken muss. Der 18-jährige Mario Götze spielt überragend auf, erzielt ein Tor selbst und bereitet das zweite von Lucas Barrios vor. „Dank an seine Eltern für dieses Talent", sagt Jürgen Klopp lachend an seiner alten Mainzer Wirkungsstätte nach dem fünften Auswärtserfolg und dem 2500. Dortmunder Treffer in der Bundesliga-Historie. „Schämen müssen wir uns für die Niederlage nicht", stellt sein Mainzer Kollege Thomas Tuchel fest. Eugen Polanski scheitert kurz nach der Pause beim Stand von 0:1 mit einem Foulelfmeter an BVB-Keeper Roman Weidenfeller.

Der FC Bayern scheint langsam Fahrt aufzunehmen. Zum Auftakt des Spieltages gewinnt der Deutsche Meister mit 4:2 gegen den SC Freiburg, und Mario Gomez trifft weiter. 15 Punkte aus zehn Spielen sind aber

DATEN & FAKTEN

Zuschauer gesamt	367.468
pro Spiel	40.830
Tore gesamt	32
Elfmeter	3
Eigentore	1
Gelbe Karten	23
Gelb-Rote Karten	2
Rote Karten	0

FC Bayern München – SC Freiburg 4:2 (1:0)

FC Bayern München: Butt - Lahm, Tymoshchuk, Demichelis, Pranjic - Ottl, Schweinsteiger - Hamit Altintop (46. van Buyten), T. Kroos, T. Müller (76. Braafheid) - Gomez
SC Freiburg: Baumann - Mujdza, Barth, Toprak, Bastians - Schuster (81. Williams) - Nicu (62. Reisinger), Abdessadki (77. Pamic), Makiadi, Putsila - Cissé
Tore: 1:0 Demichelis (39.), 2:0 Gomez (61.), 2:1 Reisinger (64.), 3:1 Tymoshchuk (72.), 4:1 T. Kroos (80.), 4:2 Braafheid (87., Eigentor)
Ecken: 4:1
Schiedsrichter: Gagelmann (Bremen)
Zuschauer: 69.000 (ausverkauft)
Gelb: Putsila, Cissé, Toprak
Gelb-Rot: keine **Rot:** keine

SV Werder Bremen – 1. FC Nürnberg 2:3 (1:1)

SV Werder Bremen: Mielitz - Wesley, Mertesacker, Prödl, Silvestre (59. Jensen) - Bargfrede (59. Hunt), Frings - Marin, Arnautovic (79. Wagner) - Almeida, Pizarro
1. FC Nürnberg: R. Schäfer - Judt, Nilsson, Wolf, Pinola - Cohen (55. Hegeler), Simons - Ekici, Gündogan (89. Mintal), Frantz (74. Eigler) - Schieber
Tore: 1:0 Almeida (5.), 1:1 Gündogan (45.), 1:2 Ekici (47.), 1:3 Gündogan (74.), 2:3 Pizarro (90+2.)
Ecken: 4:2
Schiedsrichter: Dingert (Lebecksmühle)
Zuschauer: 35.500 (ausverkauft)
Gelb: Prödl, Bargfrede - Cohen, Ekici
Gelb-Rot: keine **Rot:** keine

VfL Wolfsburg – VfB Stuttgart 2:0 (1:0)

VfL Wolfsburg: Hitz - Pekarik, Kjaer, Barzagli, M. Schäfer - Josué - Riether, Dejagah - Diego (85. Kahlenberg) - Grafite (66. Mandzukic), Dzeko (80. Madlung)
VfB Stuttgart: Ulreich - Celozzi, Boulahrouz, Tasci, Molinaro - Träsch - Gebhart (80. Camoranesi), Harnik, Kuzmanovic (70. Audel), Gentner (80. Schipplock) - Cacau
Tore: 1:0 Dzeko (6.), 2:0 Dzeko (76.)
Ecken: 7:4
Schiedsrichter: Wingenbach (Diez)
Zuschauer: 29.043
Gelb: Harnik, Audel
Gelb-Rot: keine **Rot:** keine

1. FC Köln – Hamburger SV 3:2 (2:2)

1. FC Köln: Varvodic - Brecko, Geromel, Mohamad, Salger - Lanig, Matuschyk - Clemens (86. Jajalo), Podolski, Ehret (68. Chihi) - Novakovic (90. Pezzoni)
Hamburger SV: Drobny - Rincon, Westermann, Mathijsen, Tesche - Kacar - Trochowski - Son, Guerrero (78. Choupo-Moting), Pitroipa - Petric
Tore: 1:0 Novakovic (11.), 1:1 Petric (15.), 1:2 Son (24.), 2:2 Novakovic (29.), 3:2 Novakovic (84.)
Ecken: 6:3
Schiedsrichter: Rafati (Hannover)
Zuschauer: 50.000 (ausverkauft)
Gelb: Geromel, Jajalo - Mathijsen
Gelb-Rot: keine **Rot:** keine

für Bayern-Verhältnisse wenig. Mit einer so geringen Ausbeute hat in der Bundesliga-Geschichte nur ein Club noch den Titel geholt – und zwar der FC Bayern selbst, vor dreißig Jahren.

Noch schlechter geht es dem Vizemeister. Der FC Schalke 04 rutscht wieder auf den vorletzten Platz ab, gegen Bayer 04 Leverkusen verlieren die „Knappen" durch ein Tor von Sidney Sam mit 0:1 und bleiben im fünften Heimspiel sieglos. Auch DFB-Pokalfinalist SV Werder Bremen, wie Schalke in der UEFA Champions League engagiert, kommt nicht recht in Tritt. Nach sehr guten dreißig Minuten unterliegen die Hanseaten zu Hause mit 2:3 gegen den 1. FC Nürnberg. Ebenfalls nach einer besseren Punkteausbeute sehnt sich der VfB Stuttgart, der nach einem 0:2 beim VfL Wolfsburg wieder auf den Relegationsplatz 16 zurückfällt.

Tabellenletzter ist Borussia Mönchengladbach, das dem 1. FC Kaiserslautern beim 0:3 auf dem Betzenberg das Ende einer fünf Spiele währenden Niederlagenserie beschert. Der zweite Aufsteiger, der FC St. Pauli, lässt dem ersten Heimsieg gegen Nürnberg ein 1:3 gegen Eintracht Frankfurt folgen.

Im Topspiel in Sinsheim ist Hannover 96 erstmals in der Saison chancenlos. Nach einem frühen Platzverweis für Manuel Schmiedebach unterliegen „die Roten" von Hannover 96 gegen 1899 Hoffenheim mit 0:4. Die Kraichgauer, bei denen der erstmals von Beginn an eingesetzte Isländer Gylfi Sigurdsson zwei Tore erzielt und einen Treffer vorbereitet, übernehmen von den Niedersachsen Tabellenplatz drei. Ein Aufatmen geht durch die Reihen beim 1. FC Köln, der sich beim Debüt von Trainer Frank Schaefer mit dem 3:2 gegen den stark ersatzgeschwächten Hamburger SV durchsetzt.

DER TORSCHÜTZE DES SPIELTAGES

Zwei Monate hat Milivoje Novakovic (31, Foto) nicht mehr in der ersten Elf des 1. FC Köln gestanden. Der neue Trainer Frank Schaefer schenkt dem slowenischen Nationalstürmer bei seinem Einstand im RheinEnergieStadion aber sofort das Vertrauen. Und Novakovic zahlt es mit Toren zurück. Beim 3:2-Erfolg gegen den Hamburger SV gelingen dem WM-Teilnehmer, der mit 52 Toren in den vergangenen vier Jahren in der Bundesliga und der 2. Bundesliga bester FC-Schütze war, zum ersten Mal drei Treffer in einem Spiel. Die Tore zum 1:0 und zum 2:2 schießt „Nova-Goal" mit dem linken Fuß, das 3:2 mit dem rechten. Als er in der 90. Minute ausgewechselt wird, erhebt sich das Kölner Publikum und applaudiert. Und Novakovic selbst kommentiert sein großes Comeback: „Ich bin überglücklich."

Den Ball fest im Blick haben Superstar Raúl vom FC Schalke 04 und Youngster Lars Bender (links) von Bayer 04 Leverkusen bei diesem mit großem Einsatz geführten Zweikampf in der VELTINS-Arena.

RESULTATE

Freitag, 29.10.2010	FC Bayern München - SC Freiburg	4:2	(1:0)
Samstag, 30.10.2010	Werder Bremen - 1. FC Nürnberg	2:3	(1:1)
	VfL Wolfsburg - VfB Stuttgart	2:0	(1:0)
	1. FC Köln - Hamburger SV	3:2	(2:2)
	1. FC Kaiserslautern - B. M'gladbach	3:0	(0:0)
	FC St. Pauli - Eintracht Frankfurt	1:3	(1:1)
	FC Schalke 04 - Bayer Leverkusen	0:1	(0:0)
Sonntag, 31.10.2010	1. FSV Mainz 05 - Bor. Dortmund	0:2	(0:1)
	1899 Hoffenheim - Hannover 96	4:0	(1:0)

TORJÄGER

Theofanis Gekas	Eintracht Frankfurt	9
Papiss Cissé	SC Freiburg	8
Edin Dzeko	VfL Wolfsburg	7
Hugo Almeida	SV Werder Bremen	6
Srdjan Lakic	1. FC Kaiserslautern	6
Demba Ba	1899 Hoffenheim	6
Grafite	VfL Wolfsburg	6
Klaas-Jan Huntelaar	FC Schalke 04	5
und weitere 3 Spieler mit je fünf Treffern		

PERSONALIEN

Für mehrere Wochen muss **Jan Simunek** (23) vom 1. FC Kaiserslautern wegen eines Teilabrisses im Adduktorenbereich pausieren.

Erneut einen Muskelfaserriss hat **Miroslav Klose** (32) vom FC Bayern München erlitten.

Direkt bei seinem Comeback nach einem Mittelfußbruch, gleichzeitig sein Debüt in der Bundesliga, gelingt dem Südkoreaner **Heung Min Son** (18) vom Hamburger SV beim 1. FC Köln sein erstes Tor.

TABELLE

Rang	Club	Sp.	g	u	v	Tore	Diff.	Pkt.	
1	Borussia Dortmund	10	8	1	1	23:7	16	25	↗
2	1. FSV Mainz 05	10	8	0	2	19:10	9	24	↘
3	1899 Hoffenheim	10	5	3	2	21:13	8	18	↗
4	Bayer 04 Leverkusen	10	5	3	2	19:15	4	18	↗
5	Eintracht Frankfurt	10	5	1	4	17:10	7	16	↗
6	Hannover 96	10	5	1	4	13:16	-3	16	↘
7	FC Bayern München	10	4	3	3	12:10	2	15	↗
8	Hamburger SV	10	4	3	3	15:14	1	15	↘
9	1. FC Nürnberg	10	4	3	3	14:14	0	15	↗
10	SC Freiburg	10	5	0	5	16:18	-2	15	↘
11	SV Werder Bremen	10	4	2	4	19:21	-2	14	↘
12	VfL Wolfsburg	10	4	1	5	17:16	1	13	↗
13	FC St. Pauli	10	4	1	5	12:15	-3	13	↘
14	1. FC Kaiserslautern	10	3	1	6	13:18	-5	10	↗
15	1. FC Köln	10	2	2	6	12:19	-7	8	↗
16	VfB Stuttgart	10	2	1	7	16:19	-3	7	↘
17	FC Schalke 04	10	1	3	6	10:17	-7	6	↘
18	Borussia M'gladbach	10	1	3	6	14:30	-16	6	↘

1. FC Kaiserslautern - Bor. Mönchengladbach 3:0 (0:0)

1. FC Kaiserslautern: Sippel - Kirch, Abel, Amedick, Bugera - Bilek - Tiffert, de Wit (86. Walch) - Moravek (90. Hoffer) - Lakic, Micanski (62. Nemec)
Borussia M'gladbach: Heimeroth - Levels, Anderson, Daems, Schachten - Bradley, Marx - Herrmann (76. Kachunga), Reus - de Camargo - Idrissou
Tore: 1:0 Tiffert (71.), 2:0 Nemec (83.), 3:0 Lakic (88.)
Ecken: 9:4
Schiedsrichter: Meyer (Burgdorf)
Zuschauer: 49.167
Gelb: Micanski, Moravek - Marx
Gelb-Rot: keine **Rot:** keine

FC St. Pauli - Eintracht Frankfurt 1:3 (1:1)

FC St. Pauli: Kessler - Lechner (81. Bruns), Zambrano, Thorandt, Oczipka - Boll (76. Naki), Lehmann - Asamoah, Hennings (59. Kruse), Bartels - Ebbers
Eintracht Frankfurt: Nikolov - Jung (73. Steinhöfer), Franz, Russ, Tzavellas - Schwegler, Köhler (90+2. Clark) - Ochs, Caio, Halil Altintop - Gekas (90. Fenin)
Tore: 1:0 Zambrano (5.), 1:1 Gekas (42., Foulelfmeter), 1:2 Gekas (70.), 1:3 Caio (90.)
Ecken: 6:4
Schiedsrichter: Fritz (Korb)
Zuschauer: 24.335 (ausverkauft)
Gelb: Hennings, Naki - Ochs, Köhler
Gelb-Rot: Asamoah (48.) **Rot:** keine

FC Schalke 04 - Bayer 04 Leverkusen 0:1 (0:0)

FC Schalke 04: Neuer - Uchida, Höwedes, Metzelder, Schmitz (46. Matip, 86. Gavranovic) - Kluge (72. Edu) - Farfan, Rakitic - Jurado - Raúl - Huntelaar
Bayer 04 Leverkusen: Adler - Schwaab, M. Friedrich, Reinartz, Kadlec - L. Bender, Vidal - Barnetta (46. Sam), Balitsch - Helmes (63. Rolfes), Derdiyok
Tor: 0:1 Sam (65.)
Ecken: 5:5
Schiedsrichter: Brych (München)
Zuschauer: 61.673 (ausverkauft)
Gelb: Metzelder
Gelb-Rot: keine **Rot:** keine

1. FSV Mainz 05 - Borussia Dortmund 0:2 (0:1)

1. FSV Mainz 05: Wetklo - Bungert (46. Risse), Svensson, Noveski, Fuchs - M. Caligiuri, Polanski, Soto - Holtby (71. Schürrle) - Allagui (83. Ivanschitz), Szalai
Borussia Dortmund: Weidenfeller - Piszczek, Subotic, Hummels (69. Santana), Schmelzer - Großkreutz, S. Bender, Sahin - Kagawa, Götze (79. Lewandowski) - Barrios (86. da Silva)
Tore: 0:1 Götze (26.), 0:2 Barrios (67.)
Besonderes Vorkommnis: Weidenfeller hält Foulelfmeter von Polanski (48.) **Ecken:** 5:8
Schiedsrichter: Weiner (Giesen)
Zuschauer: 20.300 (ausverkauft)
Gelb: Soto
Gelb-Rot: keine **Rot:** keine

1899 Hoffenheim - Hannover 96 4:0 (1:0)

1899 Hoffenheim: Starke - Beck, Vorsah, Compper, Gustavo (67. Gulde) - Weis, Rudy - Sigurdsson, Obasi (58. Eichner) - Ba (81. Tagoe), Mlapa
Hannover 96: Fromlowitz - Cherundolo, Haggui, C. Schulz, Djakpa - Schmiedebach, Pinto (46. Stindl) - Stoppelkamp, Rausch (77. Beasley) - Ya Konan, Abdellaoue (65. Chahed)
Tore: 1:0 Sigurdsson (45+1.), 2:0 Sigurdsson (48., Foulelfmeter), 3:0 Ba (51.), 4:0 Mlapa (71.) **Ecken:** 4:2 **Schiedsrichter:** Gräfe (Berlin) **Zuschauer:** 28.450 **Gelb:** Gustavo - Pinto
Gelb-Rot: Schmiedebach (19.)
Rot: keine

BUNDESLIGA

Jürgen Klopps Team glänzt – Vier Elfmeter-„Fahrkarten“

Da reckt und streckt sich Florian Fromlowitz im Tor von Hannover 96 vergeblich: Lucas Barrios (18) erzielt den Treffer zum 2:0 für die großartig auftrumpfende Mannschaft von Borussia Dortmund. Wie ihr Keeper, so können auch Karim Haggui (21) und Mario Eggimann (verdeckt) die Vorentscheidung zugunsten der Gäste nicht verhindern.

Borussia Dortmund baut durch das 4:0 bei Hannover 96 nicht nur seinen Vorsprung in der Tabelle aus. Die Westfalen schieben sich mit den beiden neuen Bundesliga-Rekorden von 28 Punkten aus elf Spielen sowie sechs Auswärtserfolgen in Serie nachdrücklich in die Favoritenrolle. Shinji Kagawa, Lucas Barrios, Robert Lewandowski und Jakub Blaszczykowski treffen beim souveränen, beeindruckenden Auftritt, bei dem sich das Team auch von einem verschossenen Foulelfmeter durch Nuri Sahin gegen Florian Fromlowitz nicht vom Erfolgsweg abbringen lässt.

Der 1. FSV Mainz 05 bleibt Zweiter – trotz eines 0:1 beim SC Freiburg. Es ist die dritte Saisonniederlage für die Rheinhessen. Bayer 04 Leverkusen folgt mit Abstand nach dem 3:1 gegen den 1. FC Kaiserslautern. Zu den immer wieder neuen Überraschungen dieser Spielzeit gehört der Vorstoß von Eintracht Frankfurt. Nach dem schwachen Saisonstart bringt ein 3:1 gegen den VfL Wolfsburg das Team von Trainer Michael Skibbe auf den vierten Tabellenplatz. Im dicht gedrängten Mittelfeld bezwingt der Hamburger SV 1899 Hoffenheim mit 2:1. Nur um einen Punkt hinter den Frankfurtern zurück liegen im dicht gedrängten Mittelfeld gleich vier Clubs mit 18 Zählern: der 1. FC Nürnberg nach dem überzeugenden 3:1 gegen den 1. FC Köln, Freiburg sowie Hoffenheim und der Hamburger SV. Die Norddeutschen gewinnen nach einem 0:1-Rückstand gegen Hoffenheim durch Tore von Heiko Westermann und Mladen Petric mit 2:1.

Der FC Bayern lässt bei einem turbulenten Unentschieden in Mönchengladbach zwei wichtige Punkte liegen. 3:1 führt der Meister zur Halbzeit, obwohl Bastian Schweinsteiger einen Foulelfmeter über das

DATEN & FAKTEN

Zuschauer gesamt	396.175
pro Spiel	44.019
Tore gesamt	35
Elfmeter	7
Eigentore	0
Gelbe Karten	24
Gelb-Rote Karten	0
Rote Karten	1

FC Schalke 04 – FC St. Pauli 3:0 (1:0)

FC Schalke 04: Neuer - Uchida, Höwedes, Metzelder, Schmitz - Jones (81. Matip) - Farfan, Moritz (71. Kluge) - Jurado (46. Edu) - Raúl - Huntelaar
FC St. Pauli: Kessler - Volz, Zambrano, Thorandt, Oczipka - Boll (42. Daube), Lehmann - Bartels, Kruse (72. Hennings) - Ebbers, Naki (72. Bruns)
Tore: 1:0 Raúl (14.), 2:0 Huntelaar (53.), 3:0 Raúl (81.)
Ecken: 5:3
Schiedsrichter: Drees (Münster-Sarmsheim)
Zuschauer: 61.673 (ausverkauft)
Gelb: Jones - Volz, Zambrano
Gelb-Rot: keine **Rot:** keine

Hamburger SV – 1899 Hoffenheim 2:1 (1:1)

Hamburger SV: Drobny - Demel, Westermann, Mathijsen, Zé Roberto - Jarolim - Kacar (80. Rincon), Trochowski - Pitroipa (74. Son), Guerrero - Petric
1899 Hoffenheim: Haas - Beck, Vorsah, Compper, Gustavo - Rudy - Weis (85. Ibisevic), Salihovic - Mlapa (81. Sigurdsson), Obasi (64. Vukcevic) - Ba
Tore: 0:1 Salihovic (6., Foulelfmeter), 1:1 Westermann (45.), 2:1 Petric (83.)
Ecken: 8:6
Schiedsrichter: Perl (Pullach)
Zuschauer: 54.162
Gelb: Jarolim - Gustavo, Beck, Compper, Mlapa
Gelb-Rot: keine **Rot:** keine

Eintracht Frankfurt – VfL Wolfsburg 3:1 (2:0)

Eintracht Frankfurt: Nikolov - Jung, Franz, Russ, Tzavellas - Schwegler, Köhler (90+3. Vasoski) - Ochs, Caio (90+1. Amanatidis), Halil Altintop - Gekas (80. Fenin)
VfL Wolfsburg: Benaglio - Pekarik, Kjaer, Barzagli (46. Madlung), M. Schäfer - Josué (82. Kahlenberg) - Riether, Dejagah - Diego - Grafite (46. Mandzukic), Dzeko
Tore: 1:0 Gekas (26.), 2:0 Schwegler (38.), 3:0 Gekas (55., Foulelfmeter), 3:1 Dejagah (66.)
Ecken: 3:4
Schiedsrichter: Sippel (München)
Zuschauer: 43.800
Gelb: Vasoski - Dzeko, Diego
Gelb-Rot: keine **Rot:** keine

Borussia Mönchengladbach – FC Bayern München 3:3 (1:2)

Borussia M'gladbach: Heimeroth - Levels, Anderson, Daems, Schachten (46. Brouwers) - Bradley, Neustädter - Herrmann (82. Matmour), Idrissou (46. de Camargo) - Reus - Bobadilla
FC Bayern München: Butt - Lahm, van Buyten, Demichelis, Pranjic (81. Alaba) - Tymoshchuk, Ottl (70. T. Müller) - Hamit Altintop, Schweinsteiger, T. Kroos - Gomez
Tore: 1:0 Herrmann (5.), 1:1 Gomez (11.), 1:2 Schweinsteiger (40.), 2:2 Reus (56.), 3:2 de Camargo (60.), 3:3 Lahm (84.)
Besond. Vorkommnis: Schweinsteiger verschießt Foulelfmeter (43.) **Ecken:** 2:9
Schiedsrichter: Kircher (Rottenburg)
Zuschauer: 54.057 (ausverkauft) **Gelb:** Schachten **Gelb-Rot:** keine **Rot:** keine

Tor schießt. Dennoch müssen sich die Münchner am Ende mit einem für sie enttäuschenden 3:3 begnügen. Gladbach hat tolle Moral bewiesen und sich eindrucksvoll zurückgekämpft.

Ein Paukenschlag in Stuttgart lässt aufhorchen: Der VfB besiegt den SV Werder Bremen mit 6:0, der zweite Kantersieg zu Hause nach dem 7:0 gegen Gladbach – ein neuer Tiefschlag für die Bremer zum Ende eines Spieltages, der auch zu Beginn etwas Neues gebracht hat. Der FC Schalke 04 holt mit einem 3:0 gegen den FC St. Pauli seinen ersten Heimsieg. Der spanische Superstar Raúl trifft doppelt und scheint auf Schalke so richtig angekommen zu sein.

Insgesamt sieben Strafstöße werden verhängt – und die meisten davon vergeben. Neben Schweinsteiger und Sahin scheitern in der Mercedes-Benz Arena in Stuttgart zunächst Bremens Torsten Frings an Sven Ulreich, auf der Gegenseite VfB-Nationalstürmer Cacau an Tim Wiese. Sejad Salihovic für Hoffenheim, Theofanis Gekas für Frankfurt und Papiss Demba Cissé für Freiburg hingegen treffen. Spielentscheidend aber ist nur der Strafstoß von Cissé.

Der zum FC St. Pauli ausgeliehene Gerald Asamoah, wegen einer Gelb-Roten Karte gesperrt, wird beim Wiedersehen von den Fans des FC Schalke 04 gefeiert. Bei ihm sind die Zwillinge Jasa und Jaden.

Einen rasanten Zweikampf liefern sich – passend zum gesamten Spiel – Patrick Hermann (links) von Borussia Mönchengladbach und Nationalspieler Bastian Schweinsteiger, der im Laufe der neunzig spannenden Minuten einen Elfmeter verschießt.

RESULTATE

Freitag, 05.11.2010	FC Schalke 04 - FC St. Pauli	3:0	(1:0)
Samstag, 06.11.2010	Hamburger SV - 1899 Hoffenheim	2:1	(1:1)
	Eintracht Frankfurt - VfL Wolfsburg	3:1	(2:0)
	Bor. M'gladbach - Bayern München	3:3	(1:2)
	SC Freiburg - 1. FSV Mainz 05	1:0	(0:0)
	1. FC Nürnberg - 1. FC Köln	3:1	(2:1)
Sonntag, 07.11.2010	Hannover 96 - Borussia Dortmund	0:4	(0:1)
	B. Leverkusen - 1. FC Kaiserslautern	3:1	(1:1)
	VfB Stuttgart - SV Werder Bremen	6:0	(3:0)

TORJÄGER

Theofanis Gekas	Eintracht Frankfurt	11
Papiss Cissé	SC Freiburg	9
Edin Dzeko	VfL Wolfsburg	7
Klaas-Jan Huntelaar	FC Schalke 04	6
Hugo Almeida	SV Werder Bremen	6
Srdjan Lakic	1. FC Kaiserslautern	6
Demba Ba	1899 Hoffenheim	6
Grafite	VfL Wolfsburg	6
Lucas Barrios	Borussia Dortmund	6

PERSONALIEN

Das Comeback von **Florian Dick** (25) beim 1. FC Kaiserslautern im Spiel bei Bayer 04 Leverkusen nach einem Muskelfaserriss im rechten Oberschenkel endet für den früheren Karlsruher schon vor der Halbzeit wegen einer erneuten Verletzung.

Der Südkoreaner **Heung Min Son** (18) hat seinen Vertrag beim Hamburger SV bis zum Jahr 2013 verlängert.

Der 1. FSV Mainz 05 hat den seit 2009 ausgeliehenen **Eugen Polanski** (24) endgültig vom FC Getafe aus der spanischen Primera División verpflichtet und den Vertrag des Mittelfeldspielers bis 2014 verlängert.

TABELLE

Rang	Club	Sp.	g	u	v	Tore	Diff.	Pkt.	
1	Borussia Dortmund	11	9	1	1	27:7	20	28	→
2	1. FSV Mainz 05	11	8	0	3	19:11	8	24	→
3	Bayer 04 Leverkusen	11	6	3	2	22:16	6	21	↗
4	Eintracht Frankfurt	11	6	1	4	20:11	9	19	↗
5	1899 Hoffenheim	11	5	3	3	22:15	7	18	↘
6	Hamburger SV	11	5	3	3	17:15	2	18	↗
	1. FC Nürnberg	11	5	3	3	17:15	2	18	↗
8	SC Freiburg	11	6	0	5	17:18	-1	18	↗
9	FC Bayern München	11	4	4	3	15:13	2	16	↘
10	Hannover 96	11	5	1	5	13:20	-7	16	↘
11	SV Werder Bremen	11	4	2	5	19:27	-8	14	→
12	VfL Wolfsburg	11	4	1	6	18:19	-1	13	→
13	FC St. Pauli	11	4	1	6	12:18	-6	13	→
14	VfB Stuttgart	11	3	1	7	22:19	3	10	↗
15	1. FC Kaiserslautern	11	3	1	7	14:21	-7	10	↘
16	FC Schalke 04	11	2	3	6	13:17	-4	9	↗
17	1. FC Köln	11	2	2	7	13:22	-9	8	↘
18	Borussia M'gladbach	11	1	4	6	17:33	-16	7	→

DER SPIELER DES SPIELTAGES

Die sportliche Bilanz, die Shinji Kagawa (21, Foto) bei seiner Vertragsunterzeichnung vor Saisonbeginn bei Borussia Dortmund vorzeigen kann, ist eine echte Empfehlung: 55 Tore in 125 Spielen für Cerezo Osaka. In der Bundesliga startet Kagawa unglaublich schnell durch. Beim 4:0 des BVB bei Hannover 96 erzielt der Japaner mit einem Flachschuss von der Strafraumgrenze zur 1:0-Führung bereits sein fünftes Saisontor. Extrem schnell agiert der offensive Mittelfeld-Allrounder, und durch seine Beidfüßigkeit ist er auf allen offensiven Positionen einsetzbar. „Es ist schon erstaunlich, was Shinji alles beherrscht", sagt Trainer Jürgen Klopp, der selbst überrascht davon ist, wie schnell Kagawa den Sprung zum Dortmunder Stammspieler gemeistert hat.

SC Freiburg – 1. FSV Mainz 05 1:0 (0:0)

■ **SC Freiburg:** Baumann - Williams, Barth, Toprak, Bastians - Schuster - Putsila (62. Reisinger), Abdessadki (90+2. Sereinig), Makiadi, Rosenthal - Cissé (89. D. Caligiuri)
■ **1. FSV Mainz 05:** Wetklo - Zabavnik, Bungert, Noveski, Fuchs - Karhan, Polanski (66. Ivanschitz), M. Caligiuri (83. F. Heller) - Holtby - Schürrle, Allagui (24. Szalai)
Tor: 1:0 Cissé (64., Foulelfmeter)
Ecken: 3:9
Schiedsrichter: Stark (Ergolding)
Zuschauer: 22.400
Gelb: Toprak, Putsila - Bungert
Gelb-Rot: keine **Rot:** keine

1. FC Nürnberg – 1. FC Köln 3:1 (2:1)

■ **1. FC Nürnberg:** R. Schäfer - Judt, Nilsson, Wolf, Pinola - Simons - Hegeler (90+2. Mak) - Ekici (87. Cohen), Gündogan, Frantz (76. Eigler) - Schieber
■ **1. FC Köln:** Varvodic - Brecko, Geromel, Mohamad, Salger (81. Terodde) - Lanig (58. Jajalo), Matuschyk - Clemens (73. Yalcin), Podolski, Ehret - Novakovic
Tore: 1:0 Hegeler (11.), 1:1 Geromel (16.), 2:1 Gündogan (43.), 3:1 Schieber (90.)
Ecken: 13:7
Schiedsrichter: Schmidt (Stuttgart)
Zuschauer: 41.789
Gelb: Judt - Lanig
Gelb-Rot: keine **Rot:** keine

Hannover 96 – Borussia Dortmund 0:4 (0:1)

■ **Hannover 96:** Fromlowitz - Cherundolo, Eggimann, Haggui, Djakpa - Stindl (80. Avevor), Pinto - Stoppelkamp (57. Beasley), Rausch - Ya Konan, Abdellaoue (46. Forssell)
■ **Borussia Dortmund:** Weidenfeller - Piszczek, Subotic, Hummels, Schmelzer - S. Bender, Sahin (83. da Silva) - Götze (75. Blaszczykowski), Kagawa, Großkreutz - Barrios (75. Lewandowski) **Tore:** 0:1 Kagawa (11.), 0:2 Barrios (72.), 0:3 Lewandowski (81.), 0:4 Blaszczykowski (90+1.) **Besonderes Vorkommnis:** Fromlowitz hält Foulelfmeter von Sahin (78.) **Ecken:** 2:4 **Schiedsrichter:** Brych (München) **Zuschauer:** 49.000 (ausverkauft) **Gelb:** Piszczek, Barrios **Gelb-Rot:** keine **Rot:** Haggui (77.)

Bayer 04 Leverkusen – 1. FC Kaiserslautern 3:1 (1:1)

■ **Bayer 04 Leverkusen:** Adler - Schwaab, M. Friedrich, Reinartz, Kadlec - Vidal, Rolfes - Sam, Augusto (90. Jörgensen), Barnetta (80. Balitsch) - Derdiyok (29. Helmes)
■ **1. FC Kaiserslautern:** Sippel - Dick (42. Kirch), Amedick, Abel, Bugera - Bilek (78. Micanski) - Tiffert, de Wit - Moravek - Lakic, Nemec (46. Hoffer)
Tore: 0:1 Dick (15.), 1:1 Sam (38.), 2:1 Helmes (68.), 3:1 Sam (84.)
Ecken: 6:2
Schiedsrichter: Winkmann (Kerken)
Zuschauer: 29.794
Gelb: M. Friedrich - Abel, Tiffert, Moravek
Gelb-Rot: keine **Rot:** keine

VfB Stuttgart – SV Werder Bremen 6:0 (3:0)

■ **VfB Stuttgart:** Ulreich - Funk, Niedermeier, Delpierre, Molinaro - Träsch, Gentner - Gebhart (81. Camoranesi), Boka - Cacau (67. Harnik) - Marica (76. Kuzmanovic)
■ **SV Werder Bremen:** Wiese - Wesley, Mertesacker, Prödl, Silvestre - Jensen, Frings (64. Arnautovic) - Hunt (49. Balogun), Marin - Pizarro, Wagner (73. Almeida)
Tore: 1:0 Marica (10.), 2:0 Cacau (31.), 3:0 Cacau (45.), 4:0 Gentner (68.), 5:0 Niedermeier (73.), 6:0 Boka (86.) **Bes. Vork.:** Ulreich hält Foulelfmeter von Frings (24.), Wiese hält Foulelfmeter von Cacau (61.) **Ecken:** 5:7 **Schiedsrichter:** Kinhöfer (Herne) **Zuschauer:** 39.500 **Gelb:** Gebhart **Gelb-Rot:** keine **Rot:** keine

11. SPIELTAG

BUNDESLIGA

Aufholjagd auf dem Betzenberg – Bayern-Sieg gegen den „Club“

Auf robuste, aber faire Weise trennt Neven Subotic von Borussia Dortmund Gojko Kacar (links) vom Hamburger SV vom Ball. Gegen die Norddeutschen gewinnt der BVB erneut.

Die Aufholjagd des 1. FC Kaiserslautern in der zweiten Halbzeit und der hohe Sieg von Borussia Mönchengladbach im rheinischen Derby beim 1. FC Köln bilden zwei der Höhepunkte des 12. Spieltages. Die Lauterer lassen den Betzenberg beben, als sie in einem verloren geglaubten Spiel gegen den VfB Stuttgart einen 0:3-Rückstand zur Halbzeit noch in ein 3:3-Unentschieden verwandeln können. „Das war ein klasse Spiel, Wahnsinn, was hier abgeliefert wurde“, begeistert sich FCK-Coach Marco Kurz an der torreichen Vorstellung. In Köln erlebt der FC auf einem Platz, der nach starken Regenfällen sehr schwer zu bespielen ist, gegen den Nachbarn aus Mönchengladbach, dem nach dem zweiten Spieltag (6:3 in Leverkusen) der zweite Saisonsieg gelingt, eine Ernüchterung. Für die Borussia reicht das 4:0 nach zuvor neun Spielen ohne Erfolg, um die „Rote Laterne“ des Tabellenletzten an die Kölner weiterzureichen. Raul Bobadilla bietet eine starke Leistung für die Borussia.

Zum Auftakt am Freitag kann auch der Hamburger SV die Himmelsstürmer von Borussia Dortmund nicht stoppen. Nach sehr nervös geführten 90 Minuten und einem 2:0 gegen die Hanseaten, die ihre 500. Bundesliga-Niederlage beziehen, baut der BVB seinen Vorsprung an der Spitze aus, weil der 1. FSV Mainz 05 im Stadion am Bruchweg gegen Hannover 96 mit einem 0:1 den nächsten Rückschlag verkraften muss. Hannover schafft den Sieg trotz eines Platzverweises für seinen US-amerikanischen Kapitän Steven Cherundolo. Insgesamt drei Spiele enden mit einem 1:0-Auswärtssieg: Bayer 04 Leverkusen holt mit dem 1:0 beim FC St. Pauli bereits den fünften Erfolg auf fremdem Platz und verdrängt damit Mainz von Platz zwei. Neben Dortmund ist die „Werkself“ an diesem Spieltag das einzige Spitzenteam, das seine Ansprüche erfüllt.

Der FC Bayern scheint ins Rollen zu kommen. Im 181. Derby gegen den 1. FC Nürnberg siegen die Münchner souverän mit 3:0. Mario Gomez markiert zwei Tore, vor dem dritten Treffer, erzielt von Philipp Lahm per Elfmeter, wird der Stürmer von „Club“-

DER TORSCHÜTZE DES SPIELTAGES

Als er im Januar 2010 beim SC Freiburg begann, wurde in den lokalen Medien die Frage aufgeworfen, ob dieser Papiss Demba Cissé (25, Foto) vom französischen Zweitligisten FC Metz denn wirklich die Investition wert sei. Cheftrainer Robin Dutt konterte: „Benzinpreise verändern sich, Transferpreise auch.“ Gemessen an den für andere Angreifer von hoher Qualität gezahlten Summen sei der Stürmer aus dem Senegal sehr günstig. Als Cissé in der Nachspielzeit des Derbys bei 1899 Hoffenheim das Siegtor erzielt und damit am 12. Spieltag bereits sein zehnter Treffer notiert wird, ist die Kritik längst verstummt. In Freiburg ist ein neuer Toptorjäger der Bundesliga mit ungewöhnlich vielfältigen Fähigkeiten entdeckt worden, der zuvor seit 2005 nur zehn Erstliga-Einsätze in Frankreich bestritten hat.

DATEN & FAKTEN

Zuschauer gesamt	386.455
pro Spiel	42.939
Tore gesamt	22
Elfmeter	3
Eigentore	0
Gelbe Karten	26
Gelb-Rote Karten	1
Rote Karten	1

Borussia Dortmund – Hamburger SV 2:0 (0:0)

Borussia Dortmund: Weidenfeller - Piszczek, Subotic, Hummels, Schmelzer - S. Bender, Sahin - Götze (85. Dede), Kagawa (78. Lewandowski), Großkreutz (71. Blaszczykowski) - Barrios
Hamburger SV: Drobny - Demel (80. Besic), Westermann, Mathijsen, Zé Roberto - Jarolim - Kacar (34. Rincon, 65. Son), Trochowski - Pitroipa, Guerrero - Petric
Tore: 1:0 Kagawa (49.), 2:0 Barrios (70.)
Ecken: 4:0
Schiedsrichter: Aytekin (Oberasbach)
Zuschauer: 80.720 (ausverkauft)
Gelb: Jarolim
Gelb-Rot: keine **Rot:** keine

SV Werder Bremen – Eintracht Frankfurt 0:0

SV Werder Bremen: Wiese - Pasanen, Mertesacker, Prödl, Silvestre - Frings - Wesley, Jensen - Hunt - Wagner (68. Arnautovic), Marin
Eintracht Frankfurt: Nikolov - Jung, Franz (46. Vasoski), Russ, Tzavellas - Schwegler, Köhler - Ochs (73. Steinhöfer), Caio, Halil Altintop - Gekas (90. Fenin)
Tore: keine
Ecken: 10:3
Schiedsrichter: Gräfe (Berlin)
Zuschauer: 35.300 (ausverkauft)
Gelb: Pasanen - Fenin
Gelb-Rot: keine **Rot:** keine

VfL Wolfsburg – FC Schalke 04 2:2 (2:1)

VfL Wolfsburg: Benaglio - Pekarik, Kjaer, Barzagli, M. Schäfer - Josué - Hasebe, Dejagah - Diego (84. Madlung) - Grafite (84. Mandzukic), Dzeko
FC Schalke 04: Neuer - Uchida, Höwedes, Metzelder, Schmitz - Jones (63. Jurado), Rakitic (86. Jendrisek) - Farfan, Edu (63. Moritz) - Raúl - Huntelaar
Tore: 1:0 Grafite (11.), 2:0 Dzeko (33.), 2:1 Edu (39.), 2:2 Huntelaar (75.)
Ecken: 7:7
Schiedsrichter: Stark (Ergolding)
Zuschauer: 30.000 (ausverkauft)
Gelb: Benaglio, M. Schäfer - Schmitz, Raúl, Uchida
Gelb-Rot: keine **Rot:** Dejagah (78.)

1. FC Köln – Bor. Mönchengladbach 0:4 (0:0)

1. FC Köln: Varvodic - Brecko (76. Yalcin), Geromel, Mohamad, Salger - Lanig, Pezzoni (83. Matuschyk) - Jajalo, Podolski, Ehret (65. Vunguidica) - Novakovic
Borussia M'gladbach: Heimeroth - Levels, Anderson, Brouwers (46. Dante, 66. Schachten), Daems - Bradley, Marx - Herrmann (57. Idrissou), Reus - de Camargo, Bobadilla
Tore: 0:1 Bobadilla (51.), 0:2 Bradley (70.), 0:3 de Camargo (82.), 0:4 Bobadilla (90.) **Ecken:** 7:7
Schiedsrichter: Gagelmann (Bremen)
Zuschauer: 50.000 (ausverkauft)
Gelb: Reus, Bobadilla
Gelb-Rot: keine **Rot:** keine

Torwart Rafael Schäfer gefoult. Den Dreierpack, der ihm noch gegen Hannover gelang, vergibt der 25-jährige Gomez, als er selbst den Foulelfmeter über das Tor schießt. Franck Ribéry kommt nach langer Verletzungspause für Toni Kroos zum Einsatz und bereitet das 3:0 per Eckball vor.

Beim VfL Wolfsburg raufen sich Spieler und Verantwortliche die Haare, denn bereits zum vierten Mal reicht eine Halbzeitführung nicht zum Sieg. Nach einem 2:0 muss sich das Team von Trainer Steve McClaren mit einem 2:2 gegen den FC Schalke 04 begnügen. Beachtlich gut im Rennen liegen weiterhin Eintracht Frankfurt und der SC Freiburg. Die Freiburger gewinnen 1:0 im Derby bei 1899 Hoffenheim durch ein spätes Tor von Demba Papiss Cissé. Frankfurt holt ein 0:0 beim SV Werder Bremen.

Führungstor durch Grafite für den VfL Wolfsburg, aber trotz eines 2:0-Vorsprungs muss sich der Deutsche Meister von 2009 beim Schlusspfiff gegen den FC Schalke 04 mit einem Unentschieden begnügen.

Sein Comeback nach Verletzungspause feiert beim 3:0-Sieg des FC Bayern im Derby gegen den 1. FC Nürnberg in der Schlussphase der französische Nationalspieler Franck Ribéry.

RESULTATE

Freitag, 12.11.2010	Borussia Dortmund - Hamburger SV	2:0 (0:0)
Samstag, 13.11.2010	Werder Bremen - Eintracht Frankfurt	0:0
	VfL Wolfsburg - FC Schalke 04	2:2 (2:1)
	1. FC Köln - Borussia M'gladbach	0:4 (0:0)
	1. FC Kaiserslautern - VfB Stuttgart	3:3 (0:2)
	FC St. Pauli - Bayer 04 Leverkusen	0:1 (0:0)
	1. FSV Mainz 05 - Hannover 96	0:1 (0:1)
Sonntag, 14.11.2010	1899 Hoffenheim - SC Freiburg	0:1 (0:0)
	Bayern München - 1. FC Nürnberg	3:0 (1:0)

TORJÄGER

Theofanis Gekas	Eintracht Frankfurt	11
Papiss Cissé	SC Freiburg	10
Edin Dzeko	VfL Wolfsburg	8
Klaas-Jan Huntelaar	FC Schalke 04	7
Mario Gomez	FC Bayern München	7
Grafite	VfL Wolfsburg	7
Lucas Barrios	Borussia Dortmund	7
Hugo Almeida	SV Werder Bremen	6
und weitere 3 Spieler mit je sechs Treffern		

PERSONALIEN

Die Verehrung für **Fritz Walter** wird beim 1. FC Kaiserslautern beim Spiel gegen den VfB Stuttgart deutlich. Zum 25. Mal jährt sich, dass das Stadion auf dem Betzenberg nach dem 2002 verstorbenen Kapitän der Weltmeisterelf von 1954 benannt worden ist.

Nach einem Syndemoseriss feiert der Brasilianer **Dede** (32) im Spiel gegen den Hamburger SV bei Borussia Dortmund sein Saisondebüt.

Zum Präsidenten des FC St. Pauli wird der Unternehmer **Stefan Orth** (44) gewählt, seit dem Rücktritt seines Vorgängers schon kommissarisch im Amt gewesen.

TABELLE

Rang	Club	Sp.	g	u	v	Tore	Diff.	Pkt.	
1	Borussia Dortmund	12	10	1	1	29:7	22	31	→
2	Bayer 04 Leverkusen	12	7	3	2	23:16	7	24	↗
3	1. FSV Mainz 05	12	8	0	4	19:12	7	24	↘
4	SC Freiburg	12	7	0	5	18:18	0	21	↗
5	Eintracht Frankfurt	12	6	2	4	20:11	9	20	↘
6	FC Bayern München	12	5	4	3	18:13	5	19	↗
7	Hannover 96	12	6	1	5	14:20	-6	19	↗
8	1899 Hoffenheim	12	5	3	4	22:16	6	18	↘
9	Hamburger SV	12	5	3	4	17:17	0	18	↘
10	1. FC Nürnberg	12	5	3	4	17:18	-1	18	↘
11	SV Werder Bremen	12	4	3	5	19:27	-8	15	→
12	VfL Wolfsburg	12	4	2	6	20:21	-1	14	→
13	FC St. Pauli	12	4	1	7	12:19	-7	13	→
14	VfB Stuttgart	12	3	2	7	25:22	3	11	→
15	1. FC Kaiserslautern	12	3	2	7	17:24	-7	11	→
16	FC Schalke 04	12	2	4	6	15:19	-4	10	→
17	Borussia M'gladbach	12	2	4	6	21:33	-12	10	↗
18	1. FC Köln	12	2	2	8	13:26	-13	8	↘

1. FC Kaiserslautern – VfB Stuttgart 3:3 (0:2)

1. FC Kaiserslautern: Sippel - Petsos, Amedick, Abel, Bugera - Tiffert, B. Schulz (52. Micanski) - Kirch, Moravek (52. Ilicevic), Rivic (86. Jessen) - Lakic
VfB Stuttgart: Ulreich - Funk (46. Boulahrouz, 64. Degen), Niedermeier, Delpierre, Molinaro - Träsch, Gentner - Gebhart, Boka - Cacau - Marica (90+1. Pogrebnyak)
Tore: 0:1 Boka (19.), 0:2 Cacau (32.), 0:3 Gentner (50., Foulelfmeter), 1:3 Micanski (58.), 2:3 Ilicevic (76.), 3:3 Abel (78.) **Ecken:** 3:4
Schiedsrichter: Rafati (Hannover)
Zuschauer: 46.904 **Gelb:** Sippel, B. Schulz, Ilicevic - Cacau, Delpierre
Gelb-Rot: keine **Rot:** keine

FC St. Pauli – Bayer 04 Leverkusen 0:1 (0:0)

FC St. Pauli: Kessler - Rothenbach, Zambrano, Thorandt, Oczipka - Daube (83. Kruse), Lehmann - Bruns (62. Bartels), Takyi (65. Hennings), Asamoah - Ebbers
Bayer 04 Leverkusen: Adler - Schwaab, M. Friedrich, Reinartz, Kadlec (74. Balitsch) - Vidal, Rolfes - Sam, Augusto, Barnetta (90. Castro) - Helmes (74. L. Bender)
Tor: 0:1 Augusto (81.)
Ecken: 1:3
Schiedsrichter: Weiner (Giesen)
Zuschauer: 24.381 (ausverkauft)
Gelb: Rothenbach, Lehmann, Zambrano - Augusto, Reinartz, Barnetta, Kadlec
Gelb-Rot: keine **Rot:** keine

1. FSV Mainz 05 – Hannover 96 0:1 (0:1)

1. FSV Mainz 05: Wetklo - Zabavnik, Svensson (64. F. Heller), Noveski, Fuchs - Karhan, Soto - Babangida (72. Rasmussen), Ivanschitz, Holtby (46. Schürrle) - Szalai
Hannover 96: Fromlowitz - Cherundolo, Eggimann, C. Schulz, Djakpa - Schmiedebach, Pinto - Stindl, Rausch (72. Chahed) - Schlaudraff (79. Forssell) - Ya Konan (90+1. Lala)
Tor: 0:1 Pinto (44.)
Ecken: 3:7
Schiedsrichter: Kircher (Rottenburg)
Zuschauer: 20.000
Gelb: Chahed
Gelb-Rot: Cherundolo (68.) **Rot:** keine

1899 Hoffenheim – SC Freiburg 0:1 (0:0)

1899 Hoffenheim: Haas - Beck, Vorsah, Compper, Ibertsberger (87. Thomalla) - Rudy, Gustavo - Vukcevic (66. Ibisevic), Sigurdsson - Mlapa (66. Salihovic), Ba
SC Freiburg: Baumann - Mujdza, Barth, Toprak, Bastians - Schuster - Putsila (84. D. Caligiuri), Makiadi, Rosenthal (81. Reisinger), Abdessadki - Cissé
Tor: 0:1 Cissé (90+1.)
Ecken: 3:6
Schiedsrichter: Zwayer (Berlin)
Zuschauer: 30.150 (ausverkauft)
Gelb: Makiadi
Gelb-Rot: keine **Rot:** keine

FC Bayern München – 1. FC Nürnberg 3:0 (1:0)

FC Bayern München: Butt - Lahm, van Buyten, Demichelis (46. Breno), Pranjic - Tymoshchuk, Ottl - Hamit Altintop (56. T. Müller), Schweinsteiger, T. Kroos (70. Ribéry) - Gomez
1. FC Nürnberg: R. Schäfer - Judt, Nilsson, Wolf, Pinola - Simons - Ekici (74. Mak), Gündogan, Hegeler (46. Frantz), Eigler (79. Cohen) - Schieber
Tor: 1:0 Gomez (10.), 2:0 Lahm (57., Foulelfmeter), 3:0 Gomez (75.) **Besonderes Vorkommnis:** Gomez verschießt Foulelfmeter (87.) **Ecken:** 3:2
Schiedsrichter: Kinhöfer (Herne)
Zuschauer: 69.000 (ausverkauft)
Gelb: Pranjic - R. Schäfer
Gelb-Rot: keine **Rot:** keine

BUNDESLIGA

Bayer gegen Bayern 1:1 – Hannover 96 überrascht weiter

Gemeinsam und vereint im direkten sportlichen Vergleich lassen Bayer 04 Leverkusen und der FC Bayern wichtige Punkte im Titelrennen liegen. Sie trennen sich im Topspiel am Samstagabend mit 1:1. Neun Punkte beträgt der Rückstand für die Rheinländer, schon 14 Zähler liegen die Münchner hinter Spitzenreiter Borussia Dortmund zurück. Das Team von Jürgen Klopp dreht beim SC Freiburg mit großem Kampfgeist erstmals in dieser Saison einen Rückstand in einen Sieg um und strebt nach dem 2:1, dem siebten Auswärtserfolg in Serie, ungebremst der inoffiziellen Herbstmeisterschaft entgegen.

Immer öfter werden Klopp und seine Spieler zu ihren Chancen auf den Meistertitel gefragt, aber das „M-Wort" gilt beim BVB weiter als Tabu. Drei Tage, nachdem das schwarz-gelbe Quartett Mario Götze, Mats Hummels, Kevin Großkreutz und Marcel Schmelzer beim 0:0 der deutschen Nationalelf gegen Schweden in Göteborg mitgewirkt hat, sorgt ein Pole beim BVB für Gesprächsstoff. Es ist Jakub Blaszczykowski, alias „Kuba", der es irgendwie schafft, mitten vor dem Tor völlig unbedrängt und freistehend über den leeren Kasten der Freiburger zu schießen.

Hinter Dortmund löst der 1. FSV Mainz 05 die Leverkusener wieder als Zweiter ab. Nach drei Niederlagen in Folge ändert Thomas Tuchel seine Startformation für das Spiel bei Borussia Mönchengladbach auf sechs Positionen. Den Sieg bringenden Spieler aber muss der Trainer erneut einwechseln. Die Mannschaft liegt zwanzig Minuten vor Schluss noch mit 1:2 zurück, dann kommt Sami Allagui und erzielt zwei Tore zum 3:2-Erfolg.

Hannover 96 schiebt sich wieder auf Rang vier vor, was langsam keine Überraschung mehr ist. Die Niedersachsen sind aktuell die Nummer eins im Norden, womit vor Saisonbeginn niemand gerechnet hat. Mit 3:2 siegt das Team von Mirko Slomka im Derby gegen den Hamburger SV. Der junge Südkoreaner Heung Min Son bringt die Hanseaten nach der Pause mit 2:1 in Führung, nach dem Ausgleich durch Christian Schulz wird auch diese Partie in allerletzter Minute entschieden – durch „Joker" Mike Hanke.

Die Nordkonkurrenten FC St. Pauli und VfL Wolfsburg trennen sich mit einem 1:1.

Keine Abwehrchance bleibt Torhüter Jörg Butt vom FC Bayern München gegen den von Arturo Vidal ausgeführten Strafstoß, durch den Bayer 04 Leverkusen gegen den deutschen Rekordmeister zum 1:1-Endstand kommt.

DATEN & FAKTEN

Zuschauer gesamt	413.787
pro Spiel	45.976
Tore gesamt	36
Elfmeter	3
Eigentore	0
Gelbe Karten	29
Gelb-Rote Karten	0
Rote Karten	3

FC Schalke 04 – SV Werder Bremen 4:0 (2:0)

FC Schalke 04: Neuer - Uchida, Höwedes, Metzelder, Schmitz - Matip (52. Moritz), Kluge (70. Rakitic) - Farfan, Edu - Huntelaar, Raúl (79. Jurado)
SV Werder Bremen: Wiese - Fritz, Mertesacker, Prödl, Pasanen - Frings - Bargfrede, Wesley (60. Husejinovic) - Hunt (57. Jensen) - Marin (57. Wagner), Almeida
Tore: 1:0 Metzelder (22.), 2:0 Raúl (45+2.), 3:0 Raúl (56.), 4:0 Raúl (71.)
Ecken: 8:2
Schiedsrichter: Kircher (Rottenburg)
Zuschauer: 61.673 (ausverkauft)
Gelb: Uchida - Frings
Gelb-Rot: Bargfrede (85.) **Rot:** keine

Eintracht Frankfurt – 1899 Hoffenheim 0:4 (0:1)

Eintracht Frankfurt: Nikolov - Jung, Franz, Russ, Tzavellas - Schwegler (64. Steinhöfer), Köhler - Ochs, Caio, Halil Altintop (67. Fenin) - Gekas
1899 Hoffenheim: Haas - Beck, Vorsah, Compper, Ibertsberger - Gustavo (87. Weis) - Rudy, Salihovic - Vukcevic, Ba (58. Mlapa) - Ibisevic (83. Sigurdsson)
Tore: 0:1 Vukcevic (31.), 0:2 Ibisevic (69.), 0:3 Ibisevic (70.), 0:4 Mlapa (90.)
Ecken: 2:6
Schiedsrichter: Wingenbach (Diez)
Zuschauer: 44.300
Gelb: Tzavellas, Schwegler, Franz, Ochs - Compper, Salihovic, Ibisevic, Mlapa
Gelb-Rot: keine **Rot:** keine

Borussia Mönchengladbach – 1. FSV Mainz 05 2:3 (0:0)

Borussia M'gladbach: Heimeroth - Levels, Anderson, Daems, Schachten - Marx, Bradley (89. Matmour) - Reus, Arango (73. Idrissou) - de Camargo, Bobadilla
1. FSV Mainz 05: Wetklo (25. Pieckenhagen) - Zabavnik, Bungert, Noveski, Fathi (38. Holtby) - M. Caligiuri, Polanski - Risse (74. Allagui), Fuchs - Szalai, Schürrle
Tore: 1:0 Reus (53.), 1:1 Schürrle (64.), 2:1 Reus (69.), 2:2 Allagui (76.), 2:3 Allagui (88.)
Ecken: 3:4
Schiedsrichter: Rafati (Hannover)
Zuschauer: 45.472
Gelb: Bradley - Zabavnik
Gelb-Rot: keine **Rot:** keine

SC Freiburg – Borussia Dortmund 1:2 (1:0)

SC Freiburg: Baumann - Mujdza, Barth, Toprak, Bastians - Schuster - Putsila (86. D. Caligiuri), Abdessadki, Makiadi (77. Reisinger), Rosenthal - Cissé
Borussia Dortmund: Weidenfeller - Piszczek, Subotic, Hummels, Schmelzer - S. Bender, Sahin - Götze, Kagawa (71. Lewandowski), Großkreutz (61. Blaszczykowski) - Barrios (85. da Silva)
Tore: 1:0 Hummels (26., Eigentor), 1:1 Lewandowski (75.), 1:2 Mujdza (78., Eigentor)
Ecken: 3:6
Schiedsrichter: Fritz (Korb)
Zuschauer: 24.000 (ausverkauft)
Gelb: Weidenfeller
Gelb-Rot: keine **Rot:** keine

Gleich drei Tore gelingen Raúl beim Schalker 4:0 gegen den SV Werder – hier das 2:0. Auf Bremer Seite können Per Mertesacker (rechts) und Sebastian Prödl (links) als Zuschauer nur staunen.

Der Freiburger Felix Bastians (links) setzt sich in dieser Szene gegen Dortmunds Kevin Großkreutz durch, aber am Ende dürfen sich die Gäste aus Dortmund über einen glücklichen Sieg im Breisgau freuen.

Erneut eine klare Niederlage muss der SV Werder Bremen hinnehmen. Das Team verliert mit 0:4 beim FC Schalke 04 und hat in 13 Spielen bereits 31 Gegentreffer kassiert. Nur der Tabellenletzte Mönchengladbach (36) weist diesbezüglich eine noch schlechtere Bilanz auf. Schalke nimmt nach dem zweiten Heimsieg in Folge das Mittelfeld der Tabelle ins Visier. Die Neuzugänge von Real Madrid stehen dieses Mal für den „königsblauen" Aufschwung. Christoph Metzelder schießt sein erstes Tor, Raúl gelingen drei Treffer.

Neben Dortmund verbuchen drei weitere Teams wertvolle Auswärtssiege: dem 1. FC Köln gelingt mit einem 1:0 ein „Dreier" beim VfB Stuttgart, erzielt durch einen Elfmeter von Lukas Podolski. Der 1. FC Kaiserslautern beeindruckt mit einem 3:1 beim 1. FC Nürnberg. Und Eintracht Frankfurt fügt seinen Teil zu dieser spektakulären Hinrunde hinzu. Nach einer tollen Serie von fünf Siegen und zwei Unentschieden verlieren die Hessen zu Hause mit 0:4 gegen 1899 Hoffenheim.

DER SPIELER DES SPIELTAGES

Gemessen an der Verantwortung, die auf dem Schützen des Elfmeters lastet, erledigt Lukas Podolski (25, Foto) diese Aufgabe souverän und erfolgreich. Als der Stuttgarter Georg Niedermeier acht Minuten vor dem Schlusspfiff Milivoje Novakovic in einem Gerangel zu Fall bringt und Schiedsrichter Christian Dingert auf Strafstoß entscheidet, verwandelt der Publikumsliebling absolut eiskalt. Stuttgarts Torwart Sven Ulreich ist gegen den Linksschuss des Nationalspielers ins obere Toreck machtlos. Die Kölner erleben dank „Poldi" ein Happy End. „Er hat Verantwortung übernommen, nicht nur beim Elfmeter", sagt Trainer Frank Schaefer. Und der „kicker" titelt danach: „Podolski glänzt als Leader."

RESULTATE

Samstag, 20.11.2010	FC Schalke 04 - SV Werder Bremen	4:0	(2:0)
	Eintr. Frankfurt - 1899 Hoffenheim	0:4	(0:1)
	Bor. M'gladbach - 1. FSV Mainz 05	2:3	(0:0)
	SC Freiburg - Borussia Dortmund	1:2	(1:0)
	Hannover 96 - Hamburger SV	3:2	(1:1)
	1. FC Nürnberg - 1. FC Kaiserslautern	1:3	(0:3)
	Bayer Leverkusen - Bayern München	1:1	(1:1)
Sonntag, 21.11.2010	VfB Stuttgart - 1. FC Köln	0:1	(0:0)
	FC St. Pauli - VfL Wolfsburg	1:1	(1:0)

TORJÄGER

Theofanis Gekas	Eintracht Frankfurt	11
Papiss Cissé	SC Freiburg	10
Edin Dzeko	VfL Wolfsburg	9
Mario Gomez	FC Bayern München	8
Klaas-Jan Huntelaar	FC Schalke 04	7
Srdjan Lakic	1. FC Kaiserslautern	7
Grafite	VfL Wolfsburg	7
Lucas Barrios	Borussia Dortmund	7

PERSONALIEN

Mit **Maria Furtwängler** (44) in der Hauptrolle der Kommissarin wird im Rahmen des Nordderbys Hannover 96 gegen den Hamburger SV eine Szene für eine neue Folge der ARD-Krimiserie „Tatort" gedreht.

Marco Reuss (21) erzielt mit seinem Tor zum 1:0 gegen den 1. FSV Mainz 05 das 2500. Bundesliga-Tor für Borussia Mönchengladbach.

Ein Bänderriss im Sprunggelenk setzt **Gojko Kacar** (23) vom Hamburger SV außer Gefecht.

TABELLE

Rang	Club	Sp.	g	u	v	Tore	Diff.	Pkt.	
1	Borussia Dortmund	13	11	1	1	31:8	23	34	→
2	1. FSV Mainz 05	13	9	0	4	22:14	8	27	↗
3	Bayer 04 Leverkusen	13	7	4	2	24:17	7	25	→
4	Hannover 96	13	7	1	5	17:22	-5	22	↗
5	1899 Hoffenheim	13	6	3	4	26:16	10	21	↗
6	SC Freiburg	13	7	0	6	19:20	-1	21	↘
7	Eintracht Frankfurt	13	6	2	5	20:15	5	20	↘
8	FC Bayern München	13	5	5	3	19:14	5	20	↘
9	Hamburger SV	13	5	3	5	19:20	-1	18	→
10	1. FC Nürnberg	13	5	3	5	18:21	-3	18	→
11	VfL Wolfsburg	13	4	3	6	21:22	-1	15	↗
12	SV Werder Bremen	13	4	3	6	19:31	-12	15	↘
13	1. FC Kaiserslautern	13	4	2	7	20:25	-5	14	↗
14	FC St. Pauli	13	4	2	7	13:20	-7	14	↘
15	FC Schalke 04	13	3	4	6	19:19	0	13	↗
16	VfB Stuttgart	13	3	2	8	25:23	2	11	↘
17	1. FC Köln	13	3	2	8	14:26	-12	11	↗
18	Borussia M'gladbach	13	2	4	7	23:36	-13	10	↘

Hannover 96 – Hamburger SV 3:2 (1:1)

■ **Hannover 96:** Fromlowitz - Chahed, Eggimann, Pogatetz, C. Schulz - Schmiedebach, Pinto - Stindl, Rausch - Schlaudraff (73. Hanke) - Ya Konan (90+4. Lala)
■ **Hamburger SV:** Drobny - Rincon, Besic, Westermann, Zé Roberto - Trochowski, Jarolim - Pitroipa, Son - Guerrero (59. van Nistelrooy), Petric (76. Choupo-Moting)
Tore: 1:0 Stindl (31.), 1:1 Son (40.), 1:2 Son (54.), 2:2 C. Schulz (59.), 3:2 Hanke (90+1.) **Ecken:** 6:4
Schiedsrichter: Drees (Münster-Sarmsheim)
Zuschauer: 49.000 (ausverkauft)
Gelb: Schlaudraff, Pinto - Guerrero, Zé Roberto, Trochowski, Choupo-Moting
Gelb-Rot: keine **Rot:** keine

1. FC Nürnberg – 1. FC Kaiserslautern 1:3 (0:3)

■ **1. FC Nürnberg:** R. Schäfer - Vidosic (40. Wollscheid), Maroh, Wolf, Bieler (81. Eigler) - Simons, Gündogan - Hegeler, Ekici (64. Mak), Frantz - Schieber
■ **1. FC Kaiserslautern:** Sippel - Kirch, Amedick, Abel, Bugera - Petsos - Ilicevic (82. Bilek), Tiffert, Moravek, Rivic (90+2. de Wit) - Lakic (86. Nemec)
Tore: 0:1 Rivic (4.), 0:2 Ilicevic (12.), 0:3 Lakic (33.), 1:3 Mak (67.) **Besonderes Vorkommnis:** Wolf verschießt Foulelfmeter (83.)
Ecken: 8:4
Schiedsrichter: Welz (Wiesbaden)
Zuschauer: 40.711
Gelb: Bieler - Bugera, Abel, Tiffert
Gelb-Rot: keine **Rot:** Petsos (79.)

Bayer 04 Leverkusen – FC Bayern München 1:1 (1:1)

■ **Bayer 04 Leverkusen:** Adler - Schwaab (58. Castro), M. Friedrich, Hyypiä, Kadlec - Vidal, Rolfes - Sam, Augusto (90+2. L. Bender), Barnetta (80. Balitsch) - Derdiyok
■ **FC Bayern München:** Butt - Lahm, van Buyten, Breno, Pranjic - Tymoshchuk (61. Ribéry), Ottl - T. Müller, Schweinsteiger, T. Kroos - Gomez
Tore: 0:1 Gomez (34.), 1:1 Vidal (45+2., Foulelfmeter)
Ecken: 4:5
Schiedsrichter: Meyer (Burgdorf)
Zuschauer: 30.210 (ausverkauft)
Gelb: Castro, M. Friedrich - Lahm, Ribéry **Gelb-Rot:** keine **Rot:** keine

VfB Stuttgart – 1. FC Köln 0:1 (0:0)

■ **VfB Stuttgart:** Ulreich - Celozzi, Niedermeier, Delpierre, Molinaro - Träsch, Gentner (85. Camoranesi) - Gebhart, Boka (78. Harnik) - Marica (72. Pogrebnyak), Cacau
■ **1. FC Köln:** Mondragon - Brecko, Geromel, Mohamad, Ehret - Petit (86. Schorch), Pezzoni - Jajalo (71. Matuschyk), Lanig (46. Clemens), Podolski - Novakovic
Tor: 0:1 Podolski (82., Foulelfmeter)
Ecken: 10:9
Schiedsrichter: Dingert (Lebecksmühle)
Zuschauer: 39.500
Gelb: Träsch, Gebhart, Niedermeier, Delpierre - Lanig, Petit, Clemens
Gelb-Rot: keine **Rot:** keine

FC St. Pauli – VfL Wolfsburg 1:1 (1:0)

■ **FC St. Pauli:** Kessler - Rothenbach, Zambrano, Thorandt, Oczipka - Boll - Kruse (76. Naki), Asamoah (90. Schultz), Lehmann, Bartels (82. Bruns) - Ebbers
■ **VfL Wolfsburg:** Benaglio - Pekarik, Kjaer, Barzagli, M. Schäfer - Riether, Josué (58. Madlung) - Mandzukic, Diego, Cicero (71. Hasebe) - Dzeko **Tore:** 1:0 Thorandt (28.), 1:1 Dzeko (54.)
Ecken: 2:4
Schiedsrichter: Schmidt (Stuttgart)
Zuschauer: 24.146 (ausverkauft)
Gelb: Diego, Barzagli, Dzeko
Gelb-Rot: keine **Rot:** keine

BUNDESLIGA

Leverkusen verspielt den Sieg – Dortmund erneut ganz souverän

Insgesamt 36 Tore, also exakt vier pro Begegnung, fallen am 14. Spieltag, an dem kein einziger Auswärtssieg gelingt, aber sechs klare Heimsiege mit mindestens drei Treffern Vorsprung zu verzeichnen sind. Der SV Werder Bremen, Hannover 96, der 1. FC Kaiserslautern und der 1. FSV Mainz 05 gewinnen sogar zu null. Mit Bayer 04 Leverkusen und dem VfL Wolfsburg gelingt es nur zwei Teams, auswärts einen Punkt mitzunehmen.

An der Spitze marschieren Borussia Dortmund und Mainz im Gleichschritt, was allerdings auch bedeutet, dass der Rückstand der Rheinhessen auf die Westfalen stattliche sieben Punkte beträgt. Der BVB dreht einen Rückstand gegen Borussia Mönchengladbach und gewinnt in eindrucksvoller Manier mit 4:1. Mainz siegt locker mit 3:0 gegen den 1. FC Nürnberg. Der Tabellendritte Bayer 04 Leverkusen verpasst den einzigen Auswärtssieg bei 1899 Hoffenheim durch ein Elfmetergegentor von Gylfi Sigurdsson in letzter Minute zum 2:2. „Eine Enttäuschung" nennt Trainer Jupp Heynckes das Resultat, denn der Rückstand auf den BVB beträgt nun schon elf Zähler, aber Heynckes räumt auch ein, dass das Ergebnis gerecht ist. Der FC Bayern München zeigt beim 4:1 gegen Eintracht Frankfurt, dass er das beste Heimteam der Bundesliga ist. Franck Ribéry feiert dabei seine Rückkehr in die Startelf.

Der FC Schalke 04, der während der Woche durch eine starke Leistung beim 3:0 gegen Olympique Lyon vorzeitig den Einzug in das Achtelfinale der UEFA Champions League erreicht hat, leistet sich in der Bundesliga einen besonders schmerzhaften Ausrutscher. Mit 0:5 verlieren die

Unentschieden wie das Spiel zwischen dem 1. FC Köln und dem VfL Wolfsburg scheint dieses Kopfballduell zwischen Milivoje Novakovic, dem Torschützen für die Hausherren, und Andrea Barzagli auszugehen.

DATEN & FAKTEN

Zuschauer gesamt	344.263
pro Spiel	38.251
Tore gesamt	19
Elfmeter	4
Eigentore	1
Gelbe Karten	26
Gelb-Rote Karten	0
Rote Karten	2

1. FSV Mainz 05 – 1. FC Nürnberg 3:0 (1:0)

■ **1. FSV Mainz 05:** Wetklo - Zabavnik, Bungert, Noveski, Fathi - M. Caligiuri (83. Karhan), Polanski - Risse (69. Ivanschitz), Fuchs - Schürrle (75. Allagui), Szalai
■ **1. FC Nürnberg:** R. Schäfer - Judt (76. Mintal), Maroh, Wolf, Bieler - Simons - Eigler (67. Ekici), Hegeler, Gündogan, Frantz (67. Mak) - Schieber
Tore: 1:0 Schürrle (27.), 2:0 Noveski (54.), 3:0 Allagui (86.)
Ecken: 1:4
Schiedsrichter: Gagelmann (Bremen)
Zuschauer: 20.300 (ausverkauft)
Gelb: M. Caligiuri, Schürrle, Noveski, Allagui - Maroh, Wolf
Gelb-Rot: keine **Rot:** keine

FC Bayern München – Eintracht Frankfurt 4:1 (1:1)

■ **FC Bayern München:** Butt - Lahm, van Buyten (46. Demichelis), Breno, Pranjic - Tymoshchuk, T. Kroos - T. Müller, Schweinsteiger (66. van Bommel), Ribéry - Gomez
■ **Eintracht Frankfurt:** Nikolov - Ochs, Vasoski, Russ, Jung - Schwegler - M. Heller, Meier (82. Caio), Halil Altintop (87. Amanatidis), Kittel (60. Fenin) - Gekas
Tore: 1:0 Tymoshchuk (29.), 1:1 Gekas (33.), 2:1 T. Müller (59.), 3:1 Gomez (61.), 4:1 Tymoshchuk (88.)
Ecken: 15:7
Schiedsrichter: Zwayer (Berlin)
Zuschauer: 69.000 (ausverkauft)
Gelb: Ribéry
Gelb-Rot: keine **Rot:** keine

Hamburger SV – VfB Stuttgart 4:2 (3:1)

■ **Hamburger SV:** Rost - Tesche, Demel, Westermann, Zé Roberto - Jarolim (90. Rincon), Trochowski - Pitroipa, Torun (80. Ben-Hatira), Son (58. van Nistelrooy) - Petric
■ **VfB Stuttgart:** Ulreich - Degen (74. Funk), Niedermeier, Delpierre, Molinaro (46. Harnik) - Träsch (86. Kuzmanovic), Gentner - Gebhart, Boka - Cacau - Marica
Tore: 1:0 Trochowski (3.), 1:1 Marica (9.), 2:1 Pitroipa (29.), 3:1 Petric (36.), 3:2 Gentner (46.), 4:2 van Nistelrooy (60.)
Ecken: 6:7
Schiedsrichter: Stark (Ergolding)
Zuschauer: 53.055 **Gelb:** Jarolim, Petric - Niedermeier, Ulreich
Gelb-Rot: keine **Rot:** Marica (16.)

1899 Hoffenheim – Bayer 04 Leverkusen 2:2 (1:2)

■ **1899 Hoffenheim:** Haas - Beck, Vorsah, Compper, Ibertsberger - Gustavo - Rudy, Salihovic (74. Sigurdsson) - Vukcevic, Mlapa (46. Ba) - Ibisevic (87. Tagoe)
■ **Bayer 04 Leverkusen:** Adler - Schwaab, M. Friedrich, Hyypiä, Castro - Vidal (65. L. Bender), Rolfes (56. Reinartz) - Sam, Augusto, Barnetta - Derdiyok (76. Balitsch)
Tore: 0:1 Sam (8.), 0:2 Vidal (10., Foulelfmeter), 1:2 Ibisevic (38.), 2:2 Sigurdsson (90+4., Foulelfmeter)
Ecken: 5:2
Schiedsrichter: Kinhöfer (Herne)
Zuschauer: 29.250
Gelb: Vorsah - Vidal, Adler, Castro
Gelb-Rot: keine **Rot:** keine

DER SPIELER DES SPIELTAGES

Mit der Empfehlung, der Denker und Lenker des russischen Topteams Zenit St. Petersburg zu sein, ist Anatoliy Tymoshchuk (31, Foto) im Sommer 2009 zum FC Bayern München gekommen. Doch in der ersten Saison beim deutschen Rekordmeister konnte der Kapitän der ukrainischen Nationalelf nicht wie erhofft markante Akzente setzen und blieb eher Mitläufer. Als Mark van Bommel verletzt ausfällt, setzt Trainer Louis van Gaal ab dem 6. Spieltag der laufenden Saison auf den defensiven Mittelfeldspieler. Und der blonde Stratege steigert sich. Beim 4:1 gegen Eintracht Frankfurt ist Tymoshchuk der überragende Spieler auf dem Platz. Mit einem Linksschuss zum 1:0 gelingt ihm sein erstes Bundesliga-Tor, mit einem Rechtsschuss zum 4:1 krönt er seine Galavorstellung sogar doppelt.

Zusammen mit Tunay Torun (Zweiter von rechts) jubelt Piotr Trochowski über sein Tor zum 1:0 für den Hamburger SV. Die Stuttgarter Matthieu Delpierre, Cristian Molinaro, Christian Träsch (verdeckt), Timo Gebhart und Georg Niedermeier (von links) schauen aufgrund des frühen Rückstandes in der 3. Spielminute entsprechend enttäuscht.

Königsblauen beim Aufsteiger 1. FC Kaiserslautern. Die Gelsenkirchener bleiben auf Rang 15 der Tabelle mit weiter nur drei Zählern Abstand zum letzten Platz.

Aber auch die anderen in den Abstiegskampf verwickelten Clubs, ausgenommen Kaiserslautern, können keine „Dreier" verbuchen. Der 1. FC Köln holt ein 1:1 gegen den VfL Wolfsburg, weil das Team nach einem überzeugenden Beginn abbaut und ein Fallrückziehertor von Cicero hinnehmen muss. Der VfB Stuttgart unterliegt nach einer Undiszipliniertheit von Ciprian Marica, früh bestraft mit einer Roten Karte, mit 2:4 beim Hamburger SV. Zwei Rote Karten gibt es bei der Begegnung zwischen dem SV Werder und dem FC St. Pauli, eine für den Bremer Hugo Almeida und auf der Gegenseite für Markus Thorandt. Die Bremer überzeugen nach vier sieglosen Auftritten wieder einmal beim 3:0. Mit demselben Ergebnis festigt Hannover 96 gegen den SC Freiburg seinen Tabellenplatz, der mit der Teilnahme an der UEFA Europa League belohnt würde.

RESULTATE

Freitag, 26.11.2010	1. FSV Mainz 05 - 1. FC Nürnberg	3:0	(1:0)
Samstag, 27.11.2010	Bayern München - Eintr. Frankfurt	4:1	(1:1)
	Hamburger SV - VfB Stuttgart	4:2	(3:1)
	1899 Hoffenheim - Bayer Leverkusen	2:2	(1:2)
	Hannover 96 - SC Freiburg	3:0	(1:0)
	1. FC Kaiserslautern - FC Schalke 04	5:0	(2:0)
	Bor. Dortmund - Bor. M'gladbach	4:1	(1:1)
Sonntag, 28.11.2010	SV Werder Bremen - FC St. Pauli	3:0	(2:0)
	1. FC Köln - VfL Wolfsburg	1:1	(0:0)

TORJÄGER

Theofanis Gekas	Eintracht Frankfurt	12
Papiss Cissé	SC Freiburg	10
Mario Gomez	FC Bayern München	9
Hugo Almeida	SV Werder Bremen	9
Srdjan Lakic	1. FC Kaiserslautern	9
Edin Dzeko	VfL Wolfsburg	9
Lucas Barrios	Borussia Dortmund	8
Klaas-Jan Huntelaar	FC Schalke 04	7

und weitere 2 Spieler mit je sieben Treffern

PERSONALIEN

Patrick Owomoyela (31) von Borussia Dortmund, schon längere Zeit außer Gefecht, ist in Basel an beiden Achillessehnen operiert worden.

Christoph Moritz (20) steht dem FC Schalke 04 vorläufig nicht zur Verfügung, nachdem er sich die rechte Schulter ausgekugelt hat.

Nach überwundenem Pfeifferschen Drüsenfieber steht der Schweizer Nationalspieler **Philipp Degen** (27) im Spiel beim Hamburger SV erstmals wieder in der Anfangsformation des VfB Stuttgart.

TABELLE

Rang	Club	Sp.	g	u	v	Tore	Diff.	Pkt.	
1	Borussia Dortmund	14	12	1	1	35:9	26	37	→
2	1. FSV Mainz 05	14	10	0	4	25:14	11	30	→
3	Bayer 04 Leverkusen	14	7	5	2	26:19	7	26	→
4	Hannover 96	14	8	1	5	20:22	-2	25	→
5	FC Bayern München	14	6	5	3	23:15	8	23	↗
6	1899 Hoffenheim	14	6	4	4	28:18	10	22	↘
7	Hamburger SV	14	6	3	5	23:22	1	21	↗
8	SC Freiburg	14	7	0	7	19:23	-4	21	↘
9	Eintracht Frankfurt	14	6	2	6	21:19	2	20	↘
10	1. FC Nürnberg	14	5	3	6	18:24	-6	18	→
11	SV Werder Bremen	14	5	3	6	22:31	-9	18	↗
12	1. FC Kaiserslautern	14	5	2	7	25:25	0	17	↗
13	VfL Wolfsburg	14	4	4	6	22:23	-1	16	↘
14	FC St. Pauli	14	4	2	8	13:23	-10	14	→
15	FC Schalke 04	14	3	4	7	19:24	-5	13	→
16	1. FC Köln	14	3	3	8	15:27	-12	12	↗
17	VfB Stuttgart	14	3	2	9	27:27	0	11	↘
18	Borussia M'gladbach	14	2	4	8	24:40	-16	10	→

Hannover 96 – SC Freiburg 3:0 (1:0)

■ **Hannover 96:** Fromlowitz - Cherundolo, Eggimann, Pogatetz, C. Schulz - Stindl, Schmiedebach - Chahed (84. Beasley), Rausch - Schlaudraff (86. Hanke) - Ya Konan (90+1. Forssell)
■ **SC Freiburg:** Baumann - Mujdza, Barth (46. Butscher), Toprak, Bastians - Schuster - Putsila (46. Reisinger), Abdessadki (73. Yano), Makiadi, Rosenthal - Cissé
Tore: 1:0 Schlaudraff (15.), 2:0 Ya Konan (73.), 3:0 Hanke (89.)
Ecken: 7:4
Schiedsrichter: Sippel (München)
Zuschauer: 34.108
Gelb: Schuster
Gelb-Rot: keine **Rot:** keine

1. FC Kaiserslautern – FC Schalke 04 5:0 (2:0)

■ **1. FC Kaiserslautern:** Sippel - Dick, Amedick, Abel, Bugera - Tiffert (81. de Wit), Kirch - Ilicevic (84. Micanski), Moravek, Rivic - Lakic (81. Nemec)
■ **FC Schalke 04:** Neuer - Uchida, Höwedes, Metzelder, Schmitz - Jones (46. Matip), Kluge - Farfan, Edu (46. Jurado) - Raúl, Huntelaar
Tore: 1:0 Lakic (8.), 2:0 Amedick (39.), 3:0 Lakic (56.), 4:0 Ilicevic (76., Foulelfmeter), 5:0 Moravek (88.)
Ecken: 8:2
Schiedsrichter: Perl (Pullach)
Zuschauer: 49.474
Gelb: Kirch, Tiffert, Rivic - Jones, Farfan
Gelb-Rot: keine **Rot:** keine

Borussia Dortmund – Bor. Mönchengladbach 4:1 (1:1)

■ **Borussia Dortmund:** Weidenfeller - Piszczek, Subotic, Hummels, Schmelzer - S. Bender, Sahin - Blaszczykowski (62. Großkreutz), Kagawa (78. Lewandowski), Götze (83. da Silva) - Barrios
■ **Borussia M'gladbach:** Heimeroth - Levels, Anderson, Callsen-Bracker, Daems - Bradley, Marx - Herrmann (65. Matmour), Reus - de Camargo (65. Bobadilla) - Idrissou
Tore: 0:1 Reus (33.), 1:1 Subotic (45+1.), 2:1 Kagawa (52.), 3:1 Großkreutz (76.), 4:1 Barrios (88.)
Ecken: 7:1 **Schiedsrichter:** Gräfe (Berlin) **Zuschauer:** 79.200
Gelb: Subotic - Levels
Gelb-Rot: keine **Rot:** keine

SV Werder Bremen – FC St. Pauli 3:0 (2:0)

■ **SV Werder Bremen:** Wiese - Schmidt, Mertesacker, Prödl, Pasanen - Fritz, Frings - F. Kroos (54. Husejinovic), Hunt (89. Balogun), Marin (87. Wagner) - Almeida
■ **FC St. Pauli:** Kessler - Rothenbach, Zambrano, Thorandt, Oczipka - Boll (59. Naki) - Bartels (82. Bruns), Asamoah, Lehmann, Kruse - Ebbers (82. Takyi)
Tore: 1:0 Almeida (1.), 2:0 Almeida (20.), 3:0 Almeida (64.)
Ecken: 5:10
Schiedsrichter: Brych (München)
Zuschauer: 36.400 (ausverkauft)
Gelb: Pasanen, Fritz
Gelb-Rot: keine **Rot:** Almeida (80.) - Thorandt (90.)

1. FC Köln – VfL Wolfsburg 1:1 (0:0)

■ **1. FC Köln:** Mondragon - Brecko, Geromel, Mohamad, Ehret - Petit (86. Schorch), Pezzoni - Jajalo, Matuschyk, Podolski - Novakovic (72. Clemens)
■ **VfL Wolfsburg:** Benaglio - Pekarik, Kjaer, Barzagli, M. Schäfer - Josué (77. Cicero) - Riether, Cigerci - Kahlenberg (60. Ziani) - Dzeko, Grafite (42. Mandzukic)
Tore: 1:0 Novakovic (51.), 1:1 Cicero (81.)
Ecken: 3:2
Schiedsrichter: Winkmann (Kerken)
Zuschauer: 43.000
Gelb: Geromel, Podolski - Barzagli, Kjaer
Gelb-Rot: keine **Rot:** keine

BUNDESLIGA

Borussia Dortmund Herbstmeister – FC Bayern verliert auf Schalke

Ein schulmäßiger Kopfball, vorgeführt von dem Dortmunder Nuri Sahin und von dem Nürnberger Jens Hegeler (13) beobachtet.

DER SPIELER DES SPIELTAGES

Bei der Suche nach Gründen für die erste Niederlage des FC Bayern München nach sieben Bundesliga-Spielen ist ein Argument schnell gefunden: Manuel Neuer (24, Foto), der Torwart des FC Schalke 04, hat zunächst gegen Mario Gomez, Bastian Schweinsteiger und zwei Mal gegen Toni Kroos mit überragenden Paraden den Rückstand verhindert. „Wir sind froh, dass er bei uns im Tor steht", sagt Schalkes Vorstandsmitglied Horst Heldt bei Halbzeit. Als die „Knappen" dann selbst vor dem Tor zuschlagen, zeigt der Nationaltorhüter weitere Qualitäten. Mit einem Abschlag über achtzig Meter leitet er das 1:0 von José Manuel Jurado ein. Nach dem 2:0-Sieg der „Königsblauen" verteilt Franz Beckenbauer ein dickes Lob an den Nationalkeeper: „Manuel Neuer war absolute Weltklasse, der hält auch die Unmöglichen."

Borussia Dortmund schließt den ersten von drei Dezember-Spieltagen mit der inoffiziellen Herbstmeisterschaft ab. Schon vor dem 2:0 beim 1. FC Nürnberg steht der Halbzeittitel für den Spitzenreiter fest. Denn der Tabellenzweite, der 1. FSV Mainz 05, unterliegt bei Eintracht Frankfurt mit 1:2. Dortmund trumpft einmal mehr souverän auf und stellt zwei Rekorde auf. Acht Siege in acht Auswärtsspielen und die Ausbeute von vierzig Punkten nach 15 Begegnungen hat es in der Bundesliga noch nie zuvor gegeben.

Nicht richtig in Schwung kommt die Aufholjagd des FC Bayern München, der beim FC Schalke 04 keinen Punkt holen kann. Die „Königsblauen" hingegen rehabilitieren sich nach dem 0:5 in Kaiserslautern bei ihren Fans mit dem 2:0-Erfolg. Nationaltorhüter Manuel Neuer hält vor allem in der ersten Halbzeit mit großen Paraden die Chance auf den Sieg fest, den schließlich die Treffer von José Manuel Jurado und Benedikt Höwedes perfekt machen. Der Rückstand von Rekordmeister FC Bayern auf den souveränen Tabellenführer BVB wächst zum Abschluss des Spieltages auf 17 Punkte. Trainer Louis van Gaal und seine Spieler, bis dahin immer noch von ihren Titelhoffnungen überzeugt, sprechen nun nicht mehr von der Meisterschaft.

Bayer 04 Leverkusen, das viermal Vizemeister war, spekuliert erneut auf Platz zwei. Mit 3:2 gewinnt die „Werkself" das Derby gegen den 1. FC Köln, der zusammen mit einem weiteren Nachbarn, Borussia Mönchengladbach, die beiden direkten Abstiegsplätze einnimmt. Die Gladbacher verlieren schon wieder ein Heimspiel, dieses

DATEN & FAKTEN

Zuschauer gesamt	367.468
pro Spiel	40.830
Tore gesamt	32
Elfmeter	3
Eigentore	1
Gelbe Karten	23
Gelb-Rote Karten	2
Rote Karten	0

FC St. Pauli – 1. FC Kaiserslautern 1:0 (0:0)

■ **FC St. Pauli:** Kessler - Rothenbach, Morena, Gunesch, Volz - Boll, Lehmann - Kruse (89. Schultz), Asamoah (64. Hennings), Bartels (75. Bruns) - Ebbers
■ **1. FC Kaiserslautern:** Sippel - Dick, Amedick, Abel, Bugera - Tiffert (88. Nemec), Kirch - Ilicevic (87. Micanski), Moravek, Rivic (64. Hoffer) - Lakic
Tor: 1:0 Tiffert (48., Eigentor)
Ecken: 2:3
Schiedsrichter: Kircher (Rottenburg)
Zuschauer: 24.337 (ausverkauft)
Gelb: Morena - Amedick, Abel, Lakic
Gelb-Rot: keine **Rot:** keine

VfB Stuttgart – 1899 Hoffenheim 1:1 (1:1)

■ **VfB Stuttgart:** Ulreich - Degen (77. Kuzmanovic), Niedermeier, Delpierre, Boka (58. Molinaro) - Bah (62. Pogrebnyak) - Träsch, Gentner - Harnik, Gebhart - Cacau
■ **1899 Hoffenheim:** Haas - Beck, Vorsah, Compper, Ibertsberger - Gustavo - Rudy, Salihovic (83. Sigurdsson) - Vukcevic, Ba (73. Mlapa) - Ibisevic (46. Weis)
Tore: 0:1 Salihovic (11.), 1:1 Harnik (34.)
Ecken: 4:2
Schiedsrichter: Drees (Münster-Sarmsheim)
Zuschauer: 36.800
Gelb: Boka, Harnik, Cacau - Salihovic, Weis
Gelb-Rot: keine **Rot:** Vorsah (41.)

VfL Wolfsburg – SV Werder Bremen 0:0

■ **VfL Wolfsburg:** Benaglio - Pekarik, Kjaer, Barzagli, M. Schäfer - Josué - Riether, Cigerci - Diego - Mandzukic, Dzeko (88. Dejagah)
■ **SV Werder Bremen:** Wiese - Schmidt, Mertesacker, Prödl, Pasanen - Bargfrede (80. Jensen), Frings - Fritz, Hunt, Marin - Arnautovic
Tore: keine
Besondere Vorkommnisse: Benaglio hält Foulelfmeter von Frings (74.), Dzeko verschießt Foulelfmeter (77.)
Ecken: 2:7
Schiedsrichter: Aytekin (Oberasbach)
Zuschauer: 30.000 (ausverkauft)
Gelb: Diego, Barzagli, Kjaer - Prödl
Gelb-Rot: keine **Rot:** keine

Eintracht Frankfurt – 1. FSV Mainz 05 2:1 (1:1)

■ **Eintracht Frankfurt:** Nikolov (46. Fährmann) - Jung, Russ, Vasoski, Tzavellas - Schwegler, Köhler - Ochs, Amanatidis (69. Caio), Halil Altintop (46. Meier) - Gekas
■ **1. FSV Mainz 05:** Wetklo - Zabavnik (37. F. Heller), Bungert, Noveski, Fathi - Karhan, Kirchhoff - Risse (79. Holtby), Fuchs - Schürrle, Szalai (57. Allagui)
Tore: 1:0 Russ (35.), 1:1 Schürrle (42., Foulelfmeter), 2:1 Gekas (84., Handelfmeter) **Ecken:** 2:5
Schiedsrichter: Meyer (Burgdorf)
Zuschauer: 51.500 (ausverkauft)
Gelb: Zabavnik, Kirchhoff
Gelb-Rot: keine Rot: keine

Die Entscheidung für die „Königsblauen" gegen die „Roten" vom FC Bayern: Mit Wucht köpft Benedikt Höwedes zum 2:0 des FC Schalke 04 ein. Dem Ball können die Münchner Philipp Lahm (rechts) und Breno (2) nur hinterherschauen.

Mal ist Hannover 96 nicht zu schlagen. Trotz einer frühen 1:0-Führung unterliegt die Borussia mit 1:2. Mit dem Platzverweis für Stürmer Raul Bobadilla erhält die Partie ihre Wende.

Den Weg aus den unteren Tabellenregionen findet auch der VfB Stuttgart nicht. Obwohl 1899 Hoffenheim in diesem Derby nach einem Platzverweis für Isaac Vorsah fast fünfzig Minuten lang in Unterzahl spielen muss, holt die Mannschaft von Ralf Rangnick ein 1:1. Auch mit dem neuen Trainer Jens Keller stellt sich beim VfB keine wesentliche Besserung ein. Doch Kapitän Matthieu Delpierre sieht keinen Anlass zur Schwarzmalerei. „Der Erfolg wird zurückkehren", sagt der Innenverteidiger.

Den an diesem Spieltag größten Sprung in der Tabelle macht der aktuell erfolgreichste baden-württembergische Bundesliga-Vertreter. Der SC Freiburg verbessert sich mit dem 1:0 gegen den Hamburger SV von Platz acht auf Rang fünf. Das Tor fällt früh bereits in der 3. Spielminute, wie inzwischen fast selbstverständlich durch Demba Papiss Cissé. Insgesamt ist es ein Spieltag, bei dem die Spieler sparsam mit Toren umgehen. Nur 19 Treffer fallen, das Nordderby zwischen dem VfL Wolfsburg und dem SV Werder Bremen bleibt gar völlig torlos. Im Vergleich der beiden Aufsteiger reicht dem FC St. Pauli ein Eigentor von Christian Tiffert, um gegen den 1. FC Kaiserslautern den zweiten Heimsieg einzufahren.

Stefan Reinartz (3) sorgt für das dritte Leverkusener Tor, umringt von den Kölnern Faryd Mondragon, Adam Matuschyk (25) und Fabrice Ehret (22) sowie Bayer-Kapitän Simon Rolfes (rechts).

RESULTATE

Freitag, 03.12.2010	FC St. Pauli - 1. FC Kaiserslautern	1:0	(0:0)
Samstag, 04.12.2010	VfB Stuttgart - 1899 Hoffenheim	1:1	(1:1)
	VfL Wolfsburg - SV Werder Bremen	0:0	
	Eintr. Frankfurt - 1. FSV Mainz 05	2:1	(1:1)
	Bor. M'gladbach - Hannover 96	1:2	(1:0)
	SC Freiburg - Hamburger SV	1:0	(1:0)
	FC Schalke 04 - Bayern München	2:0	(0:0)
Sonntag, 05.12.2010	Bayer 04 Leverkusen - 1. FC Köln	3:2	(1:1)
	1. FC Nürnberg - Bor. Dortmund	0:2	(0:1)

TORJÄGER

Theofanis Gekas	Eintracht Frankfurt	13
Papiss Cissé	SC Freiburg	11
Mario Gomez	FC Bayern München	9
Hugo Almeida	SV Werder Bremen	9
Srdjan Lakic	1. FC Kaiserslautern	9
Edin Dzeko	VfL Wolfsburg	9
Lucas Barrios	Borussia Dortmund	8
Klaas-Jan Huntelaar	FC Schalke 04	7

und weitere 4 Spieler mit je sieben Treffern

PERSONALIEN

Als sechstes Mitglied wird **Werner Wenning** (64), früherer Vorstandsvorsitzender der Bayer AG, in den Gesellschafterausschuss der Bayer 04 Fußball GmbH berufen. Dort übernimmt er den Vorsitz.

Nach 19 Monaten Verletzungspause feiert Nationalspieler **Christian Pander** (27) in der Schlussphase der Begegnung gegen den FC Bayern München sein Bundesliga-Comeback im Trikot des FC Schalke 04.

TABELLE

Rang	Club	Sp.	g	u	v	Tore	Diff.	Pkt.	
1	Borussia Dortmund	15	13	1	1	37:9	28	40	→
2	1. FSV Mainz 05	15	10	0	5	26:16	10	30	→
3	Bayer 04 Leverkusen	15	8	5	2	29:21	8	29	→
4	Hannover 96	15	9	1	5	22:23	-1	28	→
5	SC Freiburg	15	8	0	7	20:23	-3	24	↗
6	1899 Hoffenheim	15	6	5	4	29:19	10	23	→
7	FC Bayern München	15	6	5	4	23:17	6	23	↘
8	Eintracht Frankfurt	15	7	2	6	23:20	3	23	↗
9	Hamburger SV	15	6	3	6	23:23	0	21	↘
10	SV Werder Bremen	15	5	4	6	22:31	-9	19	↗
11	1. FC Nürnberg	15	5	3	7	18:26	-8	18	↘
12	1. FC Kaiserslautern	15	5	2	8	25:26	-1	17	→
13	VfL Wolfsburg	15	4	5	6	22:23	-1	17	→
14	FC St. Pauli	15	5	2	8	14:23	-9	17	→
15	FC Schalke 04	15	4	4	7	21:24	-3	16	→
16	VfB Stuttgart	15	3	3	9	28:28	0	12	↗
17	1. FC Köln	15	3	3	9	17:30	-13	12	↘
18	Borussia M'gladbach	15	2	4	9	25:42	-17	10	→

Borussia Mönchengladbach – Hannover 96 1:2 (1:0)

■ **Borussia M'gladbach**: Heimeroth - Levels, Anderson, Callsen-Bracker, Daems - Bradley, Marx (82. Matmour) - Reus, Arango - Bobadilla, de Camargo (72. Idrissou)
■ **Hannover 96**: Fromlowitz - Cherundolo, Eggimann, Pogatetz, C. Schulz - Schmiedebach, Pinto - Stindl (59. Hanke), Rausch - Schlaudraff (83. Chahed) - Ya Konan (90. Forssell)
Tore: 1:0 Bradley (17.), 1:1 Hanke (73.), 1:2 Ya Konan (75.)
Ecken: 1:3
Schiedsrichter: Fritz (Korb)
Zuschauer: 37.195
Gelb: Reus, Daems - Stindl
Gelb-Rot: keine **Rot**: Bobadilla (43.)

SC Freiburg – Hamburger SV 1:0 (1:0)

■ **SC Freiburg**: Baumann - Mujdza, Barth, Toprak (71. Butscher), Bastians - Schuster - Abdessadki, Nicu, Makiadi (46. Flum), Putsila (80. Jäger) - Cissé
■ **Hamburger SV**: Rost - Rincon, Demel, Westermann, Aogo - Trochowski, Zé Roberto - Pitroipa (71. Elia), Torun (59. Guerrero) - Son, van Nistelrooy
Tor: 1:0 Cissé (3.)
Ecken: 8:4
Schiedsrichter: Welz (Wiesbaden)
Zuschauer: 24.000 (ausverkauft)
Gelb: Cissé
Gelb-Rot: keine **Rot**: keine

FC Schalke 04 – FC Bayern München 2:0 (0:0)

■ **FC Schalke 04**: Neuer - Uchida, Höwedes, Metzelder, Schmitz - Kluge, Rakitic - Edu (73. Papadopoulos), Jurado (77. Pander) - Raúl (60. Farfan) - Huntelaar
■ **FC Bayern München**: Butt - Lahm, Breno, Tymoshchuk, Contento - van Bommel (74. Pranjic), T. Kroos - T. Müller, Schweinsteiger (84. van Buyten), Ribéry - Gomez
Tore: 1:0 Jurado (58.), 2:0 Höwedes (67.)
Ecken: 4:9
Schiedsrichter: Gagelmann (Bremen)
Zuschauer: 61.673 (ausverkauft)
Gelb: T. Kroos
Gelb-Rot: keine **Rot**: keine

Bayer 04 Leverkusen – 1. FC Köln 3:2 (1:1)

■ **Bayer 04 Leverkusen**: Adler - Castro, M. Friedrich, Hyypiä (44. Rolfes), Kadlec - Vidal, Reinartz - Sam (70. L. Bender), Augusto (79. Balitsch), Barnetta - Helmes
■ **1. FC Köln**: Mondragon - Brecko (85. Terodde), Geromel, Mohamad, Ehret - Petit, Pezzoni (64. Lanig) - Jajalo, Matuschyk, Podolski - Freis (70. Ionita)
Tore: 1:0 Helmes (21.), 1:1 Geromel (27.), 2:1 Barnetta (55.), 3:1 Reinartz (61.), 3:2 Lanig (65.)
Ecken: 5:0
Schiedsrichter: Brych (München)
Zuschauer: 30.210 (ausverkauft)
Gelb: Augusto - Petit
Gelb-Rot: keine **Rot**: keine

1. FC Nürnberg – Borussia Dortmund 0:2 (0:1)

■ **1. FC Nürnberg**: R. Schäfer - Judt (68. Ekici), Maroh, Wolf, Plattenhardt - Simons - Hegeler, Cohen (83. Mendler), Gündogan, Mak (75. Eigler) - Schieber
■ **Borussia Dortmund**: Weidenfeller - Piszczek, Subotic, Hummels, Schmelzer - S. Bender, Sahin (90. Santana) - Götze, Kagawa (85. da Silva), Großkreutz (61. Blaszczykowski) - Lewandowski
Tore: 0:1 Hummels (23.), 0:2 Lewandowski (88.)
Ecken: 3:6 **Schiedsrichter**: Weiner (Giesen) **Zuschauer**: 48.548 (ausverkauft)
Gelb: Schieber, Gündogan - Lewandowski, Subotic
Gelb-Rot: keine **Rot**: keine

BUNDESLIGA

Tim Wiese im Tor des SV Werder Bremen fliegt vergebens, der präzise Schuss von Nuri Sahin landet zur Führung von Borussia Dortmund im Netz. Schließlich gewinnt das Team von Jürgen Klopp gegen die Hanseaten mit 2:0.

Dortmund baut Führung aus – Mainz 05 verliert erneut zu Hause

Zum Auftakt setzt Hannover 96 am Freitag seine Erfolgsgeschichte fort. Die Niedersachsen gewinnen gegen den VfB Stuttgart dank der beiden Tore von Didier Ya Konan mit 2:1, stellen mit ihrem fünften Sieg in Folge den Vereinsrekord aus der Saison 2004/05 ein und schieben sich auf den dritten Platz vor. Der VfB bleibt, obwohl er in der zweiten Halbzeit ein ebenbürtiger Gegner ist, auswärts sieglos. Dies führt bei den Schwaben schließlich zwei Tage später zu einem weiteren Trainerwechsel. Bruno Labbadia übernimmt das Amt von Jens Keller.

Herbstmeister Borussia Dortmund baut mit einem Arbeitssieg, einem 2:0 gegen den SV Werder Bremen, seine Führung noch weiter aus. Elf Punkte auf den Tabellenzweiten beträgt der Vorsprung nun. Bayer 04 Leverkusen gewinnt mit einer spielerisch überzeugenden Leistung, bei der Renato Augusto seine außergewöhnlichen Fähigkeiten demonstriert, mit 4:2 beim Hamburger SV und klettert auf die erste Verfolgerposition. Der HSV muss seine fünfte Niederlage in den vergangenen acht Spielen hinnehmen. Leverkusen wird auch deshalb Zweiter, weil der 1. FSV Mainz 05 zu Hause 0:1 gegen den FC Schalke 04 verliert. Es ist schon die vierte Niederlage im neunten Heimspiel, womit das Team auf Platz vier zurückfällt und den Kontakt zu Dortmund abreißen lassen muss. Schalke macht mit dem Tor von Jefferson Farfan einen Sprung um fünf Plätze auf Rang zehn.

Der 1. FC Köln, der unter Trainer Frank Schaefer Fortschritte gemacht hat, holt mit einem 1:0 gegen Eintracht Frankfurt einen enorm wichtigen „Dreier". Schlussmann Faryd Mondragon, der in der Winterpause in die USA wechselt (Philadelphia Union), verabschiedet sich bei seinem letzten Bundes-

DATEN & FAKTEN

Zuschauer gesamt	393.483
pro Spiel	43.720
Tore gesamt	21
Elfmeter	3
Eigentore	1
Gelbe Karten	43
Gelb-Rote Karten	0
Rote Karten	1

Hannover 96 – VfB Stuttgart 2:1 (1:0)

Hannover 96: Fromlowitz - Cherundolo (23. Chahed), Eggimann, Pogatetz, C. Schulz - Schmiedebach, Pinto (87. Lala) - Stindl, Rausch - Schlaudraff (81. Hanke) - Ya Konan
VfB Stuttgart: Ulreich - Degen (78. Kuzmanovic), Niedermeier, Delpierre, Boka - Träsch, Gentner (66. Audel) - Harnik, Elson (46. Pogrebnyak), Gebhart - Cacau
Tore: 1:0 Ya Konan (35.), 1:1 Niedermeier (74.), 2:1 Ya Konan (76.)
Ecken: 5:3
Schiedsrichter: Gräfe (Berlin)
Zuschauer: 36.207
Gelb: Ya Konan, Pinto - Delpierre, Degen, Harnik
Gelb-Rot: keine **Rot:** keine

FC Bayern München – FC St. Pauli 3:0 (1:0)

FC Bayern München: Butt - Lahm, Breno, Tymoshchuk, Contento - van Bommel, T. Kroos - Hamit Altintop, Schweinsteiger, Ribéry - T. Müller
FC St. Pauli: Kessler - Rothenbach, Morena, Gunesch, Volz (46. Bruns) - Boll (62. Asamoah) - Bartels, Lehmann, Kruse (71. Hain), Oczipka - Ebbers
Tore: 1:0 Hamit Altintop (16.), 2:0 Lahm (72., Foulelfmeter), 3:0 Ribéry (79.)
Ecken: 13:4
Schiedsrichter: Rafati (Hannover)
Zuschauer: 69.000 (ausverkauft)
Gelb: Volz
Gelb-Rot: keine **Rot:** Kessler (68.)

Hamburger SV – Bayer 04 Leverkusen 2:4 (0:1)

Hamburger SV: Rost - Benjamin, Demel, Westermann, Aogo (76. Rincon) - Jarolim (76. Son) - Pitroipa, Zé Roberto (67. Elia) - Trochowski - Guerrero, van Nistelrooy
Bayer 04 Leverkusen: Adler - Castro, M. Friedrich, Reinartz, Kadlec - Vidal, Rolfes - Sam (77. L. Bender), Augusto (86. Schwaab), Barnetta (82. Balitsch) - Derdiyok
Tore: 0:1 Sam (30.), 1:1 Vidal (48., Eigentor), 1:2 Vidal (61.), 1:3 Augusto (66.), 1:4 Augusto (78.), 2:4 Elia (79.)
Ecken: 3:4
Schiedsrichter: Zwayer (Berlin)
Zuschauer: 51.225 **Gelb:** Benjamin, Jarolim, van Nistelrooy - Reinartz, Kadlec, Sam **Gelb-Rot:** keine **Rot:** keine

1899 Hoffenheim – 1. FC Nürnberg 1:1 (0:0)

1899 Hoffenheim: Haas - Beck, Gustavo, Compper, Ibertsberger - Rudy, Salihovic - Vukcevic, Sigurdsson - Ibisevic (57. Mlapa), Ba
1. FC Nürnberg: R. Schäfer - Judt (77. Eigler), Maroh, Wolf, Plattenhardt - Simons - Hegeler, Ekici, Gündogan (64. Mak), Frantz (46. Cohen) - Schieber
Tore: 1:0 Compper (55.), 1:1 Eigler (87.)
Ecken: 11:5
Schiedsrichter: Seemann (Essen)
Zuschauer: 30.150 (ausverkauft)
Gelb: Vukcevic - Judt, Cohen, Plattenhardt
Gelb-Rot: keine **Rot:** keine

DER TORSCHÜTZE DES SPIELTAGES

Didier Ya Konan (26, Foto) ist der Mann, der dem unaufhaltsamen Aufstieg von Hannover 96 in die Bundesliga-Spitze ein Gesicht gibt. Der Stürmer von der Elfenbeinküste, im Sommer 2009 von Rosenborg Trondheim an die Leine gekommen, erzielt beim 2:1 gegen den VfB Stuttgart bereits seine Saisontore acht und neun. Damit sorgt er bei den Niedersachsen gleich für zwei Vereinsrekorde. Fünf Siege in der Bundesliga hintereinander haben die Hannoveraner vorher noch nie geschafft. Zudem führt der „Dreier" zur besten Hinrundenbilanz in der Geschichte des Clubs. „Ich habe den Anspruch, irgendwann auch mit Hannover auf der europäischen Bühne zu spielen", sagt Ya Konan, der mit dem ebenfalls aus Norwegen geholten Mohammed Abdellaoue ein ideales Offensivgespann bildet.

liga-Heimspiel von den Fans. In der Abstiegszone bleibt neben Stuttgart auch Borussia Mönchengladbach ohne Punkt. Das glücklose Team vom Niederrhein spielt zunächst überlegen gegen den SC Freiburg, verliert aber Roel Brouwers und Mohamadou Idrissou durch Verletzungen und die Begegnung schließlich deutlich mit 0:3. Der Abstand zu einem Nichtabstiegsplatz beträgt schon sieben Punkte.

Der FC Bayern feiert gegen St. Pauli einen 3:0-Erfolg. Nach Anlaufschwierigkeiten übernimmt der Rekordmeister nach der Führung die Kontrolle, gerät aber dennoch sporadisch in Verlegenheit. Hamit Altintop gelingt ein herrlicher Treffer in den Torwinkel. Zwei Unentschieden komplettieren die vorletzte Spielrunde. Der 1. FC Kaiserslautern und der VfL Wolfsburg trennen sich 0:0, 1899 Hoffenheim und der 1. FC Nürnberg 1:1.

Elkin Soto und Christian Fuchs (links verdeckt) vom 1. FSV Mainz 05 können Jefferson Farfan (rechts), den Torschützen des FC Schalke 04 zum 1:0-Sieg im Bruchwegstadion, nicht am Kopfball hindern. Erneut muss das Team von Trainer Thomas Tuchel zu Hause eine Niederlage hinnehmen, während die „Knappen" über den Auswärtserfolg sehr erleichtert sind.

RESULTATE

Freitag, 10.12.2010	Hannover 96 - VfB Stuttgart	2:1	(1:0)
Samstag, 11.12.2010	FC Bayern München - FC St. Pauli	3:0	(1:0)
	Hamburger SV - Bayer Leverkusen	2:4	(0:1)
	1899 Hoffenheim - 1. FC Nürnberg	1:1	(0:0)
	1. FC Köln - Eintracht Frankfurt	1:0	(0:0)
	1. FC Kaiserslautern - VfL Wolfsburg	0:0	
	Bor. Dortmund - Werder Bremen	2:0	(1:0)
Sonntag, 12.12.2010	SC Freiburg - Borussia M'gladbach	3:0	(2:0)
	1. FSV Mainz 05 - FC Schalke 04	0:1	(0:1)

TORJÄGER

Theofanis Gekas	Eintracht Frankfurt	13
Papiss Cissé	SC Freiburg	13
Mario Gomez	FC Bayern München	9
Hugo Almeida	SV Werder Bremen	9
Srdjan Lakic	1. FC Kaiserslautern	9
Edin Dzeko	VfL Wolfsburg	9
Didier Ya Konan	Hannover 96	9
Shinji Kagawa	Borussia Dortmund	8
Lucas Barrios	Borussia Dortmund	8

PERSONALIEN

Bastian Schweinsteiger (26) gibt nach dem Spiel gegen den FC St. Pauli seine Vertragsverlängerung beim FC Bayern München bis 2016 bekannt.

Mit 111 Stundenkilometern Ballgeschwindigkeit erzielt **Hamit Altintop** (28) seinen Treffer für den FC Bayern München gegen den FC St. Pauli.

Zwei Spieler von Borussia Dortmund liegen bei der Wahl zum „Fußballer des Jahres 2010" in Polen vorne: **Jakub Blaszczykowski** (24) gewinnt vor **Robert Lewandowski** (22).

TABELLE

Rang	Club	Sp.	g	u	v	Tore	Diff.	Pkt.	
1	Borussia Dortmund	16	14	1	1	39:9	30	43	→
2	Bayer 04 Leverkusen	16	9	5	2	33:23	10	32	↗
3	Hannover 96	16	10	1	5	24:24	0	31	↗
4	1. FSV Mainz 05	16	10	0	6	26:17	9	30	↘
5	SC Freiburg	16	9	0	7	23:23	0	27	→
6	FC Bayern München	16	7	5	4	26:17	9	26	↗
7	1899 Hoffenheim	16	6	6	4	30:20	10	24	↘
8	Eintracht Frankfurt	16	7	2	7	23:21	2	23	→
9	Hamburger SV	16	6	3	7	25:27	-2	21	→
10	FC Schalke 04	16	5	4	7	22:24	-2	19	↗
11	1. FC Nürnberg	16	5	4	7	19:27	-8	19	→
12	SV Werder Bremen	16	5	4	7	22:33	-11	19	↘
13	1. FC Kaiserslautern	16	5	3	8	25:26	-1	18	↘
14	VfL Wolfsburg	16	4	6	6	22:23	-1	18	↘
15	FC St. Pauli	16	5	2	9	14:26	-12	17	↘
16	1. FC Köln	16	4	3	9	18:30	-12	15	↗
17	VfB Stuttgart	16	3	3	10	29:30	-1	12	↘
18	Borussia M'gladbach	16	2	4	10	25:45	-20	10	→

1. FC Köln – Eintracht Frankfurt 1:0 (0:0)

1. FC Köln: Mondragon - Brecko, Geromel, Mohamad, Ehret (46. Schorch) - Petit, Matuschyk - Clemens, Lanig, Podolski (22. Jajalo) - Freis (85. Terodde)
Eintracht Frankfurt: Fährmann - Jung, Vasoski, Russ, Tzavellas (64. Meier) - Schwegler, Köhler - Ochs (80. Fenin), Amanatidis (64. Caio), Halil Altintop - Gekas
Tor: 1:0 Clemens (56.)
Ecken: 7:6
Schiedsrichter: Schmidt (Stuttgart)
Zuschauer: 45.000
Gelb: Brecko, Ehret, Geromel, Jajalo, Clemens - Tzavellas, Gekas, Russ
Gelb-Rot: keine **Rot:** keine

1. FC Kaiserslautern – VfL Wolfsburg 0:0

1. FC Kaiserslautern: Sippel - Dick, Amedick, Abel, Bugera - Petsos - Kirch, Tiffert, Moravek, Ilicevic - Micanski (46. Nemec)
VfL Wolfsburg: Benaglio - Pekarik (63. Cicero), Kjaer, Barzagli, M. Schäfer - Riether, Hasebe - Ziani (84. Madlung), Diego, Cigerci - Dzeko
Tore: keine
Ecken: 5:0
Schiedsrichter: Sippel (München)
Zuschauer: 38.181
Gelb: Petsos - Ziani, Cicero, Hasebe
Gelb-Rot: keine **Rot:** keine

Borussia Dortmund – SV Werder Bremen 2:0 (1:0)

Borussia Dortmund: Weidenfeller - Piszczek, Subotic, Hummels, Schmelzer - S. Bender, Sahin (67. da Silva) - Blaszczykowski, Kagawa, Götze (79. Großkreutz) - Barrios (60. Lewandowski)
SV Werder Bremen: Wiese - Schmidt, Mertesacker, Prödl, Pasanen - Fritz (79. Jensen), Frings - Bargfrede (69. Thy), Hunt, Marin - Pizarro (66. Wagner)
Tore: 1:0 Sahin (9.), 2:0 Kagawa (70.)
Ecken: 3:5
Schiedsrichter: Meyer (Burgdorf)
Zuschauer: 80.720 (ausverkauft)
Gelb: S. Bender, Kagawa - Bargfrede, Fritz, Pizarro, Prödl, Jensen
Gelb-Rot: keine **Rot:** keine

SC Freiburg – Bor. Mönchengladbach 3:0 (2:0)

SC Freiburg: Baumann - Mujdza, Barth, Butscher, Bastians - Schuster - Rosenthal (68. Flum), Nicu, Makiadi (77. Pamic), Abdessadki - Cissé (81. Reisinger)
Borussia M'gladbach: Heimeroth - Levels, Brouwers (41. Callsen-Bracker), Daems, Schachten - Bradley, Marx - Matmour, Arango - de Camargo (77. Neustädter), Idrissou (46. Herrmann)
Tore: 1:0 Cissé (19.), 2:0 Barth (41.), 3:0 Cissé (59.)
Ecken: 7:2
Schiedsrichter: Stark (Ergolding)
Zuschauer: 22.700
Gelb: Cissé - Schachten, Levels
Gelb-Rot: keine **Rot:** keine

1. FSV Mainz 05 – FC Schalke 04 0:1 (0:1)

1. FSV Mainz 05: Wetklo - F. Heller, Bungert, Noveski, Fuchs - Polanski, Soto (60. Holtby) - Risse (60. M. Caligiuri), Ivanschitz (60. Szalai), Schürrle - Allagui
FC Schalke 04: Neuer - Uchida (87. Matip), Höwedes, Metzelder, Schmitz - Kluge (63. Papadopoulos), Rakitic - Farfan, Jurado (38. Edu) - Raúl, Huntelaar
Tor: 0:1 Farfan (30.)
Besondere Vorkommnisse: Huntelaar verschießt Foulelfmeter (8.), Neuer hält Foulelfmeter von Schürrle (73.)
Ecken: 1:10 **Schiedsrichter:** Brych (München) **Zuschauer:** 20.300 (ausverkauft) **Gelb:** Wetklo, Noveski, Polanski - Edu, Farfan **Gelb-Rot:** keine **Rot:** keine

BUNDESLIGA

Zweite Niederlage für den BVB – Halbzeitbilanz mit Überraschungen

Der letzte Spieltag beginnt mit einem seltenen Ereignis, wie es in der Hinrunde dieser Bundesliga-Saison nur bei der ersten Spielrunde stattgefunden hat: Borussia Dortmund verliert. Der bereits seit zwei Wochen feststehende Herbstmeister unterliegt bei Eintracht Frankfurt. Die bis dahin beste Mannschaft kassiert einen Gegentreffer durch den besten Torjäger, den Griechen Theofanis Gekas, der kurz vor Schluss zum 14. Mal für die Hessen erfolgreich ist. Der Mannschaft von Trainer Jürgen Klopp steckt noch das schwere Spiel in der UEFA Europa League drei Tore zuvor beim FC Sevilla in den Gliedern, wo sie trotz eines 2:2 und eines beeindruckenden Sturmlaufs unglücklich ausgeschieden ist. Mit zehn Punkten Vorsprung verabschieden sich die Westfalen in die Winterpause, den zweiten Rang erobert sich der 1. FSV Mainz mit einem 4:2 beim FC St. Pauli zurück. Das punktgleiche Team von Bayer 04 Leverkusen kommt im heftigen Schneetreiben des bundesweit eiskalten Spieltages nur zu einem 2:2 gegen den SC Freiburg, Hannover 96 verliert 1:3 gegen den starken 1. FC Nürnberg. Ein Eigentor von Steven Cherundolo leitet dabei die sechste Saisonniederlage ein.

Mainz 05 als Zweiter, Hannover als Vierter, Freiburg als Sechster – bis zum Abschluss zeigt die Hinrunde über Dortmund auf der Pole-Position hinaus ihre Überraschungen. Der VfL Wolfsburg, der auf Rang 13 liegt, und 1899 Hoffenheim als Achter trennen sich 2:2. Beide Clubs gehören zu den Teams, die mehr wollten nach 17 Saisonspielen. Diego und Edin Dzeko schießen die Treffer der „Wölfe" in einer furiosen Schlussviertelstunde zum sechsten Unentschieden in

Die Entscheidung drei Minuten vor Spielschluss: Eintracht Frankfurts Torjäger Theofanis Gekas trifft an Keeper Roman Weidenfeller vorbei zum 1:0 ins Netz. Die zweite Saisonniederlage für Borussia Dortmund ist perfekt.

DATEN & FAKTEN

Zuschauer gesamt	335.340
pro Spiel	37.260
Tore gesamt	36
Elfmeter	4
Eigentore	1
Gelbe Karten	29
Gelb-Rote Karten	2
Rote Karten	0

Borussia Mönchengladbach – Hamburger SV 1:2 (0:0)

Borussia M'gladbach: Heimeroth - Schachten, Callsen-Bracker, Daems, Wissing - Neustädter - Marx (81. Herrmann), Bradley (78. Idrissou) - Reus, Arango - de Camargon
Hamburger SV: Rost - Rincon, Besic, Westermann, Aogo - Jarolim, Trochowski - Choupo-Moting (61. van Nistelrooy), Pitroipa (88. Ben-Hatira), Elia (90+1. Tesche) - Guerrero
Tore: 0:1 Elia (46.), 1:1 de Camargo (48.), 1:2 Trochowski (72.)
Ecken: 5:8
Schiedsrichter: Perl (Pullach)
Zuschauer: 42.253
Gelb: Schachten
Gelb-Rot: keine **Rot:** keine

FC Schalke 04 – 1. FC Köln 3:0 (1:0)

FC Schalke 04: Neuer - Uchida, Höwedes, Metzelder, Schmitz - Kluge, Rakitic - Farfan (77. Papadopoulos), Jurado (73. Edu) - Huntelaar, Raúl (88. Gavranovic)
1. FC Köln: Mondragon - Schorch (75. McKenna), Geromel, Mohamad, Ehret - Petit, Matuschyk (83. Terodde) - Clemens, Lanig, Jajalo - Freis (62. Ionita)
Tore: 1:0 Raúl (30.), 2:0 Raúl (50.), 3:0 Raúl (87.)
Ecken: 6:6
Schiedsrichter: Stark (Ergolding)
Zuschauer: 61.673 (ausverkauft)
Gelb: Petit
Gelb-Rot: keine **Rot:** keine

SV Werder Bremen – 1. FC Kaiserslautern 1:2 (1:1)

SV Werder Bremen: Wiese - Schmidt, Mertesacker, Prödl, Pasanen (26. Wagner) - Frings (82. Husejinovic), Fritz - Bargfrede (62. Thy), Hunt, Marin - Arnautovic
1. FC Kaiserslautern: Sippel - Dick, Amedick, Abel, Bugera - Petsos - Kirch (76. Jessen), Tiffert, Moravek (46. Nemec), Ilicevic (82. de Wit) - Lakic
Tore: 0:1 Lakic (1.), 1:1 Hunt (34., Foulelfmeter), 1:2 Lakic (52.)
Ecken: 8:2
Schiedsrichter: Weiner (Giesen)
Zuschauer: 35.135
Gelb: Frings, Hunt - Tiffert, Lakic
Gelb-Rot: Wagner (84.) - Bugera (72.)
Rot: keine

VfL Wolfsburg – 1899 Hoffenheim 2:2 (0:2)

VfL Wolfsburg: Benaglio - Riether, Kjaer, Barzagli, M. Schäfer - Madlung - Hasebe (69. Kahlenberg), Cigerci (46. Grafite) - Diego - Mandzukic, Dzeko
1899 Hoffenheim: Haas - Beck, Jaissle (79. Simunic), Compper, Ibertsberger - Rudy, Gustavo (65. Ba) - Vukcevic, Salihovic - Sigurdsson - Ibisevic (90. Mlapa)
Tore: 0:1 Gustavo (34.), 0:2 Sigurdsson (40.), 1:2 Diego (75.), 2:2 Dzeko (90+1.)
Ecken: 4:3
Schiedsrichter: Kircher (Rottenburg)
Zuschauer: 24.512
Gelb: Madlung, Mandzukic - Salihovic
Gelb-Rot: keine **Rot:** keine

In einem abwechslungsreichen Spiel siegt der 1. FSV Mainz 05 im Millerntor-Stadion beim FC St. Pauli mit 4:2 Toren und schließt damit eine großartige Bundesliga-Hinrunde überraschend auf Platz zwei der Tabelle ab. In dieser Szene versucht sich Gästespieler Lewis Holtby gegen Fabian Boll (am Boden) auf Seiten der Gastgeber durchzusetzen.

Folge. Unter den Erwartungen bewegen sich auch der FC Schalke 04 und der Hamburger SV zum Jahresende. Aber Siege heben die Stimmung vor Weihnachten. Schalke schlägt den 1. FC Köln souverän mit 3:0, der HSV hat Glück, dass der Tabellenletzte Borussia Mönchengladbach sehr viele Torchancen vergibt. Dazu bietet HSV-Torhüter Frank Rost beim 2:1-Erfolg der „Rothosen" eine exzellente Leistung.

Der SV Werder Bremen, dessen Ausscheiden in der UEFA Champions League zwei Wochen zuvor trotz eines 3:0-Sieges gegen Inter Mailand besiegelt worden ist, findet auch auf der nationalen Ebene einfach nicht den angestrebten Erfolgskurs. Schon nach nur 23,6 Sekunden liegen die Hanseaten gegen den 1. FC Kaiserslautern nach einem Tor von Srdjan Lakic zurück, am Ende heißt es 2:1 für den Aufsteiger. Bremen, der Bundesliga-Dritte und DFB-Pokalfinalist aus der Vorsaison, ist als Tabellenvierzehnter nur noch vier Punkte vom Relegationsplatz entfernt. Unter ihren Zielvorgaben liegen bei Halbzeit auch der VfB Stuttgart und der FC Bayern München, die aber im letzten Spiel der Hinrunde ein sehenswertes Spektakel abliefern. Der Südgipfel, der drei Tage später auch im DFB-Pokal noch einmal stattfinden wird, endet aus VfB-Sicht mit 3:5.

DER TORSCHÜTZE DES SPIELTAGES

Mit drei Toren an alter Wirkungsstätte endet für Mario Gomez (25, Foto) ein schwieriges Jahr großartig. Beim 5:3 des FC Bayern München beim VfB Stuttgart zum Abschluss der Hinrunde erzielt der Mittelstürmer seine Saisontore zehn bis zwölf. „Ich bin sehr froh, dass wir gewonnen haben, auch wenn es mit Biegen und Brechen war", sagt Gomez nach den drei Treffern gegen seinen Ex-Club. Dort hat er ab 2004 seinen Ruf als großartiger Stürmer begründet, doch nach Gomez' Wechsel zum FC Bayern im Sommer 2009 hat er seine Goalgetter-Qualitäten zunächst nicht in gekannter Form unter Beweis stellen können. Erst als Miroslav Klose im Oktober verletzt ausfällt, beginnt mit drei Toren beim 4:0 gegen Hannover seine Erfolgsserie.

RESULTATE

Freitag, 17.12.2010	Bor. M'gladbach - Hamburger SV	1:2	(0:0)
Samstag, 18.12.2010	FC Schalke 04 - 1. FC Köln	3:0	(1:0)
	Werder Bremen - 1. FC Kaiserslautern	1:2	(1:1)
	VfL Wolfsburg - 1899 Hoffenheim	2:2	(0:2)
	Eintracht Frankfurt - Bor. Dortmund	1:0	(0:0)
	1. FC Nürnberg - Hannover 96	3:1	(2:0)
	FC St. Pauli - 1. FSV Mainz 05	2:4	(1:3)
Sonntag, 19.12.2010	Bayer 04 Leverkusen - SC Freiburg	2:2	(1:1)
	VfB Stuttgart - FC Bayern München	3:5	(0:3)

TORJÄGER

Theofanis Gekas	Eintracht Frankfurt	14
Papiss Cissé	SC Freiburg	13
Mario Gomez	FC Bayern München	12
Srdjan Lakic	1. FC Kaiserslautern	11
Edin Dzeko	VfL Wolfsburg	10
Raúl	FC Schalke 04	9
Hugo Almeida	SV Werder Bremen	9
Didier Ya Konan	Hannover 96	9
André Schürrle	1. FSV Mainz 05	9

PERSONALIEN

Volker Finke (62), noch Trainer bei den Urawa Red Diamonds in Japan, wird zum 1. Februar 2011 Sportdirektor beim 1. FC Köln.

In seinem 197. Spiel als Trainer eines Bundesliga-Clubs kommt **Michael Skibbe** (45) durch das 1:0 von Eintracht Frankfurt gegen Borussia Dortmund zu seinem 84. Sieg und damit zum 300. Punktgewinn.

Seinen Vertrag als Geschäftsführer der Bayer 04 Leverkusen Fußball GmbH verlängert **Wolfgang Holzhäuser** (60) um drei Jahre bis 2014.

TABELLE

Rang	Club	Sp.	g	u	v	Tore	Diff.	Pkt.	
1	Borussia Dortmund	17	14	1	2	39:10	29	43	→
2	1. FSV Mainz 05	17	11	0	6	30:19	11	33	↗
3	Bayer 04 Leverkusen	17	9	6	2	35:25	10	33	→
4	Hannover 96	17	10	1	6	25:27	-2	31	↘
5	FC Bayern München	17	8	5	4	31:20	11	29	↗
6	SC Freiburg	17	9	1	7	25:25	0	28	↘
7	Eintracht Frankfurt	17	8	2	7	24:21	3	26	↗
8	1899 Hoffenheim	17	6	7	4	32:22	10	25	↘
9	Hamburger SV	17	7	3	7	27:28	-1	24	→
10	FC Schalke 04	17	6	4	7	25:24	1	22	→
11	1. FC Nürnberg	17	6	4	7	22:28	-6	22	→
12	1. FC Kaiserslautern	17	6	3	8	27:27	0	21	↗
13	VfL Wolfsburg	17	4	7	6	24:25	-1	19	→
14	SV Werder Bremen	17	5	4	8	23:35	-12	19	↘
15	FC St. Pauli	17	5	2	10	16:30	-14	17	→
16	1. FC Köln	17	4	3	10	18:33	-15	15	→
17	VfB Stuttgart	17	3	3	11	32:35	-3	12	→
18	Borussia M'gladbach	17	2	4	11	26:47	-21	10	→

17. SPIELTAG

Eintracht Frankfurt – Borussia Dortmund 1:0 (0:0)

Eintracht Frankfurt: Fährmann - Jung, Vasoski, Schwegler, Tzavellas (78. Fenin) - Clark, Köhler - Ochs, Meier, Halil Altintop (90+3. Caio) - Gekas (90+1. Amanatidis)
Borussia Dortmund: Weidenfeller - Piszczek, Subotic, Hummels, Schmelzer - S. Bender (46. da Silva), Sahin - Götze, Kagawa (64. Blaszczykowski), Großkreutz (73. Lewandowski) - Barrios
Tor: 1:0 Gekas (87.)
Ecken: 3:8
Schiedsrichter: Aytekin (Oberasbach)
Zuschauer: 51.500 (ausverkauft)
Gelb: Schwegler, Meier - Schmelzer, Weidenfeller
Gelb-Rot: keine **Rot:** keine

1. FC Nürnberg – Hannover 96 3:1 (2:0)

1. FC Nürnberg: R. Schäfer - Judt, Wollscheid, Wolf, Pinola - Simons, Cohen - Hegeler (90+2. Plattenhardt), Gündogan (85. Eigler), Ekici - Schieber (90. Okotie)
Hannover 96: Fromlowitz - Cherundolo, Eggimann, Pogatetz, C. Schulz - Schmiedebach, Pinto - Stindl (46. Hanke), Rausch (86. Djakpa) - Schlaudraff - Abdellaoue (64. Forssell)
Tore: 1:0 Cherundolo (28., Eigentor), 2:0 Wolf (31.), 2:1 Pinto (75., Handelfmeter), 3:1 Schieber (82.) **Ecken:** 6:3
Schiedsrichter: Winkmann (Kerken)
Zuschauer: 33.111
Gelb: R. Schäfer - Schmiedebach, Pinto, Pogatetz, Cherundolo
Gelb-Rot: keine **Rot:** keine

FC St. Pauli – 1. FSV Mainz 05 2:4 (1:3)

FC St. Pauli: Hain - Rothenbach, Morena, Gunesch, Oczipka - Boll (57. Bruns), Lehmann - Kruse (57. Takyi), Asamoah, Hennings (57. Schultz) - Ebbers
1. FSV Mainz 05: H. Müller - Zabavnik, Bungert, Noveski, Fuchs - M. Caligiuri, Fathi, Soto (81. Polanski) - Holtby (66. Allagui) - Szalai, Schürrle (90+2. Risse)
Tore: 0:1 Schürrle (11.), 0:2 Schürrle (28.), 1:2 Lehmann (33., Handelfmeter), 1:3 Szalai (41.), 2:3 Lehmann (63.), 2:4 M. Caligiuri (83.)
Ecken: 11:7
Schiedsrichter: Sippel (München)
Zuschauer: 24.235 (ausverkauft)
Gelb: Schultz, Rothenbach - H. Müller
Gelb-Rot: keine **Rot:** keine

Bayer 04 Leverkusen – SC Freiburg 2:2 (1:1)

Bayer 04 Leverkusen: Giefer - Castro, M. Friedrich, Reinartz, Kadlec - Vidal (69. Helmes), Rolfes (74. Balitsch) - Sam, Augusto, Barnetta - Derdiyok (66. Kießling)
SC Freiburg: Baumann - Mujdza, Flum, Butscher, Bastians - Schuster (76. D. Caligiuri) - Nicu, Rosenthal, Makiadi, Abdessadki (90+1. Jäger) - Reisinger (85. Yano)
Tore: 1:0 Vidal (16., Foulelfmeter), 1:1 Rosenthal (24.), 1:2 Reisinger (65.), 2:2 Helmes (75.) **Ecken:** 3:1
Schiedsrichter: Seemann (Essen)
Zuschauer: 22.421
Gelb: Reinartz, Barnetta, Kadlec - D. Caligiuri
Gelb-Rot: keine **Rot:** keine

VfB Stuttgart – FC Bayern München 3:5 (0:3)

VfB Stuttgart: Ulreich - Bicakcic (60. Boulahrouz), Tasci, Delpierre, Molinaro - Träsch, Kuzmanovic (68. Gentner) - Gebhart (46. Harnik), Boka - Pogrebnyak, Cacau
FC Bayern München: Butt - Lahm, Tymoshchuk, Breno, Contento - van Bommel, Ottl - Hamit Altintop (46. Pranjic), T. Müller (77. Alaba), Ribéry - Gomez (68. Klose) **Tore:** 0:1 Gomez (31.), 0:2 T. Müller (36.), 0:3 Ribéry (43.), 1:3 Harnik (49.), 1:4 Gomez (52.), 1:5 Gomez (54.), 2:5 Harnik (65.), 3:5 Gentner (70.) **Ecken:** 3:4
Schiedsrichter: Kinhöfer (Herne)
Zuschauer: 40.500 (ausverkauft)
Gelb: Träsch, Tasci, Pogrebnyak - Tymoshchuk
Gelb-Rot: keine **Rot:** keine

BUNDESLIGA

BVB setzt Vorrundenkurs fort – Vorsprung wächst auf zwölf Punkte

Die Rückrunde beginnt mit einem gewohnten Bild. Im ersten Spiel des Jahres 2011, vom Fernsehen in alle Welt übertragen, tritt Borussia Dortmund im Spitzenspiel bei Bayer 04 Leverkusen in glänzender Form, mit unverändertem Selbstbewusstsein und größter Souveränität auf und siegt nach drei Toren innerhalb von sechs Minuten kurz nach der Halbzeit mit 3:1. „Wir haben den Fußball aus der Vorrunde gespielt", stellt Trainer Jürgen Klopp nüchtern fest, nachdem vor dem Rückrundenstart die Spekulationen genährt wurden, Leverkusen könne gegen ein nach der 0:1-Niederlage in Frankfurt vielleicht verunsichertes BVB-Team den Rückstand noch einmal verkürzen und dem Titelkampf kurz nach Saisonhalbzeit wieder größere Spannung einhauchen.

Doch am Ende der 18. Runde beträgt der Vorsprung der Westfalen wieder zwölf Punkte, denn mit dem 1. FSV Mainz 05 bezieht neben Leverkusen ein weiterer Verfolger eine Niederlage. Mit 0:1 unterliegen die Rheinhessen beim VfB Stuttgart. Martin Harnik stellt erst spät den ersten Sieg unter der Regie von Trainer Bruno Labbadia sicher.

Thomas Kraft, die neue Nummer eins im Tor des FC Bayern München, zeichnet sich gleich aus, als er einen Strafstoß des Wolfsburgers Grafite pariert.

DAS COMEBACK DES SPIELTAGES

51 Wochen hat er nicht in der Bundesliga gespielt, ein halbes Jahr ist Michael Rensing (26, Foto) ohne Club gewesen und hat mit seinem eigenen Fitnesscoach trainiert. Als der 1. FC Köln den Kolumbianer Faryd Mondragon in der Winterpause in die US-Liga MLS zu Philadelphia Union ziehen lässt, erinnern sich die Rheinländer an den früheren Keeper des FC Bayern, bei den Münchnern einst Nachfolger von Oliver Kahn. Am 16. Januar 2011 steht Rensing im Fritz-Walter-Stadion im Spiel der Kölner beim 1. FC Kaiserslautern wieder im Tor. Zuvor ist er zuletzt beim 3:2 des FC Bayern beim SV Werder Bremen am 23. Januar 2010 im Einsatz gewesen. „Ich bin dem 1. FC Köln sehr dankbar, dass ich eine neue Chance bekomme", sagt Rensing – und zahlt dieses Vertrauen auf Anhieb mit einer guten Leistung zurück.

DATEN & FAKTEN

Zuschauer gesamt	332.767
pro Spiel	36.974
Tore gesamt	21
Elfmeter	4
Eigentore	0
Gelbe Karten	36
Gelb-Rote Karten	0
Rote Karten	1

Bayer 04 Leverkusen – Borussia Dortmund 1:3 (0:0)

■ **Bayer 04 Leverkusen**: Adler - Schwaab, M. Friedrich, Reinartz, Castro - L. Bender (60. Vidal), Rolfes - Augusto, Sam (60. Barnetta) - Helmes (60. Derdiyok), Kießling
■ **Borussia Dortmund**: Weidenfeller - Piszczek, Subotic, Hummels, Schmelzer - S. Bender (46. da Silva), Sahin - Blaszczykowski, Götze (69. Barrios), Großkreutz (87. Santana) - Lewandowski
Tore: 0:1 Großkreutz (49.), 0:2 Großkreutz (53.), 0:3 Götze (55.), 1:3 Kießling (80.) **Ecken**: 6:7
Schiedsrichter: Gagelmann (Bremen)
Zuschauer: 30.210 (ausverkauft)
Gelb: Kießling, M. Friedrich - Großkreutz **Gelb-Rot**: keine **Rot**: keine

VfL Wolfsburg – FC Bayern München 1:1 (0:1)

■ **VfL Wolfsburg**: Benaglio - Riether, Kjaer, A. Friedrich, M. Schäfer - Josué (69. Pekarik), Cicero (46. Cigerci) - Dejagah, Diego (88. Kahlenberg), Mandzukic - Grafite
■ **FC Bayern München**: Kraft - Lahm, Breno, Badstuber, Pranjic (82. Ottl) - van Bommel, Tymoshchuk (69. Gustavo) - T. Müller, Schweinsteiger, Ribéry (25. Robben) - Gomez
Tore: 0:1 T. Müller (7.), 1:1 Riether (86.)
Besondere Vorkommnisse: Lahm verschießt Foulelfmeter (21.), Kraft hält Foulelfmeter von Grafite (45+3.)
Ecken: 5:9 **Schiedsrichter**: Gräfe (Berlin)
Zuschauer: 30.000 (ausverkauft)
Gelb: Mandzukic, Josué - Schweinsteiger, Badstuber **Gelb-Rot**: keine **Rot**: keine

SV Werder Bremen – 1899 Hoffenheim 2:1 (1:0)

■ **SV Werder Bremen**: Wiese - Fritz, Mertesacker, Prödl, Silvestre - Frings - Bargfrede, F. Kroos (77. Pasanen) - Hunt (90+1. Avdic) - Arnautovic (88. Marin), Pizarro
■ **1899 Hoffenheim**: Starke - Beck, Vorsah, Compper, Ibertsberger (46. Jaissle) - Rudy - Weis (79. Tagoe), Alaba - Vukcevic, Mlapa - Ibisevic (88. Simunic)
Tore: 1:0 Pizarro (36.), 1:1 Vukcevic (87.), 2:1 Frings (90+2.)
Ecken: 8:4
Schiedsrichter: Zwayer (Berlin)
Zuschauer: 34.274
Gelb: Hunt, Prödl, Arnautovic - Mlapa, Jaissle
Gelb-Rot: keine **Rot**: keine

1. FC Nürnberg – Bor. Mönchengladbach 0:1 (0:1)

■ **1. FC Nürnberg**: R. Schäfer - Judt (78. Okotie), Wollscheid, Wolf, Pinola - Simons, Cohen (46. Eigler) - Hegeler, Ekici, Mak (60. Mendler) - Schieber
■ **Borussia M'gladbach**: Heimeroth - Levels, Nordtveit, Stranzl, Daems - Marx (82. Jantschke), Neustädter - Reus (90+3. Anderson), Idrissou - de Camargo - Hanke (71. Bradley)
Tor: 0:1 Neustädter (8.)
Besonderes Vorkommnis: Heimeroth hält Foulelfmeter von Pinola (86.)
Ecken: 6:3
Schiedsrichter: Rafati (Hannover)
Zuschauer: 37.464
Gelb: Wollscheid - Stranzl, Levels, Reus
Gelb-Rot: keine **Rot**: keine

Durch seine beiden Tore leitet Kevin Großkreutz (links), hier im Zweikampf mit Daniel Schwaab, den perfekten Start in die Rückrunde für Borussia Dortmund ein, das bei Bayer 04 Leverkusen mit 3:1 gewinnt.

Der FC Bayern startet ebenfalls durchwachsen in die Rückrunde mit einem Unentschieden beim VfL Wolfsburg. Die angekündigte Aufholjagd des Rekordmeisters, wo Trainer Louis van Gaal einen überraschenden Torwarttausch von Jörg Butt zu Thomas Kraft vorgenommen hat, kommt durch das 1:1 bereits ins Stocken, ehe sie richtig begonnen hat. Gegen die Niedersachsen, die künftig ohne den zu Manchester City abgewanderten Torjäger Edin Dzeko auskommen müssen, fällt Franck Ribéry wieder verletzt aus. Hannover 96 avanciert mit einem 3:0 bei Eintracht Frankfurt zum Gewinner des Spieltags und schiebt sich auf Platz zwei vor.

Am Tabellenende punkten alle Mannschaften. Borussia Mönchengladbach, in der Winterpause mit vier neuen Spielern verstärkt, schöpft mit dem 1:0 beim 1. FC Nürnberg neuen Mut. Der 1. FC Köln erkämpft im späten Sonntagsspiel ein 1:1 beim 1. FC Kaiserslautern, nachdem auch die Rheinländer in den Wochen zuvor neues Personal, darunter Torwart Michael Rensing, verpflichtet haben. Der FC St. Pauli muss sich im Millerntor-Stadion mit einem 2:2 gegen den SC Freiburg zufrieden geben. Das 0:1 des FC Schalke 04 in der heimischen VELTINS-Arena gegen den spielstarken Hamburger SV weckt in Gelsenkirchen die unguten Erinnerungen an den Beginn der Spielzeit. Routinier Torsten Frings bewahrt den SV Werder Bremen durch ein Traumtor zum 2:1 gegen 1899 Hoffenheim vor einem verunglückten Start in die Rückserie. Markant ist auch eine außergewöhnliche Tatsache: Die Schiedsrichter verhängen in den neun Begegnungen vier Strafstöße, die jedoch alle vergeben werden.

Erleichterung beim VfB Stuttgart nach dem 1:0 von Martin Harnik (rechts) gegen den 1. FSV Mainz 05. Jubel auch bei Timo Gebhart (Mitte) und Arthur Boka.

RESULTATE

Freitag, 14.01.2011	Bayer Leverkusen - Bor. Dortmund	1:3	(0:0)
Samstag, 15.01.2011	VfL Wolfsburg - Bayern München	1:1	(0:1)
	Werder Bremen - 1899 Hoffenheim	2:1	(1:0)
	1. FC Nürnberg - Bor. M'gladbach	0:1	(0:1)
	FC St. Pauli - SC Freiburg	2:2	(1:0)
	VfB Stuttgart - 1. FSV Mainz 05	1:0	(0:0)
	FC Schalke 04 - Hamburger SV	0:1	(0:0)
Sonntag, 16.01.2011	Eintracht Frankfurt - Hannover 96	0:3	(0:2)
	1. FC Kaiserslautern - 1. FC Köln	1:1	(0:1)

TORJÄGER

Papiss Cissé	SC Freiburg	15
Theofanis Gekas	Eintracht Frankfurt	14
Mario Gomez	FC Bayern München	12
Srdjan Lakic	1. FC Kaiserslautern	11
Edin Dzeko	VfL Wolfsburg	10
Didier Ya Konan	Hannover 96	10
Raúl	FC Schalke 04	9
Hugo Almeida	SV Werder Bremen	9
André Schürrle	1. FSV Mainz 05	9

PERSONALIEN

Nach einer Bandscheibenoperation feiert der zum Saisonbeginn von Hertha BSC Berlin gekommene Nationalspieler **Arne Friedrich** (31) zum Rückrundenstart sein Bundesliga-Comeback beim VfL Wolfsburg.

Diego (25) vom VfL Wolfsburg bestreitet im Spiel gegen den FC Bayern München seinen 100. Bundesliga-Einsatz.

Anstelle des bisherigen Stammtorhüters **Florian Fromlowitz** (24) steht bei Hannover 96 in der Begegnung bei Eintracht Frankfurt erstmals in der Bundesliga **Ron-Robert Zieler** (21) zwischen den Pfosten.

TABELLE

Rang	Club	Sp.	g	u	v	Tore	Diff.	Pkt.	
1	Borussia Dortmund	18	15	1	2	42:11	31	46	➔
2	Hannover 96	18	11	1	6	28:27	1	34	➚
3	1. FSV Mainz 05	18	11	0	7	30:20	10	33	➘
4	Bayer 04 Leverkusen	18	9	6	3	36:28	8	33	➘
5	FC Bayern München	18	8	6	4	32:21	11	30	➔
6	SC Freiburg	18	9	2	7	27:27	0	29	➔
7	Hamburger SV	18	8	3	7	28:28	0	27	➚
8	Eintracht Frankfurt	18	8	2	8	24:24	0	26	➘
9	1899 Hoffenheim	18	6	7	5	33:24	9	25	➘
10	1. FC Kaiserslautern	18	6	4	8	28:28	0	22	➚
11	FC Schalke 04	18	6	4	8	25:25	0	22	➘
12	1. FC Nürnberg	18	6	4	8	22:29	-7	22	➘
13	SV Werder Bremen	18	6	4	8	25:36	-11	22	➚
14	VfL Wolfsburg	18	4	8	6	25:26	-1	20	➘
15	FC St. Pauli	18	5	3	10	18:32	-14	18	➔
16	1. FC Köln	18	4	4	10	19:34	-15	16	➔
17	VfB Stuttgart	18	4	3	11	33:35	-2	15	➔
18	Borussia M'gladbach	18	3	4	11	27:47	-20	13	➔

FC St. Pauli – SC Freiburg 2:2 (1:0)

FC St. Pauli: Kessler - Rothenbach, Zambrano, Gunesch, Oczipka - Boll, Lehmann (46. Bruns) - Kruse, Takyi (65. Asamoah), Naki (65. Bartels) - Ebbers
SC Freiburg: Baumann - Mujdza, Barth, Butscher, Bastians - Schuster (46. Yano) - Nicu, Rosenthal (72. D. Caligiuri), Makiadi, Abdessadki (75. Putsila) - Cissé
Tore: 1:0 Ebbers (13.), 1:1 Cissé (61.), 2:1 Asamoah (68.), 2:2 Cissé (75.)
Besonderes Vorkommnis: Kessler hält Handelfmeter von Cissé (11.)
Ecken: 5:3 **Schiedsrichter:** Wingenbach (Diez) **Zuschauer:** 24.051 (ausverkauft) **Gelb:** Asamoah - Putsila
Gelb-Rot: keine **Rot:** keine

VfB Stuttgart – 1. FSV Mainz 05 1:0 (0:0)

VfB Stuttgart: Ulreich - Funk, Tasci, Delpierre, Molinaro - Träsch, Kuzmanovic - Gentner (59. Gebhart), Boka - Cacau (70. Harnik), Pogrebnyak (88. Niedermeier)
1. FSV Mainz 05: H. Müller - Zabavnik, Bungert, Noveski, Fuchs - M. Caligiuri, Fathi, Soto - Holtby (59. Szalai) - Risse (66. Allagui), Schürrle
Tor: 1:0 Harnik (79.)
Ecken: 6:7
Schiedsrichter: Weiner (Giesen)
Zuschauer: 33.500
Gelb: Gebhart - Holtby, Fathi
Gelb-Rot: keine **Rot:** keine

FC Schalke 04 – Hamburger SV 0:1 (0:0)

FC Schalke 04: Neuer - Matip, Höwedes, Metzelder, Schmitz - Moritz (53. Pander), Rakitic (83. Draxler) - Farfan, Edu (62. Jurado) - Raúl - Huntelaar
Hamburger SV: Rost - Demel, Kacar, Westermann, Aogo - Jarolim, Zé Roberto - Pitroipa (89. Tesche), Elia (90+2. Trochowski) - Ben-Hatira - van Nistelrooy
Tor: 0:1 van Nistelrooy (53.)
Ecken: 7:5
Schiedsrichter: Kircher (Rottenburg)
Zuschauer: 61.673 (ausverkauft)
Gelb: Edu, Jurado, Schmitz - Westermann, van Nistelrooy, Jarolim
Gelb-Rot: keine **Rot:** keine

Eintracht Frankfurt – Hannover 96 0:3 (0:2)

Eintracht Frankfurt: Nikolov - Jung, Clark, Kraus, Tzavellas (65. Caio) - Schwegler, Köhler - Ochs, Meier (46. Fenin), Halil Altintop (75. Amanatidis) - Gekas
Hannover 96: Zieler - Cherundolo, Haggui, Pogatetz, C. Schulz - Schmiedebach, Pinto - Schlaudraff (46. Stindl), Rausch (88. Djakpa) - Ya Konan, Abdellaoue
Tore: 0:1 Abdellaoue (15.), 0:2 C. Schulz (21.), 0:3 Ya Konan (89.)
Ecken: 5:5
Schiedsrichter: Kinhöfer (Herne)
Zuschauer: 39.300
Gelb: Schwegler - Rausch
Gelb-Rot: keine **Rot:** keine

1. FC Kaiserslautern – 1. FC Köln 1:1 (0:1)

1. FC Kaiserslautern: Sippel - Dick, Amedick, Rodnei, Jessen - Petsos, de Wit (46. Nemec) - Amri (70. Kirch), Moravek, Ilicevic - Lakic
1. FC Köln: Rensing - Andrezinho, Geromel, Pezzoni, Eichner - Petit (46. Yabo), Matuschyk - Clemens, Podolski, Peszko (75. Lanig) - Novakovic (84. Terodde)
Tore: 0:1 Podolski (29.), 1:1 Moravek (51.) **Ecken:** 10:4
Schiedsrichter: Winkmann (Kerken)
Zuschauer: 42.295
Gelb: Jessen - Peszko, Eichner, Andrezinho, Geromel, Yabo, Lanig
Gelb-Rot: keine **Rot:** Lakic (39.)

BUNDESLIGA

Spitzenteams lassen Punkte – FC Schalke 04 siegt dank Raúl

Der „Torero" Mario Gomez ist entscheidend daran beteiligt, dass beim FC Bayern München große Zufriedenheit herrscht. Der Mittelstürmer schnürt beim 5:1 gegen den 1. FC Kaiserslautern bereits sein drittes Päckchen mit drei Toren in der laufenden Saison. Auch die überzeugende Rückkehr des lange verletzten Arjen Robben in die Startelf hilft dem Titelverteidiger, mit dem höchsten Tagessieg sehr wertvolle Punkte gutzumachen. Denn an der Spitze lassen Borussia Dortmund, Hannover 96 und der 1. FSV Mainz 05 wichtige Punkte liegen.

Der Spitzenreiter erreicht nur ein 1:1 gegen den VfB Stuttgart, Hannover verliert das Heimspiel gegen den FC Schalke 04 durch ein Tor von Raúl mit 0:1 – ausschlaggebend ist zudem eine glänzende Leistung von Manuel Neuer. Die Mainzer unterliegen im Bruchweg-Stadion ebenfalls mit 0:1 gegen den VfL Wolfsburg. Simon Kjaer, der dänische Verteidiger der Niedersachsen, erzielt den einzigen Treffer und beendet damit die Wolfsburger Serie von sieben Unentschieden hintereinander.

Bayer 04 Leverkusen klettert durch ein überzeugendes 3:1 bei Borussia Mönchengladbach, das zu einer Wiedergutmachung für das 3:6 im Hinspiel wird, auf Platz zwei. Die einzige Mannschaft, die es schafft, mit zwei Siegen in das neue Jahr zu starten, ist der Hamburger SV. Die Hanseaten setzen sich im Freitagsspiel mit 1:0 gegen Eintracht Frankfurt durch. Mladen Petric, der Mann für die wichtigen Treffer, zeichnet besonders stark

Engagiert geführter Zweikampf zwischen Stuttgarts Pavel Pogrebnyak (links) und Dortmunds Mats Hummels, der wie die ganze Bundesliga für Olympische Spiele in München wirbt.

DATEN & FAKTEN

Zuschauer gesamt	398.955
pro Spiel	44.328
Tore gesamt	24
Elfmeter	0
Eigentore	0
Gelbe Karten	20
Gelb-Rote Karten	0
Rote Karten	0

Hamburger SV – Eintracht Frankfurt 1:0 (0:0)

Hamburger SV: Rost - Demel, Kacar (35. Rincon), Westermann, Aogo - Trochowski, Zé Roberto - Pitroipa (46. Petric), Elia (89. Tesche) - Ben-Hatira - van Nistelrooy
Eintracht Frankfurt: Nikolov - Jung, Rode, Clark, Petkovic (81. Kittel) - Meier (33. Caio), Köhler - Ochs, Halil Altintop, Fenin (73. M. Heller) - Gekas
Tor: 1:0 Petric (65.)
Ecken: 6:4
Schiedsrichter: Stark (Ergolding)
Zuschauer: 50.239
Gelb: keine
Gelb-Rot: keine **Rot:** keine

Hannover 96 – FC Schalke 04 0:1 (0:1)

Hannover 96: Zieler - Cherundolo, Haggui, Pogatetz, C. Schulz - Schmiedebach, Pinto (82. Stoppelkamp) - Schlaudraff (13. Stindl), Rausch - Ya Konan, Abdellaoue
FC Schalke 04: Neuer - Moritz, Höwedes, Metzelder, Schmitz - Kluge, Rakitic (85. Papadopoulos) - Farfan, Draxler (58. Pander) - Raúl - Huntelaar (89. Edu)
Tor: 0:1 Raúl (33.)
Ecken: 4:5
Schiedsrichter: Drees (Münster-Sarmsheim)
Zuschauer: 49.000 (ausverkauft)
Gelb: Stindl - Schmitz, Neuer
Gelb-Rot: keine **Rot:** keine

Borussia Dortmund – VfB Stuttgart 1:1 (1:0)

Borussia Dortmund: Weidenfeller - Piszczek, Subotic, Hummels, Schmelzer - da Silva, Sahin - Blaszczykowski (64. Barrios), Götze, Großkreutz (86. Feulner) - Lewandowski (90. Stiepermann)
VfB Stuttgart: Ulreich - Funk, Tasci, Delpierre (64. Niedermeier), Molinaro - Träsch, Kuzmanovic - Gentner, Boka (46. Gebhart) - Schipplock (70. Harnik), Pogrebnyak
Tore: 1:0 Götze (43.), 1:1 Pogrebnyak (84.)
Ecken: 8:6
Schiedsrichter: Brych (München)
Zuschauer: 80.720 (ausverkauft)
Gelb: Schipplock, Pogrebnyak
Gelb-Rot: keine **Rot:** keine

1. FSV Mainz 05 – VfL Wolfsburg 0:1 (0:0)

1. FSV Mainz 05: H. Müller - Zabavnik, Bungert, Noveski, Fuchs - Fathi (84. Ivanschitz), Soto (16. Polanski) - Risse, Schürrle - Allagui (64. Holtby), Szalai
VfL Wolfsburg: Benaglio - Riether (34. Pekarik), Kjaer, A. Friedrich, M. Schäfer - Josué, Cigerci (74. Kahlenberg) - Dejagah, Diego (89. Madlung), Mandzukic - Grafite
Tor: 0:1 Kjaer (82.)
Ecken: 3:5
Schiedsrichter: Perl (Pullach)
Zuschauer: 18.900
Gelb: Polanski - A. Friedrich
Gelb-Rot: keine **Rot:** keine

für die drei Punkte verantwortlich, die den HSV wieder nahe an die Europapokalplätze heranführen.

Zu den großen Überraschungen des Spieltages zählt der deutliche 3:0-Erfolg des 1. FC Köln gegen den SV Werder Bremen. Bei der Begegnung zwischen dem SC Freiburg und dem 1. FC Nürnberg trennen sich zwei Teams mit einem 2:2, die weiterhin mit ihrer Saisonzwischenbilanz die Erwartungen ihrer Fans übertreffen. 1899 Hoffenheim hingegen bleibt unter den Zielsetzungen. Das 2:2 gegen den FC St. Pauli zu Beginn einer neuen Ära in der Rhein-Neckar-Arena stellt kaum einen zufrieden, vor allem Marco Pezzaiuoli nicht, der in der Winterpause vom Assistenztrainer zum Chefcoach aufgestiegen ist. Ralf Rangnick hatte die Kraichgauer auf eigenen Wunsch nach viereinhalb Jahren mit zwei Aufstiegen verlassen.

In den Blickpunkt rückt der Spieltag in seiner Gesamtheit auch durch die Unterstützung der Bundesliga und der DFL für die Bemühungen Münchens und Garmisch-Partenkirchens um die Olympischen Spiele 2018. Alle Spieler tragen das Logo der Bewerbung für die Winterspiele in sieben Jahren auf einem Trikotärmel.

DAS COMEBACK DES SPIELTAGES

In der 56. Minute ist es im BORUSSIA-PARK so weit: Michael Ballack (34, Foto) gibt nach 134 Tagen Zwangspause sein Comeback. Er kommt für Bayer 04 Leverkusen in der Begegnung bei Borussia Mönchengladbach zu seinem ersten Einsatz nach der am 3. Spieltag bei Hannover 96 erlittenen Verletzung am Schienbeinköpfchen. Ballack ist erleichtert: „Das war ein wunderschönes Gefühl. Es war eine lange Leidenszeit. Ich habe darauf gebrannt, endlich wieder spielen zu können." Von Bayer-Coach Jupp Heynckes wird er später ausdrücklich gelobt: „Michael hat eine viel bessere Fitness als nach seinem Reha-Training im Sommer nach seiner ersten Verletzung aus dem Mai. Er hat souverän gespielt und unser Spiel beruhigt."

RESULTATE

Freitag, 21.01.2011	Hamburger SV - Eintracht Frankfurt	1:0	(0:0)
Samstag, 22.01.2011	Hannover 96 - FC Schalke 04	0:1	(0:1)
	Borussia Dortmund - VfB Stuttgart	1:1	(1:0)
	1. FSV Mainz 05 - VfL Wolfsburg	0:1	(0:0)
	SC Freiburg - 1. FC Nürnberg	1:1	(1:0)
	Bayern München - 1. FC Kaiserslautern	5:1	(1:0)
	1. FC Köln - SV Werder Bremen	3:0	(2:0)
Sonntag, 23.01.2011	Bor. M'gladbach - Bayer Leverkusen	1:3	(0:2)
	1899 Hoffenheim - FC St. Pauli	2:2	(1:0)

TORJÄGER

Mario Gomez	FC Bayern München	15
Papiss Cissé	SC Freiburg	15
Theofanis Gekas	Eintracht Frankfurt	14
Srdjan Lakic	1. FC Kaiserslautern	11
Raúl	FC Schalke 04	10
Edin Dzeko	VfL Wolfsburg	10
Didier Ya Konan	Hannover 96	10
Hugo Almeida	SV Werder Bremen	9
André Schürrle	1. FSV Mainz 05	9

PERSONALIEN

Tolga Cigerci (18) erleidet beim 1:0-Erfolg des VfL Wolfsburg beim 1. FSV Mainz 05 einen Mittelfußbruch.

Sein Debüt in der Bundesliga feiert im Team des 1. FC Nürnberg im Spiel beim SC Freiburg Verteidiger **Timothy Chandler** (20).

Neuer Vorsitzender des Aufsichtsrats beim Hamburger SV ist **Ernst-Otto Rickhoff** (59).

Mit einer Energieleistung befördert Mladen Petric den Ball zum 1:0 des Hamburger SV gegen Eintracht Frankfurt über die Linie. Gästekeeper Oka Nikolov ist ebenso wie seine Teamkollegen Sebastian Rode (links) und Sebastian Jung (Zweiter von rechts) machtlos.

TABELLE

Rang	Club	Sp.	g	u	v	Tore	Diff.	Pkt.	
1	Borussia Dortmund	19	15	2	2	43:12	31	47	→
2	Bayer 04 Leverkusen	19	10	6	3	39:29	10	36	↗
3	Hannover 96	19	11	1	7	28:28	0	34	↘
4	FC Bayern München	19	9	6	4	37:22	15	33	↗
5	1. FSV Mainz 05	19	11	0	8	30:21	9	33	↘
6	Hamburger SV	19	9	3	7	29:28	1	30	↗
7	SC Freiburg	19	9	3	7	28:28	0	30	↘
8	1899 Hoffenheim	19	6	8	5	35:26	9	26	↗
9	Eintracht Frankfurt	19	8	2	9	24:25	-1	26	↘
10	FC Schalke 04	19	7	4	8	26:25	1	25	↗
11	VfL Wolfsburg	19	5	8	6	26:26	0	23	↗
12	1. FC Nürnberg	19	6	5	8	23:30	-7	23	→
13	1. FC Kaiserslautern	19	6	4	9	29:33	-4	22	↘
14	SV Werder Bremen	19	6	4	9	25:39	-14	22	↘
15	1. FC Köln	19	5	4	10	22:34	-12	19	↗
16	FC St. Pauli	19	5	4	10	20:34	-14	19	↘
17	VfB Stuttgart	19	4	4	11	34:36	-2	16	→
18	Borussia M'gladbach	19	3	4	12	28:50	-22	13	→

SC Freiburg
1. FC Nürnberg 1:1 (1:0)

SC Freiburg: Baumann - Mujdza, Barth, Butscher, Bastians - Makiadi - Rosenthal (88. Bektasi), Flum (68. Schmid), Putsila, Jendrisek (64. Yano) - D. Caligiuri
1. FC Nürnberg: R. Schäfer - Judt, Wollscheid, Wolf, Pinola - Cohen (55. Okotie), Simons - Hegeler (55. Chandler), Ekici, Eigler (87. Mak) - Schieber
Tore: 1:0 Flum (32.), 1:1 Schieber (56.)
Ecken: 3:6
Schiedsrichter: Fritz (Korb)
Zuschauer: 20.000
Gelb: Ekici
Gelb-Rot: keine **Rot:** keine

FC Bayern München
1. FC Kaiserslautern 5:1 (1:0)

FC Bayern München: Kraft - Lahm, Tymoshchuk, Badstuber, Pranjic - van Bommel, Gustavo (85. Breno) - Robben (74. Hamit Altintop), Schweinsteiger, T. Müller - Gomez
1. FC Kaiserslautern: Sippel - Dick, Amedick, Rodnei, Bugera (76. Jessen) - Petsos (66. Amri) - Kirch, Tiffert, Moravek (66. Hoffer), Ilicevic - Nemec
Tore: 1:0 Robben (45+1.), 2:0 Gomez (46.), 2:1 Moravek (62.), 3:1 Gomez (80.), 4:1 Gomez (85.), 5:1 T. Müller (90+1.)
Ecken: 6:5
Schiedsrichter: Schmidt (Stuttgart)
Zuschauer: 69.000 (ausverkauft)
Gelb: Kirch, Tiffert, Bugera
Gelb-Rot: keine **Rot:** keine

1. FC Köln
SV Werder Bremen 3:0 (2:0)

1. FC Köln: Rensing - Andrezinho, Geromel, Eichner, Ehret - Lanig, Matuschyk - Peszko (85. McKenna), Podolski (88. Yabo), Clemens (88. Yalcin) - Novakovic
SV Werder Bremen: Wiese - Fritz, Mertesacker, Pasanen, Silvestre - Frings - Bargfrede, F. Kroos (39. Marin) - Hunt (75. Wagner) - Arnautovic (56. Avdic), Pizarro
Tore: 1:0 Podolski (7.), 2:0 Matuschyk (33.), 3:0 Podolski (84.)
Ecken: 7:3
Schiedsrichter: Sippel (München)
Zuschauer: 45.100
Gelb: Geromel, Lanig, Matuschyk - Arnautovic, Wiese
Gelb-Rot: keine **Rot:** keine

Borussia Mönchengladbach
Bayer 04 Leverkusen 1:3 (0:2)

Borussia M'gladbach: Heimeroth - Nordtveit, Stranzl, Dante, Daems - Marx (74. Herrmann), Neustädter (86. Bradley) - Reus, Idrissou - Hanke, de Camargo (58. Matmour)
Bayer 04 Leverkusen: Adler - Schwaab, Reinartz, Hyypiä, Kadlec - Vidal, Rolfes - Sam (56. Ballack), Augusto, Castro (90+4. Balitsch) - Kießling (74. Derdiyok)
Tore: 0:1 Kadlec (37.), 0:2 Castro (45.), 1:2 Stranzl (65.), 1:3 Castro (73.)
Ecken: 3:1
Schiedsrichter: Meyer (Burgdorf)
Zuschauer: 36.696
Gelb: Matmour - Adler
Gelb-Rot: keine **Rot:** keine

1899 Hoffenheim
FC St. Pauli 2:2 (1:0)

1899 Hoffenheim: Starke - Beck, Vorsah, Compper, Ibertsberger - Rudy (68. Sigurdsson) - Weis (79. Mlapa), Salihovic - Vukcevic (90+1. Thomalla), Alaba - Ibisevic
FC St. Pauli: Kessler - Thorandt, Zambrano, Gunesch, Oczipka - Boll, Lehmann - Kruse (77. Naki), Takyi (87. Sukuta-Pasu), Bartels - Asamoah (84. Hennings)
Tore: 1:0 Compper (29.), 1:1 Kruse (51.), 1:2 Asamoah (81.), 2:2 Alaba (90.) **Ecken:** 4:4
Schiedsrichter: Dingert (Lebecksmühle)
Zuschauer: 29.300
Gelb: Salihovic - Thorandt
Gelb-Rot: keine **Rot:** keine

19. SPIELTAG

BUNDESLIGA

Freiburg und Mainz Derbysieger – Gladbach gewinnt in Frankfurt

Borussia Dortmund lässt sich nicht erschüttern und zieht nach dem Verlust von zwei Punkten am Wochenende zuvor weiter souverän seine Kreise an der Tabellenspitze. Beim 0:3 ist auch der VfL Wolfsburg in der Volkswagen Arena gegen das Offensivfeuerwerk der Westfalen machtlos. Nach Toren von Lucas Barrios, Nuri Sahin und Mats Hummels ist erneut von einer Gala des jungen Teams von Trainer Jürgen Klopp die Rede. Über die Deutsche Meisterschaft will in den Reihen der Schwarz-Gelben, bei denen keine Verunsicherung nach dem 1:1 gegen Stuttgart festzustellen ist, dennoch weiterhin niemand sprechen.

Dahinter bringen sich Bayer 04 Leverkusen und der FC Bayern München im Kampf um die Plätze für die UEFA Champions League in Position. Die „Werkself" vom Rhein entscheidet den direkten Vergleich der Verfolger gegen Hannover 96 ungefährdet mit 2:0 für sich. Trotz eines Rückstands verlässt der FC Bayern gegen den SV Werder Bremen mit 3:1 als Sieger das Spielfeld im Weser-Stadion und verbessert sich auf den dritten Tabellenplatz – mit 14 Punkten Abstand zum Spitzenplatz.

Neben Bremen und Wolfsburg muss auch der FC Schalke 04 einen Rückschlag mit Auswirkungen auf das Tabellenbild hinnehmen. Denn gegen 1899 Hoffenheim geht das zweite Heimspiel des Jahres mit 0:1 verloren. „Es war eine enttäuschende Leistung, wir hatten keinen Punkt verdient", stellt Trainer Felix Magath fest. Isaac Vorsah erzielt früh das Tor zum ersten Hoffenheimer Sieg im Jahr 2011.

Drei weitere Begegnungen enden ebenfalls mit einem 0:1, insgesamt wird der Spieltag mit sechs Auswärtssiegen abgeschlossen. Im Rheinland-Pfalz-Derby demonstriert der 1. FSV Mainz 05 seine Auswärtsstärke beim 1. FC Kaiserslautern. Lewis Holtby schießt den Siegtreffer. Im Baden-Württemberg-Derby ist es Johannes Flum, dem das drei Punkte sichernde Tor des SC Freiburg als Gast des VfB Stuttgart gelingt. Die Breisgauer sind inzwischen schon seit sechs Spielen unbesiegt und bleiben im engen Kontakt zu den internationalen Plätzen, während die Schwaben auf den Abstiegsrängen verharren.

Der VfB beendet den Spieltag punktgleich mit dem Tabellenletzten Borussia Mönchengladbach, weil das Schlusslicht durch ein Tor von Igor de Camargo bei Eintracht Frankfurt

Einmal mehr Freude bei Borussia Dortmund: Nuri Sahin hat im Spiel beim VfL Wolfsburg für das 2:0 und die Vorentscheidung gesorgt. Während sich Lucas Barrios zum Gratulieren aufmacht, ist die Stimmung bei Alexander Madlung (rechts) und Peter Pekarik (links) auf dem Nullpunkt.

DER SPIELER DES SPIELTAGES

In der 2. Bundesliga hat Charles Takyi (26, Foto) in der vergangenen Saison seine

Qualitäten als Spielmacher so oft demonstriert, dass er beim FC St. Pauli als einer der Väter des Aufstiegs gilt. Doch in der Bundesliga fällt es dem schlanken Techniker zunächst schwer, sich in Szene zu setzen. Im Heimspiel gegen den 1. FC Köln erfolgt die Wende: „Sir Charles", geboren in Accra, aufgewachsen in Berlin, setzt sein Lebensmotto „Emma wo adamu emmuv" (Lass' dir nicht die Flügel brechen) um. Aus 22 Metern zirkelt er einen Fernschuss an Schlussmann Michael Rensing vorbei ins Netz. Kurz danach staubt er zum 2:0 ab. Takyi wird zur überragenden Figur beim 3:0 und verleiht seinem Team und den Fans am Millerntor neue Hoffnung im Kampf um den Klassenerhalt.

DATEN & FAKTEN

Zuschauer gesamt	348.588
pro Spiel	38.732
Tore gesamt	18
Elfmeter	2
Eigentore	1
Gelbe Karten	23
Gelb-Rote Karten	0
Rote Karten	2

Bayer 04 Leverkusen – Hannover 96 2:0 (2:0)

■ **Bayer 04 Leverkusen:** Adler - Schwaab, Reinartz, Hyypiä, Kadlec - Ballack, Rolfes - Augusto (90+2. M. Friedrich), Vidal, Castro (87. Balitsch) - Kießling (76. Derdiyok)
■ **Hannover 96:** Zieler - Cherundolo, Haggui, Pogatetz, C. Schulz - Schmiedebach (57. Stoppelkamp), Pinto (78. Chahed) - Stindl, Rausch (71. Djakpa) - Ya Konan, Abdellaoue
Tore: 1:0 Vidal (21.), 2:0 Rolfes (42.)
Ecken: 5:3
Schiedsrichter: Gräfe (Berlin)
Zuschauer: 28.013
Gelb: keine
Gelb-Rot: keine **Rot:** keine

SV Werder Bremen – FC Bayern München 1:3 (0:0)

■ **SV Werder Bremen:** Wiese - Pasanen, Mertesacker, Prödl, Silvestre - Bargfrede, Frings - Fritz (80. Wagner), Hunt (89. Mielitz), Marin (67. Trinks) - Pizarro
■ **FC Bayern München:** Kraft - Lahm, Tymoshchuk, Badstuber, Gustavo - Ottl, Pranjic - Robben, Schweinsteiger (69. Klose), T. Müller - Gomez (81. Breno)
Tore: 1:0 Mertesacker (47.), 1:1 Robben (65.), 1:2 Mertesacker (76., Eigentor), 1:3 Klose (86.)
Ecken: 7:4
Schiedsrichter: Kinhöfer (Herne)
Zuschauer: 40.500 (ausverkauft)
Gelb: Pizarro, Prödl - Schweinsteiger, Robben
Gelb-Rot: keine **Rot:** Wiese (88.)

VfL Wolfsburg – Borussia Dortmund 0:3 (0:2)

■ **VfL Wolfsburg:** Benaglio - Pekarik, Madlung, A. Friedrich, M. Schäfer - Riether (21. Kahlenberg), Josué - Dejagah, Diego, Mandzukic (46. Johnson) - Grafite (67. Mbokani)
■ **Borussia Dortmund:** Weidenfeller - Piszczek, Subotic, Hummels (76. Santana), Schmelzer - S. Bender, Sahin - Blaszczykowski (71. Lewandowski), Götze (88. Zidan), Großkreutz - Barrios
Tore: 0:1 Barrios (2.), 0:2 Sahin (40.), 0:3 Hummels (71.)
Ecken: 4:3
Schiedsrichter: Kircher (Rottenburg)
Zuschauer: 30.000 (ausverkauft)
Gelb: A. Friedrich, Pekarik - Piszczek, Subotic **Gelb-Rot:** keine **Rot:** keine

1. FC Nürnberg – Hamburger SV 2:0 (0:0)

■ **1. FC Nürnberg:** R. Schäfer - Judt (61. Chandler), Wollscheid, Wolf, Pinola - Cohen (85. Mintal), Simons - Mendler (61. Mak), Hegeler, Eigler - Schieber
■ **Hamburger SV:** Rost - Demel (65. Guerrero), Kacar, Westermann, Aogo - Jarolim, Zé Roberto - Pitroipa (46. Petric), Elia - Ben-Hatira (55. Jansen) - van Nistelrooy
Tore: 1:0 Simons (59., Foulelfmeter), 2:0 Cohen (70.)
Ecken: 6:3
Schiedsrichter: Welz (Wiesbaden)
Zuschauer: 36.202
Gelb: Wolf - Jarolim, Rost
Gelb-Rot: keine **Rot:** Kacar (69.)

Mit dem wiedergenesenen Torschützen Arjen Robben gewinnt der FC Bayern beim SV Werder mit 3:1. Links der Bremer Philipp Bargfrede.

gewinnt. „Wir haben den Anschluss geschafft", sagt Gladbachs Trainer Michael Frontzeck. Der 1. FC Köln unterliegt beim stark auftrumpfenden FC St. Pauli mit 0:3, und der 1. FC Nürnberg demonstriert erneut seine neue Klasse mit einem 2:0-Erfolg gegen den Hamburger SV.

RESULTATE

Freitag, 28.01.2011	Bayer Leverkusen - Hannover 96	2:0	(2:0)
Samstag, 29.01.2011	Werder Bremen - Bayern München	1:3	(0:0)
	VfL Wolfsburg - Borussia Dortmund	0:3	(0:2)
	1. FC Nürnberg - Hamburger SV	2:0	(0:0)
	FC Schalke 04 - 1899 Hoffenheim	0:1	(0:1)
	FC St. Pauli - 1. FC Köln	3:0	(2:0)
	1. FC Kaiserslautern - 1. FSV Mainz 05	0:1	(0:1)
Sonntag, 30.01.2011	VfB Stuttgart - SC Freiburg	0:1	(0:1)
	Eintracht Frankfurt - Bor. M'gladbach	0:1	(0:0)

TORJÄGER

Mario Gomez	FC Bayern München	15
Papiss Cissé	SC Freiburg	15
Theofanis Gekas	Eintracht Frankfurt	14
Srdjan Lakic	1. FC Kaiserslautern	11
Raúl	FC Schalke 04	10
Edin Dzeko	VfL Wolfsburg	10
Didier Ya Konan	Hannover 96	10
Hugo Almeida	SV Werder Bremen	9
Arturo Vidal	Bayer 04 Leverkusen	9

PERSONALIEN

Adam Szalai (23) vom 1. FSV Mainz 05 erleidet im Derby beim 1. FC Kaiserslautern einen Kreuzband- und Außenbandriss im rechten Knie.

Torjäger **Srdjan Lakic** (27) vom 1. FC Kaiserslautern hat zur kommenden Saison einen Vierjahresvertrag bis 2015 beim VfL Wolfsburg unterschrieben.

Im Spiel des SV Werder Bremen gegen den FC Bayern München kommt **Florian Trinks** (18) zu seinem ersten Bundesliga-Einsatz.

TABELLE

Rang	Club	Sp.	g	u	v	Tore	Diff.	Pkt.	
1	Borussia Dortmund	20	16	2	2	46:12	34	50	→
2	Bayer 04 Leverkusen	20	11	6	3	41:29	12	39	→
3	FC Bayern München	20	10	6	4	40:23	17	36	↗
4	1. FSV Mainz 05	20	12	0	8	31:21	10	36	↗
5	Hannover 96	20	11	1	8	28:30	-2	34	↘
6	SC Freiburg	20	10	3	7	29:28	1	33	↗
7	Hamburger SV	20	9	3	8	29:30	-1	30	↘
8	1899 Hoffenheim	20	7	8	5	36:26	10	29	→
9	Eintracht Frankfurt	20	8	2	10	24:26	-2	26	→
10	1. FC Nürnberg	20	7	5	8	25:30	-5	26	↗
11	FC Schalke 04	20	7	4	9	26:26	0	25	↘
12	VfL Wolfsburg	20	5	8	7	26:29	-3	23	↘
13	1. FC Kaiserslautern	20	6	4	10	29:34	-5	22	↘
14	FC St. Pauli	20	6	4	10	23:34	-11	22	↗
15	SV Werder Bremen	20	6	4	10	26:42	-16	22	↘
16	1. FC Köln	20	5	4	11	22:37	-15	19	↘
17	VfB Stuttgart	20	4	4	12	34:37	-3	16	→
18	Borussia M'gladbach	20	4	4	12	29:50	-21	16	→

FC Schalke 04 – 1899 Hoffenheim 0:1 (0:1)

■ **FC Schalke 04**: Neuer - Höwedes, Papadopoulos, Metzelder, Pander - Moritz (62. Edu), Kluge - Farfan, Deac (46. Draxler) - Raúl - Huntelaar (46. Gavranovic)
■ **1899 Hoffenheim**: Starke - Beck, Vorsah, Compper, Ibertsberger - Alaba - Rudy (74. Weis), Salihovic - Vukcevic, Babel (90+1. Jaissle) - Ibisevic (84. Sigurdsson)
Tor: 0:1 Vorsah (4.)
Ecken: 9:4
Schiedsrichter: Aytekin (Oberasbach)
Zuschauer: 60.569
Gelb: Moritz, Höwedes - Babel
Gelb-Rot: keine **Rot**: keine

FC St. Pauli – 1. FC Köln 3:0 (2:0)

■ **FC St. Pauli**: Kessler - Thorandt, Zambrano, Gunesch, Oczipka - Boll (66. Bruns), Lehmann - Kruse, Takyi (79. Sukuta-Pasu), Bartels - Asamoah (86. Drobo-Ampem)
■ **1. FC Köln**: Rensing - Andrezinho (46. Brecko), Makino, Eichner, Ehret - Lanig, Matuschyk (76. Yalcin) - Peszko (46. Jajalo), Podolski, Clemens - Novakovic
Tore: 1:0 Takyi (30.), 2:0 Takyi (36.), 3:0 Bruns (76., Foulelfmeter)
Ecken: 11:2
Schiedsrichter: Brych (München)
Zuschauer: 24.355 (ausverkauft)
Gelb: Peszko, Jajalo, Lanig, Matuschyk
Gelb-Rot: keine **Rot**: keine

1. FC Kaiserslautern – 1. FSV Mainz 05 0:1 (0:1)

■ **1. FC Kaiserslautern**: Sippel - Dick, Rodnei, Amedick, Jessen - Petsos (69. Moravek) - Kirch, Tiffert - de Wit (78. Amri) - Hoffer (69. Nemec), Lakic
■ **1. FSV Mainz 05**: H. Müller - Zabavnik, Bungert, Noveski, Fuchs - Fathi - M. Caligiuri, Ivanschitz (89. Kirchhoff) - Holtby (73. Sliskovic) - Szalai (12. Risse), Schürrle
Tor: 0:1 Holtby (23.)
Ecken: 6:3
Schiedsrichter: Stark (Ergolding)
Zuschauer: 46.649
Gelb: Dick
Gelb-Rot: keine **Rot**: keine

VfB Stuttgart – SC Freiburg 0:1 (0:1)

■ **VfB Stuttgart**: Ulreich - Funk (60. Harnik), Tasci, Niedermeier, Molinaro - Träsch, Kuzmanovic - Gentner, Didavi (46. Gebhart) - Marica (71. Schipplock), Pogrebnyak
■ **SC Freiburg**: Baumann - Mujdza, Barth, Butscher, Bastians - Makiadi - Putsila, Rosenthal (65. D. Caligiuri, 90. Jendrisek), Flum (85. Toprak), Nicu - Cissé
Tor: 0:1 Flum (24.)
Ecken: 8:3
Schiedsrichter: Drees (Münster-Sarmsheim)
Zuschauer: 38.600
Gelb: Putsila, Mujdza
Gelb-Rot: keine **Rot**: keine

Eintracht Frankfurt – Bor. Mönchengladbach 0:1 (0:0)

■ **Eintracht Frankfurt**: Nikolov - Jung, Franz (86. Halil Altintop), Russ, Tzavellas (86. Amanatidis) - Schwegler - Ochs, Caio, Meier, Köhler - Fenin (71. Gekas)
■ **Borussia M'gladbach**: Heimeroth - Levels, Stranzl, Dante, Daems - Nordtveit, Neustädter - Reus, Idrissou - de Camargo (90+2. Marx), Hanke (46. Matmour)
Tor: 0:1 de Camargo (84.)
Ecken: 4:4
Schiedsrichter: Gagelmann (Bremen)
Zuschauer: 43.700
Gelb: Neustädter, de Camargo
Gelb-Rot: keine **Rot**: keine

BUNDESLIGA

Ein halbes Dutzend Spieler des FC Bayern München – von links Mario Gomez, Andreas Ottl, Thomas Müller, Hamit Altintop, Luiz Gustavo und Bastian Schweinsteiger – stemmt sich dem Freistoß von Milivoje Novakovic entgegen, der mit dem 1. FC Köln einen 0:2-Rückstand zur Halbzeit gegen den deutschen Rekordmeister noch in einen 3:2-Erfolg dreht.

FC Bayern verspielt 2:0-Führung – Der „Club" besiegt erneut Bayer 04

Borussia Dortmund beherrscht zum Auftakt des Spieltages den Nachbarn deutlich, muss sich aber im Ruhrderby gegen den FC Schalke 04 mit einem torlosen Unentschieden begnügen. Manuel Neuer im Tor der Gelsenkirchener bietet eine Leistung, die von allen Experten und in allen Medien durchgehend mit „weltklasse" benotet wird. BVB-Trainer Jürgen Klopp ist nach dem Abpfiff nur bedingt zufrieden, er sagt aber auch: „Wichtig ist es, solche Spiele richtig zu bewerten. Wir haben einen Punkt mehr als vor dem Spiel."

Nicht einmal 24 Stunden später steht fest, dass der Spitzenreiter auch mit nur einem Punkt der Gewinner des Spieltages ist. Denn die Konkurrenten Bayer 04 Leverkusen und FC Bayern München müssen auswärts Niederlagen hinnehmen. Nur Hannover 96 kann von den Teams aus den Top 5 einen Sieg verzeichnen. Leverkusen enttäuscht beim 1. FC Nürnberg, der nach einem Treffer von Christian Eigler mit 1:0 verdient den zweiten Heimsieg innerhalb einer Woche einfährt. Der FC Bayern gibt das Spiel beim 1. FC Köln nach einer sicheren 2:0-Führung zur Halbzeit noch aus

DATEN & FAKTEN

Zuschauer gesamt	370.528
pro Spiel	41.170
Tore gesamt	20
Elfmeter	2
Eigentore	0
Gelbe Karten	34
Gelb-Rote Karten	2
Rote Karten	1

Borussia Dortmund – FC Schalke 04 0:0

Borussia Dortmund: Weidenfeller - Piszczek, Santana, Hummels, Schmelzer - S. Bender, Sahin - Blaszczykowski (89. Zidan), Götze, Großkreutz (73. Lewandowski) - Barrios
FC Schalke 04: Neuer - Uchida, Höwedes, Metzelder, Schmitz - Kluge, Annan (77. Papadopoulos) - Farfan, Jurado (81. Hao) - Raúl - Huntelaar (88. Draxler)
Tore: keine
Ecken: 1:2
Schiedsrichter: Weiner (Giesen)
Zuschauer: 80.720 (ausverkauft)
Gelb: S. Bender, Großkreutz - Huntelaar, Schmitz, Hao
Gelb-Rot: keine **Rot:** keine

1. FC Köln – FC Bayern München 3:2 (0:2)

1. FC Köln: Rensing - Brecko, Geromel, Mohamad, Eichner - Lanig, Matuschyk - Clemens (90+1. Yalcin), Podolski, Peszko (90. Ehret) - Novakovic (82. Jajalo)
FC Bayern München: Kraft - Lahm, Tymoshchuk, Badstuber, Gustavo (78. Klose) - Ottl, Pranjic - Hamit Altintop (62. Ribéry), Schweinsteiger, T. Müller - Gomez
Tore: 0:1 Gomez (22.), 0:2 Hamit Altintop (43.), 1:2 Clemens (55.), 2:2 Novakovic (62.), 3:2 Novakovic (73.)
Ecken: 5:7
Schiedsrichter: Zwayer (Berlin)
Zuschauer: 50.000 (ausverkauft)
Gelb: Badstuber, Lahm
Gelb-Rot: keine **Rot:** keine

1. FSV Mainz 05 – SV Werder Bremen 1:1 (1:0)

1. FSV Mainz 05: H. Müller - Zabavnik, Bungert, Noveski, Fuchs - Fathi - M. Caligiuri, Ivanschitz (62. Risse) - Holtby (86. Polanski) - Allagui (75. Sliskovic), Schürrle
SV Werder Bremen: Mielitz - Pasanen (46. Arnautovic), Mertesacker, Prödl, Silvestre - Frings (76. Trinks) - Fritz, Bargfrede - Hunt (76. F. Kroos) - Marin - Pizarro
Tore: 1:0 Schürrle (19.), 1:1 Pizarro (90+2.)
Ecken: 6:3
Schiedsrichter: Schmidt (Stuttgart)
Zuschauer: 20.300 (ausverkauft)
Gelb: Fuchs - Frings, Pizarro, Bargfrede, Fritz
Gelb-Rot: keine **Rot:** keine

1. FC Nürnberg – Bayer 04 Leverkusen 1:0 (0:0)

1. FC Nürnberg: R. Schäfer - Judt, Wollscheid, Maroh, Pinola - Simons - Ekici (72. Chandler), Hegeler, Cohen (85. Mintal), Eigler - Schieber (90. Nilsson)
Bayer 04 Leverkusen: Adler - Schwaab, Reinartz, Hyypiä, Kadlec - Ballack (67. Derdiyok), Rolfes - Augusto (59. Sam), Vidal, Castro (77. L. Bender) - Kießling
Tor: 1:0 Eigler (60.)
Ecken: 3:2
Schiedsrichter: Kircher (Rottenburg)
Zuschauer: 34.113
Gelb: Cohen - Rolfes, Augusto, Kießling
Gelb-Rot: Eigler (86.) **Rot:** keine

DER AUFREGER DES SPIELTAGES

Spielausfälle sind selten eine erfreuliche Sache, erst recht, wenn die Absage aus heiterem Himmel kommt – was vom Bild her nur in bedingter Weise passt. Denn Dauerregen ist die Ursache dafür, dass das mit Spannung erwartete Derby zwischen dem Hamburger SV und dem FC St. Pauli in der Imtech Arena nicht zum geplanten Termin stattfinden kann. In guter Absicht haben die Verantwortlichen des HSV kurzfristig einen neuen Rasen in ihrem Stadion verlegen lassen, doch das frische Grün ist aufgrund der Wassermassen „von oben" nicht rechtzeitig in einem bespielbaren Zustand. Beim vereinbarten Nachholtermin, zehn Tage später am 16. Februar, gewinnt der FC St. Pauli beim Stadtrivalen sensationell mit 1:0.

Der starke Schalker Keeper Manuel Neuer fängt auch diesen Ball im Derby beim BVB sicher vor Robert Lewandowski ab.

der Hand. Es sind Christian Clemens und zweimal Milivoje Novakovic, die die Tore für die im zweiten Durchgang wie entfesselt auftrumpfenden Domstädter erzielen. Die Mannschaft von Trainer Louis van Gaal fällt auf Platz fünf zurück, die „Geißböcke" feiern den ersten Heimsieg gegen den FC Bayern seit 16 Jahren mit vorkarnevalistischer Begeisterung.

Hannover 96 gewinnt das Niedersachsen-Derby mit hohem Unterhaltungswert gegen den VfL Wolfsburg durch ein Tor von Sergio Pinto mit 1:0. Wolfsburg befindet sich nur noch einen Punkt vom Relegationsplatz entfernt, trotz der Verstärkungen aus der Winterpause wie Jan Polak, Tuncay, Patrik Helmes und Dieumerci Mbokani. Zu einer speziellen Szene kommt es, als der von Emanuel Pogatetz gefoulte Diego und Helmes um die Ausführung eines Elfmeters streiten. Gegen den Willen von Trainer Steve McClaren schießt Diego den Strafstoß – gegen die Latte. Bald nach dem Spiel folgt die Trennung von dem Engländer, sein Assistent Pierre Littbarski wird zum Chefcoach befördert.

Im Tabellenkeller landet der VfB Stuttgart bei Borussia Mönchengladbach nach einem dramatischen Spiel einen Befreiungsschlag, bei dem ein 1:2-Rückstand noch in einen Sieg verwandelt wird. Der SV Werder Bremen entschärft dank Claudio Pizarros Treffer zum 1:1 beim 1. FSV Mainz 05 die schwierige sportliche Situation ein wenig. Den ersten Punkt im neuen Jahr holt Eintracht Frankfurt mit einem 0:0 beim SC Freiburg. Ohne Sieg in der Rückrunde bleibt auch der 1. FC Kaiserslautern im Südwestderby bei 1899 Hoffenheim. Die Pfälzer egalisieren zunächst einen 0:2-Rückstand, bevor sie dann doch noch den entscheidenden dritten Treffer kassieren. Mit zehn Tagen Verspätung schließt ein Derby-Paukenschlag den Spieltag ab. Im Nachholspiel gewinnt der FC St. Pauli erstmals seit 33 Jahren mit 1:0 wieder gegen den Hamburger SV.

Wolfsburgs Diego (28) vergibt bei Hannover 96 die Großchance zum Ausgleich für den VfL. Mit seinem Strafstoß trifft der Brasilianer nur Aluminium am Tor der „Roten".

RESULTATE

Freitag, 04.02.2011	Borussia Dortmund - FC Schalke 04	0:0	
Samstag, 05.02.2011	1. FC Köln - FC Bayern München	3:2	(0:2)
	1. FSV Mainz 05 - Werder Bremen	1:1	(1:0)
	1. FC Nürnberg - Bayer Leverkusen	1:0	(0:0)
	Hannover 96 - VfL Wolfsburg	1:0	(1:0)
	1899 Hoffenheim - 1. FC Kaiserslautern	3:2	(2:0)
	Bor. M'gladbach - VfB Stuttgart	2:3	(2:0)
Sonntag, 06.02.2011	SC Freiburg - Eintracht Frankfurt	0:0	
Mittwoch, 16.02.2011	Hamburger SV - FC St. Pauli	0:1	(0:0)

TORJÄGER

Mario Gomez	FC Bayern München	16
Papiss Cissé	SC Freiburg	15
Theofanis Gekas	Eintracht Frankfurt	14
Srdjan Lakic	1. FC Kaiserslautern	11
Raúl	FC Schalke 04	10
Edin Dzeko	VfL Wolfsburg	10
Didier Ya Konan	Hannover 96	10
André Schürrle	1. FSV Mainz 05	10

PERSONALIEN

Wegen einer erneuten Knieoperation fällt **Tim Hoogland** (25) vom FC Schalke 04 weiterhin aus.

Manasseh Ishiaku (28) wird vom 1. FC Köln bis zum Saisonende an VV St. Truiden in Belgien ausgeliehen.

Julian Schuster (25) verlängert seinen Vertrag beim SC Freiburg um drei Jahre bis 2014.

TABELLE

Rang	Club	Sp.	g	u	v	Tore	Diff.	Pkt.	
1	Borussia Dortmund	21	16	3	2	46:12	34	51	→
2	Bayer 04 Leverkusen	21	11	6	4	41:30	11	39	→
3	1. FSV Mainz 05	21	12	1	8	32:22	10	37	↗
4	Hannover 96	21	12	1	8	29:30	-1	37	↗
5	FC Bayern München	21	10	6	5	42:26	16	36	↘
6	SC Freiburg	21	10	4	7	29:28	1	34	→
7	1899 Hoffenheim	21	8	8	5	39:28	11	32	↗
8	Hamburger SV	21	9	3	9	29:31	-2	30	↘
9	1. FC Nürnberg	21	8	5	8	26:30	-4	29	↗
10	Eintracht Frankfurt	21	8	3	10	24:26	-2	27	↘
11	FC Schalke 04	21	7	5	9	26:26	0	26	→
12	FC St. Pauli	21	7	4	10	24:34	-10	25	↗
13	VfL Wolfsburg	21	5	8	8	26:30	-4	23	→
14	SV Werder Bremen	21	6	5	10	27:43	-16	23	↗
15	1. FC Kaiserslautern	21	6	4	11	31:37	-6	22	↘
16	1. FC Köln	21	6	4	11	25:39	-14	22	→
17	VfB Stuttgart	21	5	4	12	37:39	-2	19	→
18	Borussia M'gladbach	21	4	4	13	31:53	-22	16	→

21. SPIELTAG

Hannover 96 – VfL Wolfsburg 1:0 (1:0)

Hannover 96: Zieler - Cherundolo, Haggui, Pogatetz, C. Schulz - Schmiedebach (90+2. Lala), Pinto - Stindl (89. Chahed), Rausch - Ya Konan, Abdellaoue (80. Stoppelkamp)
VfL Wolfsburg: Benaglio - Pekarik, Kjaer, A. Friedrich, M. Schäfer - Polak, Josué (46. Helmes) - Dejagah, Diego, Sanli (73. Cicero) - Grafite (73. Mbokani)
Tor: 1:0 Pinto (5.)
Besonderes Vorkommnis: Diego verschießt Foulelfmeter (80.)
Ecken: 4:4
Schiedsrichter: Winkmann (Kerken)
Zuschauer: 37.213
Gelb: Ya Konan - Kjaer, Grafite, Pekarik **Gelb-Rot:** keine **Rot:** keine

1899 Hoffenheim – 1. FC Kaiserslautern 3:2 (2:0)

1899 Hoffenheim: Starke - Beck, Vorsah, Compper, Ibertsberger - Alaba - Rudy, Salihovic - Sigurdsson (83. Vukcevic), Babel (90+2. Jaissle) - Ibisevic (73. Braafheid)
1. FC Kaiserslautern: Sippel - Dick (46. Hoffer), Abel, Rodnei, Jessen - Tiffert, Petsos (83. Nemec) - Kirch (27. Hlousek), Moravek, Ilicevic - Lakic
Tore: 1:0 Sigurdsson (28.), 2:0 Rudy (40.), 2:1 Hoffer (58.), 2:2 Rodnei (59.), 3:2 Ibisevic (62.)
Ecken: 4:7
Schiedsrichter: Sippel (München)
Zuschauer: 30.150 (ausverkauft)
Gelb: Babel - Dick, Tiffert
Gelb-Rot: keine **Rot:** Braafheid (79.)

Borussia Mönchengladbach – VfB Stuttgart 2:3 (2:0)

Borussia M'gladbach: Heimeroth - Levels, Stranzl, Dante, Daems - Nordtveit, Neustädter (89. Arango) - Reus, Idrissou - de Camargo (83. Herrmann), Matmour (67. Hanke)
VfB Stuttgart: Ulreich - Funk (46. Kuzmanovic), Tasci, Niedermeier, Molinaro (46. Hajnal) - Träsch, Gentner - Gebhart, Boka - Harnik (79. Schipplock), Pogrebnyak
Tore: 1:0 Dante (29.), 2:0 de Camargo (31.), 2:1 Pogrebnyak (51.), 2:2 Harnik (56.), 2:3 Gebhart (87., Foulelfmeter)
Ecken: 5:3
Schiedsrichter: Kinhöfer (Herne)
Zuschauer: 39.132
Gelb: Reus - Gebhart, Niedermeier
Gelb-Rot: Dante (87.) **Rot:** keine

SC Freiburg – Eintracht Frankfurt 0:0

SC Freiburg: Baumann - Mujdza, Barth, Butscher, Bastians - Makiadi (85. Reisinger) - Abdessadki (65. Jendrisek), Rosenthal (79. D. Caligiuri), Flum, Nicu - Cissé
Eintracht Frankfurt: Nikolov - Jung, Franz, Russ, Tzavellas - Meier, Schwegler - Ochs, Caio, Köhler (79. Halil Altintop) - Gekas (90+1. Fenin)
Tore: keine
Ecken: 5:6
Schiedsrichter: Meyer (Burgdorf)
Zuschauer: 21.900
Gelb: Meier, Franz
Gelb-Rot: keine **Rot:** keine

Hamburger SV – FC St. Pauli 0:1 (0:0)

Hamburger SV: Rost - Demel, Westermann, Mathijsen, Aogo - Jarolim, Zé Roberto - Ben-Hatira (72. Pitroipa), Jansen (46. Elia) - van Nistelrooy (72. Guerrero), Petric
FC St. Pauli: Pliquett - Thorandt, Zambrano, Gunesch, Volz - Boll (89. Bruns), Lehmann - Kruse, Takyi (58. Ebbers), Bartels - Asamoah (70. Daube)
Tor: 0:1 Asamoah (59.)
Ecken: 11:5
Schiedsrichter: Perl (Pullach)
Zuschauer: 57.000 (ausverk.)
Gelb: Jarolim, Zé Roberto, Westermann, Demel - Zambrano, Daube
Gelb-Rot: keine **Rot:** keine

BUNDESLIGA

„Rib" und „Rob" glänzen in München – Niederlage bei „Littis" Debüt als Chef

Ehemalige Teamkollegen im Zweikampf: Franck Ribéry behauptet den Ball gegen David Alaba (links), der in der Winterpause vom FC Bayern München zu 1899 Hoffenheim gewechselt ist.

Der FC St. Pauli demonstriert seine Heimstärke und durchkreuzt die Hoffnungen von Borussia Mönchengladbach, den Anschluss an die Nichtabstiegszone zu finden. Beim 3:1 gehen die Gäste durch Igor de Camargo früh in Führung, verlieren dann aber den brasilianischen Torschützen nach einer Roten Karte wegen einer Unbeherrschtheit. Zehn Gladbacher können anschließend die Niederlage nicht mehr abwenden. Beim VfL Wolfsburg hat Pierre Littbarski, der Weltmeister von 1990, Steve McClaren als Chefcoach abgelöst und gibt nun sein Trainerdebüt in der Bundesliga – mit einer 0:1-Niederlage im Heimspiel gegen den Hamburger SV.

Andere Mannschaften aus der Abstiegszone trifft es noch härter. Eintracht Frankfurt unterliegt zu Hause mit 0:3 gegen Bayer 04 Leverkusen. Gästetrainer Jupp Heynckes lobt seine siegreichen Spieler für „die beste Halbzeit der Saison". Der VfB Stuttgart verliert im eigenen Stadion gegen den 1. FC Nürnberg mit 1:4, wobei der von den Schwaben ausgeliehene „Club"-Stürmer Julian Schieber eine großartige Leistung bietet, nach seinem Tor aber aus Respekt den Jubel unterdrückt. Die Franken haben nach 22 Spieltagen schon so viele Punkte gesammelt wie nach 34 Spielrunden in der vergangenen Saison.

DATEN & FAKTEN

Zuschauer gesamt	397.806
pro Spiel	44.201
Tore gesamt	28
Elfmeter	1
Eigentore	0
Gelbe Karten	30
Gelb-Rote Karten	1
Rote Karten	1

Eintracht Frankfurt – Bayer 04 Leverkusen 0:3 (0:2)

Eintracht Frankfurt: Nikolov - Jung (89. M. Heller), Franz, Russ, Tzavellas (46. Fenin) - Schwegler - Ochs, Caio (46. Halil Altintop), Meier, Köhler - Gekas
Bayer 04 Leverkusen: Adler - Schwaab, Reinartz, Hyypiä, Kadlec - Vidal, Rolfes - Sam (67. Balitsch), Augusto, Castro (80. L. Bender) - Derdiyok (84. Kießling)
Tore: 0:1 Rolfes (9.), 0:2 Augusto (32.), 0:3 Balitsch (84.)
Ecken: 1:6
Schiedsrichter: Winkmann (Kerken)
Zuschauer: 42.600
Gelb: Ochs, Tzavellas, Franz - Derdiyok
Gelb-Rot: keine **Rot:** keine

VfL Wolfsburg – Hamburger SV 0:1 (0:1)

VfL Wolfsburg: Benaglio - Pekarik, Kjaer, A. Friedrich, M. Schäfer - Hasebe, Polak (72. Cicero) - Dejagah (64. Koo), Sanli - Helmes, Grafite (64. Mbokani)
Hamburger SV: Rost - Demel, Westermann, Mathijsen (84. Benjamin), Aogo - Jarolim, Zé Roberto - Ben-Hatira, Jansen (61. Elia) - van Nistelrooy (79. Guerrero), Petric
Tor: 0:1 Petric (33., Foulelfmeter)
Ecken: 5:5
Schiedsrichter: Fritz (Korb)
Zuschauer: 30.000 (ausverkauft)
Gelb: Kjaer, Grafite, Polak, A. Friedrich - Aogo
Gelb-Rot: keine **Rot:** keine

FC Bayern München – 1899 Hoffenheim 4:0 (2:0)

FC Bayern München: Kraft - Lahm, Tymoshchuk, Badstuber, Gustavo - Schweinsteiger, Pranjic - Robben (84. Hamit Altintop), T. Müller, Ribéry - Gomez
1899 Hoffenheim: Starke - Beck, Vorsah (46. Simunic), Compper, Ibertsberger - Alaba - Rudy (20. Weis), Salihovic - Vukcevic (77. Sigurdsson), Babel - Ibisevic
Tore: 1:0 Gomez (2.), 2:0 T. Müller (15.), 3:0 Robben (63.), 4:0 Robben (81.)
Ecken: 8:3
Schiedsrichter: Gagelmann (Bremen)
Zuschauer: 69.000 (ausverkauft)
Gelb: Weis, Simunic, Beck, Salihovic
Gelb-Rot: keine **Rot:** keine

FC St. Pauli – Bor. Mönchengladbach 3:1 (1:1)

FC St. Pauli: Kessler - Thorandt, Zambrano, Gunesch, Volz - Boll (67. Daube), Lehmann - Kruse, Takyi (73. Sukuta-Pasu), Bartels - Asamoah (80. Ebbers)
Borussia M'gladbach: Heimeroth - Levels, Nordtveit, Stranzl, Daems - Fink, Neustädter - Herrmann (46. Marx), Idrissou - de Camargo, Hanke (73. Matmour)
Tore: 0:1 de Camargo (9.), 1:1 Kruse (37.), 2:1 Asamoah (53.), 3:1 Lehmann (58.)
Ecken: 9:1
Schiedsrichter: Stark (Ergolding)
Zuschauer: 24.487 (ausverkauft)
Gelb: Lehmann - Idrissou
Gelb-Rot: keine **Rot:** de Camargo (21.)

Schalkes Klaas-Jan Huntelaar kann sich hier zwar gegen den Freiburger Oliver Barth (verdeckt) durchsetzen, scheitert aber an Keeper Oliver Baumann (rechts).

In den oberen Bereichen der Tabelle überzeugt der FC Bayern München, der das zuletzt zwei Mal erfolgreiche 1899 Hoffenheim mit 4:0 besiegt. Bei der souveränen Vorstellung zaubern erstmals in dieser Saison „Rib" und „Rob" wieder zusammen. Die Flügelzange Arjen Robben und Franck Ribéry drückt dem Spiel ihren Stempel auf und lässt die Fans wie die Vereinsführung jubeln. Der FC Bayern rückt wieder auf Platz drei hinter Dortmund und Leverkusen vor. Der Spitzenreiter zeigt auf dem Betzenberg nicht seine beste Saisonleistung und muss in einem intensiven Kampfspiel beim 1. FC Kaiserslautern den späten Ausgleich hinnehmen, nachdem Neven Subotic die Gelb-Rote Karte gesehen hat.

Der FC Schalke 04 stimmt sich mit einem knappen Sieg gegen den SC Freiburg für das Champions-League-Spiel beim FC Valencia ein. „Wir wussten nicht mehr, wie sich eine Niederlage anfühlt", sagt Trainer Robin Dutt, nachdem für die Badener eine Serie von sieben Spielen ohne Niederlage endet. In den Sonntagsspielen beweist der 1. FC Köln seine neue Heimstärke mit einem souveränen 4:2 gegen den 1. FSV Mainz 05. Durch den Sieg, bei dem sich Lukas Podolski und Milivoje Novakovic die Torerfolge teilen, verlassen die Domstädter erstmals seit Oktober die Plätze 16 bis 18. Der SV Werder Bremen kann sich hingegen mit einem 1:1 im Nordderby gegen Hannover 96 nicht aus der Gefahrenzone befreien.

DAS DEBÜT DES SPIELTAGES

Ein alter Bekannter gibt sein Debüt als Cheftrainer: Pierre Littbarski (50, Foto), Weltmeister von 1990, wird mit der Chefrolle beim VfL Wolfsburg erstmals bei einem Bundesliga-Club die Verantwortung als Trainer übertragen. Doch fünf Tage nach der Trennung von Steve McClaren muss „Litti" als Chefcoach ein 0:1 gegen den Hamburger SV hinnehmen. Er setzt fast alle in der Winterpause verpflichteten Profis ein, baut auf eine Doppelspitze und verzichtet auf Diego, der wegen des verschossenen Elfmeters in der Vorwoche in Ungnade gefallen ist. Ein Foulspiel von Simon Kjaer gegen Mladen Petric führt zu einem Foulelfmeter und Littbarskis erster Niederlage in neuer Funktion. Die „Wölfe" gehen kämpfend unter, und Littbarski sagt: „Es fehlte uns nur ein kleiner Schuss Genialität."

RESULTATE

Samstag, 12.02.2011	Eintr. Frankfurt - Bayer Leverkusen	0:3	(0:2)
	VfL Wolfsburg - Hamburger SV	0:1	(0:1)
	Bayern München - 1899 Hoffenheim	4:0	(2:0)
	FC St. Pauli - Borussia M'gladbach	3:1	(1:1)
	FC Schalke 04 - SC Freiburg	1:0	(0:0)
	VfB Stuttgart - 1. FC Nürnberg	1:4	(1:2)
	1. FC Kaiserslautern - B. Dortmund	1:1	(0:0)
Sonntag, 13.02.2011	1. FC Köln - 1. FSV Mainz 05	4:2	(2:1)
	SV Werder Bremen - Hannover 96	1:1	(0:1)

TORJÄGER

Mario Gomez	FC Bayern München	17
Papiss Cissé	SC Freiburg	15
Theofanis Gekas	Eintracht Frankfurt	14
Srdjan Lakic	1. FC Kaiserslautern	11
Didier Ya Konan	Hannover 96	11
Raúl	FC Schalke 04	10
Edin Dzeko	VfL Wolfsburg	10
André Schürrle	1. FSV Mainz 05	10

PERSONALIEN

Der Kolumbianer **Elkin Soto** (30) verlängert seinen Vertrag beim 1. FSV Mainz 05 um zwei Jahre bis 2013.

Wegen eines Außenbandrisses im rechten Sprunggelenk muss **Oliver Kirch** (28) vom 1. FC Kaiserslautern vorerst pausieren.

Ebenfalls wegen eines Außenbandrisses fehlt **Timo Gebhart** (21) beim VfB Stuttgart vorläufig.

TABELLE

Rang	Club	Sp.	g	u	v	Tore	Diff.	Pkt.	
1	Borussia Dortmund	22	16	4	2	47:13	34	52	→
2	Bayer 04 Leverkusen	22	12	6	4	44:30	14	42	→
3	FC Bayern München	22	11	6	5	46:26	20	39	↗
4	Hannover 96	22	12	2	8	30:31	-1	38	→
5	1. FSV Mainz 05	22	12	1	9	34:26	8	37	↘
6	SC Freiburg	22	10	4	8	29:29	0	34	→
7	Hamburger SV	22	10	3	9	30:31	-1	33	↗
8	1899 Hoffenheim	22	8	8	6	39:32	7	32	↘
9	1. FC Nürnberg	22	9	5	8	30:31	-1	32	→
10	FC Schalke 04	22	8	5	9	27:26	1	29	↗
11	FC St. Pauli	22	8	4	10	27:35	-8	28	↗
12	Eintracht Frankfurt	22	8	3	11	24:29	-5	27	↘
13	1. FC Köln	22	7	4	11	29:41	-12	25	↗
14	SV Werder Bremen	22	6	6	10	28:44	-16	24	→
15	VfL Wolfsburg	22	5	8	9	26:31	-5	23	↘
16	1. FC Kaiserslautern	22	6	5	11	32:38	-6	23	↘
17	VfB Stuttgart	22	5	4	13	38:43	-5	19	→
18	Borussia M'gladbach	22	4	4	14	32:56	-24	16	→

FC Schalke 04 – SC Freiburg 1:0 (0:0)

■ **FC Schalke 04:** Neuer - Uchida, Höwedes, Metzelder, Schmitz - Kluge, Annan (76. Matip) - Farfan, Jurado (84. Draxler) - Raúl - Huntelaar (46. Gavranovic)
■ **SC Freiburg:** Baumann - Mujdza, Barth, Butscher, Bastians - Makiadi (79. Toprak) - D. Caligiuri, Flum (64. Rosenthal), Nicu, Jendrisek (46. Reisinger) - Cissé
Tor: 1:0 Farfan (49.)
Ecken: 12:0
Schiedsrichter: Welz (Wiesbaden)
Zuschauer: 60.439
Gelb: Farfan, Kluge - Bastians, Butscher
Gelb-Rot: keine **Rot:** keine

VfB Stuttgart – 1. FC Nürnberg 1:4 (1:2)

■ **VfB Stuttgart:** Ulreich - Funk (46. Cacau), Tasci, Delpierre, Molinaro - Kuzmanovic - Träsch, Elson - Hajnal (72. Didavi) - Harnik, Pogrebnyak (85. Schipplock)
■ **1. FC Nürnberg:** R. Schäfer - Judt, Wollscheid (69. Nilsson), Wolf, Pinola - Cohen, Simons - Chandler (75. Mintal), Ekici, Hegeler (84. Plattenhardt) - Schieber
Tore: 0:1 Simons (11.), 0:2 Schieber (28.), 1:2 Funk (45+2.), 1:3 Chandler (51.), 1:4 Ekici (63.)
Ecken: 3:7
Schiedsrichter: Gräfe (Berlin)
Zuschauer: 38.000
Gelb: Tasci, Pogrebnyak, Elson - Hegeler
Gelb-Rot: keine **Rot:** keine

1. FC Kaiserslautern – Borussia Dortmund 1:1 (0:0)

■ **1. FC Kaiserslautern:** Sippel - Petsos, Amedick, Rodnei, Jessen - Bilek (84. Nemec), Tiffert - Ilicevic, Moravek, Hlousek (62. Rivic, 86. Hoffer) - Lakic
■ **Borussia Dortmund:** Weidenfeller - Piszczek, Subotic, Hummels, Schmelzer - S. Bender, Sahin - Götze (86. Santana), Lewandowski (75. Zidan, 82. da Silva), Großkreutz - Barrios
Tore: 0:1 S. Bender (81.), 1:1 Moravek (90.)
Ecken: 6:2
Schiedsrichter: Meyer (Burgdorf)
Zuschauer: 49.780 (ausverkauft)
Gelb: Ilicevic
Gelb-Rot: Subotic (85.) **Rot:** keine

1. FC Köln – 1. FSV Mainz 05 4:2 (2:1)

■ **1. FC Köln:** Rensing - Brecko, Geromel, Mohamad (46. Pezzoni), Eichner - Lanig, Matuschyk (46. Petit) - Peszko, Podolski (85. Yalcin), Clemens - Novakovic
■ **1. FSV Mainz 05:** H. Müller - Zabavnik, Bungert, Noveski, Fuchs - Fathi (65. Sliskovic) - M. Caligiuri, Ivanschitz (65. Risse) - Holtby (71. Soto) - Allagui, Schürrle
Tore: 1:0 Podolski (3.), 1:1 Allagui (31.), 2:1 Novakovic (43.), 3:1 Podolski (55.), 4:1 Novakovic (60.), 4:2 Sliskovic (89.)
Ecken: 5:1
Schiedsrichter: Aytekin (Oberasbach)
Zuschauer: 44.000
Gelb: Matuschyk, Peszko - Holtby
Gelb-Rot: keine **Rot:** keine

SV Werder Bremen – Hannover 96 1:1 (0:1)

■ **SV Werder Bremen:** Mielitz - Fritz, Mertesacker, Prödl, Silvestre - Frings - Bargfrede (80. F. Kroos), Hunt (86. Trinks) - Marin - Arnautovic, Pizarro (63. Avdic)
■ **Hannover 96:** Zieler - Cherundolo, Haggui, Pogatetz, C. Schulz - Schmiedebach, Pinto - Stindl, Rausch (86. Forssell) - Schlaudraff (90+2. Eggimann) - Ya Konan (68. Stoppelkamp)
Tore: 0:1 Ya Konan (26.), 1:1 Mertesacker (50.) **Ecken:** 11:3
Schiedsrichter: Brych (München)
Zuschauer: 39.500
Gelb: Ya Konan, Pogatetz, Schmiedebach
Gelb-Rot: keine **Rot:** keine

22. SPIELTAG

BUNDESLIGA

Erster Heimsieg für Gladbach – HSV gewinnt Derby gegen Werder

Der FC Bayern holt drei Punkte beim 1. FSV Mainz 05, Borussia Dortmund dominiert sein Heimspiel gegen den FC St. Pauli, und Bayer 04 Leverkusen lässt sich vom VfB Stuttgart nicht aus dem Konzept bringen. Die Spitzenteams der Bundesliga sammeln weiter fleißig Punkte. Zu den Top 4 zählt auch Hannover 96, das nicht nur einen klaren Sieg gegen den 1. FC Kaiserslautern einfährt, sondern sich auch in der oberen Tabellenregion festsetzt.

Die Offensive des FC Bayern läuft auf Hochtouren. Im Mainzer Stadion am Bruchweg erzielen die Nationalspieler Bastian Schweinsteiger, Thomas Müller und Mario

DAS COMEBACK DES SPIELTAGES

Neuer Trainer, neue Hoffnung für Borussia Mönchengladbach: Sechs Tage nach seinem Amtsantritt beim Bundesliga-Schlusslicht feiert Trainer Lucien Favre (53, Foto) als Nachfolger von Michael Frontzeck mit dem hochverdienten 2:1 gegen den FC Schalke 04 einen Einstand nach Maß und den ersten Heimsieg des fünfmaligen deutschen Meisters seit dem 9. April 2010 (2:0 gegen Frankfurt). Gladbach verkürzt den Abstand auf Platz 16 dank einer kämpferisch sehr überzeugenden Vorstellung auf vier Punkte. Mit dem Schweizer, zuletzt bis September 2009 bei Hertha BSC Berlin beschäftigt, sieht die Borussia wieder Licht am Horizont. Favre jedoch bleibt Realist: „Es ist nur ein Schritt. Wir haben noch schwere Aufgaben vor uns, schon in der nächsten Woche in Wolfsburg."

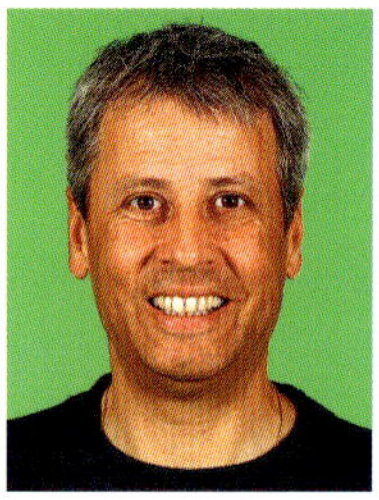

In luftigen Höhen bewegen sich in dieser sehenswerten Derbyszene Heiko Westermann (links), Kapitän des Hamburger SV, und Tim Borowski vom SV Werder Bremen.

DATEN & FAKTEN

Zuschauer gesamt	361.049
pro Spiel	40.117
Tore gesamt	30
Elfmeter	0
Eigentore	2
Gelbe Karten	31
Gelb-Rote Karten	0
Rote Karten	0

1. FC Nürnberg – Eintracht Frankfurt 3:0 (0:0)

■ **1. FC Nürnberg:** R. Schäfer - Chandler, Wollscheid, Wolf, Pinola - Simons - Hegeler (66. Mak), Ekici (89. Mintal), Cohen, Eigler (90+1. Mendler) - Schieber
■ **Eintracht Frankfurt:** Nikolov - Franz, Vasoski, Russ, Tzavellas - Rode, Schwegler - Ochs (72. Fenin), Halil Altintop (72. Amanatidis), M. Heller (61. Köhler) - Gekas
Tore: 1:0 Schieber (67.), 2:0 Mak (87.), 3:0 Cohen (90.)
Ecken: 8:1
Schiedsrichter: Kinhöfer (Herne)
Zuschauer: 40.853
Gelb: Cohen, Pinola - Franz, Ochs
Gelb-Rot: keine **Rot:** keine

Hamburger SV – SV Werder Bremen 4:0 (1:0)

■ **Hamburger SV:** Rost - Demel, Kacar, Mathijsen, Aogo - Westermann, Zé Roberto - Pitroipa (90. Tesche), Son (83. Ben-Hatira) - Petric, Guerrero
■ **SV Werder Bremen:** Mielitz - Schmidt, Mertesacker, Prödl, Silvestre - Frings - Hunt (65. Borowski), Fritz, Bargfrede, Marin - Arnautovic (65. Wagner)
Tore: 1:0 Petric (42.), 2:0 Guerrero (64.), 3:0 Guerrero (79.), 4:0 Ben-Hatira (87.)
Ecken: 6:3
Schiedsrichter: Meyer (Burgdorf)
Zuschauer: 54.121
Gelb: Aogo, Son, Westermann - Arnautovic, Frings, Schmidt
Gelb-Rot: keine **Rot:** keine

SC Freiburg – VfL Wolfsburg 2:1 (1:1)

■ **SC Freiburg:** Baumann - Mujdza, Barth, Butscher, Bastians - Makiadi - Putsila, Flum (85. Toprak), Rosenthal (41. Reisinger), Nicu - Cissé (78. Yano)
■ **VfL Wolfsburg:** Hitz - Pekarik, Riether, A. Friedrich, M. Schäfer - Hasebe, Polak (80. Koo) - Sanli (46. Dejagah), Cicero - Diego - Helmes (65. Mbokani)
Tore: 0:1 Helmes (28.), 1:1 Reisinger (43.), 2:1 Cissé (69.)
Ecken: 7:9
Schiedsrichter: Hartmann (Wangen)
Zuschauer: 19.200
Gelb: Mujdza, Barth, Butscher
Gelb-Rot: keine **Rot:** keine

1899 Hoffenheim – 1. FC Köln 1:1 (0:0)

■ **1899 Hoffenheim:** Starke - Beck, Vorsah, Compper, Ibertsberger - Alaba - Rudy (90. Sigurdsson), Salihovic - Vukcevic (76. Mlapa), Babel - Ibisevic
■ **1. FC Köln:** Rensing - Brecko, Geromel, Mohamad (88. Pezzoni), Eichner - Lanig, Petit - Peszko (73. Freis), Podolski, Clemens (86. Jajalo) - Novakovic
Tore: 1:0 Novakovic (48., Eigentor), 1:1 Mohamad (69.)
Ecken: 4:0
Schiedsrichter: Schmidt (Stuttgart)
Zuschauer: 30.000
Gelb: Alaba, Beck - Brecko, Podolski, Petit, Geromel, Rensing
Gelb-Rot: keine **Rot:** keine

Gomez die Tore. Der deutsche Rekordmeister ist nun die beste Rückrundenmannschaft und stimmt sich damit auf das Duell in der Champions League gegen Inter Mailand in San Siro ein. Nach drei Unentschieden aus den vier vorangegangenen Spielen erreicht Tabellenführer Dortmund gegen St. Pauli einen ungefährdeten Sieg, wobei beim 2:0 viele Torchancen nicht genutzt werden. Beim Kiez-Club ist trotz der Niederlage die Euphorie nicht verflogen, die sich drei Tage zuvor mit dem überraschenden 1:0 beim Hamburger SV eingestellt hat.

Beim HSV stellt Trainer Armin Veh die Mannschaft für das große Nordderby gegen den SV Werder kräftig um. Das Team betreibt mit den Treffern von Mladen Petric, Paolo Guerrero (2) und Änis Ben-Hatira vor den Fans eine intensive Wiedergutmachung, während in Bremen nach der höchsten Derbyniederlage seit zwanzig Jahren das Abstiegsgespenst über die Weser schaut. Der beste Verein aus dem Norden bleibt Hannover 96, das mit dem 3:0 gegen den 1. FC Kaiserslautern die Vierzig-Punkte-Grenze überschreitet und als Vierter nur einen Zähler hinter dem FC Bayern liegt. Mit zwei Toren stellt sich Ex-Nationalspieler Jan Schlaudraff wieder einmal ins Rampenlicht.

Der VfL Wolfsburg ist am anderen Tabellenende der Nordclub mit der schwächsten Zwischenbilanz. Mit 1:2 geht das Spiel beim SC Freiburg verloren. Weniger Punkte als die „Wölfe" (4) haben in der Rückrunde bislang nur der 1. FC Kaiserslautern (2) und Eintracht Frankfurt (1) geholt. Die Hessen unterliegen mit 0:3 beim 1. FC Nürnberg, der den vierten Sieg im sechsten Rückrundenspiel souverän perfekt macht. In den Sonntagsspielen setzt sich Leverkusen mit 4:2 gegen den VfB Stuttgart durch, wobei der Tabellenzweite den Tabellenvorletzten recht glücklich bezwingt. Erst zwei Gegentore kurz vor Schluss bringen die Schwaben bei der Rückkehr ihres Trainers Bruno Labbadia in das Stadion seines früheren Arbeitsgebers um einen Punkt. Bei Borussia Mönchengladbach gibt Trainer Lucien Favre, der unter der Woche engagierte Nachfolger von Michael Frontzeck, sein Debüt als Cheftrainer. Mit ihm gelingt im zwölften Anlauf der erste Heimsieg. Das 2:1 gegen den FC Schalke 04 nach einem Rückstand nährt beim Schlusslicht neue Hoffnung.

Kevin Großkreutz entwischt auf dem Flügel Florian Bruns (links) vom FC St. Pauli, der Tabellenführer kommt durch ein 2:0 gegen den Aufsteiger schon zum 17. Saisonsieg.

RESULTATE

Freitag, 18.02.2011	1. FC Nürnberg - Eintr. Frankfurt	3:0	(0:0)
Samstag, 19.02.2011	Hamburger SV - SV Werder Bremen	4:0	(1:0)
	SC Freiburg - VfL Wolfsburg	2:1	(1:1)
	1899 Hoffenheim - 1. FC Köln	1:1	(0:0)
	Hannover 96 - 1. FC Kaiserslautern	3:0	(2:0)
	Borussia Dortmund - FC St. Pauli	2:0	(1:0)
	1. FSV Mainz 05 - Bayern München	1:3	(0:1)
Sonntag, 20.02.2011	Bayer Leverkusen - VfB Stuttgart	4:2	(2:1)
	Bor. M'gladbach - FC Schalke 04	2:1	(2:1)

TORJÄGER

Mario Gomez	FC Bayern München	18
Papiss Cissé	SC Freiburg	16
Theofanis Gekas	Eintracht Frankfurt	14
Srdjan Lakic	1. FC Kaiserslautern	11
Didier Ya Konan	Hannover 96	11
Raúl	FC Schalke 04	10
Edin Dzeko	VfL Wolfsburg	10
André Schürrle	1. FSV Mainz 05	10
Lucas Barrios	Borussia Dortmund	10

PERSONALIEN

Der Hamburger SV verpflichtet ab der kommenden Saison den früheren dänischen Nationalspieler **Frank Arnesen** (54) als Sportdirektor.

Der Brasilianer **Caio** (24) fehlt Eintracht Frankfurt vorlaufig aufgrund einer Bauchmuskelzerrung.

Wegen eines Bruchs am linken Sprunggelenk fällt **Bastian Oczipka** (22) vom FC St. Pauli für längere Zeit aus.

TABELLE

Rang	Club	Sp.	g	u	v	Tore	Diff.	Pkt.	
1	Borussia Dortmund	23	17	4	2	49:13	36	55	→
2	Bayer 04 Leverkusen	23	13	6	4	48:32	16	45	→
3	FC Bayern München	23	12	6	5	49:27	22	42	→
4	Hannover 96	23	13	2	8	33:31	2	41	→
5	1. FSV Mainz 05	23	12	1	10	35:29	6	37	→
6	SC Freiburg	23	11	4	8	31:30	1	37	→
7	Hamburger SV	23	11	3	9	34:31	3	36	→
8	1. FC Nürnberg	23	10	5	8	33:31	2	35	↗
9	1899 Hoffenheim	23	8	9	6	40:33	7	33	↘
10	FC Schalke 04	23	8	5	10	28:28	0	29	→
11	FC St. Pauli	23	8	4	11	27:37	-10	28	→
12	Eintracht Frankfurt	23	8	3	12	24:32	-8	27	→
13	1. FC Köln	23	7	5	11	30:42	-12	26	→
14	SV Werder Bremen	23	6	6	11	28:48	-20	24	→
15	VfL Wolfsburg	23	5	8	10	27:33	-6	23	→
16	1. FC Kaiserslautern	23	6	5	12	32:41	-9	23	→
17	VfB Stuttgart	23	5	4	14	40:47	-7	19	→
18	Borussia M'gladbach	23	5	4	14	34:57	-23	19	→

Hannover 96
1. FC Kaiserslautern 3:0 (2:0)

Hannover 96: Zieler - Cherundolo, Haggui, Pogatetz, C. Schulz - Stindl, Pinto (70. Lala) - Schlaudraff (86. Stoppelkamp), Rausch - Abdellaoue (76. Chahed), Ya Konan
1. FC Kaiserslautern: Sippel - Dick, Amedick, Rodnei, Jessen - Tiffert, Petsos (74. Nemec) - Ilicevic (74. Walch), Moravek (79. de Wit), Hlousek - Lakic
Tore: 1:0 Schlaudraff (17.), 2:0 Abdellaoue (45.), 3:0 Schlaudraff (57.)
Ecken: 7:6
Schiedsrichter: Zwayer (Berlin)
Zuschauer: 35.412
Gelb: Pinto - Dick
Gelb-Rot: keine **Rot**: keine

Borussia Dortmund
FC St. Pauli 2:0 (1:0)

Borussia Dortmund: Weidenfeller - Piszczek, Santana, Hummels, Schmelzer - S. Bender, Sahin (85. Stiepermann) - Götze (77. da Silva), Lewandowski (88. Feulner), Großkreutz - Barrios
FC St. Pauli: Kessler - Thorandt, Morena, Gunesch, Oczipka (12. Volz) - Lehmann - Hennings, Takyi, Kruse (70. Bruns), Sukuta-Pasu (46. Bartels) - Ebbers
Tore: 1:0 Barrios (39.), 2:0 Gunesch (49., Eigentor)
Ecken: 8:1
Schiedsrichter: Sippel (München)
Zuschauer: 80.720 (ausverkauft)
Gelb: Lewandowski - Thorandt, Bruns
Gelb-Rot: keine **Rot**: keine

1. FSV Mainz 05
FC Bayern München 1:3 (0:1)

1. FSV Mainz 05: H. Müller - Fuchs, Kirchhoff, Noveski, Zabavnik - Polanski (84. Fathi), M. Caligiuri (63. Soto) - Risse, Schürrle - Allagui, Sliskovic (55. Holtby)
FC Bayern München: Kraft (46. Butt) - Lahm, Tymoshchuk, Badstuber (64. T. Kroos), Gustavo - Pranjic, Schweinsteiger - Robben, T. Müller (80. Breno), Ribéry - Gomez
Tore: 0:1 Schweinsteiger (9.), 0:2 T. Müller (50.), 0:3 Gomez (77.), 1:3 Allagui (84.)
Ecken: 4:11
Schiedsrichter: Kircher (Rottenburg)
Zuschauer: 20.300 (ausverkauft)
Gelb: Fuchs, Holtby - Badstuber
Gelb-Rot: keine **Rot**: keine

Bayer 04 Leverkusen
VfB Stuttgart 4:2 (2:1)

Bayer 04 Leverkusen: Adler - Schwaab (59. Derdiyok), Reinartz, Hyypiä, Kadlec - Vidal (62. L. Bender), Rolfes (66. Ballack) - Sam, Augusto, Castro - Kießling
VfB Stuttgart: Ulreich - Boulahrouz, Tasci, Delpierre, Molinaro - Träsch, Kuzmanovic - Harnik (76. Niedermeier), Hajnal (84. Schipplock), Okazaki (66. Gebhart) - Cacau
Tore: 1:0 Kießling (6.), 1:1 Harnik (16.), 2:1 Castro (41.), 2:2 Kuzmanovic (52.), 3:2 Reinartz (81.), 4:2 Kießling (90+1.)
Ecken: 6:4
Schiedsrichter: Weiner (Giesen)
Zuschauer: 28.851
Gelb: Kadlec - Okazaki, Niedermeier
Gelb-Rot: keine **Rot**: keine

Borussia Mönchengladbach
FC Schalke 04 2:1 (2:1)

Borussia M'gladbach: Bailly - Levels, Stranzl, Dante, Daems - Nordtveit, Neustädter (89. Fink) - Herrmann (80. Matmour), Arango - Reus (85. Marx) - Idrissou
FC Schalke 04: Neuer - Uchida, Höwedes, Metzelder (32. Matip), Schmitz - Kluge (46. Sarpei), Annan - Farfan, Jurado (75. Draxler) - Raúl - Huntelaar
Tore: 0:1 Kluge (2.), 1:1 Reus (12.), 2:1 Idrissou (23.)
Ecken: 3:0
Schiedsrichter: Perl (Pullach)
Zuschauer: 51.592
Gelb: keine
Gelb-Rot: keine **Rot**: keine

BUNDESLIGA

Strafraumszene vor dem Tor des FC Bayern München, wo auch Stürmer Mario Gomez (Mitte) Keeper Thomas Kraft gegen die Kontrahenten von Borussia Dortmund unterstützt.

Überragende Dortmunder gewinnen beim FC Bayern souverän mit 3:1

Die Himmelsstürmer von Borussia Dortmund glänzen auch beim FC Bayern München in der Allianz Arena. Der Titelanwärter besiegt den Titelverteidiger und weist nach dem souveränen 3:1 stolze 16 Punkte Vorsprung auf den deutschen Rekordmeister auf. Beim Spitzenreiter ersetzt der junge Australier Mitchell Langerak den verletzten Roman Weidenfeller im Tor sehr gut. Bei den Münchnern herrscht nach der Niederlage große Ernüchterung. Der BVB rückt von den Verfolgern noch weiter ab, während das Gedränge um die internationalen Plätze zunimmt.

Denn der SV Werder Bremen trotzt Bayer 04 Leverkusen nach einem 0:2-Rückstand in letzter

DATEN & FAKTEN

Zuschauer gesamt	388.763
pro Spiel	43.196
Tore gesamt	22
Elfmeter	2
Eigentore	1
Gelbe Karten	33
Gelb-Rote Karten	1
Rote Karten	1

VfL Wolfsburg – Bor. Mönchengladbach 2:1 (2:0)

VfL Wolfsburg: Hitz - Pekarik, Kjaer, A. Friedrich, M. Schäfer - Hasebe, Polak - Riether, Cicero - Diego (90. Koo) - Mbokani (80. Mandzukic)
Borussia M'gladbach: Bailly - Levels, Stranzl, Dante, Daems - Nordtveit, Neustädter (38. Marx) - Herrmann (46. de Camargo), Arango - Reus - Idrissou (61. Hanke)
Tore: 1:0 Diego (36.), 2:0 Diego (45+1.), 2:1 Daems (74.,Foulelfmeter)
Besonderes Vorkommnis: Diego verschießt Foulelfmeter (29.) **Ecken:** 5:3
Schiedsrichter: Drees (Münster-Sarmsheim) **Zuschauer:** 28.763
Gelb: A. Friedrich, Polak, Diego, Mandzukic - Reus, Stranzl, de Camargo
Gelb-Rot: keine **Rot:** keine

1. FC Kaiserslautern – Hamburger SV 1:1 (1:0)

1. FC Kaiserslautern: Sippel - Dick, Abel, Rodnei, Jessen - Bilek (63. Petsos) - Walch (69. Rivic), Tiffert, Moravek, Hlousek - Lakic
Hamburger SV: Rost - Demel, Kacar, Mathijsen, Aogo - Westermann, Zé Roberto - Trochowski (46. Ben-Hatira), Jansen - Petric, Guerrero (73. van Nistelrooy)
Tore: 1:0 Hlousek (18.), 1:1 Jansen (54.)
Ecken: 4:3
Schiedsrichter: Brych (München)
Zuschauer: 45.682
Gelb: Moravek, Lakic, Hlousek
Gelb-Rot: keine **Rot:** keine

1899 Hoffenheim – 1. FSV Mainz 05 1:2 (0:1)

1899 Hoffenheim: Starke - Beck, Jaissle, Compper, Ibertsberger - Alaba - Rudy (75. Firmino), Salihovic - Vukcevic (46. Sigurdsson), Babel - Ibisevic (65. Mlapa)
1. FSV Mainz 05: H. Müller - Bungert, Kirchhoff, Noveski, Fuchs - Polanski, Fathi, Soto - Ivanschitz (67. Sliskovic) - Allagui (52. Risse), Schürrle (90+2. F. Heller)
Tore: 0:1 Ivanschitz (23.), 1:1 Alaba (83.), 1:2 Soto (86.)
Ecken: 6:4
Schiedsrichter: Winkmann (Kerken)
Zuschauer: 29.000
Gelb: Rudy
Gelb-Rot: keine **Rot:** keine

1. FC Köln – SC Freiburg 1:0 (0:0)

1. FC Köln: Rensing - Andrezinho, Mohamad, Pezzoni, Eichner - Lanig, Jajalo - Freis (68. Yalcin), Podolski, Clemens - Novakovic (90+2. Makino)
SC Freiburg: Baumann - Mujdza, Barth, Butscher, Bastians - Makiadi - Nicu (59. Abdessadki), Flum, Reisinger, Putsila (84. D. Caligiuri) - Cissé
Tor: 1:0 Podolski (88.)
Ecken: 8:5
Schiedsrichter: Dingert (Lebecksmühle)
Zuschauer: 45.500
Gelb: Lanig, Novakovic - Cissé, Abdessadki, Mujdza
Gelb-Rot: keine **Rot:** keine

DER TORSCHÜTZE DES SPIELTAGES

Mats Hummels (22, Foto), vom FC Bayern zwölf Jahre ausgebildet, erlebt einen großen Triumph. Dem Abwehrspieler ist es vorbehalten, den Münchnern in der heimischen Allianz Arena mit einem Kopfballtor zum 3:1 von Borussia Dortmund im Topspiel die allerletzten Hoffnungen auf eine Titelverteidigung zu rauben. „Das war wundervoll", freut sich Hummels, den der deutsche Rekordmeister im Januar 2008 an den BVB ausgeliehen hatte, wo er inzwischen fest unter Vertrag steht. „In so einem wichtigen Spiel ein so wichtiges Tor zu erzielen, kann man sich vorher nicht erträumen", erklärt Hummels, der einen Eckball von Mario Götze ins Netz befördert.

Der 2:2-Ausgleich im letzten Spielmoment ist Sebastian Prödl für den SV Werder Bremen gegen Bayer 04 Leverkusen gelungen. Zusammen mit dem Österreicher freut sich Sandro Wagner (vorne links). Im Hintergrund Claudio Pizarro (rechts) und Gäste-Abwehrspieler Daniel Schwaab .

Minute mit dem 2:2 noch einen Punkt ab. Das Eigentor von Stefan Kießling und der Kopfball von Sebastian Prödl bringen die „Werkself" in den letzten sieben Minuten noch um den schon sicher geglaubten Sieg. Für die Bremer wird die Lage dennoch brenzlig. Nur drei Punkte trennen den SV Werder vom ersten direkten Abstiegsplatz.

Bei Hannover 96 gibt es eine Premiere: Erstmals gewinnen die Niedersachsen auch ohne ihren Toptorjäger von der Elfenbeinküste, Didier Ya Konan. Seit der Stürmer 2009 aus Norwegen an die Leine gekommen ist, ist in elf Spielen zuvor ohne ihn noch nie ein solches Erfolgserlebnis gelungen wie jetzt beim FC St. Pauli durch einen Kopfball von Christian Schulz kurz vor dem Schlusspfiff. Das Team von Trainer Mirko Slomka zieht wieder am FC Bayern vorbei auf Platz drei. Der Tabellenvierte 1. FSV Mainz 05 holt im achten Rückrundenspiel mit 2:1 bei 1899 Hoffenheim den zweiten Sieg und untermauert seine Ambitionen auf einen Platz auf der europäischen Fußballbühne. Hoffenheim bleibt in Bundesliga-Vergleichen mit den Mainzern weiterhin ohne jeden Punkt.

Der FC Schalke zeigt beim 1:1 gegen den 1. FC Nürnberg zwei Gesichter. Nach einer mäßigen ersten Halbzeit sorgt Raúl mit seinem elften Saisontor für einen Punkt, mit dem der Vizemeister in der Tabelle aber nicht recht vorwärts kommt. Der VfL Wolfsburg stoppt den weiteren Sturz in den Keller nach vier Niederlagen mit dem 2:1 gegen Borussia Mönchengladbach, wobei Diego zeigt, dass er auch im Kampf um den Klassenerhalt glänzen kann. Immer ernster wird die Lage für Eintracht Frankfurt, das zu Hause mit 0:2 gegen den Tabellenvorletzten VfB Stuttgart verliert, obwohl der Gegner nach der Roten Karte für Matthieu Delpierre 75 Minuten in Unterzahl spielen muss. Auch der 1. FC Kaiserslautern kann keinen Boden wettmachen, spielt 1:1 gegen den Hamburger SV. Karnevalsstimmung dagegen in Köln, wo der FC den SC Freiburg durch ein spätes Tor von Lukas Podolski besiegt. Die Kölner rücken damit ins Mittelfeld vor.

RESULTATE

Freitag, 25.02.2011	VfL Wolfsburg - Bor. M'gladbach	2:1	(2:0)
Samstag, 26.02.2011	1. FC Kaiserslautern - Hamburger SV	1:1	(1:0)
	1899 Hoffenheim - 1. FSV Mainz 05	1:2	(0:1)
	1. FC Köln - SC Freiburg	1:0	(0:0)
	FC St. Pauli - Hannover 96	0:1	(0:0)
	FC Schalke 04 - 1. FC Nürnberg	1:1	(0:1)
	Bayern München - Bor. Dortmund	1:3	(1:2)
Sonntag, 27.02.2011	Eintracht Frankfurt - VfB Stuttgart	0:2	(0:0)
	Werder Bremen - Bayer Leverkusen	2:2	(0:1)

TORJÄGER

Mario Gomez	FC Bayern München	18
Papiss Cissé	SC Freiburg	16
Theofanis Gekas	Eintracht Frankfurt	14
Raúl	FC Schalke 04	11
Srdjan Lakic	1. FC Kaiserslautern	11
Didier Ya Konan	Hannover 96	11
Lucas Barrios	Borussia Dortmund	11
Lukas Podolski	1. FC Köln	10
Edin Dzeko	VfL Wolfsburg	10
André Schürrle	1. FSV Mainz 05	10

PERSONALIEN

Sein erstes Bundesliga-Tor erzielt gegen den Hamburger SV **Adam Hlousek** (22), während der Winterpause aus Tschechien von Slavia Prag zum 1. FC Kaiserslautern gekommen.

Nach dem Torwartwechsel im Spiel der UEFA Europa League gegen Benfica Lissabon steht beim VfB Stuttgart wieder **Sven Ulreich** (22) zwischen den Pfosten, weil der zur Nummer eins aufgestiegene **Marc Ziegler** (34) wegen einer Gehirnerschütterung ausfällt.

TABELLE

Rang	Club	Sp.	g	u	v	Tore	Diff.	Pkt.	
1	Borussia Dortmund	24	18	4	2	52:14	38	58	→
2	Bayer 04 Leverkusen	24	13	7	4	50:34	16	46	→
3	Hannover 96	24	14	2	8	34:31	3	44	↗
4	FC Bayern München	24	12	6	6	50:30	20	42	↘
5	1. FSV Mainz 05	24	13	1	10	37:30	7	40	→
6	Hamburger SV	24	11	4	9	35:32	3	37	↗
7	SC Freiburg	24	11	4	9	31:31	0	37	↘
8	1. FC Nürnberg	24	10	6	8	34:32	2	36	→
9	1899 Hoffenheim	24	8	9	7	41:35	6	33	→
10	FC Schalke 04	24	8	6	10	29:29	0	30	→
11	1. FC Köln	24	8	5	11	31:42	-11	29	↗
12	FC St. Pauli	24	8	4	12	27:38	-11	28	↘
13	Eintracht Frankfurt	24	8	3	13	24:34	-10	27	↘
14	VfL Wolfsburg	24	6	8	10	29:34	-5	26	↗
15	SV Werder Bremen	24	6	7	11	30:50	-20	25	↘
16	1. FC Kaiserslautern	24	6	6	12	33:42	-9	24	→
17	VfB Stuttgart	24	6	4	14	42:47	-5	22	→
18	Borussia M'gladbach	24	5	4	15	35:59	-24	19	→

FC St. Pauli – Hannover 96 0:1 (0:0)

FC St. Pauli: Kessler - Volz, Zambrano, Gunesch, Kalla - Boll, Lehmann - Kruse (83. Bruns), Takyi (68. Ebbers), Bartels (68. Naki) - Asamoah
Hannover 96: Zieler - Cherundolo, Haggui, Pogatetz, C. Schulz - Schmiedebach (90+3. Lala), Pinto - Stindl, Rausch (84. Stoppelkamp) - Schlaudraff (90+1. Eggimann), Abdellaoue
Tor: 0:1 C. Schulz (89.)
Ecken: 3:5
Schiedsrichter: Gagelmann (Bremen)
Zuschauer: 24.487 (ausverkauft)
Gelb: Schmiedebach, Zieler
Gelb-Rot: keine **Rot:** keine

FC Schalke 04 – 1. FC Nürnberg 1:1 (0:1)

FC Schalke 04: Neuer - Uchida, Höwedes, Metzelder, Escudero (68. Schmitz) - Kluge (81. Matip), Annan - Edu (55. Draxler), Jurado - Raúl - Huntelaar
1. FC Nürnberg: R. Schäfer - Judt (31. Mendler), Wollscheid, Wolf, Pinola (81. Plattenhardt) - Simons - Chandler, Ekici (67. Mintal), Hegeler, Mak - Eigler
Tore: 0:1 Hegeler (37.), 1:1 Raúl (52.)
Ecken: 10:3
Schiedsrichter: Fritz (Korb)
Zuschauer: 61.431
Gelb: Kluge - Chandler, Simons, Wolf
Gelb-Rot: keine **Rot:** keine

FC Bayern München – Borussia Dortmund 1:3 (1:2)

FC Bayern München: Kraft - Lahm, Tymoshchuk, Badstuber (46. Breno), Gustavo (58. T. Kroos) - Schweinsteiger, Pranjic - Robben, T. Müller (78. Klose), Ribéry - Gomez
Borussia Dortmund: Langerak - Piszczek, Subotic, Hummels, Schmelzer - S. Bender, Sahin (89. Kehl) - Götze, Lewandowski, Großkreutz (82. da Silva) - Barrios (74. Blaszczykowski)
Tore: 0:1 Barrios (9.), 1:1 Gustavo (15.), 1:2 Sahin (18.), 1:3 Hummels (60.)
Ecken: 10:4
Schiedsrichter: Gräfe (Berlin)
Zuschauer: 69.000 (ausverkauft)
Gelb: Robben, Schweinsteiger - Lewandowski, Schmelzer, Sahin
Gelb-Rot: keine **Rot:** keine

Eintracht Frankfurt – VfB Stuttgart 0:2 (0:0)

Eintracht Frankfurt: Fährmann - Jung, Franz, Russ, Tzavellas - Rode (73. Kittel), Schwegler - Halil Altintop (46. Amanatidis), Meier, Köhler (46. Fenin) - Gekas
VfB Stuttgart: Ulreich - Boulahrouz, Tasci, Delpierre, Molinaro - Träsch, Kuzmanovic - Harnik, Hajnal (80. Niedermeier), Okazaki (90+2. Schipplock) - Cacau (46. Gebhart)
Tore: 0:1 Harnik (64.), 0:2 Hajnal (68.)
Ecken: 13:3
Schiedsrichter: Stark (Ergolding)
Zuschauer: 47.400
Gelb: Franz, Rode - Gebhart
Gelb-Rot: keine **Rot:** Delpierre (16.)

SV Werder Bremen – Bayer 04 Leverkusen 2:2 (0:1)

SV Werder Bremen: Wiese - Schmidt (67. Arnautovic), Mertesacker, Prödl, Silvestre - Bargfrede (60. Marin) - Fritz, Borowski (37. Hunt) - Trinks - Wagner, Pizarro
Bayer 04 Leverkusen: Adler - Schwaab, Reinartz, Hyypiä, Kadlec - Vidal, Rolfes - Sam (69. Ballack), Augusto, Castro (87. M. Friedrich) - Derdiyok (81. Kießling)
Tore: 0:1 Derdiyok (42.), 0:2 Rolfes (67.), 1:2 Kießling (82., Eigentor), 2:2 Prödl (90+1.)
Ecken: 2:6 **Schiedsrichter:** Aytekin (Oberasbach)
Zuschauer: 37.500
Gelb: Prödl, Fritz - Schwaab
Gelb-Rot: Vidal (87.) **Rot:** keine

24. SPIELTAG

BUNDESLIGA

Auch 96 besiegt FC Bayern – Bremen kann wieder gewinnen

Riesengroß ist die Freude bei den Spielern von Hannover 96 nach dem 2:0 gegen den FC Bayern München. Torschütze Konstantin Rausch (verdeckt) wird von Jan Schlaudraff, Steven Cherundolo, Manuel Schmiedebach und Lars Stindl (von links) beglückwünscht.

Hannover 96 verpasst dem FC Bayern München den nächsten Niederschlag. Mit dem 1:3 bei den Niedersachsen steckt der deutsche Rekordmeister zum zweiten Mal in dieser Saison zwei Niederlagen hintereinander ein. Der Sieg der Hannoveraner, die Platz drei festigen, ist jedoch vollauf verdient. Spitzenreiter Borussia Dortmund zieht ganz oben in der Tabelle einsam seine Kreise, kommt gegen den 1. FC Köln an diesem Karnevalswochenende trotz eines Offensivfeuerwerks und vieler hochkarätiger Chancen jedoch nur zu einem hauchdünnen 1:0-Erfolg. Auch Bayer 04 Leverkusen bleibt auf Erfolgskurs. Mit dem 3:0 gegen den VfL Wolfsburg rückt die Qualifikation zur Champions League für die „Werkself" näher, aber der Rückstand auf Dortmund beträgt weiterhin zwölf Punkte.

Der 1. FSV Mainz 05 erkämpft und erspielt sich nach zweimaligem Rückstand ein 4:2 beim Hamburger SV. Die Rheinhessen verdrängen Titelverteidiger FC Bayern München von Rang vier und halten den HSV im Kampf um einen Platz im europäischen Wettbewerb auf Distanz. In Mainz hebt der zweite Erfolg hintereinander am Tag vor Rosenmontag die närrische Stimmung noch weiter. Beim 1. FC Nürnberg ist es ein Stürmer, der sich massiv in den Blickpunkt schiebt. Christian Eigler, Vertreter für den verletzten Julian Schieber, erzielt nach der frühen Führung durch Philipp Wollscheid vier Treffer beim 5:0 gegen den FC St. Pauli. Der „Club" stellt die zweitbeste Rückrundenmannschaft nach Dortmund. Die Franken, 2009 und 2010 in der Relegation, liegen als Tabellensechster nur noch drei Punkte hinter einem Europapokal-Platz.

In der Abstiegszone können der VfB Stuttgart und Borussia Mönchengladbach nach Siegen wieder hoffen, Eintracht Frankfurt und der 1. FC Kaiserslautern schaffen es nicht, ihre Probleme zu entschärfen. Mit dem 1:0 gegen den FC Schalke 04 gewinnen die Stuttgarter erstmals in der Spielzeit zwei Spiele in Folge. Zdravko Kuzmanovic verwandelt nach einer Viertelstunde den von Benedikt Höwedes verursachten Handelfmeter. Der Schalker sieht zudem die Rote Karte. Die Schwaben verbessern sich auf Platz 16.

Auf dem vorletzten Rang verharrt der 1. FC Kaiserslautern, der in einem enttäu-

DATEN & FAKTEN

Zuschauer gesamt	400.156
pro Spiel	44.462
Tore gesamt	26
Elfmeter	3
Eigentore	0
Gelbe Karten	43
Gelb-Rote Karten	0
Rote Karten	2

Borussia Dortmund – 1. FC Köln 1:0 (1:0)

Borussia Dortmund: Weidenfeller - Piszczek, Subotic, Santana, Schmelzer - S. Bender, Sahin (90. Kehl) - Götze (90+2. da Silva), Lewandowski, Großkreutz (73. Blaszczykowski) - Barrios
1. FC Köln: Rensing - Brecko, Mohamad, Pezzoni, Eichner - Lanig, Petit (76. Ionita) - Jajalo, Podolski (55. Ehret), Clemens (81. Freis) - Novakovic
Tor: 1:0 Lewandowski (44.)
Ecken: 10:3
Schiedsrichter: Perl (Pullach)
Zuschauer: 80.720 (ausverkauft)
Gelb: Petit, Ehret, Lanig
Gelb-Rot: keine **Rot:** keine

Hannover 96 – FC Bayern München 3:1 (1:0)

Hannover 96: Zieler - Cherundolo, Haggui, Pogatetz, C. Schulz - Schmiedebach, Pinto - Stindl (87. Eggimann), Rausch (77. Chahed) - Schlaudraff (81. Stoppelkamp) - Abdellaoue
FC Bayern München: Kraft - Lahm, Tymoshchuk (46. van Buyten), Breno, Badstuber (46. Ottl) - T. Kroos (69. Klose), Pranjic - Robben, T. Müller, Ribéry - Gomez
Tore: 1:0 Abdellaoue (16.), 2:0 Rausch (51.), 2:1 Robben (55.), 3:1 Pinto (62.)
Ecken: 2:2
Schiedsrichter: Drees (Münster-Sarmsheim)
Zuschauer: 49.000 (ausverkauft)
Gelb: Abdellaoue, Stindl, Pinto - T. Kroos **Gelb-Rot:** keine **Rot:** Breno (73.)

VfB Stuttgart – FC Schalke 04 1:0 (1:0)

VfB Stuttgart: Ulreich - Boulahrouz (46. Gentner), Tasci, Niedermeier, Molinaro - Träsch, Kuzmanovic - Harnik, Hajnal (71. Gebhart), Okazaki - Pogrebnyak (88. Schipplock)
FC Schalke 04: Neuer - Uchida (46. Papadopoulos), Höwedes, Metzelder, Schmitz - Matip, Kluge - Farfan, Jurado (46. Hao) - Raúl - Gavranovic (46. Edu)
Tor: 1:0 Kuzmanovic (15., Handelfmeter)
Ecken: 5:5
Schiedsrichter: Brych (München)
Zuschauer: 39.000 (ausverkauft)
Gelb: Harnik - Hao, Papadopoulos
Gelb-Rot: keine **Rot:** Höwedes (14.)

Borussia Mönchengladbach – 1899 Hoffenheim 2:0 (0:0)

Borussia M'gladbach: Bailly - Jantschke, Stranzl, Dante (88. Brouwers), Daems - Marx, Fink (90+2. Schachten) - Reus, Neustädter, Arango - de Camargo (90. Idrissou)
1899 Hoffenheim: Starke - Beck, Jaissle, Compper (71. Vorsah), Ibertsberger - Alaba - Rudy, Salihovic - Vukcevic (68. Firmino), Sigurdsson (59. Mlapa) - Babel
Tore: 1:0 Daems (65., Foulelfmeter), 2:0 de Camargo (70.)
Ecken: 8:4
Schiedsrichter: Meyer (Burgdorf)
Zuschauer: 35.350
Gelb: Dante - Compper, Alaba, Starke, Mlapa
Gelb-Rot: keine **Rot:** keine

Den Schlusspunkt im Spiel gegen den FC St. Pauli setzt Christian Eigler (8) mit seinem vierten Tor zum 5:1 des „Club".

schenden Südwestderby zwischen den beiden in der Rückrunde noch sieglosen Teams bei Eintracht Frankfurt 0:0 spielt. Aus den Tiefen der Tabelle schiebt sich Borussia Mönchengladbach bis auf drei Punkte heran, weil gegen 1899 Hoffenheim mit einem 2:0 der zweite Heimsieg in Serie gelingt. Der SV Werder Bremen stoppt seine Talfahrt. Nach sechs Spielen in Folge ohne Sieg setzen sich die Hanseaten 3:1 beim SC Freiburg durch und klettern durch den Erfolg gegen ihren Lieblingsgegner auf den 14. Tabellenplatz – mit nun drei Punkten Vorsprung auf die Abstiegsränge.

Den Schuss von HSV-Nationalspieler Dennis Aogo versucht der Mainzer Niko Bungert (links) vergeblich zu blocken.

DER SPIELER DES SPIELTAGES

Der überragende Spieler des Tages tritt im zweiten Sonntagsspiel auf. André Schürrle (20, Foto) ist der entscheidende Mann, als der 1. FSV Mainz 05 das Auswärtsspiel beim Hamburger SV nach zweimaligem Rückstand noch auf 4:2 dreht.

Zwei Tore erzielt Schürrle selbst, einen weiteren Treffer bereitet er vor. Der Nationalspieler, der zum Saisonende zu Bayer 04 Leverkusen wechseln wird, überzeugt mit seinen Tempodribblings und seinem sicheren Abschluss. In der Imtech Arena überwindet er mit einem Traumtor HSV-Schlussmann Frank Rost zum 3:2 und sagt: „Das war ein sehr wichtiger Sieg in Richtung Europa und ein Superstart in die Schlussphase der Saison."

RESULTATE

Freitag, 04.03.2011	Borussia Dortmund - 1. FC Köln	1:0 (1:0)
Samstag, 05.03.2011	Hannover 96 - FC Bayern München	3:1 (1:0)
	VfB Stuttgart - FC Schalke 04	1:0 (1:0)
	Bor. M'gladbach - 1899 Hoffenheim	2:0 (0:0)
	Eintr. Frankfurt - 1. FC Kaiserslautern	0:0
	1. FC Nürnberg - FC St. Pauli	5:0 (3:0)
	Bayer Leverkusen - VfL Wolfsburg	3:0 (3:0)
Sonntag, 06.03.2011	SC Freiburg - SV Werder Bremen	1:3 (0:1)
	Hamburger SV - 1. FSV Mainz 05	2:4 (1:0)

TORJÄGER

Mario Gomez	FC Bayern München	18
Papiss Cissé	SC Freiburg	17
Theofanis Gekas	Eintracht Frankfurt	14
André Schürrle	1. FSV Mainz 05	12
Raúl	FC Schalke 04	11
Srdjan Lakic	1. FC Kaiserslautern	11
Didier Ya Konan	Hannover 96	11
Lucas Barrios	Borussia Dortmund	11

PERSONALIEN

Seinen 50. Bundesliga-Sieg als Trainer von Borussia Dortmund verbucht durch das 1:0 gegen den 1. FC Köln **Jürgen Klopp** (43).

Einer Operation am linken Knie muss sich Stürmer **Julian Schieber** (22) vom 1. FC Nürnberg unterziehen.

Sein erstes Tor in einem Bundesliga-Spiel erzielt **Sandro Wagner** (23) mit dem 1:0 für den SV Werder Bremen beim SC Freiburg.

TABELLE

Rang	Club	Sp.	g	u	v	Tore	Diff.	Pkt.	
1	Borussia Dortmund	25	19	4	2	53:14	39	61	→
2	Bayer 04 Leverkusen	25	14	7	4	53:34	19	49	→
3	Hannover 96	25	15	2	8	37:32	5	47	→
4	1. FSV Mainz 05	25	14	1	10	41:32	9	43	↗
5	FC Bayern München	25	12	6	7	51:33	18	42	↘
6	1. FC Nürnberg	25	11	6	8	39:32	7	39	↗
7	Hamburger SV	25	11	4	10	37:36	1	37	↘
8	SC Freiburg	25	11	4	10	32:34	-2	37	↘
9	1899 Hoffenheim	25	8	9	8	41:37	4	33	→
10	FC Schalke 04	25	8	6	11	29:30	-1	30	→
11	1. FC Köln	25	8	5	12	31:43	-12	29	→
12	Eintracht Frankfurt	25	8	4	13	24:34	-10	28	↗
13	FC St. Pauli	25	8	4	13	27:43	-16	28	↘
14	SV Werder Bremen	25	7	7	11	33:51	-18	28	↗
15	VfL Wolfsburg	25	6	8	11	29:37	-8	26	↘
16	VfB Stuttgart	25	7	4	14	43:47	-4	25	↗
17	1. FC Kaiserslautern	25	6	7	12	33:42	-9	25	↘
18	Borussia M'gladbach	25	6	4	15	37:59	-22	22	→

Eintracht Frankfurt – 1. FC Kaiserslautern 0:0

■ **Eintracht Frankfurt:** Fährmann - Jung, Franz, Russ, Tzavellas (46. Halil Altintop) - Rode (72. Amanatidis), Schwegler - Ochs, Meier, Köhler - Gekas (85. Fenin)
■ **1. FC Kaiserslautern:** Sippel - Dick, Abel, Rodnei, Jessen - Tiffert, de Wit (75. Petsos) - Rivic (75. Kirch), Moravek (88. Hoffer), Hlousek - Lakic
Tore: keine
Ecken: 2:5
Schiedsrichter: Weiner (Giesen)
Zuschauer: 49.400
Gelb: Tzavellas, Rode, Köhler, Franz - Abel, Rivic, Hlousek
Gelb-Rot: keine **Rot:** keine

1. FC Nürnberg – FC St. Pauli 5:0 (3:0)

■ **1. FC Nürnberg:** R. Schäfer - Chandler, Wollscheid, Wolf, Pinola - Simons - Hegeler (65. Gündogan), Cohen (78. Mintal), Ekici, Mak (82. Ben Khalifa) - Eigler
■ **FC St. Pauli:** Kessler - Thorandt, Zambrano (6. Eger), Gunesch, Kalla - Boll (61. Naki), Daube - Kruse, Lehmann, Bartels (61. Takyi) - Ebbers
Tore: 1:0 Wollscheid (3.), 2:0 Eigler (14.), 3:0 Eigler (17.), 4:0 Eigler (86.), 5:0 Eigler (87.)
Ecken: 4:1
Schiedsrichter: Wingenbach (Diez)
Zuschauer: 45.109
Gelb: Wolf - Kalla, Kruse, Lehmann
Gelb-Rot: keine **Rot:** keine

Bayer 04 Leverkusen – VfL Wolfsburg 3:0 (3:0)

■ **Bayer 04 Leverkusen:** Adler - Schwaab, M. Friedrich (14. Vida), Reinartz, Kadlec - L. Bender, Rolfes - Sam (80. Derdiyok), Augusto (83. Jörgensen), Castro - Kießling
■ **VfL Wolfsburg:** Benaglio - Pekarik (70. Grafite), Kjaer, A. Friedrich, M. Schäfer - Hasebe, Polak (65. Koo) - Riether, Diego, Cicero - Helmes (46. Mbokani)
Tore: 1:0 L. Bender (21.), 2:0 Augusto (29.), 3:0 Kießling (45+1.)
Ecken: 7:2
Schiedsrichter: Zwayer (Berlin)
Zuschauer: 28.115
Gelb: Cicero, Mbokani, A. Friedrich, Koo
Gelb-Rot: keine **Rot:** keine

SC Freiburg – SV Werder Bremen 1:3 (0:1)

■ **SC Freiburg:** Baumann - Nicu, Toprak, Butscher, Bastians - Barth (80. Yano) - Jendrisek (83. Jäger), Abdessadki, Makiadi, Putsila - Cissé
■ **SV Werder Bremen:** Wiese - Pasanen, Mertesacker, Prödl, Silvestre - Frings - Bargfrede, Borowski (85. Balogun) - Trinks (59. Marin) - Wagner (59. Arnautovic), Pizarro
Tore: 0:1 Wagner (12.), 1:1 Cissé (49., Foulelfmeter), 1:2 Pizarro (76.), 1:3 Marin (90+2.)
Ecken: 3:4
Schiedsrichter: Kircher (Rottenburg)
Zuschauer: 24.000 (ausverkauft)
Gelb: Abdessadki, Putsila, Cisse - Pasanen, Wagner, Borowski, Silvestre, Pizarro, Wiese **Gelb-Rot:** keine **Rot:** keine

Hamburger SV – 1. FSV Mainz 05 2:4 (1:0)

■ **Hamburger SV:** Rost - Demel (83. van Nistelrooy), Kacar, Mathijsen, Aogo - Westermann, Ze Roberto - Pitroipa (46. Trochowski), Jansen (46. Ben-Hatira) - Guerrero, Petric
■ **1. FSV Mainz 05:** H. Müller - Bungert, Svensson, Noveski, Fathi - Polanski, Kirchhoff, Soto (87. Fuchs) - Ivanschitz (46. Holtby) - Risse (83. F. Heller), Schürrle
Tore: 1:0 Jansen (17.), 1:1 Schürrle (56.), 2:1 Petric (59.), 2:2 Risse (61.), 2:3 Schürrle (82.), 2:4 F. Heller (88.) **Ecken:** 4:5
Schiedsrichter: Rafati (Hannover)
Zuschauer: 49.462 **Gelb:** Mathijsen, Pitroipa - Svensson, Polanski-
Gelb-Rot: keine **Rot:** keine

BUNDESLIGA

Dritte Saisonniederlage für BVB – FC Bayern besiegt den HSV 6:0

Während Borussia Dortmund häufig schon als der kommende Deutsche Meister eingestuft wird, zeigen die Schwarz-Gelben, dass sie dennoch nicht unbesiegbar sind. Mit dem 0:1 bei 1899 Hoffenheim kassiert der BVB seine dritte Saisonniederlage. Vedad Ibisevic trifft für die zuvor vier Mal sieglos gebliebenen Badener. Der Tabellenzweite Bayer 04 Leverkusen gewinnt mit 1:0 beim 1. FSV Mainz 05 durch einen fulminanten Distanzschuss von Renato Augusto in der Schlussphase und verkürzt den Abstand auf Dortmund auf neun Punkte. Für den meisten Gesprächsstoff an diesem Spieltag sorgt aber die Begegnung zwischen dem FC Bayern München und dem Hamburger SV, die der deutsche Rekordmeister mit Arjen Robben als dreifachem Torschützen mit 6:0 gewinnt.

Nach zwei Niederlagen in der Bundesliga und dem Aus im Halbfinale des DFB-Pokals gegen den FC Schalke 04 (0:1) ist der Münchner Sieg ungeheuer wertvoll. Die HSV-Verantwortlichen hingegen verkünden die Trennung von Chefcoach Armin Veh, für den Cotrainer Michael Oenning bis zum Saisonende aufrückt. Beim FC Bayern widmen die meisten Spieler den Erfolg ihrem Trainer, nachdem unter der Woche entschieden wurde, dass der Niederländer Louis van Gaal die Säbener Straße zum Saisonende und damit ein Jahr vor Ablauf seines Vertrags verlassen wird.

Über Keeper Christian Wetklo vom 1. FSV Mainz 05 hinweg senkt sich der von Renato Augusto geschossene Ball in das Tor der Hausherren zum 1:0 für Bayer 04 Leverkusen, das mit diesem Erfolg im Bruchwegstadion seinen zweiten Tabellenplatz festigt.

Schon vor dem klaren Erfolg der Münchner gibt es am Freitagabend eine kalte Dusche für Hannover 96. Der Tabellendritte unterliegt nach einer starken Halbzeit mit 0:4 beim 1. FC Köln, der erstmals seit fast 24 Jahren sechs Heimspiele in Folge siegreich beenden kann. Der FC Schalke 04 gewinnt mit 2:1 gegen Eintracht Frankfurt. Ihren dramaturgischen Höhepunkt hat diese Begegnung, als Angelos Charisteas mit dem ersten Ballkontakt im allerersten Einsatz für Schalke den Siegtreffer schießt. Der griechische Europameister von 2004 ist erst im Winter zu den „Knappen" gekommen.

DATEN & FAKTEN

Zuschauer gesamt	360.941
pro Spiel	40.105
Tore gesamt	26
Elfmeter	1
Eigentore	2
Gelbe Karten	31
Gelb-Rote Karten	0
Rote Karten	0

1. FC Köln – Hannover 96 4:0 (1:0)

1. FC Köln: Rensing - Brecko, Mohamad, Pezzoni, Eichner - Petit, Jajalo (87. Makino) - Peszko, Podolski (84. Yabo), Clemens (64. Chihi) - Novakovic
Hannover 96: Zieler (52. Fromlowitz) - Cherundolo, Haggui, Pogatetz, C. Schulz - Schmiedebach, Stindl - Carlitos (63. Stoppelkamp), Rausch - Schlaudraff (86. Chahed) - Abdellaoue
Tore: 1:0 Petit (36.), 2:0 Podolski (60.), 3:0 Novakovic (79.), 4:0 Novakovic (89.)
Ecken: 2:6 **Schiedsrichter:** Stark (Ergolding) **Zuschauer:** 46.500
Gelb: Haggui, C. Schulz, Cherundolo
Gelb-Rot: keine **Rot:** keine

1899 Hoffenheim – Borussia Dortmund 1:0 (0:0)

1899 Hoffenheim: Starke - Beck, Vorsah, Compper, Braafheid - Rudy - Vukcevic, Alaba - Babel (75. Firmino), Salihovic (90+3. Jaissle) - Ibisevic (90. Sigurdsson)
Borussia Dortmund: Weidenfeller - Piszczek, Subotic, Santana, Schmelzer - S. Bender (44. da Silva), Sahin - Götze, Lewandowski (62. Blaszczykowski), Großkreutz (77. Zidan) - Barrios
Tor: 1:0 Ibisevic (63.)
Ecken: 2:5
Schiedsrichter: Drees (Münster-Sarmsheim)
Zuschauer: 30.150 (ausverkauft)
Gelb: Salihovic, Braafheid - da Silva
Gelb-Rot: keine **Rot:** keine

FC Bayern München – Hamburger SV 6:0 (1:0)

FC Bayern München: Kraft - Lahm, van Buyten, Gustavo (67. Badstuber), Pranjic - T. Kroos, Schweinsteiger - Robben (70. Hamit Altintop), T. Müller, Ribéry - Gomez (73. Klose)
Hamburger SV: Rost - Rincon, Kacar, Westermann, Aogo - Jarolim, Zé Roberto - Ben-Hatira (66. Jansen), Elia - Guerrero (68. Tesche), Petric
Tore: 1:0 Robben (40.), 2:0 Robben (47.), 3:0 Robben (55.), 4:0 Ribéry (64.), 5:0 T. Müller (79.), 6:0 Westermann (85., Eigentor)
Ecken: 4:4
Schiedsrichter: Weiner (Giesen)
Zuschauer: 69.000 (ausverkauft)
Gelb: Ribéry, Klose - Guerrero
Gelb-Rot: keine **Rot:** keine

FC Schalke 04 – Eintracht Frankfurt 2:1 (1:0)

FC Schalke 04: Neuer - Uchida, Papadopoulos, Metzelder, Escudero - Kluge (60. Matip), Annan - Farfan, Jurado (75. Draxler) - Raúl - Gavranovic (83. Charisteas)
Eintracht Frankfurt: Fährmann - Jung, Rode (86. Fenin), Russ, Tzavellas - Schwegler - Caio, Clark (46. M. Heller), Meier, Halil Altintop (63. Gekas) - Amanatidis
Tore: 1:0 Jurado (45+1., Foulelfmeter), 1:1 Tzavellas (70.), 2:1 Charisteas (84.)
Ecken: 5:3
Schiedsrichter: Schmidt (Stuttgart)
Zuschauer: 61.673 (ausverkauft)
Gelb: Farfan - Schwegler, Fährmann, Meier **Gelb-Rot:** keine **Rot:** keine

Im Tabellenkeller feiert der VfB Stuttgart mit dem 2:1 beim FC St. Pauli den dritten Sieg in Serie und verlässt erstmals seit Oktober des vergangenen Jahres die drei letzten Plätze. Für den FC St. Pauli, Eintracht Frankfurt und auch für den VfL Wolfsburg wird die Lage immer angespannter. Wolfsburg, Deutscher Meister

von 2009, muss gegen den 1. FC Nürnberg mit einem 1:2 seine fünfte Heimniederlage hinnehmen und rutscht damit auf den Relegationsplatz ab.

Den ersten Sieg im neunten Rückrundenspiel feiert der 1. FC Kaiserslautern, der nach einem Last-Minute-Tor von Erwin Hoffer mit 2:1 den SC Freiburg schlägt. Wie spannend der Abstiegskampf ist, zeigt das Beispiel SV Werder Bremen. Nach einem 1:1 gegen Borussia Mönchengladbach schmilzt der Vorsprung auf Platz 16 auf einen Zähler, dennoch steigen die Hanseaten um zwei Ränge auf Platz zwölf auf.

DER TORSCHÜTZE DES SPIELTAGES

Beim 2:1 des FC Schalke 04 gegen Eintracht Frankfurt fallen kuriose Tore. Zunächst stibitzt Raúl Gästekeeper Ralf Fährmann den Ball, sodass es einen Strafstoß gibt. Der Ausgleich von Georgios Tzavellas (23, Foto), dem griechischen Verteidiger der Hessen, aus 73 Metern stellt einen Bundesliga-Rekord dar. Aus größerer Distanz hat noch kein Profi ein Tor erzielt. Eigentlich will Tzavellas einen Pass auf seinen Landsmann Theofanis Gekas schlagen. Manuel Neuer, Christoph Metzelder und Kyriakos Papadopoulos behindern sich beim Abwehrversuch, auch Gekas verpasst den Ball, der zum 1:1 ins Tor fliegt. Damit endet eine 793 Minuten dauernde Phase der Frankfurter ohne Tor. „Das geht auf meine Kappe", sagt Neuer und bereitet danach mit einem 70-Meter-Pass das Schalker 2:1 vor.

Hoffenheims Torschütze Vedad Ibisevic schirmt den Ball gegen Nuri Sahin (links) und Sven Bender (verdeckt) vom BVB ab.

RESULTATE

Freitag, 11.03.2011	1. FC Köln - Hannover 96	4:0	(1:0)
Samstag, 12.03.2011	1899 Hoffenheim - Bor. Dortmund	1:0	(0:0)
	Bayern München - Hamburger SV	6:0	(1:0)
	FC Schalke 04 - Eintr. Frankfurt	2:1	(1:0)
	1. FC Kaiserslautern - SC Freiburg	2:1	(1:1)
	VfL Wolfsburg - 1. FC Nürnberg	1:2	(1:1)
	Werder Bremen - Bor. M'gladbach	1:1	(1:0)
Sonntag, 13.03.2011	1. FSV Mainz 05 - Bayer Leverkusen	0:1	(0:0)
	FC St. Pauli - VfB Stuttgart	1:2	(1:1)

TORJÄGER

Mario Gomez	FC Bayern München	18
Papiss Cissé	SC Freiburg	17
Theofanis Gekas	Eintracht Frankfurt	14
André Schürrle	1. FSV Mainz 05	12
Raúl	FC Schalke 04	11
Lukas Podolski	1. FC Köln	11
Milivoje Novakovic	1. FC Köln	11
Srdjan Lakic	1. FC Kaiserslautern	11
Didier Ya Konan	Hannover 96	11

PERSONALIEN

Ein eingeklemmter Nerv verhindert den Einsatz von **Mats Hummels** (22) für Borussia Dortmund im Spiel bei 1899 Hoffenheim.

Sein Teamkollege **Sven Bender** (21) muss in der Rhein-Neckar-Arena schon kurz vor der Halbzeit aufgrund einer Verletzung an der linken Schulter ausgewechselt werden.

Igor de Camargo (2) von Borussia Mönchengladbach hat im Training eine Innenbanddehnung im linken Knie erlitten und fällt vorläufig aus.

TABELLE

Rang	Club	Sp.	g	u	v	Tore	Diff.	Pkt.	
1	Borussia Dortmund	26	19	4	3	53:15	38	61	→
2	Bayer 04 Leverkusen	26	15	7	4	54:34	20	52	→
3	Hannover 96	26	15	2	9	37:36	1	47	→
4	FC Bayern München	26	13	6	7	57:33	24	45	↗
5	1. FSV Mainz 05	26	14	1	11	41:33	8	43	↘
6	1. FC Nürnberg	26	12	6	8	41:33	8	42	→
7	SC Freiburg	26	11	4	11	33:36	-3	37	↗
8	Hamburger SV	26	11	4	11	37:42	-5	37	↘
9	1899 Hoffenheim	26	9	9	8	42:37	5	36	→
10	FC Schalke 04	26	9	6	11	31:31	0	33	→
11	1. FC Köln	26	9	5	12	35:43	-8	32	→
12	SV Werder Bremen	26	7	8	11	34:52	-18	29	↗
13	VfB Stuttgart	26	8	4	14	45:48	-3	28	↗
14	1. FC Kaiserslautern	26	7	7	12	35:43	-8	28	↗
15	Eintracht Frankfurt	26	8	4	14	25:36	-11	28	↘
16	FC St. Pauli	26	8	4	14	28:45	-17	28	↘
17	VfL Wolfsburg	26	6	8	12	30:39	-9	26	↘
18	Borussia M'gladbach	26	6	5	15	38:60	-22	23	→

1. FC Kaiserslautern – SC Freiburg 2:1 (1:1)

1. FC Kaiserslautern: Trapp - Dick, Abel, Rodnei, Jessen - Tiffert - Ilicevic, Hlousek - Moravek - Hoffer, Nemec (80. Micanski)
SC Freiburg: Baumann - Mujdza, Barth, Toprak, Bastians - Makiadi - Abdessadki, Nicu (46. D. Caligiuri), Jäger - Cissé, Jendrisek (84. Reisinger)
Tore: 0:1 Nemec (21., Eigentor), 1:1 Nemec (34.), 2:1 Hoffer (90+3.)
Ecken: 3:3
Schiedsrichter: Sippel (München)
Zuschauer: 41.015
Gelb: keine
Gelb-Rot: keine **Rot:** keine

VfL Wolfsburg – 1. FC Nürnberg 1:2 (1:1)

VfL Wolfsburg: Benaglio - Pekarik, Riether (90+3. Madlung), Kjaer, M. Schäfer - Hasebe, Polak (67. Koo) - Mandzukic, Diego, Cicero - Mbokani (80. Grafite)
1. FC Nürnberg: R. Schäfer - Chandler, Wollscheid, Wolf, Pinola - Simons - Gündogan (87. Mintal), Cohen (90+1. Nilsson) - Hegeler (78. Mak), Ekici - Eigler
Tore: 1:0 Mandzukic (22.), 1:1 Wollscheid (45+1.), 1:2 Nilsson (90+2.)
Ecken: 2:5
Schiedsrichter: Winkmann (Kerken)
Zuschauer: 27.316
Gelb: Mbokani, Pekarik - Chandler, Wolf, Pinola
Gelb-Rot: keine **Rot:** keine

SV Werder Bremen – Bor. Mönchengladbach 1:1 (1:0)

SV Werder Bremen: Wiese - Fritz, Mertesacker, Prödl, Silvestre - Frings - Bargfrede, Borowski (71. Wesley) - Trinks (58. Arnautovic) - Wagner (58. Marin), Pizarro
Borussia M'gladbach: Bailly - Jantschke, Stranzl, Dante, Daems - Fink (78. Herrmann), Marx (46. Nordtveit) - Reus, Neustädter, Arango - Idrissou (64. Hanke)
Tore: 1:0 Wagner (39.), 1:1 Dante (90+2.)
Ecken: 9:7
Schiedsrichter: Gräfe (Berlin)
Zuschauer: 40.500 (ausverkauft)
Gelb: Prödl, Bargfrede, Marin
Gelb-Rot: keine **Rot:** keine

1. FSV Mainz 05 – Bayer 04 Leverkusen 0:1 (0:0)

1. FSV Mainz 05: Wetklo - Zabavnik, Svensson, Noveski, Fuchs - Polanski (51. Kirchhoff), Fathi, Soto - Ivanschitz (61. Allagui) - Risse (80. F. Heller), Schürrle
Bayer 04 Leverkusen: Adler - Schwaab (73. Kadlec), Reinartz, Hyypiä, Castro - Ballack, L. Bender - Sam (46. Derdiyok), Augusto, Vidal (85. Balitsch) - Kießling
Tor: 0:1 Augusto (82.)
Ecken: 6:4
Schiedsrichter: Gagelmann (Bremen)
Zuschauer: 20.300 (ausverkauft)
Gelb: Polanski, Kirchhoff, Schürrle - Hyypiä, Sam, Vidal
Gelb-Rot: keine **Rot:** keine

FC St. Pauli – VfB Stuttgart 1:2 (1:1)

FC St. Pauli: Kessler - Bartels, Thorandt, Gunesch, Volz - Daube, Boll - Bruns (73. Naki), Takyi (73. Sukuta-Pasu), Kruse (81. Ebbers) - Asamoah
VfB Stuttgart: Ulreich - Träsch, Tasci, Niedermeier, Molinaro (52. Celozzi) - Gentner, Kuzmanovic - Harnik, Hajnal, Okazaki (83. Schipplock) - Pogrebnyak (63. Gebhart)
Tore: 1:0 Boll (19.), 1:1 Kuzmanovic (24.), 1:2 Schipplock (88.)
Ecken: 5:2
Schiedsrichter: Kinhöfer (Herne)
Zuschauer: 24.487 (ausverk.)
Gelb: Takyi, Thorandt - Tasci, Harnik
Gelb-Rot: keine **Rot:** keine

BUNDESLIGA

Mainz holt Punkt in Dortmund – Bayer 04 verkürzt Rückstand

Insgesamt 1621 Spieltage haben in der Bundesliga bis zum 18. März 2011 stattgefunden, aber erst zum dritten Mal in der Geschichte der Eliteklasse treten an einem Spieltag während der Saison gleich drei neue Cheftrainer ihren Dienst an. Felix Magath beim VfL Wolfsburg, sein ehemaliger Cotrainer Seppo Eichkorn übernimmt interimistisch die Chefrolle beim FC Schalke 04, und beim Hamburger SV wird die Verantwortung an Michael Oenning als Nachfolger von Armin Veh übertragen. Sieg, Unentschieden und Niederlage: Dieser Spieltag hält alle möglichen Varianten für dieses Trio und ihre Mannschaften bereit. Oenning führt das HSV-Team, das er nach dem 0:6 beim FC Bayern personell stark verändert hat, zu einem 6:2 gegen den 1. FC Köln. Magath holt mit den „Wölfen", die er 2009 zur Meisterschaft brachte, ein 1:1 im Abstiegskampf beim VfB Stuttgart. Eichkorn verliert mit den „Königsblauen" mit 0:2 bei Bayer 04 Leverkusen.

Vor allem im Mittelpunkt steht an diesem Wochenende aber auch das Spiel zwischen Borussia Dortmund und dem 1. FSV Mainz 05, dem früheren Club von BVB-Trainer Jürgen Klopp, der inzwischen von Thomas Tuchel

Nach seinem Treffer zum 2:1-Sieg für den FC Bayern München beim SC Freiburg ist Franck Ribéry nicht mehr zu bremsen. Verfolger des Franzosen sind Philipp Lahm und Bastian Schweinsteiger (von rechts).

DATEN & FAKTEN

Zuschauer gesamt	424.374
pro Spiel	47.153
Tore gesamt	27
Elfmeter	6
Eigentore	2
Gelbe Karten	30
Gelb-Rote Karten	1
Rote Karten	0

Borussia Mönchengladbach – 1. FC Kaiserslautern 0:1 (0:0)

■ **Borussia M'gladbach:** Bailly - Jantschke, Stranzl, Dante, Daems - Fink (63. Herrmann), Nordtveit - Reus, Neustädter, Arango (72. Matmour) - Idrissou (57. Hanke)
■ **1. FC Kaiserslautern:** Trapp - Dick, Abel, Rodnei, Jessen - Tiffert (90. Amedick), Kirch - Ilicevic, Moravek (87. Petsos), Hlousek - Nemec (66. Lakic)
Tor: 0:1 Bailly (61., Eigentor)
Ecken: 4:3
Schiedsrichter: Kircher (Rottenburg)
Zuschauer: 47.696
Gelb: Dante, Neustädter
Gelb-Rot: keine **Rot:** keine

SC Freiburg – FC Bayern München 1:2 (1:1)

■ **SC Freiburg:** Baumann - Mujdza, Barth, Toprak, Bastians - Schuster - Caligiuri (86. Butscher), Flum (78. Reisinger), Makiadi, Putsila (89. Yano) - Cissé
■ **FC Bayern München:** Kraft - Lahm, van Buyten, Gustavo, Pranjic - T. Kroos (78. Tymoshchuk), Schweinsteiger - Robben (30. Hamit Altintop), T. Müller (71. Klose), Ribéry - Gomez
Tore: 0:1 Gomez (9.), 1:1 Cissé (17.), 1:2 Ribéry (88.)
Besonderes Vorkommnis: Kraft hält Foulelfmeter von Cissé (14.)
Ecken: 5:6
Schiedsrichter: Gagelmann (Bremen)
Zuschauer: 24.000 (ausverkauft)
Gelb: Schuster, Reisinger
Gelb-Rot: keine **Rot:** keine

1. FC Nürnberg – SV Werder Bremen 1:3 (1:1)

■ **1. FC Nürnberg:** R. Schäfer - Chandler, Wollscheid, Wolf, Pinola - Simons - Cohen (65. Okotie), Hegeler (54. Mak) - Gündogan - Ekici (87. Nilsson), Eigler
■ **SV Werder Bremen:** Wiese - Fritz, Mertesacker, Pasanen, Silvestre - Frings - Wesley (62. Schmidt), Borowski - Marin - Wagner (90. Hunt), Pizarro (90+2. Avdic)
Tore: 0:1 Wagner (27., Foulelfmeter), 1:1 Gündogan (30.), 1:2 Pizarro (50.), 1:3 Wagner (89., Foulelfmeter)
Ecken: 3:7
Schiedsrichter: Weiner (Giesen)
Zuschauer: 48.548 (ausverkauft)
Gelb: Eigler, Pinola, R. Schäfer - Frings, Pizarro, Pasanen
Gelb-Rot: Chandler (72.) **Rot:** keine

Hannover 96 – 1899 Hoffenheim 2:0 (1:0)

■ **Hannover 96:** Fromlowitz - Cherundolo, Haggui, Pogatetz, C. Schulz - Schmiedebach, Pinto - Stindl, Rausch (84. Carlitos) - Ya Konan (80. Schlaudraff), Abdellaoue (88. Stoppelkamp)
■ **1899 Hoffenheim:** Starke - Beck, Vorsah, Compper, Braafheid - Rudy - Vukcevic (65. Sigurdsson), Alaba - Babel (87. Firmino), Salihovic (58. Mlapa) - Ibisevic
Tore: 1:0 Ya Konan (38.), 2:0 Abdellaoue (53.)
Ecken: 4:4
Schiedsrichter: Seemann (Essen)
Zuschauer: 47.200
Gelb: Rudy
Gelb-Rot: keine **Rot:** keine

DER TORSCHÜTZE DES SPIELTAGES

Seinen Ruf als ein Torjäger der Extraklasse poliert Mladen Petric (30, Foto) beim 6:2 des Hamburger SV gegen den 1. FC Köln gehörig auf. Drei Treffer schießt der in der Schweiz aufgewachsene Kroate in der ersten Halbzeit und sorgt damit für einen Traumstart für den neuen HSV-Trainer Michael Oenning und zugleich für eine Versöhnung mit den Fans nach dem 0:6 beim FC Bayern. Ein echter Hattrick gelingt Petric wegen des 3:0 von Änis Ben-Hatira allerdings nicht. Geehrt wird Zé Roberto, der sein 330. Bundesliga-Spiel bestreitet und die Bestmarke von Sergej Barbarez als ausländischer Profi mit den meisten Bundesliga-Einsätzen einstellt. Mit einem Elfmetertor krönt der Brasilianer den Rekord.

geprägt wird. Für den Tabellenführer bleibt am Ende dieses Mal nur ein Punkt, und weil die Mannschaft von Bayer 04 Leverkusen tags darauf gegen Schalke gewinnt, verkürzt die „Werkself" den Rückstand gegenüber Dortmund auf sieben Punkte.

Der FC Bayern München, der während der Woche das Aus in der Champions League gegen Inter Mailand erlebt hat, startet beim SC Freiburg das Projekt „Wiedergutmachung". Das 2:1 gegen die Schwarzwälder, die zum vierten Mal hintereinander verlieren, fällt dem deutschen Rekordmeister aber schwer. Hannover 96 lässt sich als Tabellendritter nicht einholen. Die Niedersachsen besiegen 1899 Hoffenheim mit 2:0 und dürfen schon Pläne für die Teilnahme an einem der europäischen Clubwettbewerbe schmieden.

Die Vergleiche im unteren Tabellenbereich verlaufen spannend. Sieben Teams zittern um den Verbleib in der Bundesliga, sechs von ihnen treffen direkt aufeinander. Nur der VfB Stuttgart und der VfL Wolfsburg trennen sich unentschieden. Der 1. FC Kaiserslautern siegt bei Borussia Mönchengladbach mit 1:0. Eintracht Frankfurt gewinnt im zehnten Anlauf mit dem 2:1 gegen den FC St. Pauli das erste Rückrundenspiel. Die Pfälzer und die Hessen schieben sich im Gleichschritt in der Tabelle je einen Platz nach vorne, mit je drei Zählern vor Rang 16. Der SV Werder Bremen mildert seine sportlichen Nöte mit dem zweiten 3:1-Auswärtssieg in Folge und beendet die acht Spiele währende Serie ohne Niederlage des 1. FC Nürnberg.

Der 1. FSV Mainz 05 macht Gastgeber Borussia Dortmund das Leben schwer – so wie hier Malik Fatih (hinten) im Zweikampf mit Mario Götze.

RESULTATE

Freitag, 18.03.2011	Bor. M'gladbach - 1. FC Kaiserslautern	0:1	(0:0)
Samstag, 19.03.2011	SC Freiburg - FC Bayern München	1:2	(1:1)
	1. FC Nürnberg - Werder Bremen	1:3	(1:1)
	Hannover 96 - 1899 Hoffenheim	2:0	(1:0)
	Hamburger SV - 1. FC Köln	6:2	(4:0)
	Eintracht Frankfurt - FC St. Pauli	2:1	(1:1)
	Bor. Dortmund - 1. FSV Mainz 05	1:1	(1:0)
Sonntag, 20.03.2011	Bayer Leverkusen - FC Schalke 04	2:0	(2:0)
	VfB Stuttgart - VfL Wolfsburg	1:1	(0:1)

TORJÄGER

Mario Gomez	FC Bayern München	19
Papiss Cissé	SC Freiburg	18
Theofanis Gekas	Eintracht Frankfurt	16
Lukas Podolski	1. FC Köln	12
Didier Ya Konan	Hannover 96	12
André Schürrle	1. FSV Mainz 05	12
Raúl	FC Schalke 04	11
Milivoje Novakovic	1. FC Köln	11
Mladen Petric	Hamburger SV	11

PERSONALIEN

Beim SC Freiburg wird der Wechsel von Trainer **Robin Dutt** (45) zur kommenden Saison zu Bayer 04 Leverkusen bestätigt. Seine Rolle als Chefcoach bei der Breisgauern wird dann **Marcus Sorg** (45) übernehmen, aktuell Trainer des Regionalliga-Teams beim Sportclub.

Bei Hannover 96 ist **Jörg Schmadtke** (47) nun Geschäftsführer Sport mit einem unbefristeten Vertrag.

TABELLE

Rang	Club	Sp.	g	u	v	Tore	Diff.	Pkt.	
1	Borussia Dortmund	27	19	5	3	54:16	38	62	→
2	Bayer 04 Leverkusen	27	16	7	4	56:34	22	55	→
3	Hannover 96	27	16	2	9	39:36	3	50	→
4	FC Bayern München	27	14	6	7	59:34	25	48	→
5	1. FSV Mainz 05	27	14	2	11	42:34	8	44	→
6	1. FC Nürnberg	27	12	6	9	42:36	6	42	→
7	Hamburger SV	27	12	4	11	43:44	-1	40	↗
8	SC Freiburg	27	11	4	12	34:38	-4	37	↘
9	1899 Hoffenheim	27	9	9	9	42:39	3	36	→
10	FC Schalke 04	27	9	6	12	31:33	-2	33	→
11	1. FC Köln	27	9	5	13	37:49	-12	32	→
12	SV Werder Bremen	27	8	8	11	37:53	-16	32	→
13	1. FC Kaiserslautern	27	8	7	12	36:43	-7	31	↗
14	Eintracht Frankfurt	27	9	4	14	27:37	-10	31	↗
15	VfB Stuttgart	27	8	5	14	46:49	-3	29	↘
16	FC St. Pauli	27	8	4	15	29:47	-18	28	→
17	VfL Wolfsburg	27	6	9	12	31:40	-9	27	→
18	Borussia M'gladbach	27	6	5	16	38:61	-23	23	→

27. SPIELTAG

Hamburger SV – 1. FC Köln 6:2 (4:0)

Hamburger SV: Rost - Diekmeier (55. Demel), Kacar, Mathijsen, Aogo - Westermann - Ben-Hatira (60. Son), Zé Roberto, Elia - van Nistelrooy (82. Torun), Petric
1. FC Köln: Rensing - Brecko, Mohamad, Pezzoni, Eichner - Lanig, Petit (75. Makino) - Peszko (40. Chihi), Podolski, Jajalo - Novakovic (82. Clemens)
Tore: 1:0 Petric (12.), 2:0 Ben-Hatira (32.), 3:0 Petric (38.), 4:0 Petric (43.), 4:1 Jajalo (50.), 5:1 Kacar (52.), 6:1 Zé Roberto (58., Foulelfmeter), 6:2 Podolski (62.) **Ecken:** 2:1
Schiedsrichter: Hartmann (Wangen)
Zuschauer: 57.000 (ausverkauft)
Gelb: van Nistelrooy - Lanig, Novakovic
Gelb-Rot: keine **Rot:** keine

Eintracht Frankfurt – FC St. Pauli 2:1 (1:1)

Eintracht Frankfurt: Fährmann - Jung, Franz, Russ, Tzavellas - Clark (61. Caio), Schwegler - Fenin (46. M. Heller, 90+1. Halil Altintop), Meier, Amanatidis - Gekas
FC St. Pauli: Kessler - Bartels, Thorandt, Gunesch, Volz - Daube (78. Bruns), Boll - Kruse (84. Ebbers), Lehmann, Takyi (81. Hennings) - Asamoah
Tore: 1:0 Gekas (34., Foulelfmeter), 1:1 Takyi (42.), 2:1 Gekas (77.)
Ecken: 3:3
Schiedsrichter: Perl (Pullach)
Zuschauer: 50.500
Gelb: Clark - Daube, Volz, Lehmann, Asamoah
Gelb-Rot: keine **Rot:** keine

Borussia Dortmund – 1. FSV Mainz 05 1:1 (1:0)

Borussia Dortmund: Weidenfeller - Piszczek, Subotic, Hummels, Schmelzer - S. Bender, Sahin (88. Kehl) - Großkreutz, Götze, Blaszczykowski (70. Zidan) - Barrios (32. Lewandowski)
1. FSV Mainz 05: Wetklo - Bungert, Svensson, Noveski, Fuchs - Polanski (87. F. Heller), Fathi, Soto - Holtby (76. Risse), Schürrle - Allagui (78. Sliskovic)
Tore: 1:0 Hummels (8.), 1:1 Sliskovic (89.)
Besonderes Vorkommnis: Wetklo hält Foulelfmeter von Sahin (19.)
Ecken: 7:2
Schiedsrichter: Brych (München)
Zuschauer: 80.720 (ausverkauft)
Gelb: Subotic - Wetklo
Gelb-Rot: keine **Rot:** keine

Bayer 04 Leverkusen – FC Schalke 04 2:0 (2:0)

Bayer 04 Leverkusen: Adler - Balitsch (74. L. Bender), Schwaab, Reinartz, Kadlec - Vidal, Rolfes - Sam, Ballack, Augusto (88. Barnetta) - Derdiyok (84. Kießling)
FC Schalke 04: Neuer - Uchida, Höwedes, Metzelder (46. Papadopoulos), Schmitz - Matip, Annan - Edu (59. Draxler), Jurado - Raúl - Gavranovic (71. Charisteas)
Tore: 1:0 Derdiyok (19.), 2:0 Metzelder (27., Eigentor)
Ecken: 8:3
Schiedsrichter: Stark (Ergolding)
Zuschauer: 30.210 (ausverkauft)
Gelb: Augusto, Ballack - Uchida, Raúl, Annan
Gelb-Rot: keine **Rot:** keine

VfB Stuttgart – VfL Wolfsburg 1:1 (0:1)

VfB Stuttgart: Ulreich - Celozzi (67. Schipplock), Tasci (46. Boulahrouz), Niedermeier, Molinaro - Träsch, Kuzmanovic (39. Elson) - Gebhart, Gentner, Okazaki - Pogrebnyak
VfL Wolfsburg: Lenz - Pekarik, Kjaer, A. Friedrich, M. Schäfer - Hasebe (46. Polak), Josué (74. Madlung) - Riether, Diego, Cicero (60. Koo) - Grafite
Tore: 0:1 Grafite (40.), 1:1 Niedermeier (90+4.)
Ecken: 1:3
Schiedsrichter: Gräfe (Berlin)
Zuschauer: 38.500
Gelb: Schipplock - Pekarik, Kjaer, Lenz
Gelb-Rot: keine **Rot:** keine

BUNDESLIGA

BVB wirbelt gegen Hannover 96 – Kölner schaffen einen Vereinsrekord

Nach der Länderspielpause gerät nach einwöchiger Unterbrechung ein Spiel im unteren Tabellengefilde stark in den Fokus des Interesses. Bei der Begegnung VfL Wolfsburg, zum zweiten Mal betreut von Rückkehrer Felix Magath, gegen Eintracht Frankfurt gibt bei den Hessen Christoph Daum sein Trainerdebüt. Drei Tage nach dem Sieg gegen St. Pauli hat die Eintracht überraschend Michael Skibbe freigestellt und Daum verpflichtet. Mit einem 1:1 trennen sich Wolfsburg und Frankfurt im letzten Spiel des ersten April-Wochenendes. Auch zum Auftakt im Freitagsspiel gibt ein Trainer sein Comeback: Ralf Rangnick, bis Dezember noch bei 1899 Hoffenheim beschäftigt, tritt bei seinem zweiten Engagement als Cheftrainer des FC Schalke 04 mit dem Vizemeister beim FC St. Pauli an. Das Spiel endet mit einem bösen Zwischenfall: Zum dritten Mal in der Bundesliga-Geschichte muss ein Spiel wegen durch Zuschauer aus-

Während die Mitspieler Alexander Meier zum Führungstor für Eintracht Frankfurt beglückwünschen, schaut Diego konsterniert. Immerhin gelingt dem VfL Wolfsburg aber später noch der Ausgleich in diesem wichtigen Spiel.

DER SPIELER DES SPIELTAGES

Die Bestnoten in allen Medien und viele Berufungen in die „Mannschaft des Spieltages" sind für Sven Ulreich (22, Foto) vom VfB Stuttgart eine wunderbare Begleiterscheinung. Beim SV Werder Bremen hält der Keeper für die Schwaben das 1:1 und einen wertvollen Punkt im Abstiegskampf fest. Die großartigen Kritiken für eine Leistung, die den Höhepunkt mehrerer überzeugender Auftritte bildet, sind für den VfB-Torwart gewissermaßen eine Genugtuung. Denn sieben Wochen nach seiner Rückversetzung ins zweite Glied hinter Marc Ziegler, der gleich im ersten Spiel dann eine Gehirnerschütterung erleidet, ist Ulreich längst wieder die Nummer eins – und stärker denn je.

DATEN & FAKTEN

Zuschauer gesamt	389.032
pro Spiel	43.226
Tore gesamt	16
Elfmeter	0
Eigentore	0
Gelbe Karten	33
Gelb-Rote Karten	2
Rote Karten	1

FC St. Pauli – FC Schalke 04 0:2 (0:1)

FC St. Pauli: Pliquett - Bartels, Thorandt, Gunesch, Kalla - Boll (77. Bruns), Lehmann - Kruse, Takyi (82. Eger), Hennings (63. Naki) - Asamoah
FC Schalke 04: Neuer - Uchida, Höwedes, Metzelder, Sarpei - Kluge (75. Matip), Papadopoulos - Farfan, Baumjohann (46. Draxler) - Gavranovic (7. Edu), Raúl
Tore: 0:1 Raul (26.), 0:2 Draxler (66.)
Ecken: 7:5 **Schiedsrichter:** Aytekin (Oberasbach) **Zuschauer:** 24.487 (ausverkauft) **Gelb:** Thorandt - Draxler, Papadopoulos
Gelb-Rot: Kalla (68.) **Rot:** Bartels (78.)
Besonderes Vorkommnis: Spielabbruch (88.), Wertung 2:0 für Schalke

1. FC Kaiserslautern – Bayer 04 Leverkusen 0:1 (0:0)

1. FC Kaiserslautern: Trapp - Dick, Abel, Rodnei, Jessen - Tiffert, Bilek (60. Petsos) - Kirch, Hlousek (75. Rivic) - Nemec (55. Hoffer) - Lakic
Bayer 04 Leverkusen: Adler - Balitsch, Schwaab, Reinartz, Kadlec (71. L. Bender) - Vidal, Rolfes - Sam (90+4. Jörgensen), Ballack, Barnetta (66. Kießling) - Derdiyok
Tor: 0:1 Sam (74.)
Ecken: 3:1
Schiedsrichter: Fritz (Korb)
Zuschauer: 46.050
Gelb: Tiffert - Ballack, Schwaab
Gelb-Rot: keine **Rot:** keine

SV Werder Bremen – VfB Stuttgart 1:1 (1:1)

SV Werder Bremen: Wiese - Fritz, Mertesacker, Pasanen, Silvestre - Frings - Wesley, Borowski (67. Hunt) - Marin - Wagner, Avdic (63. Arnautovic)
VfB Stuttgart: Ulreich - Boulahrouz, Tasci, Niedermeier, Molinaro (65. Boka) - Träsch, Kuzmanovic (78. Cacau) - Harnik, Hajnal (72. Gentner), Okazaki - Pogrebnyak
Tore: 0:1 Hajnal (13.), 1:1 Frings (34.)
Ecken: 12:3
Schiedsrichter: Perl (Pullach)
Zuschauer: 40.500 (ausverkauft)
Gelb: Wagner - Okazaki, Harnik, Boulahrouz
Gelb-Rot: keine **Rot:** keine

FC Bayern München – Borussia M'gladbach 1:0 (0:0)

FC Bayern München: Kraft - Lahm, Gustavo, Badstuber, Pranjic - T. Kroos (72. Ottl), Schweinsteiger - Robben, T. Müller (72. Klose), Ribéry - Gomez
Borussia M'gladbach: Bailly - Jantschke, Stranzl, Dante, Daems - Nordtveit, Neustädter (86. Brouwers) - Herrmann (63. Matmour), Arango - Reus, Hanke (72. Idrissou)
Tor: 1:0 Robben (77.)
Ecken: 7:4
Schiedsrichter: Dingert (Lebecksmühle)
Zuschauer: 69.000 (ausverkauft)
Gelb: Lahm, Robben - Reus
Gelb-Rot: keine **Rot:** keine

gelösten Vorgängen abgebrochen werden. Zu diesem Zeitpunkt steht es 2:0 für Schalke.

Borussia Dortmund steht im Spitzenspiel gegen Hannover 96 auf dem Prüfstand. Eine Stunde halten die Niedersachsen sehr gut mit und gehen sogar in Führung. Dann unterstreicht der BVB beim 4:1 nach zuvor zwei sieglosen Spielen eindrucksvoll die Ansprüche auf die Meisterschale. Mario Götze mit dem in Manier von Lionel Messi erzielten 1:1 und Lucas Barrios mit zwei Treffern ragen beim Zauberfußball in dieser Phase heraus. Das Siegtor von Verfolger Bayer 04 Leverkusen zum 1:0 beim 1. FC Kaiserslautern erzielt Sidney Sam, in der vergangenen Saison noch Lauterer. Weil Hannover verliert und Arjen Robben den Treffer zum 1:0 gegen den Tabellenletzten Borussia Mönchengladbach schießt, klettert der FC Bayern München wieder auf den dritten Platz.

Auf den Europapokal-Plätzen hält sich weiterhin der 1. FSV Mainz 05 mit dem 1:1 gegen den SC Freiburg. Die Rheinhessen sind unverändert ein Phänomen, da sie sich mit nur fünf Heimsiegen in 14 Spielen in der Spitzengruppe halten. Der 1. FC Nürnberg rückt als Tabellensechster nicht vorbei, weil er in der Schlussminute den Treffer zum 0:1 beim 1. FC Köln hinnehmen muss. Die Mannschaft von Trainer Frank Schaefer, das schwächste Auswärtsteam, sorgt mit dem siebten Heimsieg in Folge für einen Vereinsrekord. Torschütze Milivoje Novakovic steht gewissermaßen stellvertretend für die beiden FC-Gesichter, denn alle zwölf Saisontore hat er daheim im RheinEnergieStadion erzielt.

Bei 1899 Hoffenheim verläuft es in der Rhein-Neckar-Arena zwei Wochen nach dem Sieg gegen Dortmund weniger spektakulär. Die Kraichgauer trennen sich vom Hamburger SV mit 0:0. Im Tabellenkeller holt keine der unteren sieben Mannschaften drei Punkte. Wie Wolfsburg und Frankfurt, wo Daum das Unentschieden allerdings als „Riesenerfolg" einstuft, trennen sich der SV Werder Bremen und der VfB Stuttgart mit einem 1:1.

Lucas Barrios (18) markiert mit seinem schon 13. Saisontor das 3:1 für Borussia Dortmund. Karim Haggui (links) und Sofian Chahed von Hannover 96 bleibt nur die Zuschauerrolle.

Milivoje Novakovic erzielt im letzten Moment das Siegtor für den 1. FC Köln, Nürnbergs Per Nilsson (links) verfolgt die Szene enttäuscht.

RESULTATE

Freitag, 01.04.2011	FC St. Pauli - FC Schalke 04	0:2	(0:1)*
Samstag, 02.04.2011	1. FC Kaiserslautern - Bayer Leverkusen	0:1	(0:0)
	SV Werder Bremen - VfB Stuttgart	1:1	(1:1)
	Bayern München - Bor. M'gladbach	1:0	(0:0)
	1. FSV Mainz 05 - SC Freiburg	1:1	(0:1)
	Borussia Dortmund - Hannover 96	4:1	(0:0)
	1899 Hoffenheim - Hamburger SV	0:0	
Sonntag, 03.04.2011	1. FC Köln - 1. FC Nürnberg	1:0	(0:0)
	VfL Wolfsburg - Eintracht Frankfurt	1:1	(0:0)

* 0:2-Wertung nach Spielabbruch

TORJÄGER

Mario Gomez	FC Bayern München	19
Papiss Cissé	SC Freiburg	19
Theofanis Gekas	Eintracht Frankfurt	16
Lucas Barrios	Borussia Dortmund	13
Raúl	FC Schalke 04	12
Lukas Podolski	1. FC Köln	12
Milivoje Novakovic	1. FC Köln	12
Didier Ya Konan	Hannover 96	12
André Schürrle	1. FSV Mainz 05	12

PERSONALIEN

Jupp Heynckes (65) wird Bayer 04 Leverkusen zum Saisonende verlassen. Zum dritten Mal übernimmt er das Amt des Chetrainers beim FC Bayern München.

Adam Szalai (23) vom 1. FSV Mainz 05 ist nach seinem Kreuzbandriss operiert worden.

Nationalspieler **Toni Kroos** (21) hat seinen laufenden Vertrag beim FC Bayern München vorzeitig bis 2015 verlängert.

TABELLE

Rang	Club	Sp.	g	u	v	Tore	Diff.	Pkt.	
1	Borussia Dortmund	28	20	5	3	58:17	41	65	→
2	Bayer 04 Leverkusen	28	17	7	4	57:34	23	58	→
3	FC Bayern München	28	15	6	7	60:34	26	51	↗
4	Hannover 96	28	16	2	10	40:40	0	50	↘
5	1. FSV Mainz 05	28	14	3	11	43:35	8	45	→
6	1. FC Nürnberg	28	12	6	10	42:37	5	42	→
7	Hamburger SV	28	12	5	11	43:44	-1	41	→
8	SC Freiburg	28	11	5	12	35:39	-4	38	→
9	1899 Hoffenheim	28	9	10	9	42:39	3	37	→
10	FC Schalke 04	28	10	6	12	33:33	0	36	→
11	1. FC Köln	28	10	5	13	38:49	-11	35	→
12	SV Werder Bremen	28	8	9	11	38:54	-16	33	→
13	Eintracht Frankfurt	28	9	5	14	28:38	-10	32	↗
14	1. FC Kaiserslautern	28	8	7	13	36:44	-8	31	↘
15	VfB Stuttgart	28	8	6	14	47:50	-3	30	→
16	VfL Wolfsburg	28	6	10	12	32:41	-9	28	↗
17	FC St. Pauli	28	8	4	16	29:49	-20	28	↘
18	Borussia M'gladbach	28	6	5	17	38:62	-24	23	→

28. SPIELTAG

1. FSV Mainz 05 – SC Freiburg 1:1 (0:1)

■ **1. FSV Mainz 05:** Wetklo - Bungert, Svensson, Noveski, Fuchs - Fathi (58. Risse) - Polanski, Ivanschitz - Holtby, Schürrle (81. Sliskovic) - F. Heller (66. Allagui)
■ **SC Freiburg:** Baumann - Mujdza (78. Nicu), Krmas, Toprak, Bastians - Schuster - D. Caligiuri, Flum, Makiadi, Rosenthal (46. Putsila) - Cissé (64. Yano)
Tore: 0:1 Cissé (1.), 1:1 Allagui (74.)
Ecken: 5:1
Schiedsrichter: Schmidt (Stuttgart)
Zuschauer: 20.000
Gelb: Fuchs - Mujdza, Flum, Putsila
Gelb-Rot: keine **Rot:** keine

Borussia Dortmund – Hannover 96 4:1 (0:0)

■ **Borussia Dortmund:** Weidenfeller - Piszczek, Subotic, Hummels (80. Santana), Schmelzer - S. Bender, Sahin - Götze (85. da Silva), Lewandowski (70. Blaszczykowski), Großkreutz - Barrios
■ **Hannover 96:** Fromlowitz - Cherundolo, Haggui, Pogatetz, C. Schulz (61. Chahed) - Schmiedebach (76. Carlitos), Pinto - Stindl, Rausch (46. Schlaudraff) - Ya Konan, Abdellaoue
Tore: 0:1 Abdellaoue (57.), 1:1 Götze (59.), 2:1 Barrios (64.), 3:1 Barrios (73.), 4:1 Großkreutz (83.)
Ecken: 4:6
Schiedsrichter: Gräfe (Berlin)
Zuschauer: 80.720 (ausverkauft)
Gelb: Götze - Schmiedebach, Chahed
Gelb-Rot: keine **Rot:** keine

1899 Hoffenheim – Hamburger SV 0:0

■ **1899 Hoffenheim:** Starke - Beck, Vorsah, Compper, Braafheid - Rudy, Ibertsberger - Firmino (54. Vukcevic, 69. Sigurdsson), Babel (69. Mlapa), Alaba - Ibisevic
■ **Hamburger SV:** Rost - Diekmeier, Kacar, Mathijsen (50. Jarolim), Aogo - Westermann - Ben-Hatira, Zé Roberto, Elia - Son (63. Jansen), Petric
Tore: keine
Ecken: 4:5
Schiedsrichter: Welz (Wiesbaden)
Zuschauer: 30.150 (ausverkauft)
Gelb: Ibisevic, Rudy - Diekmeier
Gelb-Rot: keine **Rot:** keine

1. FC Köln – 1. FC Nürnberg 1:0 (0:0)

■ **1. FC Köln:** Rensing - Brecko, Geromel, Mohamad, Eichner - Lanig, Jajalo - Peszko, Podolski, Clemens (68. Chihi) - Novakovic
■ **1. FC Nürnberg:** R. Schäfer - Judt, Wollscheid, Wolf (63. Nilsson), Plattenhardt - Simons - Hegeler, Gündogan (81. Mintal), Cohen (74. Mak), Ekici - Eigler
Tor: 1:0 Novakovic (90+2.)
Ecken: 3:5
Schiedsrichter: Meyer (Burgdorf)
Zuschauer: 49.000
Gelb: Mohamad, Brecko - Cohen, Wolf
Gelb-Rot: keine **Rot:** keine

VfL Wolfsburg – Eintracht Frankfurt 1:1 (0:0)

■ **VfL Wolfsburg:** Benaglio - Riether, Kjaer, A. Friedrich, M. Schäfer - Josué - Polak (58. Koo), Cicero - Diego - Helmes (74. Madlung), Grafite (46. Mandzukic)
■ **Eintracht Frankfurt:** Fährmann - Jung, Franz, Russ, Tzavellas - Rode (77. M. Heller) - Ochs (90+3. Vasoski), Clark, Meier, Halil Altintop - Gekas (87. Amanatidis)
Tore: 0:1 Meier (59.), 1:1 Mandzukic (85.)
Ecken: 14:1
Schiedsrichter: Kinhöfer (Herne)
Zuschauer: 29.125
Gelb: Mandzukic - Ochs, Halil Altintop, Rode, Franz, Tzavellas
Gelb-Rot: A. Friedrich (71.)
Rot: keine

BUNDESLIGA

Bayer 04 auf den Fersen des BVB – Trainerwechsel beim FC Bayern

Viel kämpfen muss Bayer 04 Leverkusen, um gegen seinen Gast FC St. Pauli in der BayArena zu einem 2:1-Erfolg zu kommen – hier ein Zweikampf zwischen Michael Ballack und Fabian Boll (links).

Ihren Ruf als spannendste Liga in Europa festigt die Bundesliga eindrucksvoll. In allen Bereichen der Tabelle rücken die Mannschaften noch enger zusammen. Bayer 04 Leverkusen verkürzt den Abstand auf Tabellenführer Borussia Dortmund, das Rennen um Platz drei mit der damit verbundenen Qualifikationsrunde zur UEFA Champions League spitzt sich zu, das künftige Startrecht für die UEFA Europa League ist ebenfalls sehr umkämpft, und am Tabellenende stellt Borussia Mönchengladbach den Kontakt zu Rang 16, dem Relegationsplatz, wieder her.

Mit dem 1:1 im fränkisch-bayerischen Derby beim 1. FC Nürnberg verliert der FC Bayern München den dritten Platz. Dem Gästetorhüter Thomas Kraft unterläuft beim „Club"-Tor durch Christian Eigler ein krasser Fehler. Dem Unentschieden folgt beim FC Bayern die sofortige Trennung von Trainer Louis van Gaal, eigentlich erst zum Saisonende vorgesehen. Andries Jonker, bisher Assistent, rückt in die Chefrolle auf.

Mit 2:0 besiegt Hannover 96 im Spitzenspiel den 1. FSV Mainz 05, der nach dem Platzverweis für Nikolce Noveski eine Halbzeit in Unterzahl agieren muss. Die Niedersachsen drängen die Münchner wieder von Platz drei.

Ein spätes Tor durch Jakub „Kuba" Blaszczykowski zum 1:1 beim Hamburger SV sorgt bei Dortmund für Jubel und bei Trainer Jürgen Klopp für einen viel beachteten Sprint aus Freude und Erleichterung an der Seitenlinie entlang. Leverkusen rückt am Sonntag mit dem schwer umkämpften 2:1 gegen den FC St. Pauli, das seine siebte Niederlage in Serie kassiert, bis auf fünf Punkte an den BVB heran. Innerhalb von vier Spieltagen hat Bayer 04 als bestes Rückrundenteam den Rückstand auf Dortmund um sieben Zähler abgebaut.

Durch die Mainzer Niederlage ist Nürnberg nur einen Punkt von Platz fünf entfernt, der HSV zwei und der SC Freiburg, der in Unterzahl beim 3:2 gegen 1899 Hoffenheim eine Serie von fünf Spielen ohne Sieg beendet, nur drei Zähler. Der FC Schalke 04, der unter der Woche in der Champions League mit dem 5:2 bei Inter Mailand begeistert hat, holt den dritten Sieg im dritten Spiel unter Ralf Rangnick. Mit 1:0 wird der VfL Wolfsburg mit Felix Magath bezwungen, beim vorangegangenen Heimspiel selbst noch auf der Schalker Trainerbank. In einer weiteren

DATEN & FAKTEN

Zuschauer gesamt	413.035
pro Spiel	45.893
Tore gesamt	29
Elfmeter	6
Eigentore	1
Gelbe Karten	35
Gelb-Rote Karten	1
Rote Karten	3

Eintracht Frankfurt – SV Werder Bremen 1:1 (0:0)

Eintracht Frankfurt: Fährmann - Jung, Franz, Russ, Tzavellas (71. Köhler) - Rode (75. Caio), Schwegler - Kittel, Meier (70. Fenin), Halil Altintop - Gekas
SV Werder Bremen: Wiese - Fritz, Mertesacker, Pasanen, Silvestre - Frings - Wesley, Borowski (82. Bargfrede) - Marin - Wagner, Avdic (26. Pizarro)
Tore: 0:1 Halil Altintop (58., Eigentor), 1:1 Fenin (83.)
Ecken: 8:6
Schiedsrichter: Meyer (Burgdorf)
Zuschauer: 51.500 (ausverkauft)
Gelb: Franz, Jung, Rode - Avdic, Wagner, Marin
Gelb-Rot: keine **Rot:** keine

1. FC Nürnberg – FC Bayern München 1:1 (0:1)

1. FC Nürnberg: R. Schäfer - Chandler, Wollscheid, Wolf, Pinola - Simons - Cohen, Gündogan (33. Hegeler) - Ekici (83. Mintal) - Eigler, Mak (66. Schieber)
FC Bayern München: Kraft - Lahm, Gustavo, Badstuber, Pranjic (46. Contento) - T. Kroos (46. Tymoshchuk), Schweinsteiger - Robben, T. Müller (63. Klose), Ribéry - Gomez
Tore: 0:1 T. Müller (5.), 1:1 Eigler (60.)
Ecken: 6:6
Schiedsrichter: Kircher (Rottenburg)
Zuschauer: 48.548 (ausverkauft)
Gelb: Wolf, Wollscheid - T. Kroos, Badstuber
Gelb-Rot: keine **Rot:** Robben (90+3.)

Hamburger SV – Borussia Dortmund 1:1 (1:0)

Hamburger SV: Rost - Diekmeier, Kacar, Westermann, Aogo - Jarolim - Ben-Hatira, Zé Roberto, Elia (83. Demel) - van Nistelrooy (83. Jansen), Petric (90. Guerrero)
Borussia Dortmund: Weidenfeller - Piszczek, Subotic, Hummels, Schmelzer - S. Bender (80. Owomoyela), Sahin - Götze, Lewandowski (62. Blaszczykowski), Großkreutz - Barrios (77. Zidan)
Tore: 1:0 van Nistelrooy (39., Foulelfmeter), 1:1 Blaszczykowski (90+2.)
Ecken: 2:4
Schiedsrichter: Gagelmann (Bremen)
Zuschauer: 57.000 (ausverkauft)
Gelb: Sahin
Gelb-Rot: Ben-Hatira (78.) **Rot:** keine

FC Schalke 04 – VfL Wolfsburg 1:0 (0:0)

FC Schalke 04: Neuer - Uchida, Höwedes, Matip, Sarpei - Papadopoulos - Jurado (88. Annan), Schmitz (46. Baumjohann) - Farfan (90+2. Draxler), Edu - Raúl
VfL Wolfsburg: Benaglio - Riether, Kjaer (46. Pekarik), Madlung, M. Schäfer - Josué - Hasebe, Cicero (73. Polak) - Diego - Grafite, Koo (79. Helmes)
Tor: 1:0 Jurado (76.)
Ecken: 5:5
Schiedsrichter: Sippel (München)
Zuschauer: 61.673 (ausverkauft)
Gelb: Baumjohann - Grafite, Cicero, Koo
Gelb-Rot: keine **Rot:** keine

Der lange verletzte Dennis Diekmeier vom Hamburger SV muss sich in dieser Szene vehement gegen Kevin Großkreutz von Borussia Dortmund zur Wehr setzen. In der Nachspielzeit wird der BVB für seinen Sturmlauf in der Imtech Arena mit dem Ausgleich zum 1:1 belohnt – ein sehr wichtiger Punkt für die Westfalen.

für den Abstiegskampf relevanten Partie trennen sich Eintracht Frankfurt und der SV Werder Bremen mit 1:1. Der 1. FC Kaiserslautern dreht mit tollen Toren nach einem 1:2 das Spiel beim VfB Stuttgart zum 4:2, und Gladbach gelingt mit dem 5:1 im Derby ein Kantersieg gegen den 1. FC Köln.

Voller Einsatz zwischen dem Wolfsburger Sascha Riether (links) und José Manuel Jurado, Spanier im Schalker Trikot, dem in der zweiten Halbzeit der 1:0-Siegtreffer für die „Königsblauen" gelingt.

DER TORSCHÜTZE DES SPIELTAGES

Als der Druck auf den 1. FC Kaiserslautern groß wird, meldet sich Srdjan Lakic (27, Foto) zurück. Am 18. Dezember, im Spiel beim SV Werder Bremen an jenem 17. Spieltag, da schließt der Kroate mit zwei Toren eine starke Hinrunde ab, und wird auch erstmals in die Nationalmannschaft seines Heimatlandes berufen. Doch ab Januar trifft Lakic neun Spiele lang einfach nicht mehr und wird für viele FCK-Fans zum „Buhmann", weil er zudem seinen Wechsel zum VfL Wolfsburg zum Saisonende bekannt gibt. „Jede Serie endet einmal, ich werde wieder treffen", verspricht Lakic vor dem Gastspiel der Pfälzer beim VfB Stuttgart. In der 18. Minute ist es soweit: Per Kopf markiert Lakic das 1:0, später lässt er den Treffer zum 3:2 folgen und ist der überragende Spieler in der Mercedes-Benz Arena.

RESULTATE

Freitag, 08.04.2011	Eintracht Frankfurt - Werder Bremen	1:1	(0:0)
Samstag, 09.04.2011	1. FC Nürnberg - Bayern München	1:1	(0:1)
	Hamburger SV - Bor. Dortmund	1:1	(1:0)
	FC Schalke 04 - VfL Wolfsburg	1:0	(0:0)
	Hannover 96 - 1. FSV Mainz 05	2:0	(1:0)
	SC Freiburg - 1899 Hoffenheim	3:2	(1:2)
	VfB Stuttgart - 1. FC Kaiserslautern	2:4	(2:1)
Sonntag, 10.04.2011	Borussia M'gladbach - 1. FC Köln	5:1	(3:0)
	Bayer 04 Leverkusen - FC St. Pauli	2:1	(0:0)

TORJÄGER

Papiss Cissé	SC Freiburg	20
Mario Gomez	FC Bayern München	19
Theofanis Gekas	Eintracht Frankfurt	16
Milivoje Novakovic	1. FC Köln	13
Srdjan Lakic	1. FC Kaiserslautern	13
Didier Ya Konan	Hannover 96	13
Lucas Barrios	Borussia Dortmund	13
Raúl	FC Schalke 04	12
Lukas Podolski	1. FC Köln	12

PERSONALIEN

Patrick Owomoyela (31) verlängert seinen Vertrag bei Borussia Dortmund um ein Jahr bis 2012.

Nach Spielschluss erhält **Arjen Robben** (27) vom FC Bayern München beim 1. FC Nürnberg die Rote Karte wegen seiner Proteste bei Schiedsrichter Knut Kircher (Rottenburg).

Ein Muskelfaserriss im Oberschenkel verhindert den Einsatz von **Felix Bastians** (23) beim Spiel des SC Freiburg gegen 1899 Hoffenheim.

TABELLE

Rang	Club	Sp.	g	u	v	Tore	Diff.	Pkt.	
1	Borussia Dortmund	29	20	6	3	59:18	41	66	→
2	Bayer 04 Leverkusen	29	18	7	4	59:35	24	61	→
3	Hannover 96	29	17	2	10	42:40	2	53	↗
4	FC Bayern München	29	15	7	7	61:35	26	52	↘
5	1. FSV Mainz 05	29	14	3	12	43:37	6	45	→
6	1. FC Nürnberg	29	12	7	10	43:38	5	43	→
7	Hamburger SV	29	12	6	11	44:45	-1	42	→
8	SC Freiburg	29	12	5	12	38:41	-3	41	→
9	FC Schalke 04	29	11	6	12	34:33	1	39	↗
10	1899 Hoffenheim	29	9	10	10	44:42	2	37	↘
11	1. FC Köln	29	10	5	14	39:54	-15	35	→
12	1. FC Kaiserslautern	29	9	7	13	40:46	-6	34	↗
13	SV Werder Bremen	29	8	10	11	39:55	-16	34	↘
14	Eintracht Frankfurt	29	9	6	14	29:39	-10	33	↘
15	VfB Stuttgart	29	8	6	15	49:54	-5	30	→
16	VfL Wolfsburg	29	6	10	13	32:42	-10	28	→
17	FC St. Pauli	29	8	4	17	30:51	-21	28	→
18	Borussia M'gladbach	29	7	5	17	43:63	-20	26	→

Hannover 96
1. FSV Mainz 05 2:0 (1:0)

■ **Hannover 96:** Zieler - Cherundolo, Haggui, Pogatetz, C. Schulz - Schmiedebach, Pinto (89. Lala) - Stindl, Rausch (81. Carlitos) - Ya Konan (85. Stoppelkamp), Abdellaoue
■ **1. FSV Mainz 05:** H. Müller - Bungert, Svensson, Noveski, Fathi (46. Soto) - M. Caligiuri, Kirchhoff, Polanski - Holtby - Allagui (78. F. Heller), Schürrle (61. Risse)
Tore: 1:0 Ya Konan (45+1., Foulelfmeter), 2:0 Pinto (59.)
Ecken: 15:3
Schiedsrichter: Kinhöfer (Herne)
Zuschauer: 48.000
Gelb: Cherundolo - Polanski, Svensson, Bungert
Gelb-Rot: keine **Rot:** Noveski (45.)

SC Freiburg
1899 Hoffenheim 3:2 (1:2)

■ **SC Freiburg:** Baumann - Mujdza, Krmas, Toprak, Butscher - Schuster - D. Caligiuri (87. Jendrisek), Flum, Makiadi, Putsila - Cissé (90. Barth)
■ **1899 Hoffenheim:** Starke - Beck, Vorsah, Compper, Braafheid (64. Sigurdsson) - Rudy, Ibertsberger - Mlapa (81. Firmino), Babel (87. Thomalla), Alaba - Ibisevic
Tore: 1:0 Schuster (23.), 1:1 Ibisevic (34., Foulelfmeter), 1:2 Babel (42.), 2:2 Cissé (60., Foulelfmeter), 3:2 Butscher (78.)
Ecken: 6:4
Schiedsrichter: Stark (Ergolding)
Zuschauer: 24.000 (ausverkauft)
Gelb: Cissé - Ibisevic, Rudy, Beck, Braafheid, Ibertsberger
Gelb-Rot: keine **Rot:** Krmas (33.)

VfB Stuttgart
1. FC Kaiserslautern 2:4 (2:1)

■ **VfB Stuttgart:** Ulreich - Boulahrouz, Tasci, Niedermeier, Molinaro (67. Boka) - Träsch, Kuzmanovic - Harnik (81. Gebhart), Gentner (73. Cacau), Okazaki - Pogrebnyak
■ **1. FC Kaiserslautern:** Trapp - Dick, Abel (44. Amedick), Rodnei, Jessen - Tiffert, Petsos (64. Hoffer) - Kirch (46. Rivic), Moravek, Hlousek - Lakic
Tore: 0:1 Lakic (17.), 1:1 Kuzmanovic (26., Foulelfmeter), 2:1 Pogrebnyak (39.), 2:2 Hoffer (68.), 2:3 Lakic (79.), 2:4 Rivic (86.)
Ecken: 4:4
Schiedsrichter: Aytekin (Oberasbach)
Zuschauer: 39.000 (ausverkauft)
Gelb: Pogrebnyak - Dick, Hoffer
Gelb-Rot: keine **Rot:** keine

Borussia Mönchengladbach
1. FC Köln 5:1 (3:0)

■ **Borussia M'gladbach:** ter Stegen - Jantschke, Stranzl, Dante, Daems - Nordtveit (83. Fink), Neustädter - Reus, Arango (73. Herrmann) - Hanke (76. Marx), Idrissou
■ **1. FC Köln:** Rensing - Brecko, Geromel, Mohamad, Eichner - Matuschyk - Lanig (86. Yalcin), Jajalo (46. Chihi) - Peszko (70. Clemens), Podolski - Novakovic
Tore: 1:0 Arango (29.), 2:0 Reus (34.), 3:0 Reus (39.), 3:1 Novakovic (50.), 4:1 Daems (65., Handelfmeter), 5:1 Nordtveit (67.) **Ecken:** 4:6
Schiedsrichter: Weiner (Giesen)
Zuschauer: 53.104
Gelb: Arango - Jajalo, Matuschyk
Gelb-Rot: keine **Rot:** keine

Bayer 04 Leverkusen
FC St. Pauli 2:1 (0:0)

■ **Bayer 04 Leverkusen:** Giefer - Balitsch (46. Castro), Schwaab, Reinartz, Kadlec (60. Derdiyok) - Vidal, Rolfes - Sam, Ballack, Barnetta (68. L. Bender) - Kießling
■ **FC St. Pauli:** Pliquett - Lechner, Thorandt, Eger, Gunesch - Boll (79. Sukuta-Pasu), Lehmann - Bruns (72. Daube), Takyi (84. Ebbers), Naki - Asamoah
Tore: 0:1 Takyi (58.), 1:1 Kießling (66.), 2:1 L. Bender (77.)
Ecken: 4:1
Schiedsrichter: Drees (Münster-Sarmsheim)
Zuschauer: 30.210 (ausverk.)
Gelb: Schwaab - Asamoah, Takyi, Lehmann
Gelb-Rot: keine **Rot:** keine

29. SPIELTAG

BUNDESLIGA

Leverkusen verliert mit 1:5 – Dortmund auf Meisterkurs

Was für ein Einstand für Andries Jonker (rechts) als Interimscoach des FC Bayern München, der Bayer 04 Leverkusen deutlich mit 5:1 besiegt – auch dank eines Hattricks von Mario Gomez, der sich hier gemeinsam mit dem neuen Verantwortlichen auf der Trainerbank freut.

Borussia Dortmund rückt der Deutschen Meisterschaft wieder ein großes Stück näher. Durch ein 3:0 gegen den SC Freiburg bauen die Westfalen ihren Vorsprung auf den zweiten Platz aus. Denn Bayer 04 Leverkusen kommt beim FC Bayern München mit 1:5 unter die Räder. Der deutsche Rekordmeister zieht durch den Sieg beim Debüt von Interimscoach Andries Jonker wieder an Hannover 96 vorbei auf Platz drei. Am Ende der Tabelle wächst die Lücke der drei letztplatzierten Mannschaften zu Platz 15 an. Borussia Mönchengladbach unterliegt mit 0:1 beim 1. FSV Mainz 05. Weder dem VfL Wolfsburg noch dem FC St. Pauli gelingt im direkten Vergleich beim 2:2 ein größerer Schritt zum Verbleib in der Bundesliga.

Dem BVB ist nach dem souveränen Erfolg gegen Freiburg, der allerdings mit einer Knieverletzung bei Nuri Sahin teuer bezahlt wird, der Gewinn der siebten Deutsche Meisterschaft kaum noch zu nehmen. Trainer Jürgen Klopp warnt vor Spielbeginn, der Vorsprung auf Leverkusen könne auf nur noch zwei Punkte schrumpfen. Doch in der Allianz Arena lässt der FC Bayern an diesem „Super-Sonntag" zwei Stunden zuvor den Rheinländern keine Chance. Schon zur Halbzeit steht es nach einem Eigentor von Simon Rolfes und einem Hattrick innerhalb von 18 Minuten durch Mario Gomez 4:0. „Wir haben unser wahres Gesicht gezeigt", sagt Bastian Schweinsteiger. Für die „Werkself" aus Leverkusen, zuletzt 1989 in München erfolgreich, und Trainer Jupp

Heynckes geht eine Serie von acht Begegnungen ohne Niederlage zu Ende.

Hannover muss sich mit einem 0:0 beim Hamburger SV zufrieden geben und nimmt mit Mainz die beiden Plätze ein, die mit dem Startrecht in der UEFA Europa League belohnt werden. Mit dem Sieg gegen Gladbach, das mit der Gelb-Roten Karte für Mike Hanke den achten Platzverweis der Saison beklagt, stehen die Rheinhessen vor dem 1. FC Nürnberg, der nach dem 2:0 beim 1. FC Kaiserslautern ebenfalls weiter von der Teilnahme auf europäischer Ebene träumt. 1899 Hoffenheim gleicht mit dem 1:0 gegen Eintracht Frankfurt seine Saisonbilanz auf zehn Siege, zehn Unentschieden und zehn Niederlagen aus, nachdem unter der Woche die Trennung von Marco Pezzaiuoli zum Saisonende bekannt gegeben worden ist. Ralf Rangnick, der Trainer des FC Schalke 04, setzt im Spiel beim SV Werder Bremen (1:1)

DATEN & FAKTEN

Zuschauer gesamt	427.450
pro Spiel	47.494
Tore gesamt	23
Elfmeter	2
Eigentore	1
Gelbe Karten	35
Gelb-Rote Karten	1
Rote Karten	0

1. FSV Mainz 05 – Bor. Mönchengladbach 1:0 (0:0)

■ **1. FSV Mainz 05**: Wetklo - M. Caligiuri, Bungert, Kirchhoff, Fuchs - Polanski, Soto - Risse (46. Gopko, 85. F. Heller), Holtby (77. Sliskovic), Schürrle - Allagui
■ **Borussia M'gladbach**: ter Stegen - Jantschke (89. Matmour), Stranzl, Dante, Daems - Nordtveit (89. Brouwers), Neustädter - Reus, Arango - Hanke, Idrissou
Tor: 1:0 Schürrle (87.)
Ecken: 6:4
Schiedsrichter: Aytekin (Oberasbach)
Zuschauer: 20.300 (ausverkauft)
Gelb: Fuchs - Idrissou
Gelb-Rot: Hanke (53.) **Rot**: keine

1. FC Köln – VfB Stuttgart 1:3 (0:0)

■ **1. FC Köln**: Rensing - Brecko, Geromel, Mohamad, Eichner - Lanig, Petit (71. Yalcin) - Chihi, Podolski, Peszko (17. Clemens) - Novakovic
■ **VfB Stuttgart**: Ulreich - Boulahrouz, Tasci, Niedermeier, Molinaro - Träsch, Kuzmanovic - Harnik (79. Schipplock), Hajnal (82. Gentner), Okazaki - Cacau (90+1. Delpierre)
Tore: 0:1 Träsch (51.), 0:2 Harnik (53.), 0:3 Kuzmanovic (63., Handelfmeter), 1:3 Novakovic (68.)
Ecken: 2:7
Schiedsrichter: Sippel (München)
Zuschauer: 50.000 (ausverkauft)
Gelb: Novakovic, Petit, Rensing, Lanig, Yalcin, Podolski - Boulahrouz, Molinaro
Gelb-Rot: keine **Rot**: keine

1899 Hoffenheim – Eintracht Frankfurt 1:0 (0:0)

■ **1899 Hoffenheim**: Starke - Ibertsberger, Vorsah, Compper, Braafheid - Weis, Rudy (46. Sigurdsson) - Mlapa (74. Firmino), Alaba, Babel (90. Vestergaard) - Ibisevic
■ **Eintracht Frankfurt**: Fährmann - Jung, Franz (68. Vasoski), Russ, Köhler - Schwegler, Rode (81. Fenin) - Ochs, Meier (81. Kittel), Halil Altintop - Gekas
Tor: 1:0 Firmino (78.)
Ecken: 3:7
Schiedsrichter: Weiner (Giesen)
Zuschauer: 30.150 (ausverkauft)
Gelb: Mlapa, Babel, Firmino - Jung, Meier, Franz
Gelb-Rot: keine **Rot**: keine

Hamburger SV – Hannover 96 0:0

■ **Hamburger SV**: Rost - Diekmeier, Kacar, Westermann, Aogo - Jarolim - Torun (61. Pitroipa), Zé Roberto, Elia - van Nistelrooy, Petric
■ **Hannover 96**: Zieler - Cherundolo, Haggui, Pogatetz, C. Schulz - Schmiedebach, Pinto - Stindl, Rausch - Ya Konan, Abdellaoue (85. Schlaudraff)
Tore: keine
Ecken: 7:4
Schiedsrichter: Dingert (Lebecksmühle)
Zuschauer: 57.000 (ausverkauft)
Gelb: Jarolim - Stindl, Ya Konan, Pinto
Gelb-Rot: keine **Rot**: keine

Robert Lewandowski von Borussia Dortmund bringt den Ball hier im Tor des SC Freiburg unter, dessen Keeper Oliver Baumann vergeblich fliegt. Tabellenführer BVB siegt 3:0 und enteilt auf acht Punkte Differenz zu Verfolger Leverkusen.

DAS GASTSPIEL DES SPIELTAGES

Siegesgewiss reist Jupp Heynckes (65, Foto) mit Bayer 04 Leverkusen zur Begegnung beim FC Bayern München. Noch einmal Druck ausüben auf Spitzenreiter Borussia Dortmund und die Vizemeisterschaft sowie die Qualifikation zur UEFA Champions League für seine „Werkself" perfekt machen – so lautet sein Ziel. Diskussionen, er habe als künftiger Bayern-Trainer ab der nächsten Saison kein einhundertprozentiges Interesse an einem Leverkusener Erfolg, weist er kopfschüttelnd zurück. Sportdirektor Rudi Völler bedankt sich vorab, dass Heynckes das Bayer-Team so toll entwickelt habe. Das Gastspiel in München, wo der Coach den FC Bayern im Sommer zum dritten Mal übernehmen wird, gerät durch die 1:5-Niederlage aber zu einer herben Enttäuschung für Heynckes.

auf Rotation. Die Hanseaten klettern auf Platz elf und dürfen sich nach dem siebten Spiel ohne Niederlage gesichert fühlen.

Ein Schritt weg von der Abstiegszone gelingt auch dem VfB Stuttgart mit dem 3:1 beim 1. FC Köln, der nach sieben Siegen hintereinander wieder einmal zu Hause geschlagen wird. In einem Abstiegskrimi verpassen es die Wolfsburger, beim 2:2 gegen St. Pauli die „Big Points" zu machen. Noch enttäuschter reagieren die Hamburger auf das Unentschieden, weil sie den Sieg erst unmittelbar vor Schluss mit einem Gegentreffer aus der Hand geben.

Elegant hebt Cacau den Ball über Pedro Geromel (Mitte), der mit dem 1. FC Köln 1:3 gegen den VfB Stuttgart unterliegt. Rechts Cristian Molinaro.

RESULTATE

Freitag, 15.04.2011	1. FSV Mainz 05 - Bor. M'gladbach	1:0	(0:0)
Samstag, 16.04.2011	1. FC Köln - VfB Stuttgart	1:3	(0:0)
	1899 Hoffenheim - Eintr. Frankfurt	1:0	(0:0)
	Hamburger SV - Hannover 96	0:0	
	1. FC Kaiserslautern - 1. FC Nürnberg	0:2	(0:1)
	VfL Wolfsburg - FC St. Pauli	2:2	(1:0)
	Werder Bremen - FC Schalke 04	1:1	(0:0)
Sonntag, 17.04.2011	Bayern München - Bayer Leverkusen	5:1	(4:0)
	Bor. Dortmund - SC Freiburg	3:0	(2:0)

TORJÄGER

Mario Gomez	FC Bayern München	22
Papiss Cissé	SC Freiburg	20
Theofanis Gekas	Eintracht Frankfurt	16
Milivoje Novakovic	1. FC Köln	14
Srdjan Lakic	1. FC Kaiserslautern	13
Didier Ya Konan	Hannover 96	13
André Schürrle	1. FSV Mainz 05	13
Lucas Barrios	Borussia Dortmund	13

PERSONALIEN

Beim FC St. Pauli gibt Cheftrainer **Holger Stanislawski** (4) während der Woche seinen Weggang aus Hamburg bekannt – nach 18 Jahren beim Kiez-Club.

Wegen eines Muskelfaserrisses im Adduktorenbereich fällt Torjäger **Lucas Barrios** (26) bei Tabellenführer Borussia Dortmund aus.

Im Derby gegen Hannover 96 erleidet **Ruud van Nistelrooy** (34) einen Muskelfaserriss in der linken Wade – voraussichtlich das Saisonende für den Niederländer, der den Hamburger SV im Sommer verlassen will.

TABELLE

Rang	Club	Sp.	g	u	v	Tore	Diff.	Pkt.	
1	Borussia Dortmund	30	21	6	3	62:18	44	69	→
2	Bayer 04 Leverkusen	30	18	7	5	60:40	20	61	→
3	FC Bayern München	30	16	7	7	66:36	30	55	↗
4	Hannover 96	30	17	3	10	42:40	2	54	↘
5	1. FSV Mainz 05	30	15	3	12	44:37	7	48	→
6	1. FC Nürnberg	30	13	7	10	45:38	7	46	→
7	Hamburger SV	30	12	7	11	44:45	-1	43	→
8	SC Freiburg	30	12	5	13	38:44	-6	41	→
9	1899 Hoffenheim	30	10	10	10	45:42	3	40	↗
10	FC Schalke 04	30	11	7	12	35:34	1	40	↘
11	SV Werder Bremen	30	8	11	11	40:56	-16	35	↗
12	1. FC Köln	30	10	5	15	40:57	-17	35	↘
13	1. FC Kaiserslautern	30	9	7	14	40:48	-8	34	↘
14	VfB Stuttgart	30	9	6	15	52:55	-3	33	↗
15	Eintracht Frankfurt	30	9	6	15	29:40	-11	33	↘
16	VfL Wolfsburg	30	6	11	13	34:44	-10	29	→
17	FC St. Pauli	30	8	5	17	32:53	-21	29	→
18	Borussia M'gladbach	30	7	5	18	43:64	-21	26	→

1. FC Kaiserslautern – 1. FC Nürnberg 0:2 (0:1)

1. FC Kaiserslautern: Trapp - Dick, Abel, Rodnei, Jessen (85. Amedick) - Petsos - Rivic (46. Hoffer), Tiffert, Moravek, Hlousek (76. Amri) - Lakic
1. FC Nürnberg: R. Schäfer - Chandler, Nilsson, Wollscheid, Pinola - Simons - Hegeler, Ekici (83. Gündogan), Cohen (88. Maroh), Eigler - Schieber (74. Mak)
Tore: 0:1 Eigler (34.), 0:2 Mak (90+2.)
Ecken: 0:6
Schiedsrichter: Winkmann (Kerken)
Zuschauer: 49.780 (ausverkauft)
Gelb: Dick - Ekici, Pinola
Gelb-Rot: keine **Rot**: keine

VfL Wolfsburg – FC St. Pauli 2:2 (1:0)

VfL Wolfsburg: Benaglio - Riether, Kjaer, A. Friedrich, M. Schäfer - Josué (79. Helmes) - Hasebe (52. Polak), Dejagah - Diego (73. Koo) - Mandzukic, Grafite
FC St. Pauli: Kessler - Lechner, Thorandt, Eger, Gunesch - Boll (65. Daube), Lehmann - Bruns (57. Naki), Takyi, Kruse - Asamoah (86. Ebbers)
Tore: 1:0 Mandzukic (39.), 1:1 Naki (61.), 1:2 Lehmann (77.), 2:2 Polak (89.)
Ecken: 4:7
Schiedsrichter: Brych (München)
Zuschauer: 30.000 (ausverkauft)
Gelb: Hasebe, Koo - Bruns, Asamoah
Gelb-Rot: keine **Rot**: keine

SV Werder Bremen – FC Schalke 04 1:1 (0:0)

SV Werder Bremen: Wiese - Fritz, Mertesacker, Pasanen, Silvestre - Frings - Wesley (72. Schmidt), Borowski - Marin - Wagner, Pizarro (74. Arnautovic)
FC Schalke 04: Neuer - Uchida, Höwedes, Metzelder, Avelar - Papadopoulos (46. Jurado), Annan - Farfan, Draxler - Raúl (75. Baumjohann) - Charisteas (46. Edu)
Tore: 1:0 Wagner (59.), 1:1 Edu (63.)
Besonderes Vorkommnis: Neuer hält Foulelfmeter von Wagner (59.)
Ecken: 8:3
Schiedsrichter: Kircher (Rottenburg)
Zuschauer: 40.500 (ausverkauft)
Gelb: Charisteas, Papadopoulos, Annan **Gelb-Rot**: keine **Rot**: keine

FC Bayern München – Bayer 04 Leverkusen 5:1 (4:0)

FC Bayern München: Butt - Lahm, van Buyten (84. Breno), Gustavo, Pranjic (15. Contento) - Tymoshchuk, Schweinsteiger (80. Ottl) - T. Müller, Klose, Ribéry - Gomez
Bayer 04 Leverkusen: Adler - Balitsch, Schwaab, Reinartz, Castro (46. L. Bender) - Vidal (80. Kadlec), Rolfes - Sam, Ballack, Augusto (56. Kießling) - Derdiyok
Tore: 1:0 Rolfes (7., Eigentor), 2:0 Gomez (28.), 3:0 Gomez (44.), 4:0 Gomez (45+1.), 4:1 Derdiyok (62.), 5:1 Ribéry (75.)
Ecken: 3:2 **Schiedsrichter**: Gräfe (Berlin)
Zuschauer: 69.000 (ausverkauft)
Gelb: Tymoshchuk - Vidal
Gelb-Rot: keine **Rot**: keine

Borussia Dortmund – SC Freiburg 3:0 (2:0)

Borussia Dortmund: Weidenfeller - Piszczek, Subotic, Hummels, Schmelzer - S. Bender, Sahin (28. da Silva) - Blaszczykowski, Götze (82. Dede), Großkreutz (85. Feulner) - Lewandowski
SC Freiburg: Baumann - Mujdza, Barth, Toprak, Butscher - Schuster (79. Nicu) - D. Caligiuri, Makiadi, Putsila (78. Jäger), Jendrisek (60. Reisinger) - Cissé
Tore: 1:0 Götze (23.), 2:0 Lewandowski (43.), 3:0 Großkreutz (78.)
Ecken: 4:1
Schiedsrichter: Zwayer (Berlin)
Zuschauer: 80.720 (ausverk.)
Gelb: Hummels - D. Caligiuri, Barth **Gelb-Rot**: keine **Rot**: keine

30. SPIELTAG

BUNDESLIGA

Dortmund vergibt Matchball – FC Bayern 1:1 in Frankfurt

Auf dem Weg zum entscheidenden Tor versetzt Mohamadou Idrissou (rechts) den Dortmunder Neven Subotic und lässt Borussia Mönchengladbach wieder auf den Sprung an das rettende Ufer hoffen. Der Tabellenführer muss hingegen für den Moment die Feier zum Gewinn der Deutschen Meisterschaft zurückstellen.

Spitzenreiter Borussia Dortmund lässt sich am Ostersamstag von Mohamadou Idrissou ein Ei ins Nest legen und verliert bei Borussia Mönchengladbach, das wiederum mit dem 1:0 erstmals seit 18 Spieltagen den letzten Tabellenplatz verlässt. Bayer 04 Leverkusen rückt nach dem 2:1 gegen 1899 Hoffenheim auf fünf Punkte an den Tabellenführer heran. Hannover 96 setzt das Wechselspiel mit dem FC Bayern München im Kampf um den möglichen dritten Platz in der UEFA Champions League mit dem 3:1 beim SC Freiburg am Gründonnerstag fort. Der FC Bayern läuft nach dem 1:1 bei Eintracht Frankfurt wieder einmal den Niedersachsen in der Tabelle hinterher. Und auch der Abstiegskampf erfährt weitere Zuspitzungen. Der FC St. Pauli ist nach dem 1:3 am Millerntor gegen den SV Werder Bremen im ersten Heimspiel, nachdem der Wechsel von Trainer Holger Stanislawski zu Hoffenheim bekannt geworden ist, erstmals in dieser Saison auf Platz 18 zurückgefallen. Der VfL Wolfsburg sendet mit dem 4:1 gegen den 1. FC Köln ein Lebenszeichen, während die Domstädter sich plötzlich wieder einer akuten Abstiegsgefahr ausgesetzt sehen.

„Wir bekommen es nicht mit den Nerven zu tun, die noch fehlenden vier Punkte werden wir holen", sagt der Dortmunder Kevin Großkreutz. Gladbach, das mit dem Sieg gegen den BVB für die größte Oster-Überraschung sorgt, darf nach 13 Punkten aus neun Spielen unter der Regie von Trainer Lucien Favre wieder auf den Relegationsplatz hoffen. Aber am Tag darauf schafft es auch Wolfsburg, erstmals unter der Herrschaft von Felix Magath drei Punkte zu holen. Mario Mandzukic und der eingewechselte Ashkan Dejagah mit je zwei Toren stellen den Sieg gegen die Kölner her, bei denen Frank Schaefer während der Woche erklärt hat, er werde zum Saisonschluss als Cheftrainer aufhören.

Kraftvoll aus dem Abstiegssog entfernen sich nicht nur die Bremer mit zwei Toren von Claudio Pizarro gegen St. Pauli und der VfB Stuttgart mit zwei Treffern von Cacau beim 3:0 gegen den Hamburger SV. Auch der 1. FC Kaiserslautern vollzieht mit dem Treffer von Srjdan Lakic den ersten Sieg seit elf Jahren beim FC Schalke 04 und einen großen Schritt hin zu einem weiteren Jahr in der Bundesliga. Vor dem Halbfinal-Hinspiel der UEFA Champions League gegen Manchester United atmet Nationalspieler Manuel Neuer auf, weil die Schalker Fans gelassen auf seine Ankündigung reagieren, dass er den Club nach zwanzig Jahren verlassen wird.

Viel größer als bei Dortmund oder Schalke ist die Enttäuschung beim FC Bayern, denn der deutsche Rekordmeister erlebt in Frankfurt einen kräftigen Dämpfer im Kampf um Platz drei. Mario Gomez gelingt per Foulelf-

DATEN & FAKTEN

Zuschauer gesamt	362.578
pro Spiel	40.286
Tore gesamt	23
Elfmeter	1
Eigentore	1
Gelbe Karten	25
Gelb-Rote Karten	0
Rote Karten	0

SC Freiburg – Hannover 96 1:3 (0:2)

SC Freiburg: Baumann - Mujdza, Krmas, Toprak, Butscher - Schuster - Nicu, Makiadi (75. Williams), D. Caligiuri (38. Rosenthal), Putsila (72. Jäger) - Cissé
Hannover 96: Haggui, Pogatetz, C. Schulz - Schmiedebach, Lala (87. Eggimann) - Stindl, Rausch (71. Carlitos) - Schlaudraff (90+1. Chahed), Abdellaoue
Tore: 0:1 Abdellaoue (24.), 0:2 Schlaudraff (31.), 0:3 Rausch (58.), 1:3 Rosenthal (79.)
Ecken: 7:2
Schiedsrichter: Wingenbach (Diez)
Zuschauer: 24.000 (ausverkauft)
Gelb: C. Schulz, Stindl
Gelb-Rot: keine **Rot:** keine

Eintracht Frankfurt – FC Bayern München 1:1 (0:0)

Eintracht Frankfurt: Fährmann - Jung, Rode, Russ, Köhler - Schwegler, Clark - Ochs, Halil Altintop, Fenin (90+4. Caio) - Gekas (89. M. Heller)
FC Bayern München: Butt - Lahm, van Buyten, Gustavo, Contento - Tymoshchuk (69. T. Kroos), Schweinsteiger - T. Müller, Klose, Ribéry - Gomez
Tore: 1:0 Rode (53.), 1:1 Gomez (89., Foulelfmeter)
Ecken: 0:9
Schiedsrichter: Drees (Münster-Sarmsheim)
Zuschauer: 51.500 (ausverkauft)
Gelb: Köhler, Ochs, Jung, Fenin - Schweinsteiger, Gomez, Gustavo
Gelb-Rot: keine **Rot:** keine

FC St. Pauli – SV Werder Bremen 1:3 (1:0)

FC St. Pauli: Pliquett - Bartels, Thorandt, Gunesch, Lechner - Boll (18. Daube), Lehmann - Bruns (74. Naki), Takyi (66. Ebbers), Kruse - Asamoah
SV Werder Bremen: Wiese - Fritz, Mertesacker, Pasanen, Silvestre - Frings - Wesley, Bargfrede (67. Hunt) - Marin - Wagner (89. Schmidt), Pizarro
Tore: 1:0 Bartels (29.), 1:1 Thorandt (50., Eigentor), 1:2 Pizarro (73.), 1:3 Pizarro (74.)
Ecken: 4:4
Schiedsrichter: Weiner (Giesen)
Zuschauer: 24.487 (ausverkauft)
Gelb: Bartels, Lehmann
Gelb-Rot: keine **Rot:** keine

VfB Stuttgart – Hamburger SV 3:0 (1:0)

VfB Stuttgart: Ulreich - Boulahrouz, Tasci, Niedermeier, Molinaro (82. Didavi) - Träsch, Kuzmanovic (76. Gentner) - Harnik, Hajnal, Okazaki (66. Boka) - Cacau
Hamburger SV: Rost - Diekmeier, Kacar, Westermann, Aogo - Jarolim - Torun (46. Tesche), Zé Roberto, Elia (61. Guerrero) - Ben-Hatira (79. Son), Petric
Tore: 1:0 Cacau (6.), 2:0 Gentner (78.), 3:0 Cacau (88.)
Ecken: 3:6
Schiedsrichter: Kinhöfer (Herne)
Zuschauer: 39.000 (ausverkauft)
Gelb: Ulreich, Molinaro
Gelb-Rot: keine **Rot:** keine

meter kurz vor Schluss das 1:1, mit dem die Eintracht unter Christoph Daum weiter ohne Sieg bleibt und die Abstiegsgefahr nicht bannen kann. Das direkte Aufeinandertreffen um den fünften Rang zwischen dem 1. FC Nürnberg und dem 1. FSV Mainz 05 bringt mit dem 0:0 keine veränderte Situation.

Auf dem Weg zum Erfolg beim FC St. Pauli feiern die Bremer das 2:1 durch Claudio Pizarro (links). Mit dem Peruaner freuen sich im Millerntor-Stadion Wesley (5) sowie Mikael Silvestre und Clemens Fritz (von rechts).

Eine haarige Sache für Isaac Vorsah (links) von 1899 Hoffenheim, der den Leverkusener Renato Augusto in dieser Situation nicht stoppen kann. Das Spiel gewinnt die „Werkself" in der BayArena mit 2:1.

DER TORSCHÜTZE DES SPIELTAGES

Zwei Tore erzielen am 31. Spieltag auch der deutsche Nationalstürmer Cacau vom VfB Stuttgart, der Peruaner Claudio Pizarro vom SV Werder Bremen und der U21-Europameister Ashkan Dejagah vom VfL Wolfsburg. Der vierte im Bunde ist Dejagahs Teamkollege Mario Mandzukic (24, Foto), der beim 4:1-Erfolg des Deutschen Meisters von 2009 gegen den 1. FC Köln ebenfalls einen Doppelpack beisteuert. Sein ehemaliger Mitspieler, Edin Dzeko, Bundesliga-Torschützenkönig in der vergangenen Saison und nun bei Manchester City unter Vertrag, gratuliert per SMS. Zum Saisonbeginn war Mandzukic von Dinamo Zagreb nach Wolfsburg gekommen, wo er zunächst Anlaufschwierigkeiten hatte. Nun läuft es für ihn fast optimal. In fünf Spielen erzielt er vier Treffer.

RESULTATE

Donnerstag, 21.04.2011	SC Freiburg - Hannover 96	1:3	(0:2)
Samstag, 23.04.2011	Eintr. Frankfurt - Bayern München	1:1	(0:0)
	FC St. Pauli - SV Werder Bremen	1:3	(1:0)
	VfB Stuttgart - Hamburger SV	3:0	(1:0)
	B. Leverkusen - 1899 Hoffenheim	2:1	(1:1)
	FC Schalke 04 - 1. FC Kaiserslautern	0:1	(0:1)
	Bor. M'gladbach - Bor. Dortmund	1:0	(1:0)
Sonntag, 24.04.2011	VfL Wolfsburg - 1. FC Köln	4:1	(2:1)
	1. FC Nürnberg - 1. FSV Mainz 05	0:0	

TORJÄGER

Mario Gomez	FC Bayern München	23
Papiss Cissé	SC Freiburg	20
Theofanis Gekas	Eintracht Frankfurt	16
Milivoje Novakovic	1. FC Köln	14
Srdjan Lakic	1. FC Kaiserslautern	14
Didier Ya Konan	Hannover 96	13
André Schürrle	1. FSV Mainz 05	13
Lucas Barrios	Borussia Dortmund	13

PERSONALIEN

Neuer Trainer bei 1899 Hoffenheim wird ab der kommenden Saison **Holger Stanislawski** (41), derzeit noch beim FC St. Pauli verantwortlicher Coach.

Einer Operation am Sprunggelenk musste sich Mittelfeldspieler **Timo Gebhart** (22) vom VfB Stuttgart unterziehen.

Einen Bruch des rechten Mittelfußknochens hat **Maik Franz** (29) von Eintracht Frankfurt im Spiel bei 1899 Hoffenheim erlitten.

TABELLE

Rang	Club	Sp.	g	u	v	Tore	Diff.	Pkt.	
1	Borussia Dortmund	31	21	6	4	62:19	43	69	→
2	Bayer 04 Leverkusen	31	19	7	5	62:41	21	64	→
3	Hannover 96	31	18	3	10	45:41	4	57	↗
4	FC Bayern München	31	16	8	7	67:37	30	56	↘
5	1. FSV Mainz 05	31	15	4	12	44:37	7	49	→
6	1. FC Nürnberg	31	13	8	10	45:38	7	47	→
7	Hamburger SV	31	12	7	12	44:48	-4	43	→
8	SC Freiburg	31	12	5	14	39:47	-8	41	→
9	1899 Hoffenheim	31	10	10	11	46:44	2	40	→
10	FC Schalke 04	31	11	7	13	35:35	0	40	→
11	SV Werder Bremen	31	9	11	11	43:57	-14	38	→
12	1. FC Kaiserslautern	31	10	7	14	41:48	-7	37	↗
13	VfB Stuttgart	31	10	6	15	55:55	0	36	↗
14	1. FC Köln	31	10	5	16	41:61	-20	35	↘
15	Eintracht Frankfurt	31	9	7	15	30:41	-11	34	→
16	VfL Wolfsburg	31	7	11	13	38:45	-7	32	→
17	Borussia M'gladbach	31	8	5	18	44:64	-20	29	↗
18	FC St. Pauli	31	8	5	18	33:56	-23	29	↘

31. SPIELTAG

Bayer 04 Leverkusen – 1899 Hoffenheim 2:1 (1:1)

■ **Bayer 04 Leverkusen:** Adler - Vidal, Schwaab, Hyypiä, Kadlec - Rolfes (46. Derdiyok), L. Bender - Sam (78. Barnetta), Ballack, Augusto - Kießling (86. Balitsch)
■ **1899 Hoffenheim:** Starke - Beck, Vorsah, Compper, Braafheid - Rudy - Firmino, Sigurdsson, Alaba, Babel - Mlapa (78. Ibisevic)
Tore: 0:1 Sigurdsson (28.), 1:1 Kadlec (40.), 2:1 Vidal (51.)
Ecken: 7:2
Schiedsrichter: Meyer (Burgdorf)
Zuschauer: 29.313
Gelb: Beck
Gelb-Rot: keine **Rot:** keine

FC Schalke 04 – 1. FC Kaiserslautern 0:1 (0:1)

■ **FC Schalke 04:** Neuer - Hao, Matip, Metzelder, Escudero - Pliatsikas (46. Jurado), Avelar - Farfan (46. Baumjohann), Draxler - Raúl - Edu (62. Karimi)
■ **1. FC Kaiserslautern:** Trapp - Dick (13. Kirch), Abel, Rodnei, Jessen - Petsos, Moravek - Tiffert (84. Rivic), Hlousek - Hoffer, Lakic (77. de Wit)
Tor: 0:1 Lakic (42.)
Ecken: 6:3
Schiedsrichter: Fritz (Korb)
Zuschauer: 61.673 (ausverkauft)
Gelb: Hlousek, Moravek, de Wit
Gelb-Rot: keine **Rot:** keine

Borussia Mönchengladbach – Borussia Dortmund 1:0 (1:0)

■ **Borussia M'gladbach:** ter Stegen - Jantschke, Stranzl, Brouwers, Daems - Nordtveit, Neustädter - Herrmann (62. Marx), Arango - Reus (85. Schachten) - Idrissou (79. Matmour)
■ **Borussia Dortmund:** Weidenfeller - Piszczek, Subotic, Hummels, Schmelzer - S. Bender, da Silva - Blaszczykowski (64. Zidan), Götze, Großkreutz (85. Stiepermann) - Lewandowski (64. Barrios)
Tor: 1:0 Idrissou (35.)
Ecken: 3:11
Schiedsrichter: Stark (Ergolding)
Zuschauer: 54.057 (ausverkauft)
Gelb: keine
Gelb-Rot: keine **Rot:** keine

VfL Wolfsburg – 1. FC Köln 4:1 (2:1)

■ **VfL Wolfsburg:** Benaglio - Riether, Kjaer, A. Friedrich, M. Schäfer - Josué - Polak (66. Hasebe), Cicero (34. Dejagah) - Diego - Grafite (81. Madlung), Mandzukic
■ **1. FC Köln:** Rensing - Brecko, Geromel, Mohamad, Eichner - Lanig (63. Matuschyk), Yabo (78. Sanou) - Freis, Jajalo, Clemens (63. Chihi) - Novakovic
Tore: 1:0 Mandzukic (14.), 2:0 Mandzukic (39.), 2:1 Freis (40.), 3:1 Dejagah (58.), 4:1 Dejagah (88.)
Ecken: 7:2
Schiedsrichter: Perl (Pullach)
Zuschauer: 30.000 (ausverkauft)
Gelb: keine
Gelb-Rot: keine **Rot:** keine

1. FC Nürnberg – 1. FSV Mainz 05 0:0

■ **1. FC Nürnberg:** R. Schäfer - Chandler, Wollscheid, Wolf, Pinola (76. Plattenhardt) - Cohen (60. Mak), Simons - Hegeler (46. Gündogan), Ekici, Eigler - Schieber
■ **1. FSV Mainz 05:** Wetklo - Bungert, Svensson, Noveski, Fathi - Polanski, Soto - M. Caligiuri (84. Ivanschitz), Fuchs (65. Risse) - Allagui (79. Sliskovic), Schürrle
Tore: keine
Ecken: 5:1
Schiedsrichter: Gräfe (Berlin)
Zuschauer: 48.548 (ausverk.)
Gelb: Gündogan, Pinola, Wolf, Eigler, Mak - Soto, M. Caligiuri, Polanski
Gelb-Rot: keine **Rot:** keine

BUNDESLIGA

Dortmund feiert völlig losgelöst die siebte Deutsche Meisterschaft

Jubel, Trubel, Heiterkeit im SIGNAL IDUNA PARK: Die Dortmunder Spieler feiern nach dem Schlusspfiff gegen den 1. FC Nürnberg ausgelassen den Gewinn der siebten Deutschen Meisterschaft für den traditionsreichen Club.

Trainer Jürgen Klopp und seine junge Mannschaft nehmen aus der ganzen Bundesliga Glückwünsche zur siebten Deutschen Meisterschaft für Borussia Dortmund entgegen. Ausgelassen feiert der BVB nach dem 2:0 gegen den 1. FC Nürnberg den Titelgewinn. Im SIGNAL IDUNA PARK kommt es zu den rauschhaften Jubelszenen und den rituellen Bierduschen. Schützenhilfe zum Triumph erhalten die Westfalen vom 1. FC Köln, der mit seinem 2:0-Sieg im rheinischen Derby Bayer 04 Leverkusen die letzte Chance auf die erste Meisterschaft nimmt. Für die „Werkself" ist nach diesem Spieltag, der ohne Unentschieden endet, auch der zweite Platz noch nicht gesichert.

Im letzten Spiel dieser Runde, die wegen des Verzichts auf Begegnungen am Sonntag (1. Mai) bereits am Samstagabend stattfindet, nutzt der FC Bayern gegen den FC Schalke 04 mit einem spielerisch eindrucksvollen 4:1 eine Steilvorlage aus Hannover. Dort gewinnt Borussia Mönchengladbach mit 1:0, verbessert seine eigenen Perspektiven im Kampf um den Verbleib in der Bundesliga wieder um ein gehöriges Stück und sorgt dafür, dass das gastgebende 96-Team auf Platz vier zurückfällt. Bei den Münchnern wächst die Zuversicht, Platz drei

DATEN & FAKTEN

Zuschauer gesamt	441.735
pro Spiel	49.082
Tore gesamt	21
Elfmeter	1
Eigentore	1
Gelbe Karten	30
Gelb-Rote Karten	0
Rote Karten	1

SV Werder Bremen – VfL Wolfsburg 0:1 (0:1)

■ **SV Werder Bremen:** Wiese - Fritz, Mertesacker, Pasanen, Silvestre - Frings (77. Stevanovic) - Wesley (64. Hunt), Bargfrede (64. Schmidt) - Marin - Arnautovic, Pizarro
■ **VfL Wolfsburg:** Benaglio - Riether, Kjaer, A. Friedrich, M. Schäfer - Josué - Polak (52. Madlung), Cicero (66. Hasebe) - Diego (79. Sanli) - Mandzukic, Grafite
Tor: 0:1 Riether (22.)
Ecken: 8:5
Schiedsrichter: Gräfe (Berlin)
Zuschauer: 40.000 (ausverkauft)
Gelb: Mertesacker, Frings - A. Friedrich, Cicero, Mandzukic, Grafite
Gelb-Rot: keine **Rot:** keine

1. FC Kaiserslautern – FC St. Pauli 2:0 (1:0)

■ **1. FC Kaiserslautern:** Trapp - Kirch, Abel, Rodnei, Jessen - Petsos, de Wit (76. Moravek) - Tiffert (86. Bugera), Hlousek - Hoffer (71. Nemec), Lakic
■ **FC St. Pauli:** Pliquett - Lechner, Thorandt, Eger, Gunesch (72. Ebbers) - Daube (72. Naki), Lehmann - Kruse, Takyi (85. Bruns), Bartels - Asamoah
Tore: 1:0 Tiffert (29.), 2:0 Abel (68.)
Ecken: 5:3
Schiedsrichter: Perl (Pullach)
Zuschauer: 49.780 (ausverkauft)
Gelb: Thorandt
Gelb-Rot: keine **Rot:** keine

1. FC Köln – Bayer 04 Leverkusen 2:0 (0:0)

■ **1. FC Köln:** Rensing - Brecko, Geromel, Mohamad, Eichner - Petit (87. McKenna), Pezzoni (85. Matuschyk) - Chihi (79. Freis), Podolski, Jajalo - Novakovic
■ **Bayer 04 Leverkusen:** Adler - Vidal, Schwaab, Hyypiä, Kadlec - L. Bender (77. Rolfes), Ballack - Sam (70. Barnetta), Augusto, Castro (70. Derdiyok) - Kießling
Tore: 1:0 Novakovic (67.), 2:0 Novakovic (82.)
Ecken: 1:6
Schiedsrichter: Aytekin (Oberasbach)
Zuschauer: 50.000 (ausverkauft)
Gelb: Geromel, Eichner - Kießling, L. Bender
Gelb-Rot: keine **Rot:** keine

1899 Hoffenheim – VfB Stuttgart 1:2 (1:0)

■ **1899 Hoffenheim:** Starke - Beck (79. Ibisevic), Vorsah, Compper, Braafheid - Rudy, Alaba - Firmino (64. Ibertsberger), Sigurdsson, Babel - Mlapa
■ **VfB Stuttgart:** Ulreich - Boulahrouz, Tasci, Niedermeier, Boka - Träsch, Kuzmanovic - Harnik, Hajnal (84. Gentner), Okazaki (59. Pogrebnyak) - Cacau (90. Delpierre)
Tore: 1:0 Mlapa (14.), 1:1 Cacau (63.), 1:2 Kuzmanovic (68., Foulelfmeter)
Ecken: 3:4
Schiedsrichter: Brych (München)
Zuschauer: 30.150 (ausverkauft)
Gelb: Beck, Vorsah - Hajnal, Cacau
Gelb-Rot: keine **Rot:** keine

zu halten und somit die Chance auf die Teilnahme an der UEFA Champions League zu wahren. Die drei lebenswichtigen Punkte der Gladbacher „Fohlen" sichert Marco Reus in der Schlussphase des Spiels mit einem tollen Distanzschuss.

Während die seit langem erwartete Meisterentscheidung gefallen ist, bleiben am Tabellenende weiter viele Fragen vorläufig unbeantwortet. Am Freitag, an dem diesmal ausnahmsweise zwei Begegnungen ausgetragen werden, unterliegt der FC St. Pauli im Aufeinandertreffen der Aufsteiger mit 0:2 beim 1. FC Kaiserslautern und bleibt nach zehn Spielen ohne Sieg Schlusslicht mit einem Rückstand von fünf Punkten auf den Relegationsplatz. Die Pfälzer dürfen sich langsam sicher fühlen. Der VfL Wolfsburg entscheidet das zweite Freitagsspiel beim SV Werder Bremen mit 1:0 für sich und tauscht mit Eintracht Frankfurt die Plätze. Die Hessen verlieren das Derby beim 1. FSV Mainz 05 mit 0:3 und fallen erstmals seit dem fünften Spieltag wieder auf einen Platz zurück, der in die 2. Bundesliga führen kann. Mainz befindet sich mit fünf Punkten Vorsprung auf dem besten Weg in die UEFA Europa League.

Der VfB Stuttgart gehört mit Gladbach, Wolfsburg und Köln zu den Gewinnern im Kampf um den Klassenerhalt. Das Team macht mit dem 2:1 bei 1899 Hoffenheim den nächsten Schritt zu einem weiteren Jahr Bundesliga. Hoffenheim hingegen verspielt erneut einen 1:0-Vorsprung. Ein Auswärtserfolg gelingt auch dem SC Freiburg mit dem 2:0 beim Hamburger SV – das einzige Spiel dieser Runde ohne Einfluss auf Entscheidungen über Deutsche Meisterschaft, Qualifikation für die internationalen Plätze oder Klassenerhalt.

DER TORSCHÜTZE DES SPIELTAGES

Etwa 17 Bundesliga-Spiele im Schnitt braucht Sascha Riether (28, Foto), um ein Tor zu erzielen. Ein Goalgetter ist er wirklich nicht, doch in der Offensive liegt auch keinesfalls die hauptsächliche Aufgabe für den Außenverteidiger des VfL Wolfsburg. Doch am 32. Spieltag gelingt Riether in Bremen ein ganz besonders wichtiges Tor. Er trifft zu Wolfsburgs 1:0-Erfolg beim SV Werder, sein erst zehntes Tor im schon 172. Bundesliga-Einsatz. Die Quote von nur einem Treffer in 81 Zweitliga-Spielen in früheren Zeiten für den SC Freiburg ist sogar noch ein wenig bescheidener. Der Defensivspieler, der nach dem Wechsel aus dem Breisgau 2009 Deutscher Meister mit dem VfL geworden ist und der zum Saisonbeginn sein Debüt in der Nationalmannschaft gegeben hat, sorgt jetzt dafür, dass Wolfsburg den Sprung auf Tabellenplatz 15 schafft.

Mit seinem zweiten Streich im Derby gegen den rheinischen Nachbarn Bayer 04 Leverkusen mit René Adler im Tor macht Milivoje Novakovic (11) nicht nur den Erfolg des 1. FC Köln perfekt, sondern er sorgt auch dafür, dass Borussia Dortmund den Titel feiern kann.

RESULTATE

Freitag, 29.04.2011	SV Werder Bremen - VfL Wolfsburg	0:1 (0:1)
	1. FC Kaiserslautern - FC St. Pauli	2:0 (1:0)
Samstag, 30.04.2011	1. FC Köln - Bayer 04 Leverkusen	2:0 (0:0)
	1899 Hoffenheim - VfB Stuttgart	1:2 (1:0)
	1. FSV Mainz 05 - Eintr. Frankfurt	3:0 (3:0)
	Hannover 96 - Bor. M'gladbach	0:1 (0:0)
	Hamburger SV - SC Freiburg	0:2 (0:1)
	Bor. Dortmund - 1. FC Nürnberg	2:0 (2:0)
	Bayern München - FC Schalke 04	4:1 (3:1)

TORJÄGER

Mario Gomez	FC Bayern München	24
Papiss Cissé	SC Freiburg	22
Milivoje Novakovic	1. FC Köln	16
Theofanis Gekas	Eintracht Frankfurt	16
Srdjan Lakic	1. FC Kaiserslautern	14
Lucas Barrios	Borussia Dortmund	14
Didier Ya Konan	Hannover 96	13
André Schürrle	1. FSV Mainz 05	13

PERSONALIEN

Seinen 50. Geburtstag feiert an diesem Bundesliga-Samstag **Thomas Schaaf**, seit Mai 1999 Cheftrainer des SV Werder Bremen.

Frank Schaefer (47) erklärt vor dem Derby gegen Bayer 04 Leverkusen seinen Rücktritt als Trainer des 1. FC Köln. Bis zum Saisonende übernimmt Sportdirektor **Volker Finke** (63) die Betreuung der Mannschaft.

Ein Bruch eines großen Zehs beendet die Saison für **Martin Lanig** (26) vom 1. FC Köln.

TABELLE

Rang	Club	Sp.	g	u	v	Tore	Diff.	Pkt.	
1	Borussia Dortmund	32	22	6	4	64:19	45	72	→
2	Bayer 04 Leverkusen	32	19	7	6	62:43	19	64	→
3	FC Bayern München	32	17	8	7	71:38	33	59	↗
4	Hannover 96	32	18	3	11	45:42	3	57	↘
5	1. FSV Mainz 05	32	16	4	12	47:37	10	52	→
6	1. FC Nürnberg	32	13	8	11	45:40	5	47	→
7	SC Freiburg	32	13	5	14	41:47	-6	44	↗
8	Hamburger SV	32	12	7	13	44:50	-6	43	↘
9	1899 Hoffenheim	32	10	10	12	47:46	1	40	→
10	FC Schalke 04	32	11	7	14	36:39	-3	40	→
11	1. FC Kaiserslautern	32	11	7	14	43:48	-5	40	↗
12	VfB Stuttgart	32	11	6	15	57:56	1	39	↗
13	SV Werder Bremen	32	9	11	12	43:58	-15	38	↘
14	1. FC Köln	32	11	5	16	43:61	-18	38	→
15	VfL Wolfsburg	32	8	11	13	39:45	-6	35	↗
16	Eintracht Frankfurt	32	9	7	16	30:44	-14	34	↘
17	Borussia M'gladbach	32	9	5	18	45:64	-19	32	→
18	FC St. Pauli	32	8	5	19	33:58	-25	29	→

1. FSV Mainz 05 – Eintracht Frankfurt 3:0 (3:0)

1. FSV Mainz 05: Wetklo - Bungert, Svensson, Kirchhoff, Fuchs (58. Fathi) - Polanski, Soto - Holtby, Ivanschitz (76. Risse), Schürrle - F. Heller (67. Allagui)
Eintracht Frankfurt: Fährmann - Jung, Rode, Russ, Köhler - Schwegler (85. Vasoski), Clark (21. Fenin) - Ochs, Meier (60. Caio), Halil Altintop - Gekas
Tore: 1:0 Ivanschitz (26.), 2:0 Soto (39.), 3:0 Soto (45.)
Ecken: 5:1
Schiedsrichter: Stark (Ergolding)
Zuschauer: 20.300 (ausverkauft)
Gelb: F. Heller - Schwegler, Fenin
Gelb-Rot: keine **Rot:** Rode (43.)

Hannover 96 – Bor. Mönchengladbach 0:1 (0:0)

Hannover 96: Zieler - Cherundolo, Haggui, Pogatetz, C. Schulz - Schmiedebach, Pinto - Schlaudraff (77. Stoppelkamp), Rausch (87. Forssell) - Ya Konan, Abdellaoue
Borussia M'gladbach: ter Stegen - Jantschke, Stranzl, Brouwers, Daems - Nordtveit, Neustädter - Reus (87. Marx), Arango (90+1. Schachten) - Hanke (71. Matmour), Idrissou
Tor: 0:1 Reus (76.)
Ecken: 7:2
Schiedsrichter: Fritz (Korb)
Zuschauer: 48.800 (ausverkauft)
Gelb: Pinto, Haggui
Gelb-Rot: keine **Rot:** keine

Hamburger SV – SC Freiburg 0:2 (0:1)

Hamburger SV: Rost - Diekmeier, Benjamin, Westermann, Aogo - Jarolim (78. Trochowski) - Ben-Hatira (56. Pitroipa), Zé Roberto, Elia - Guerrero, Son
SC Freiburg: Baumann - Mujdza, Krmas, Toprak, Butscher (30. Williams) - Schuster - Nicu (74. D. Caligiuri), Rosenthal, Makiadi (83. Reisinger), Putsila - Cissé
Tore: 0:1 Cissé (16.), 0:2 Cissé (87.)
Ecken: 4:1
Schiedsrichter: Winkmann (Kerken)
Zuschauer: 52.985
Gelb: Jarolim, Zé Roberto, Aogo - Mujdza
Gelb-Rot: keine **Rot:** keine

Borussia Dortmund – 1. FC Nürnberg 2:0 (2:0)

Borussia Dortmund: Weidenfeller - Piszczek, Subotic, Hummels, Schmelzer - S. Bender, da Silva (83. Santana) - Götze, Lewandowski (78. Blaszczykowski), Großkreutz (90. Dede) - Barrios
1. FC Nürnberg: R. Schäfer - Judt, Wollscheid, Wolf, Pinola (71. Plattenhardt) - Simons, Cohen - Eigler, Ekici, Mak (46. Gündogan) - Schieber (71. Hegeler)
Tore: 1:0 Barrios (32.), 2:0 Lewandowski (43.)
Ecken: 4:4
Schiedsrichter: Schmidt (Stuttgart)
Zuschauer: 80.720 (ausverkauft)
Gelb: Barrios - Simons, Judt
Gelb-Rot: keine **Rot:** keine

FC Bayern München – FC Schalke 04 4:1 (3:1)

FC Bayern München: Butt - Lahm, van Buyten, Badstuber, Contento (72. Ottl) - Tymoshchuk, Schweinsteiger - T. Müller (85. T. Kroos), Robben, Ribéry - Gomez (83. Klose)
FC Schalke 04: Neuer - Uchida, Papadopoulos, Metzelder, Sarpei (46. Baumjohann) - Matip (79. Escudero) - Kluge, Annan - Farfan, Jurado - Raúl (46. Edu)
Tore: 1:0 Robben (6.), 1:1 Badstuber (7., Eigentor), 2:1 T. Müller (13.), 3:1 Gomez (19.), 4:1 T. Müller (84.)
Ecken: 7:1 **Schiedsrichter:** Gagelmann (Bremen)
Zuschauer: 69.000 (ausverkauft)
Gelb: Ribery - Metzelder, Farfan
Gelb-Rot: keine **Rot:** keine

32. SPIELTAG

BUNDESLIGA

An Keeper Thomas Kessler (am Boden) vorbei erzielt Mario Gomez das erste von acht Toren für den FC Bayern München im Millerntor-Stadion des FC St. Pauli – für den Gastgeber, der absteigen muss, eine ganz bittere Pille.

FC St. Pauli erster Absteiger – Gladbachs Endspurt begeistert

Nach der Deutschen Meisterschaft für Borussia Dortmund in der Vorwoche fällt am vorletzten Spieltag die erste Entscheidung am Tabellenende. Der FC St. Pauli kann nach einem 1:8 gegen den FC Bayern München den Klassenerhalt nicht mehr schaffen. Doch der Kampf um die Rettung vor dem Gang in die 2. Bundesliga spitzt sich auf den Plätzen davor weiter zu: Borussia Mönchengladbach, das mit dem 2:0 gegen den SC Freiburg den vierten Sieg in den letzten fünf Spielen holt, Eintracht Frankfurt nach dem 0:2 gegen den 1. FC Köln und der VfL Wolfsburg nach dem 1:2 gegen den 1. FC Kaiserslautern müssen weiter zittern. Aus dem Schneider sind dagegen endgültig neben den Lauterern und Kölnern der SV Werder Bremen, der den neuen Titelträger Borussia Dortmund mit 2:0 besiegt, und der VfB Stuttgart durch ein 2:1 gegen Hannover 96.

Beim Schützenfest des FC Bayern, der furios um die Champions-League-Teilnahme kämpft, ragt einmal mehr Mario Gomez heraus. Bereits zum fünften Mal in dieser Saison gelingen ihm drei Tore in einem Spiel, womit er sein Konto auf 27 Treffer erhöht. Während der Hamburger Aufsteiger nach dem elften Spiel mit nur einem Unentschieden und zehn Niederlagen beim letzten Auftritt von Trainer Holger Stanislawski am Millerntor trauert, sind die Münchner euphorisch. Denn Bayer 04 Leverkusen vergibt beim 1:1 gegen den Hamburger SV auch den zweiten Matchball zur Vizemeisterschaft. Die direkte Champions-League-Qualifikation ist noch

DATEN & FAKTEN

Zuschauer gesamt	373.726
pro Spiel	41.525
Tore gesamt	30
Elfmeter	1
Eigentore	0
Gelbe Karten	29
Gelb-Rote Karten	1
Rote Karten	0

FC St. Pauli
FC Bayern München 1:8 (0:2)

■ **FC St. Pauli:** Kessler - Thorandt (46. Ebbers), Morena, Eger, Lechner - Daube, Lehmann (68. Kalla) - Kruse, Takyi (46. Bruns), Bartels - Asamoah
■ **FC Bayern München:** Butt - Lahm, van Buyten, Gustavo (44. Badstuber), Contento - Tymoshchuk, Schweinsteiger (69. T. Kroos) - Robben, T. Müller (69. Klose), Ribéry - Gomez
Tore: 0:1 Gomez (10.), 0:2 van Buyten (32.), 0:3 Gomez (52.), 0:4 Robben (54.), 0:5 Ribéry (74.), 1:5 Eger (78.), 1:6 Robben (84.), 1:7 Gomez (86.), 1:8 Ribéry (88.) **Ecken:** 3:8
Schiedsrichter: Kinhöfer (Herne)
Zuschauer: 24.487 (ausverkauft)
Gelb: Bartels, Lechner, Bruns - T. Müller, Ribéry **Gelb-Rot:** keine **Rot:** keine

SV Werder Bremen
Borussia Dortmund 2:0 (1:0)

■ **SV Werder Bremen:** Wiese - Fritz, Mertesacker, Pasanen, Silvestre - Frings - Wesley (87. Stevanovic), Bargfrede - Marin (78. Trinks) - Wagner (59. Schmidt), Pizarro
■ **Borussia Dortmund:** Weidenfeller - Piszczek, Subotic, Hummels, Schmelzer - Großkreutz (56. Blaszczykowski), S. Bender, da Silva - Lewandowski (76. Stiepermann), Götze (76. Zidan) - Barrios
Tore: 1:0 Silvestre (6.), 2:0 Pizarro (63.)
Ecken: 2:10
Schiedsrichter: Perl (Pullach)
Zuschauer: 40.600 (ausverkauft)
Gelb: Wagner, Bargfrede
Gelb-Rot: keine **Rot:** keine

Bayer 04 Leverkusen
Hamburger SV 1:1 (0:1)

■ **Bayer 04 Leverkusen:** Adler - Schwaab, Reinartz, Hyypiä (33. Derdiyok), Kadlec - Vidal, Rolfes (57. Ballack) - Barnetta (57. Sam), Augusto, Castro - Kießling
■ **Hamburger SV:** Rost - Diekmeier (78. Benjamin), Kacar, Westermann, Aogo - Tesche, Jarolim (71. Ben-Hatira) - Rincon, Elia - Guerrero, Son (60. Pitroipa)
Tore: 0:1 Westermann (2.), 1:1 Kießling (54.)
Ecken: 5:3
Schiedsrichter: Welz (Wiesbaden)
Zuschauer: 30.210 (ausverkauft)
Gelb: Vidal - Jarolim, Guerrero, Westermann
Gelb-Rot: keine **Rot:** keine

FC Schalke 04
1. FSV Mainz 05 1:3 (0:0)

■ **FC Schalke 04:** Neuer - Uchida (84. Draxler), Höwedes, Metzelder (46. Huntelaar), Escudero - Papadopoulos, Matip - Farfan, Jurado - Edu (68. Charisteas), Raúl
■ **1. FSV Mainz 05:** Wetklo - Bungert, Svensson, Noveski, Fuchs - Polanski - Ivanschitz (60. Allagui), Soto - Holtby - F. Heller (59. Risse), Schürrle (74. M. Caligiuri)
Tore: 1:0 Huntelaar (47.), 1:1 Schürrle (52.), 1:2 Holtby (82.), 1:3 Noveski (85.)
Ecken: 7:5
Schiedsrichter: Rafati (Hannover)
Zuschauer: 60.309
Gelb: Farfan, Papadopoulos - Polanski
Gelb-Rot: keine **Rot:** keine

Durch den Sieg in Frankfurt ist der 1. FC Köln auf der sicheren Seite, die Eintracht hingegen bangt. Hier erzielt Adil Chihi (rechts) gegen Benjamin Köhler und Keeper Ralf Fährmann die Führung zum 1:0.

Mit seinem Treffer zum 1:1 rettet Stefan Kießling Bayer 04 Leverkusen einen Punkt gegen den Hamburger SV, dessen Torhüter Frank Rost hier keine Abwehrchance hat.

nicht unter Dach und Fach, der FC Bayern rückt bis auf zwei Punkte heran.

Andere Entscheidungen um die internationalen Startplätze fallen aber. Der 1. FSV Mainz 05 sichert sich mit dem 3:1 beim FC Schalke 04 mindestens Rang fünf. Lewis Holtby, die Schalker Leihgabe in den Gästereihen und in der kommenden Saison wieder in Gelsenkirchen am Ball, erzielt zwei Tore. Das junge Team von Trainer Thomas Tuchel feiert wieder so überschwänglich wie zu Saisonbeginn. Konkurrent 1. FC Nürnberg kann seine Chancen im Heimspiel gegen 1899 Hoffenheim mit einem 1:2 nicht nutzen. Hannover 96 besitzt durch die Niederlage in Stuttgart, das aus den letzten zehn Spielen 23 Punkte holt, keine Option mehr auf Rang drei.

Stark im Blickpunkt stehen die Spiele im Tabellenkeller: Die Gladbacher verlassen mit dem Sieg gegen Freiburg nach zwanzig Spieltagen die direkten Abstiegsplätze. Die verdiente Entscheidung zugunsten der Borussia fällt nach einer Gelb-Roten Karte für Gäste-Spieler Ömer Toprak. Die Wolfsburger erleiden nach zwei Siegen und nach einer Führung gegen den FCK noch einen Rückschlag. In Frankfurt verliert die Eintracht gegen Köln, das sechste Spiel ohne Sieg unter Trainer Christoph Daum.

DER TORSCHÜTZE DES SPIELTAGES

Als er das Tor nicht trifft, aber die Mitspieler oft mit starken Vorlagen bedient, erklärt Mike Hanke (27, Foto), er werde sich seine Tore für die ganz wichtigen Spiele von Borussia Mönchengladbach aufheben. In zwölf Einsätzen, seitdem er im Winter von Hannover 96 geholt wurde, hat der Mittelstürmer noch keinen Treffer erzielt. Doch beim 2:0 gegen den SC Freiburg markiert Hanke dann ein Tor selbst und bereitet das zweite von Marco Reus mit seinem Pass vor. Die Borussia springt auf den Relegationsplatz. „Danke Hanke", titelt eine regionale Zeitung. Schöne Parallele: Vor einem Jahr bei Hannover 96 hat der frühere Nationalspieler in der Schlussphase der Saison in zwei Spielen Tore erzielt, die dann zum späten Klassenerhalt für die Niedersachsen beitrugen.

RESULTATE

Samstag, 07.05.2011	FC St. Pauli - FC Bayern München	1:8	(0:2)
	SV Werder Bremen - Bor. Dortmund	2:0	(1:0)
	Bayer Leverkusen - Hamburger SV	1:1	(0:1)
	FC Schalke 04 - 1. FSV Mainz 05	1:3	(0:0)
	1. FC Nürnberg - 1899 Hoffenheim	1:2	(1:1)
	Eintracht Frankfurt - 1. FC Köln	0:2	(0:1)
	Borussia M'gladbach - SC Freiburg	2:0	(0:0)
	VfB Stuttgart - Hannover 96	2:1	(0:0)
	VfL Wolfsburg - 1. FC Kaiserslautern	1:2	(1:2)

TORJÄGER

Mario Gomez	FC Bayern München	27
Papiss Cissé	SC Freiburg	22
Milivoje Novakovic	1. FC Köln	16
Theofanis Gekas	Eintracht Frankfurt	16
Srdjan Lakic	1. FC Kaiserslautern	15
André Schürrle	1. FSV Mainz 05	14
Lucas Barrios	Borussia Dortmund	14
Lukas Podolski	1. FC Köln	13
Didier Ya Konan	Hannover 96	13

PERSONALIEN

Abwehrspieler **Philipp Wollscheid** (22) verlängert seinen Vertrag beim 1. FC Nürnberg vorzeitig bis zum Jahr 2014.

Ilkay Gündogan (20) wechselt nach Saisonende vom „Club" zum Deutschen Meister Borussia Dortmund.

Nach sieben Jahren beim SV Werder Bremen verlässt der Finne **Petri Pasanen** (30) die Hanseaten zum Saisonende.

TABELLE

Rang	Club	Sp.	g	u	v	Tore	Diff.	Pkt.	
1	Borussia Dortmund	33	22	6	5	64:21	43	72	→
2	Bayer 04 Leverkusen	33	19	8	6	63:44	19	65	→
3	FC Bayern München	33	18	8	7	79:39	40	62	→
4	Hannover 96	33	18	3	12	46:44	2	57	→
5	1. FSV Mainz 05	33	17	4	12	50:38	12	55	→
6	1. FC Nürnberg	33	13	8	12	46:42	4	47	→
7	Hamburger SV	33	12	8	13	45:51	-6	44	↗
8	SC Freiburg	33	13	5	15	41:49	-8	44	↘
9	1899 Hoffenheim	33	11	10	12	49:47	2	43	→
10	1. FC Kaiserslautern	33	12	7	14	45:49	-4	43	↗
11	VfB Stuttgart	33	12	6	15	59:57	2	42	↗
12	SV Werder Bremen	33	10	11	12	45:58	-13	41	↗
13	1. FC Köln	33	12	5	16	45:61	-16	41	↗
14	FC Schalke 04	33	11	7	15	37:42	-5	40	↘
15	VfL Wolfsburg	33	8	11	14	40:47	-7	35	→
16	Borussia M'gladbach	33	10	5	18	47:64	-17	35	↗
17	Eintracht Frankfurt	33	9	7	17	30:46	-16	34	↘
18	FC St. Pauli	33	8	5	20	34:66	-32	29	→

1. FC Nürnberg – 1899 Hoffenheim 1:2 (1:1)

■ **1. FC Nürnberg**: R. Schäfer - Chandler, Wollscheid, Wolf, Pinola - Simons - Gündogan (77. Mak), Cohen (63. Mintal) - Ekici (63. Hegeler) - Eigler, Schieber
■ **1899 Hoffenheim**: Starke - Beck, Vorsah, Compper, Braafheid - Rudy, Alaba - Firmino, Sigurdsson, Babel (82. Ibisevic) - Mlapa (88. Salihovic)
Tore: 1:0 Wollscheid (16.), 1:1 Firmino (40.), 1:2 Sigurdsson (86.)
Ecken: 9:4
Schiedsrichter: Gagelmann (Bremen)
Zuschauer: 48.548 (ausverkauft)
Gelb: Compper, Alaba
Gelb-Rot: keine **Rot**: keine

Eintracht Frankfurt – 1. FC Köln 0:2 (0:1)

■ **Eintracht Frankfurt**: Fährmann - Jung, Russ, Dudda, Köhler - Ochs, Schwegler - M. Heller, Caio (90. Halil Altintop) - Gekas, Fenin (75. Amanatidis)
■ **1. FC Köln**: Rensing - Brecko (71. Andrezinho), Geromel, Mohamad, Eichner - Petit (79. McKenna), Pezzoni - Chihi, Podolski, Jajalo - Novakovic (86. Sanou)
Tore: 0:1 Chihi (24.), 0:2 Podolski (90+3., Foulelfmeter)
Ecken: 2:3
Schiedsrichter: Brych (München)
Zuschauer: 51.500 (ausverkauft)
Gelb: Ochs, Fenin, Caio - Chihi, Novakovic, Petit
Gelb-Rot: keine **Rot**: keine

Borussia Mönchengladbach – SC Freiburg 2:0 (0:0)

■ **Borussia M'gladbach**: ter Stegen - Jantschke, Stranzl, Dante (85. Brouwers), Daems - Nordtveit, Neustädter - Reus (90+1. Matmour), Arango - Hanke (88. Marx), Idrissou
■ **SC Freiburg**: Baumann - Mujdza, Barth, Toprak, Butscher - Schuster - Putsila (81. Reisinger), Rosenthal (85. Jäger), Makiadi, Nicu (68. Williams) - Cissé
Tore: 1:0 Hanke (80.), 2:0 Reus (82.)
Ecken: 3:9
Schiedsrichter: Weiner (Giesen)
Zuschauer: 49.072
Gelb: Daems, Idrissou - Mujdza
Gelb-Rot: Toprak (66.) **Rot**: keine

VfB Stuttgart – Hannover 96 2:1 (0:0)

■ **VfB Stuttgart**: Ulreich - Boulahrouz, Tasci, Niedermeier, Boka - Träsch, Kuzmanovic - Harnik, Hajnal (74. Gentner), Okazaki (90. Delpierre) - Cacau (86. Pogrebnyak)
■ **Hannover 96**: Zieler - Cherundolo (84. Stoppelkamp), Haggui, Pogatetz, C. Schulz - Schmiedebach (65. Lala), Pinto - Stindl, Rausch - Ya Konan, Abdellaoue (29. Schlaudraff)
Tore: 1:0 Hajnal (58.), 2:0 Okazaki (61.), 2:1 Stindl (66.)
Ecken: 2:0
Schiedsrichter: Zwayer (Berlin)
Zuschauer: 39.000 (ausverkauft)
Gelb: Boulahrouz, Harnik - Stindl
Gelb-Rot: keine **Rot**: keine

VfL Wolfsburg – 1. FC Kaiserslautern 1:2 (1:2)

■ **VfL Wolfsburg**: Benaglio - Riether, Kjaer, A. Friedrich, M. Schäfer - Josué - Dejagah (50. Koo), Hasebe (65. Cicero) - Diego - Mandzukic, Helmes (81. Madlung)
■ **1. FC Kaiserslautern**: Trapp - Kirch, Amedick, Rodnei, Jessen - Tiffert, Petsos - Walch (79. de Wit), Moravek (46. Nemec), Hlousek (56. Amri) - Lakic
Tore: 1:0 Mandzukic (6.), 1:1 Lakic (25.), 1:2 Amedick (44.)
Ecken: 10:3
Schiedsrichter: Kircher (Rottenburg)
Zuschauer: 30.000 (ausverk.)
Gelb: de Wit
Gelb-Rot: keine **Rot**: keine

BUNDESLIGA

Leverkusen verteidigt Platz zwei – VfL Wolfsburg ist gerettet

Eintracht Frankfurt steigt zum vierten Mal aus der Bundesliga ab, Borussia Mönchengladbach schafft Relegationsplatz 16, der VfL Wolfsburg rettet sich. Bayer 04 Leverkusen zieht als Vizemeister direkt in die UEFA Champions League ein, auf die der FC Bayern München durch Platz drei ebenfalls hoffen kann. Am 34. Spieltag, als um 16.59 Uhr die Vorentscheidungen im Ringen um den Verbleib in der Bundesliga fallen, erreicht der Abstiegskampf den absoluten Höhepunkt an Spannung und Dramatik.

Zu diesem Zeitpunkt befindet sich Wolfsburg, der Meister 2009, laut „Blitztabelle" in der 2. Bundesliga, Frankfurt kann auf die Entscheidungsspiele gegen den Zweitliga-Dritten hoffen, Gladbach schiebt sich gar auf den rettenden Platz 15. Doch dann überschlagen sich an allen drei Schauplätzen innerhalb von 81 Sekunden die Ereignisse: Die Wolfsburger erzielen bei 1899 Hoffenheim den Ausgleich zum 1:1, der den schließlich souveränen 3:1-Sieg einleitet. Gladbach muss nach einer 1:0-Führung beim Hamburger SV das 1:1 hinnehmen. Dieses Ergebnis reicht beim Schlusspfiff, um gegen den Zweitliga-Dritten VfL Bochum 1848 um den letzten freien Platz in der Bundesliga zu kämpfen. Und bei Borussia Dortmund nehmen die fightenden Frankfurter nach ihrer sensationellen 1:0-Führung den Ausgleich hin. Mit einem 1:3 müssen die Hessen am Ende den FC St. Pauli in die 2. Bundesliga begleiten.

Dabei wehrt Torwart Ralf Fährmann gleich zwei Elfmeter ab. Die Dortmunder, die in der gesamten Saison keinen ihrer fünf Strafstöße verwandeln können, nehmen

Als der Abstieg in die 2. Bundesliga schon ganz nahe ist, dreht der VfL Wolfsburg das entscheidende Spiel während der zweiten Halbzeit zu seinen Gunsten und siegt bei 1899 Hoffenheim mit 3:1. Hier wird der dritte und erlösende Treffer durch Grafite gefeiert, dem der zweifache Torschütze Mario Mandzukic und Josué (von links) gratulieren. Der Deutsche Meister von 2009 bleibt erstklassig.

DATEN & FAKTEN

Zuschauer gesamt	429.950
pro Spiel	47.772
Tore gesamt	29
Elfmeter	5
Eigentore	1
Gelbe Karten	23
Gelb-Rote Karten	0
Rote Karten	1

1. FC Köln – FC Schalke 04 2:1 (1:0)

1. FC Köln: Rensing - Brecko, Geromel, Mohamad, Eichner (65. Makino) - Petit (75. McKenna), Pezzoni - Chihi, Podolski, Jajalo - Novakovic (79. Sanou)
FC Schalke 04: Neuer - Uchida, Höwedes, Metzelder, Escudero (66. Avelar) - Papadopoulos, Kluge - Baumjohann (35. Draxler), Jurado - Raúl - Edu (35. Huntelaar)
Tore: 1:0 Novakovic (25.), 2:0 Jajalo (60.), 2:1 Raúl (87.)
Ecken: 4:10
Schiedsrichter: Schmidt (Stuttgart)
Zuschauer: 50.000 (ausverkauft)
Gelb: Geromel, McKenna - Papadopoulos
Gelb-Rot: keine **Rot:** keine

1. FC Kaiserslautern – SV Werder Bremen 3:2 (3:1)

1. FC Kaiserslautern: Trapp - Kirch, Abel, Rodnei, Jessen - Petsos - Tiffert (73. D. Fuchs), de Wit - Nemec - Hoffer (77. Walch), Lakic (88. B. Schulz)
SV Werder Bremen: Wiese - Fritz, Schmidt, Pasanen, Wesley - Frings, Bargfrede - Trinks (65. Hunt), Stevanovic (84. Avdic), Marin - Arnautovic
Tore: 1:0 Nemec (7.), 2:0 Rodnei (9.), 3:0 Lakic (30.), 3:1 Frings (43.), 3:2 Arnautovic (55.)
Besonderes Vorkommnis: Trapp hält Foulelfmeter von Frings (52.)
Ecken: 4:8
Schiedsrichter: Hartmann (Wangen)
Zuschauer: 49.780 (ausverkauft)
Gelb: Bargfrede, Arnautovic
Gelb-Rot: keine **Rot:** keine

SC Freiburg – Bayer 04 Leverkusen 0:1 (0:1)

SC Freiburg: Baumann - Mujdza, Krmas, Butscher, Bastians - Schuster (90. Yano) - D. Caligiuri (54. Reisinger), Rosenthal, Makiadi, Putsila (71. Jäger) - Cissé
Bayer 04 Leverkusen: Adler - Balitsch, Schwaab, Reinartz, Kadlec - Vidal, L. Bender - Sam (88. Barnetta), Ballack, Augusto (73. Castro) - Derdiyok (90+1. Kießling)
Tor: 0:1 Balitsch (45.)
Ecken: 1:9
Schiedsrichter: Zwayer (Berlin)
Zuschauer: 24.000 (ausverkauft)
Gelb: Augusto
Gelb-Rot: keine **Rot:** keine

FC Bayern München – VfB Stuttgart 2:1 (1:1)

FC Bayern München: Butt - Lahm, van Buyten, Badstuber, Contento - Tymoshchuk (65. Ottl), Schweinsteiger - Robben, Klose (65. T. Kroos), T. Müller - Gomez (87. Pranjic)
VfB Stuttgart: Ulreich - Boulahrouz, Tasci, Niedermeier, Boka - Träsch (86. Didavi), Kuzmanovic - Harnik, Hajnal (82. Gentner), Okazaki - Pogrebnyak (78. Schipplock)
Tore: 0:1 Okazaki (24.), 1:1 Gomez (37.), 2:1 Schweinsteiger (71.)
Ecken: 6:4
Schiedsrichter: Meyer (Burgdorf)
Zuschauer: 69.000 (ausverkauft)
Gelb: Klose, van Buyten - Boka, Niedermeier
Gelb-Rot: keine **Rot:** keine

Aller Einsatz der Spieler von Eintracht Frankfurt – hier Pirmin Schwegler (links) sowie Marco Russ und Aleksandar Vasoski (von rechts) gegen den Dortmunder Lucas Barrios – werden nicht mit Zählbarem belohnt. Die Hessen steigen zum vierten Mal ab.

wenig später die Meisterschale in Empfang und beginnen eine rauschende, zwei Tage dauernde Triumphfeier mit hunderttausenden Fans. Mittendrin beklagen die Frankfurter traurig ihr Schicksal. Nur sieben Tore und nur ein Sieg (gegen den FC St. Pauli) in 17 Rückrundenspielen sind für den Fall vom siebten auf den vorletzten Platz ausschlaggebend. „Die sportlichen Leistungen haben nicht ausgereicht", erklärt der Vorstandsvorsitzende Heribert Bruchhagen. Während Christoph Daum als Trainer erstmals einen Abstieg hinnehmen muss, hält Felix Magath mit Wolfsburg wieder einmal die Klasse: „Aber wir mussten uns erst in der 2. Bundesliga befinden, ehe die Mannschaft nach vorne marschierte."

Keine Veränderungen treten an den Tabellenpositionen ein, wo ebenfalls noch Entscheidungen offen waren. Der FC Bayern baut mit dem 2:1 gegen den VfB Stuttgart zwar seine Serie auf neun Spiele ohne Niederlage aus und wird bestes Rückrundenteam, doch Leverkusen hält mit dem 1:0 in Freiburg den Dreipunktevorsprung, der zur Vizemeisterschaft reicht. Einen unglaublichen Sprung von Platz 13 auf Rang sieben macht der 1. FC Kaiserslautern, der am 25. Spieltag noch Vorletzter war, nun aber mit dem 3:2 gegen den SV Werder Bremen den fünften Sieg aus den letzten sechs Saisonspielen landet. Hannover 96 schlägt den 1. FC Nürnberg 3:1, der 1. FSV Mainz 05 nimmt mit einem 2:1 gegen den FC St. Pauli Abschied vom Bruchwegstadion, und der 1. FC Köln erreicht mit dem 2:1 gegen den FC Schalke 04 als Zehnter seine beste Saisonplatzierung und gibt die Verpflichtung des Norwegers Stale Solbakken als Trainer für die kommende Saison bekannt.

DER TORSCHÜTZE DES SPIELTAGES

Es ist sicher das wertvollste der 18 Tore, die Hanno Balitsch (30, Foto) in seinen 276 Bundesliga-Spielen in den vergangenen zehn Jahren erzielt hat. Sein Kopfballtreffer zum 1:0-Sieg beim SC Freiburg öffnet Bayer 04 Leverkusen das Tor zur UEFA Champions League. Der Darmstädter, der 1999 beim SV Waldhof Mannheim seine Profikarriere begann, bietet nicht nur zum Saisonabschluss eine exzellente Leistung. Als er vor einem Jahr von Hannover 96 zu den Leverkusenern zurückkehrte, vermuteten einige Experten voreilig, Balitsch könne nur als Ergänzungsspieler eingeplant sein. Doch in 24 Spielen zeigt der Allrounder oft Topleistungen in Abwehr und im Mittelfeld und profiliert sich als Führungsspieler.

RESULTATE

Samstag, 14.05.2011	1. FC Köln - FC Schalke 04	2:1	(1:0)
	1. FC Kaiserslautern - Werder Bremen	3:2	(3:1)
	SC Freiburg - Bayer 04 Leverkusen	0:1	(0:1)
	FC Bayern München - VfB Stuttgart	2:1	(1:1)
	1899 Hoffenheim - VfL Wolfsburg	1:3	(0:0)
	Bor. Dortmund - Eintracht Frankfurt	3:1	(0:0)
	Hamburger SV - Bor. M'gladbach	1:1	(0:1)
	Hannover 96 - 1. FC Nürnberg	3:1	(1:1)
	1. FSV Mainz 05 - FC St. Pauli	2:1	(0:1)

TORJÄGER

Mario Gomez	FC Bayern München	28
Papiss Cissé	SC Freiburg	22
Milivoje Novakovic	1. FC Köln	17
Theofanis Gekas	Eintracht Frankfurt	16
Srdjan Lakic	1. FC Kaiserslautern	16
Lucas Barrios	Borussia Dortmund	16
André Schürrle	1. FSV Mainz 05	15
Didier Ya Konan	Hannover 96	14

PERSONALIEN

Nachdem der Klassenerhalt gesichert ist, wird **Cacau** (30) vom VfB Stuttgart schon vor dem Saisonfinale an beiden Leisten operiert.

Ein Eingriff am Sprunggelenk wird bei **Andreas Ibertsberger** (28) von 1899 Hoffenheim vorgenommen.

Der Niederländer **Ruud van Nistelrooy** (34) kommt nach überstandenem Muskelfaserriss in der Wade doch noch zu seinem Abschiedsspiel beim Hamburger SV in der Begegnung mit Borussia Mönchengladbach.

TABELLE

Rang	Club	Sp.	g	u	v	Tore	Diff.	Pkt.	
1	Borussia Dortmund	34	23	6	5	67:22	45	75	→
2	Bayer 04 Leverkusen	34	20	8	6	64:44	20	68	→
3	FC Bayern München	34	19	8	7	81:40	41	65	→
4	Hannover 96	34	19	3	12	49:45	4	60	→
5	1. FSV Mainz 05	34	18	4	12	52:39	13	58	→
6	1. FC Nürnberg	34	13	8	13	47:45	2	47	→
7	1. FC Kaiserslautern	34	13	7	14	48:51	-3	46	↗
8	Hamburger SV	34	12	9	13	46:52	-6	45	↘
9	SC Freiburg	34	13	5	16	41:50	-9	44	↘
10	1. FC Köln	34	13	5	16	47:62	-15	44	↗
11	1899 Hoffenheim	34	11	10	13	50:50	0	43	↘
12	VfB Stuttgart	34	12	6	16	60:59	1	42	↘
13	SV Werder Bremen	34	10	11	13	47:61	-14	41	↘
14	FC Schalke 04	34	11	7	16	38:44	-6	40	→
15	VfL Wolfsburg	34	9	11	14	43:48	-5	38	→
16	Borussia M'gladbach	34	10	6	18	48:65	-17	36	→
17	Eintracht Frankfurt	34	9	7	18	31:49	-18	34	→
18	FC St. Pauli	34	8	5	21	35:68	-33	29	→

34. SPIELTAG

1899 Hoffenheim – VfL Wolfsburg 1:3 (0:0)

1899 Hoffenheim: Starke - Beck, Jaissle, Compper, Braafheid (84. Kaiser) - Rudy, Alaba - Firmino, Sigurdsson (84. Obasi), Babel - Mlapa (76. Ibisevic)
VfL Wolfsburg: Benaglio - Hasebe, Kjaer, A. Friedrich, M. Schäfer - Madlung (61. Dejagah) - Riether, Josué - Kahlenberg (57. Cicero) - Grafite, Mandzukic (88. Johnson)
Tore: 1:0 Firmino (49.), 1:1 Mandzukic (60.), 1:2 Mandzukic (73.), 1:3 Grafite (78.)
Ecken: 7:7
Schiedsrichter: Kinhöfer (Herne)
Zuschauer: 30.150 (ausverkauft)
Gelb: Madlung
Gelb-Rot: keine **Rot:** keine

Borussia Dortmund – Eintracht Frankfurt 3:1 (0:0)

Borussia Dortmund: Weidenfeller - Piszczek, Santana, Hummels, Schmelzer - Götze (88. Feulner), da Silva - Blaszczykowski (88. Kagawa), Lewandowski, Großkreutz (73. Dede) - Barrios
Eintracht Frankfurt: Fährmann - Jung, Vasoski, Russ, Köhler (20. Halil Altintop) - Rode (79. Titsch-Rivero), Schwegler (86. M. Heller) - Ochs, Caio, Fenin - Gekas
Tore: 0:1 Rode (46.), 1:1 Barrios (68.), 2:1 Russ (72., Eigentor), 3:1 Barrios (90.)
Besondere Vorkommnisse: Fährmann hält Foulelfmeter von Barrios (12.) und von Dede (81.) **Ecken:** 7:4
Schiedsrichter: Gagelmann (Bremen)
Zuschauer: 80.720 (ausverkauft)
Gelb: Barrios - Köhler, Fenin
Gelb-Rot: keine **Rot:** Titsch-Rivero (80.)

Hamburger SV – Bor. Mönchengladbach 1:1 (0:1)

Hamburger SV: Rost - Diekmeier (85. Benjamin), Kacar, Westermann, Aogo - Tesche, Zé Roberto (68. van Nistelrooy) - Rincon, Elia - Ben-Hatira - Guerrero (38. Pitroipa)
Borussia M'gladbach: ter Stegen - Jantschke, Stranzl, Dante, Daems - Nordtveit, Neustädter - Reus, Arango - Hanke (74. de Camargo), Idrissou
Tore: 0:1 Arango (41.), 1:1 Ben-Hatira (71.)
Ecken: 7:5
Schiedsrichter: Gräfe (Berlin)
Zuschauer: 57.000 (ausverkauft)
Gelb: Ben-Hatira - Arango, Stranzl
Gelb-Rot: keine **Rot:** keine

Hannover 96 – 1. FC Nürnberg 3:1 (1:1)

Hannover 96: Zieler - Cherundolo, Haggui, Pogatetz, C. Schulz - Lala (58. Schmiedebach), Pinto - Stindl, Rausch (85. Djakpa) - Ya Konan, Schlaudraff (88. Forssell)
1. FC Nürnberg: R. Schäfer - Chandler, Wollscheid, Nilsson, Plattenhardt (46. Pinola) - Simons - Hegeler, Wießmeier (56. Mintal), Ekici, Eigler - Schieber (16. Mak)
Tore: 0:1 Wießmeier (25.), 1:1 Haggui (30.), 2:1 Rausch (60.), 3:1 Ya Konan (78., Foulelfmeter) **Ecken:** 5:4
Schiedsrichter: Kircher (Rottenburg)
Zuschauer: 49.000 (ausverkauft)
Gelb: Cherundolo, Ya Konan - Wollscheid, Simons
Gelb-Rot: keine **Rot:** keine

1. FSV Mainz 05 – FC St. Pauli 2:1 (0:1)

1. FSV Mainz 05: Wetklo - Bungert, Svensson, Noveski (42. M. Caligiuri), Fathi - Kirchhoff, Soto - Holtby, Ivanschitz (75. Risse), Schürrle - F. Heller (46. Allagui)
FC St. Pauli: Kessler - Gunesch, Morena (74. Eger), Thorandt, Kalla (66. Lechner) - Daube (84. Filipovic), Lehmann - Bruns, Kruse, Bartels - Ebbers
Tore: 0:1 Lehmann (42.), 1:1 Schürrle (58., Foulelfmeter), 2:1 Allagui (82.) **Ecken:** 7:3
Schiedsrichter: Winkmann (Kerken)
Zuschauer: 20.300 (ausverk.)
Gelb: Bruns, Eger
Gelb-Rot: keine **Rot:** keine

BUNDESLIGA

Krönender Abschluss für

Durch einen 5:0-Finalsieg gegen den MSV Duisburg hat sich der FC Schalke 04 zum Saisonschluss mit der Qualifikation für die UEFA Europa League ein ganz besonderes Geschenk gemacht. Und mit dem klaren Ergebnis wurde außerdem noch der eigene Endspielrekord aus dem Jahr 1972 eingestellt.

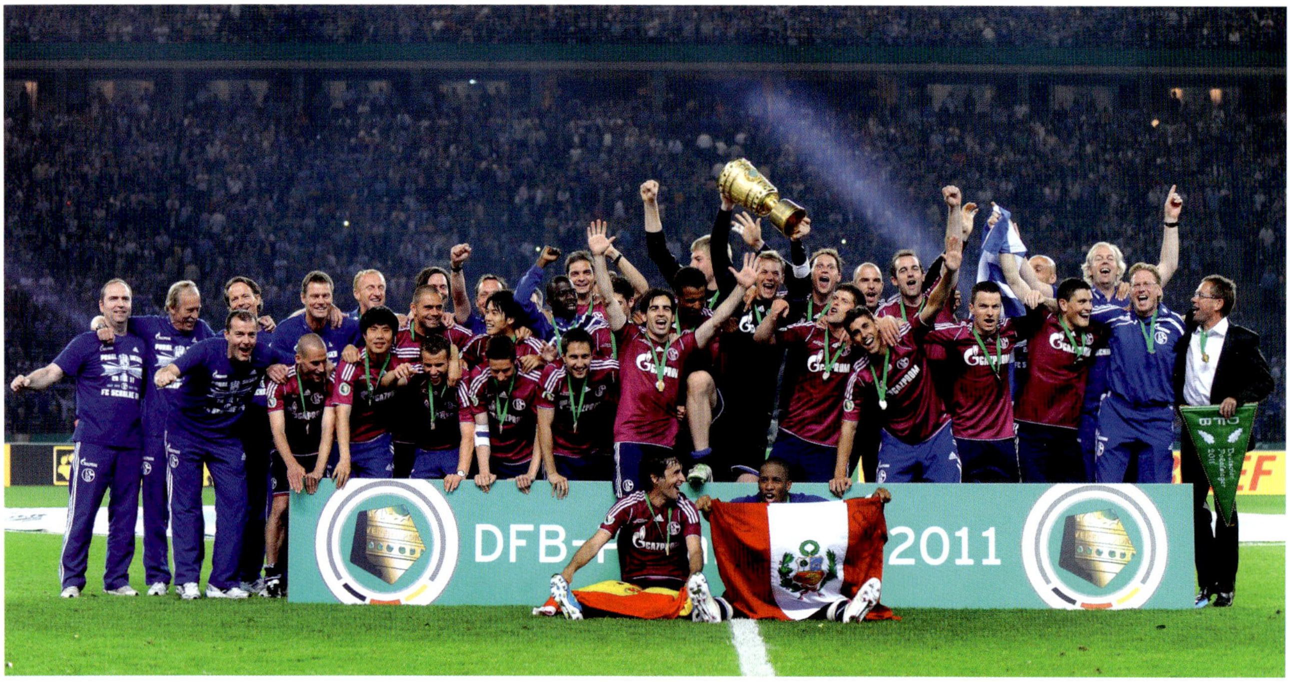

Durch den deutlichen Finalerfolg gegen Außenseiter MSV Duisburg gelingt dem FC Schalke 04 der sehnlichst gewünschte Einzug in die UEFA Europa League. Strahlend und jubelnd stellen sich die „Königsblauen", bei denen Superstar Raúl (Bild unten) seinen ersten nationalen Pokal überhaupt gewinnt, auf dem Rasen des Berliner Olympiastadions zum Siegerfoto. Durch diesen ganz besonderen Abschluss fällt die Saison für die „Knappen" doch noch zufriedenstellend aus – mit hoffnungsvollem Blick in die Zukunft.

Die Rolle des großen Favoriten hatte der FC Schalke 04 bei diesem Finale um den DFB-Pokal sowieso inne. Dass die „Königsblauen" allerdings den Ruhrgebietsnachbarn aus der 2. Bundesliga, den MSV Duisburg, im Berliner Olympiastadion dann so deutlich beherrschen würden, war nicht abzusehen. Zwei schnelle Tore, das 1:0 dabei ein toller Treffer des erst 17-jährigen Julian Draxler, waren wohl ausschlaggebend für die klare Angelegenheit der Schalker, die den „Pott" somit schon zum fünften Mal nach Gelsenkirchen holen konnten, wo es nach einer Sause in Berlin am Sonntag zu Hause einen großen Empfang für die Gewinner gab. Mit ihren fünf Toren hatten die Schalker auch einen 39 Jahren alten Rekord egalisiert. Ihren Vorgängern im S04-Trikot

war gegen den 1. FC Kaiserslautern im Endspiel 1972 in Hannover ein Kantersieg in gleicher Höhe gelungen. Als Kapitän Manuel Neuer die ihm wenige Augenblicke zuvor von Bundespräsident Christian Wulff überreichte Trophäe zusammen mit Raúl dem Schalke-Anhang zeigte, wurde auch deutlich, welcher Druck doch auf der Mannschaft von Trainer Ralf Rangnick gelastet hatte, der zugeschriebenen Rolle gerecht zu werden. Bei Neuer und Co. löste sich die Anspannung, und für Raúl war dieser Augenblick von persönlicher Glückseligkeit begleitet. Schließlich hatte der 33-Jährige in seiner so langen und erfolgreichen Karriere noch nie einen nationalen Pokalwettbewerb gewinnen können. Bei Real Madrid war es dem Superstar nicht vergönnt gewesen, einen solchen

„königsblau"

Mit seinem herrlichen 1:0 schafft Julian Draxler die Basis für den Sieg des FC Schalke 04. Keeper David Yelldell (verdeckt) fliegt vergebens nach dem Ball, dessen Flug Ivica Banovic (4), Daniel Reiche (5) und Branimir Bajic (25) sorgenvoll beobachten.

Eine herzliche Umarmung von Bundespräsident Christian Wulff für Manuel Neuer, von Bundestrainer Joachim Löw und Schalke-Trainer Ralf Rangnick sowie dessen Assistenten Markus Gisdol ebenso mit einem Lächeln beobachtet wie auf der linken Seite von DFB-Präsident Dr. Theo Zwanziger und DFB-Generalsekretär Wolfgang Niersbach. Wenige Momente später wird das Staatsoberhaupt den DFB-Pokal an Neuer überreichen.

MSV Duisburg – FC Schalke 04	0:5 (0:3)

MSV Duisburg: Yelldell - B. Kern (77. Exslager), Reiche (60. Trojan), Bajic, Veigneau – Sukalo – Grlic, Yilmaz, Banovic, Sahan – Schäffler
FC Schalke 04: Neuer – Höwedes, Papadopoulos, Metzelder, Sarpei (43. Escudero) – Kluge (81. Uchida), Jurado – Farfan, Draxler (72. Matip) – Huntelaar, Raúl
Tore: 0:1 Draxler (18.), 0:2 Huntelaar (22.), 0:3 Höwedes (42.), 0:4 Jurado (55.), 0:5 Huntelaar (70.)
Ecken: 3:5
Schiedsrichter: Stark (Ergolding)
Zuschauer: 75.708 (ausverkauft)
Gelb: Sukalo
Gelb-Rot: keine
Rot: keine

Moment auskosten zu können. Spontan widmete der Spanier diesen Titel dem Schalker Publikum: „Diese Fans haben uns während der gesamten Saison so toll unterstützt, auch wenn es einmal nicht wie gewünscht lief." Davon hatte sich der Anhang des MSV Duisburg offenbar etwas abgeschaut. Denn trotz der Enttäuschung für das Team von Trainer Milan Sasic feierten auch die Fans der „Zebras" ihre Spieler, und sie sorgten somit dafür, dass in Berlin einmal mehr die außergewöhnliche Atmosphäre des DFB-Pokalfinales herrschte.

DFB-POKAL 2010/2011

ALLE ERGEBNISSE AUF EINEN BLICK

1. HAUPTRUNDE

VfL Osnabrück – 1. FC Kaiserslautern	2:3 (1:1, 1:0) n. V.
FC Erzgebirge Aue – Bor. Mönchengladbach	1:3 (0:1)
SV Wilhelmshaven – Eintracht Frankfurt	0:4 (0:2)
Chemnitzer FC – FC St. Pauli	1:0 (1:0)
FK Pirmasens – Bayer 04 Leverkusen	1:11 (0:1)
Rot Weiss Ahlen – SV Werder Bremen	0:4 (0:1)
SV Wacker Burghausen – Borussia Dortmund	0:3 (0:2)
F.C. Hansa Rostock – 1899 Hoffenheim	0:4 (0:4)
SV Babelsberg 03 – VfB Stuttgart	1:2 (1:2)
FC Oberneuland – SC Freiburg	0:1 (0:1)
ZFC Meuselwitz – 1. FC Köln	0:2 (0:2)
Eintracht Trier – 1. FC Nürnberg	0:2 (0:1)
Berliner Athletik Klub – 1. FSV Mainz 05	1:2 (0:1)
Torgelower SV Greif – Hamburger SV	1:5 (1:1)
SC Preußen Münster – VfL Wolfsburg	1:2 (0:0)
TSV Germania Windeck – FC Bayern München	0:4 (0:2)
VfR Aalen – FC Schalke 04	1:2 (0:1)
SV Elversberg – Hannover 96	0:0 n.V. 5:4 im 11-m-Schießen
FC Ingolstadt 04 – Karlsruher SC	2:0 (1:0)
FSV Frankfurt – SC Paderborn 07	2:0 (0:0)
SSV Jahn Regensburg – DSC Arminia Bielefeld	1:1 (1:1, 0:1) n.V. 5:6 im 11-m-Schießen
VfB Lübeck – MSV Duisburg	0:2 (0:0)
SC Pfullendorf – Hertha BSC Berlin	0:2 (0:0)
SC Verl – TSV 1860 München	1:2 (1:0)
Eintracht Braunschweig – SpVgg Greuther Fürth	1:2 (0:0, 0:0) n. V.
SV Sandhausen – FC Augsburg	4:4 (3:3, 2:1) n.V. 1:3 im 11-m-Schießen
SC Victoria Hamburg – Rot-Weiß Oberhausen	1:0 (1:0)
TuS Heeslingen – FC Energie Cottbus	1:2 (0:2)
Schwarz-Weiß Essen – Alemannia Aachen	1:2 (0:2)
TuS Koblenz – Fortuna Düsseldorf	1:0 (0:0)
Kickers Offenbach – VfL Bochum 1848	3:0 (2:0)
Hallescher FC – 1. FC Union Berlin	1:0 (1:0)

2. HAUPTRUNDE

FC Bayern München – SV Werder Bremen	2:1 (1:1)
Eintracht Frankfurt – Hamburger SV	5:2 (3:1)
Bor. Mönchengladbach – Bayer 04 Leverkusen	1:1 (0:0, 0:0) n. V. 5:4 im 11-m-Schießen
1899 Hoffenheim – FC Ingolstadt 04	1:0 (0:0)
1. FC Köln – TSV 1860 München	3:0 (0:0)
1. FC Kaiserslautern – DSC Arminia Bielefeld	3:0 (2:0)
FC Energie Cottbus –SC Freiburg	2:1 (1:0)
FSV Frankfurt – FC Schalke 04	0:1 (0:1)
Alemannia Aachen – 1. FSV Mainz 05	2:1 (1:0)
SpVgg Greuther Fürth – FC Augsburg	2:4 (2:2, 1:0) n. V.
SC Victoria Hamburg – VfL Wolfsburg	1:3 (0:1)
Kickers Offenbach – Borussia Dortmund	0:0 n. V. 4:2 im 11-m-Schießen
SV Elversberg – 1. FC Nürnberg	0:3 (0:1)
Chemnitzer FC – VfB Stuttgart	1:3 (1:1, 0:0) n. V.
TuS Koblenz – Hertha BSC Berlin	2:1 (0:0)
Hallescher FC – MSV Duisburg	0:3 (0:2)

ACHTELFINALE

1899 Hoffenheim – Bor. Mönchengladbach	2:0 (1:0)
VfB Stuttgart – FC Bayern München	3:6 (2:2)
FC Augsburg – FC Schalke 04	0:1 (0:0)
VfL Wolfsburg – FC Energie Cottbus	1:3 (0:3)
1. FC Köln – MSV Duisburg	1:2 (0:1)
Alemannia Aachen – Eintracht Frankfurt	1:1 (0:0, 0:0) n. V. 5:3 im 11-m-Schießen
Kickers Offenbach – 1. FC Nürnberg	0:2 (0:1)
TuS Koblenz – 1. FC Kaiserslautern	1:4 (1:0)

VIERTELFINALE

FC Schalke 04 – 1. FC Nürnberg	3:2 (2:2, 1:2) n. V.
FC Energie Cottbus – 1899 Hoffenheim	1:0 (0:0)
MSV Duisburg – 1. FC Kaiserslautern	2:0 (1:0)
Alemannia Aachen – FC Bayern München	0:4 (0:1)

HALBFINALE

FC Bayern München – FC Schalke 04	0:1 (0:1)
MSV Duisburg – FC Energie Cottbus	2:1 (1:0)

FINALE

MSV Duisburg – FC Schalke 04	0:5 (0:3)

Spannende Nervenspiele

Die Nachspielzeit zur eigentlichen Saison, die seit 2009 wieder eingeführte Relegation, ist als „zweite Chance" im Kampf um den Klassenerhalt oder um den Aufstieg eine ganz spezielle Angelegenheit. Auch jetzt erlebten Verantwortliche, Trainer, Spieler und Fans wieder ein echtes Kriminalstück in vier Akten mit den Auflösungen, dass Borussia Mönchengladbach in der Bundesliga bleibt und SG Dynamo Dresden wieder Zweitligist ist.

Völlig losgelöst präsentiert sich die Mönchengladbacher Mannschaft nach dem Schlusspfiff in Bochum ihren Fans zur gemeinsamen Feier des Klassenerhalts. Mittendrin zwischen seinen Spielern jubelt auch der Schweizer Trainer Lucien Favre, der in der kurzen Zeit seiner Tätigkeit bei dem fünfmaligen Deutschen Meister eine erstaunliche Bilanz aufzuweisen hat.

um Auf- und Abstieg

Einmal mehr hat sich die Relegation als Nervenspiel entpuppt, in diesem Jahr waren sogar beide Paarungen davon betroffen: zum einen das Aufeinandertreffen des 16. der Bundesliga mit dem Drittplatzierten der 2. Bundesliga, zum anderen der Vergleich zwischen dem Tabellen-16. aus der 2. Bundesliga und dem Drittplatzierten der 3. Liga. Die Nachspielzeit der eigentlichen Saison war nicht an Spannung zu überbieten. Letztlich setzten sich Borussia Mönchengladbach gegen den VfL Bochum 1848 und SG Dynamo Dresden gegen den VfL Osnabrück durch – wobei es in Osnabrück bei der ultimativen Entscheidungsfindung sogar zu einer Verlängerung kam.

Erst in der Nachspielzeit des ersten Aufeinandertreffens vermochte sich Gladbach im BORUSSIA-PARK mit dem 1:0 ein dünnes Polster zu schaffen gegen aufopferungsvoll kämpfende und auch taktisch stark aufspielende Bochumer. Dabei war ein richtiger Klassenunterschied, so die Expertenmeinung, nicht zu erkennen. Wobei bei solchen Spielen, in denen es um alles oder nichts geht, nicht unbedingt zu erwarten ist, dass der Bundesligist vor einer leichten Aufgabe steht.

Zuschauer in 182 Ländern, in denen beide Spiele zwischen Bundesliga und 2. Bundesliga live zu sehen waren, mussten sich auch bei der zweiten, entscheidenden Begegnung zwischen Bochum und Borussia fast bis zur letzten Minute gedulden. Der gastgebende VfL wähnte sich im rewirpowerSTADION schon ein Stück näher an seinem Traumziel, dem direkten Wiederaufstieg, der für Trainer Friedhelm Funkel gleichzeitig seinen sechsten Sprung in die Erstklassigkeit mit dem fünften Club bedeutet hätte. Als Gästeprofi Havard Nordtveit den Ball Mitte der ersten Halbzeit unglücklich ins eigene Tor verlängerte, war der Ergebnisvorrat für Mönchengladbach schon aufgebraucht. Das Spiel konnte also von Neuem beginnen. Und es dauerte bis zur 72. Minute, ehe nahezu für klare Verhältnisse gesorgt war. Marco Reus, angeschlagen ins Spiel gegangen, sorgte mit seinem Ausgleichstreffer für eine gewisse Beruhigung auf Seiten der Borussia. Denn nun musste Bochum aufgrund der Auswärtstorregelung gleich zwei Mal in Schwarze treffen, um doch noch zum schnellen Comeback in der Bundesliga zu kommen.

Dazu fehlte es Funkels Akteuren aber an der erforderlichen Durchschlagskraft. Bochum konnte Gladbach nicht mehr in echte Gefahr bringen. Und so durften beim Schlusspfiff von Schiedsrichter Peter Gagelmann nur die Borussen jubeln – und wie. Auch der sonst so zurückhaltende Trainer Lucien Favre reihte sich in die Gruppe seiner Spieler ein, die zusammen mit den vom Niederrhein mitgereisten Fans ebenso feierten wie die Daheimgebliebenen beim Public Viewing im BORUSSIA PARK. Es dauerte auch nicht sehr lange, bis die Borussen ihren so erfolgreichen Coach nicht mehr entkommen ließen und ihn gemeinsam in die Luft warfen, um ihn im wahrten Sinne des Wortes hochleben zu lassen.

„Schlimmer" als den Schweizer Fußballlehrer erwischte es den Brasilianer Dante. Im Augenblick des Triumphs musste der Abwehrchef sein mutiges Versprechen einlösen, seine in Gladbach zum Kult gewordene Mähne zu opfern. Seine Haare wurden noch in Bochum komplett rasiert und der „Skalp" von seinen Teamkollegen Mike Hanke und Co. an die jubelnden Anhänger verteilt. Dante selbst reagierte gelassen auf die Ereignisse um seine Person, beunruhigend war für ihn nur: „Ich habe etwas Angst, dass meine Kinder ihren Papa nicht mehr erkennen."

In diesem Augenblick haben die Spieler des VfL Bochum 1848 neue Hoffnung auf den Aufstieg. Das 1:0 ist per Eigentor gefallen, vorbereitet von Christoph Dabrowski, dem seine Teamkollegen gratulieren.

Borussia Mönchengladbach
VfL Bochum 1848 **1:0 (0:0)**

■ **Borussia Mönchengladbach:** ter Stegen - Jantschke, Stranzl, Dante, Daems - Nordtveit, Neustädter - Reus (84. Matmour), Arango - Hanke, Idrissou (67. de Camargo)
■ **VfL Bochum 1848:** Luthe - Kopplin, Maltritz, Yahia, Ostrzolek - Johansson - Dabrowski, Toski (83. Azaouagh) - Freier, Korkmaz (71. Federico) - Aydin (46. Tese)
Tor: 1:0 de Camargo (90+3.)
Ecken: 10:6
Schiedsrichter: Perl (Pullach)
Zuschauer: 54.057 (ausverkauft)
Gelb: Neustädter - Toski, Kopplin, Ostrzolek
Gelb-Rot: keine **Rot:** keine

VfL Bochum
Borussia Mönchengladbach **1:1 (1:0)**

■ **VfL Bochum 1848:** Luthe - Freier, Maltritz, Yahia, Ostrzolek - Johansson - Dabrowski, Toski - Azaouagh (63. Federico), Dedic (75. Saglik) - Aydin
■ **Borussia Mönchengladbach:** ter Stegen - Jantschke, Stranzl, Dante, Daems - Nordtveit, Neustädter - Reus (85. Matmour), Arango - Hanke (90+3. Brouwers), Idrissou (68. de Camargo)
Tore: 1:0 Nordtveit (24., Eigentor), 1:1 Reus (72.)
Ecken: 5:8
Schiedsrichter: Gagelmann (Bremen)
Zuschauer: 28.650 (ausverkauft)
Gelb: Ostrzolek, Aydin, Dabrowski - Dante
Gelb-Rot: keine **Rot:** keine

EIN DUTZEND ENTSCHEIDUNGSSPIELE

1982: KICKERS OFFENBACH – BAYER 04 LEVERKUSEN	0:1, 1:2
1983: BAYER 05 UERDINGEN – FC SCHALKE 04	3:1, 1:1
1984: MSV DUISBURG – EINTRACHT FRANKFURT	0:5, 1:1
1985: 1. FC SAARBRÜCKEN – DSC ARMINIA BIELEFELD	2:0, 1:1
1986: FORTUNA KÖLN – BORUSSIA DORTMUND	2:0, 1:3, 0:8
1987: FC HOMBURG – FC ST. PAULI	3:1, 1:2
1988: SV DARMSTADT 98 – SV WALDHOF MANNHEIM	3:2, 1:2, 0:0 n. V. (4:5 i. E.)
1989: EINTRACHT FRANKFURT – 1. FC SAARBRÜCKEN	2:0, 1:2
1990: 1. FC SAARBRÜCKEN – VFL BOCHUM	0:1, 1:1
1991: FC ST. PAULI – STUTTGARTER KICKERS	1:1, 1:1, 1:3
2009: FC ENERGIE COTTBUS – 1. FC NÜRNBERG	0:3, 0:2
2010: 1. FC NÜRNBERG – FC AUGSBURG	1:0, 2:0
2011: BORUSSIA MÖNCHENGLADBACH – VFL BOCHUM 1848	1:0, 1:1

BUNDESLIGA

Marco Reus bejubelt wie befreit seinen entscheidenden Treffer für Borussia Mönchengladbach, der Bochumer Marcel Maltritz (rechts) ahnt in diesem Moment wohl schon, dass der Traum vom Wiederaufstieg in die Bundesliga geplatzt ist.

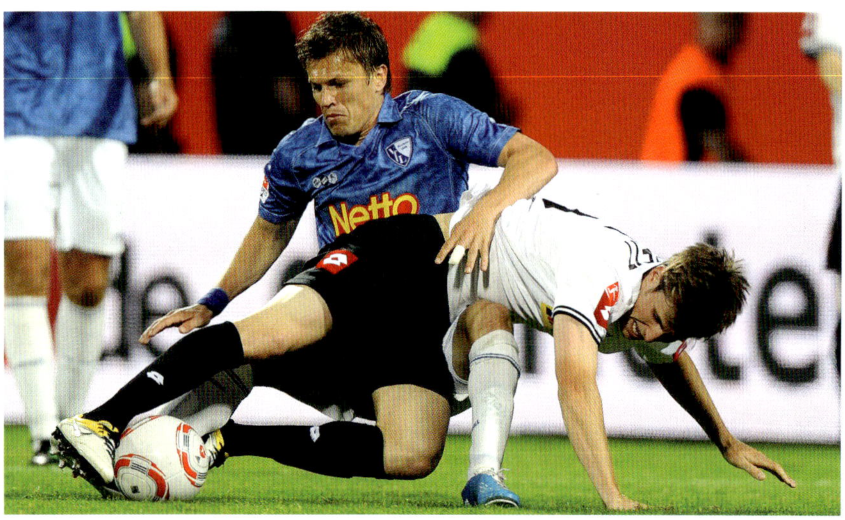

Umkämpfte Relegationsspiele: Zlatko Dedic vom VfL Bochum 1848 und Havard Nordtveit (rechts) von Borussia Mönchengladbach, Eigentorschütze in der zweiten Begegnung.

Nicht wiederzuerkennen war Gladbach in der Schlussphase der Saison. Aus einer verunsicherten Mannschaft war ein Team mit Mumm geworden, dem gelang, was ARD-Experte Mehmet Scholl als Beobachter in Bochum als „ein großes Wunder" bezeichnete. Angesichts der düsteren Prognosen, die es nicht ohne Grund während der Rückrunde für die lange auf dem letzten Tabellenplatz liegenden Borussen gegeben hatte, lag der Europameister von 1996 völlig richtig.

Einen nach dem Hinspiel unerwarteten Ausgang nahm die Relegation um Platz 18 in

Dresdner Party in Osnabrück: Fans und Mannschaft – ganz oben im Bild Trainer Ralf Loose – bejubeln in der osnatel ARENA gemeinsam die per Relegation gelungene Rückkehr in den Profifußball.

SG Dynamo Dresden
VfL Osnabrück **1:1 (0:0)**

SG Dynamo Dresden: Kirsten - Jungnickel (69. Müller), Jungwirth, Hübener, Bührer - Solga, Fiel - Esswein, Koch, Röttger (69. Strifler) - Schahin
VfL Osnabrück: Berbig - Schnetzler, Nickenig (82. Heidrich), Mauersberger, Tauer - Engel, Hansen - Siegert (58. Andersen), Tyrala, Krük (89. Schmidt) - Kastrati
Tore: 0:1 Jungnickel (65., Eigentor), 1:1 Koch (75.)
Ecken: 10:4
Schiedsrichter: Gräfe (Berlin)
Zuschauer: 28.760
Gelb: Jungnickel, Röttger, Solga, Fiel - Siegert, Tyrala, Andersen
Gelb-Rot: keine
Rot: keine

VfL Osnabrück
SG Dynamo Dresden **1:3 (1:0, 1:1) n.V.**

VfL Osnabrück: Berbig - Schnetzler, Nickenig, Mauersberger, Tauer (101. Krük) - Engel, Hansen (96. Adler) - Andersen, Tyrala, Kastrati (79. Pauli) - Schmidt
SG Dynamo Dresden: Kirsten - Jungnickel, Jungwirth, Hübener, Schuppan (67. Bührer) - Solga, Fiel - Koch, Röttger (74. Müller, 98. Kegel) - Schahin, Esswein
Tore: 1:0 Mauersberger (45.), 1:1 Fiel (61.), 1:2 Schahin (94.), 1:3 Koch (119.)
Ecken: 8:10
Schiedsrichter: Kinhöfer (Herne)
Zuschauer: 16.600 (ausverkauft)
Gelb: Engel, Tauer, Mauersberger, Andersen - Solga, Esswein, Bührer, Schahin, Koch
Gelb-Rot: keine **Rot:** keine

So dicht liegen Freude und Schmerz im Fußball manchmal beieinander. Alexander Esswei und Thomas Hübener (5) feiern den Dresdner Erfolg. Nicky Adler (links) und Jan Mauersberger vom VfL Osnabrück sind dagegen enttäuscht über die Niederlage in der Relegation.

der 2. Bundesliga. Nach fünf Jahren Abstinenz vom Profifußball kehrt SG Dynamo Dresden in den Profifußball zurück. Und das, obwohl sich der VfL Osnabrück mit 1:1 auswärts eine sehr gute Ausgangsposition verschafft hatte und zu Hause kurz vor dem Seitenwechsel auch noch mit 1:0 in Führung ging. Doch Dresden kam in der zweiten Halbzeit zurück und trumpfte in der erforderlich gewordenen Verlängerung erst recht richtig auf. Mit einem prominenten Namen in seinen Reihen. Doch anders als Vater Ulf Kirsten, der ehemalige Bundesliga-Torschützenkönig von Bayer 04 Leverkusen und Nationalstürmer, muss Sohn Benjamin Kirsten gegnerische Treffer verhindern. Und in Osnabrück tat der talentierte Keeper dies mit Bravour, er verhinderte bei einigen Chancen des VfL durch gekonnte Paraden weitere Gegentreffer. Während die Dresdner mit dem während der Saison gekommenen Trainer Ralf Loose, einst Bundesliga-Spieler bei Borussia Dortmund und Fortuna Düsseldorf, zu Hause von zehntausenden Fans begeistert empfangen wurden, herrschte beim VfL sehr gedrückte Stimmung, die Teammanager Joe Enochs auf den Punkt brachte: „Es tut mir Leid für die Fans und für den Verein."

Ein Comeback und

eine Premiere

Janz Berlin schwebt uff eener Wolke – als Andre Mijatovic, Kapitän von Hertha BSC, die zum dritten Mal seit 2009 verliehene Meisterschale für den neuen Titelträger aus den Händen von Harald Strutz, Präsident des 1. FSV Mainz 05 und 2. Vizepräsident des Ligaverbandes, erhalten hat. Links im Bild applaudiert Christian Seifert, Vorsitzender der DFL-Geschäftsführung.

BUNDESLIGA

2. BUNDESLIGA IN ZAHLEN

ABSCHLUSSTABELLE

Rang	Club	Sp.	g	u	v	Tore	Diff.	Pkt.
1	Hertha BSC Berlin	34	23	5	6	69:28	41	74
2	FC Augsburg	34	19	8	7	58:27	31	65
3	VfL Bochum	34	20	5	9	49:35	14	65
4	SpVgg Greuther Fürth	34	17	10	7	47:27	20	61
5	FC Erzgebirge Aue	34	16	8	10	40:37	3	56
6	FC Energie Cottbus	34	16	7	11	65:52	13	55
7	Fortuna Düsseldorf	34	16	5	13	49:39	10	53
8	MSV Duisburg	34	15	7	12	53:38	15	52
9	TSV 1860 München	34	14	10	10	50:36	14	50
10	Alemannia Aachen	34	13	9	12	58:60	-2	48
11	1. FC Union Berlin	34	11	9	14	39:45	-6	42
12	SC Paderborn 07	34	10	9	15	32:47	-15	39
13	FSV Frankfurt	34	11	5	18	42:54	-12	38
14	FC Ingolstadt 04	34	9	10	15	40:46	-6	37
15	Karlsruher SC	34	8	9	17	46:72	-26	33
16	VfL Osnabrück	34	8	7	19	40:62	-22	31
17	Rot-Weiß Oberhausen	34	7	7	20	30:65	-35	28
18	DSC Arm. Bielefeld	34	4	8	22	28:65	-37	17

DIE BESTEN TORSCHÜTZEN

Name	Club	Tore	11er
Nils Petersen	FC Energie Cottbus	25	4
Benjamin Auer	Alemannia Aachen	20	1
Benjamin Lauth	TSV 1860 München	16	1
Sascha Mölders	FSV Frankfurt	15	0
Adrian Ramos	Hertha BSC Berlin	15	0
Nando Rafael	FC Augsburg	14	4
Pierre-Michel Lasogga	Hertha BSC Berlin	13	0
Stefan Leitl	FC Ingolstadt 04	13	3
Stephan Hain	FC Augsburg	10	1
Emil Jula	FC Energie Cottbus	10	0
Raffael	Hertha BSC Berlin	10	0
Zoltan Stieber	Alemannia Aachen	10	0
Chong Tese	VfL Bochum 1848	10	0
Srdjan Baljak	MSV Duisburg	9	0
Marc Hensel	FC Erzgebirge Aue	9	0
Uwe Hünemeier	FC Energie Cottbus	9	0
Michael Thurk	FC Augsburg	9	1
Mirkan Aydin	VfL Bochum 1848	8	0
Macauley Chrisantus	Karlsruher SC	8	0
Edmond Kapllani	SC Paderborn 07	8	1
Jens Langeneke	Fortuna Düsseldorf	8	7
Stefan Maierhofer	MSV Duisburg	8	1
John Jairo Mosquera	1. FC Union Berlin	8	0
Goran Sukalo	MSV Duisburg	8	1

ZUSCHAUER

Club	gesamt	Schnitt
Hertha BSC Berlin	784221	46131
Fortuna Düsseldorf	357910	21054
FC Augsburg	348174	20481
TSV 1860 München	335950	19762
Alemannia Aachen	308337	18137
VfL Bochum 1848	255630	15037
Karlsruher SC	251253	14780
1. FC Union Berlin	243189	14305
MSV Duisburg	240911	14171
DSC Arminia Bielefeld	230851	13579
VfL Osnabrück	226500	13324
FC Energie Cottbus	193926	11407
FC Erzgebirge Aue	174336	10255
FC Ingolstadt 04	137333	8078
SC Paderborn 07	135191	7952
SpVgg Greuther Fürth	132180	7775
Rot-Weiß Oberhausen	101002	5941
FSV Frankfurt	70419	4142

Der Autor: **Harald Pistorius** leitet die Sportredaktion der „Neuen Osnabrücker Zeitung".

Mit Hertha BSC Berlin kehrt ein Club zurück in die Bundesliga, der einst Gründungsmitglied war. Den anderen Direktaufsteiger gab es 1963 noch gar nicht, jetzt zieht der FC Augsburg als 51. Mitglied in die Bundesliga ein. Unterschiedlicher können zwei Aufsteiger nicht sein – und doch werden sie eine Bereicherung für die Saison 2011/12 sein.

Motto-T-Shirts gehören ja heutzutage zur Grundausstattung einer Mannschaft, die im Begriff ist, den letzten Schritt zum großen Erfolg zu tun. Auf den Hemden, die Hendrik Herzog, früherer Bundesliga-Spieler und jetzt Zeugwart, und sein Kollege Robert Abramczyk für die Profis von Hertha BSC Berlin am 25. April in Duisburg nach dem 1:0-Sieg beim MSV bereitlegten, stand kurz und knapp: „Mission erfüllt!" 359 Tage, nachdem der Abstieg aus der Bundesliga besiegelt worden war, hatte der Hauptstadt-Club diesen „Betriebsunfall" abgearbeitet.

In Augsburg streiften sich die Aufsteiger Hemden über mit den beiden populärsten Bürgern der Stadt: Jim Knopf und Lukas der Lokomotivführer, die unsterblichen Helden der legendären Marionettenbühne „Augsburger Puppenkiste". Stolz verkünden sie darauf: „Nächster Halt: 1. Liga".

Hier die Botschaft „Auftrag erledigt", dort der Jubelschrei „Am Traumziel". Hier der Topfavorit, der sich von der ersten Saisonminute an am Ziel Wiederaufstieg messen lassen wollte. Dort der Underdog, der nach Jahren des systematischen Aufbaus den nächsten Schritt wagen wollte. Hier ein Traditionsverein mit langer Bundesliga-Vergangenheit, der alte Tugenden entdeckt. Dort ein junger Club, der sich im Fußball der Moderne mit seinen Mitteln etabliert.

Am letzten Spieltag begegneten sich die beiden Aufsteiger im Olympiastadion – vor 77.116 Zuschauern, darunter 7000 Augsburger. Was der große Showdown der bei-

„Nächster Halt – 1. Liga", heißt es in Anspielung auf die berühmte Augsburger Puppenkiste auf den T-Shirts, die Trainer Jos Luhukay (Dritter von rechts) und seine Spieler tragen, als der Aufstieg nach einem 2:1 gegen den FSV Frankfurt nur rechnerisch noch nicht klar ist.

Schon am 25. April macht das Team von Hertha BSC zum Abschluss des 31. Spieltages den direkten Wiederaufstieg in die Bundesliga perfekt. Den zum Spiel beim MSV Duisburg aus Berlin mitgereisten Fans präsentieren Profis, Trainer und Betreuer ein Transparent, das auf das Motto der Saison 2010/11 hinweist. Die Mission ist erfolgreich abgeschlossen.

den Topteams einer spannenden Saison hätte sein können, wurde eine fröhliche, doppelte Aufstiegsparty mit einem munteren, aber bedeutungslosen Fußballspiel – ein 2:1 vor der größten Kulisse in der eingleisigen 2. Bundesliga.

„Überraschender als der sportlich schnurgerade Weg zurück in die Bundesliga ist die Neuentdeckung der Hertha durch ihre Fans", urteilte die „Frankfurter Allgemeine Zeitung", als der Aufstieg perfekt war. Tatsächlich söhnte sich Hertha BSC in der 2. Bundesliga mit seinen Anhängern aus, machte das Abstiegsjahr vergessen und flankierte die sportlichen Erfolge mit bodenständigen PR-Aktionen.

Michael Preetz, Geschäftsführer Sport

„Wichtig war bei unserer Ausrichtung, als Berliner Verein erlebbar zu sein."

Der Lohn: Im Schnitt kamen pro Heimspiel 45.000 Zuschauer in das Olympiastadion, die Mitgliederzahl stieg um über 3000 auf 22.000.

„Ganz wichtig war bei unserer Ausrichtung, als Berliner Verein erlebbar und greifbar zu sein", sagte Michael Preetz, Geschäftsführer Sport. „Der Graben zwischen Verein und Fans ist zugeschüttet", bestätigte Trainer Markus Babbel.

Babbel ist der Mann, der die Aufstiegspläne verwirklicht hat. Heute ist es leicht zu sagen, das sei mit dieser Mannschaft selbstverständlich gewesen. Doch der Druck auf Club, Mannschaft und Trainer war nach der klaren Ansage zum Saisonziel enorm groß. Auf seiner zweiten Station als Trainer verstand es Babbel, ein mit vielen erstligareifen Spielern besetztes Team zu einer funktionierenden Einheit zu formen.

An 21 Spieltagen standen die Berliner an der Spitze. Sie gewannen die meisten Spiele (23), schossen die meisten Tore (69)

Am Boden zerstört: Faton Toski symbolisiert die Gefühlslage beim VfL Bochum 1848 nach dem zweiten Relegationsspiel gegen Borussia Mönchengladbach. Das Team von Trainer Friedhelm Funkel hat den direkten Wiederaufstieg nur hauchdünn verpasst.

2. BUNDESLIGA

BUNDESLIGA

Auch die schwierig zu nehmende Hürde bei der SpVgg Greuther Fürth überspringt Hertha BSC in der Rückrunde souverän mit einem 2:0-Erfolg. Diese packende Strafraumszene zeigt den faustenden Torhüter Alexander Walke und Bernd Nehrig in personeller Unterzahl gegen – von rechts im Bild – die Berliner Roman Hubnik, Peter Niemeyer, Pierre-Michel Lasogga und Andre Mijatovic. Während der Hauptstadt-Club Meister der 2. Bundesliga wird, verpassen die Franken auf dem vierten Tabellenplatz knapp die Relegation.

und holten auswärts (36) genauso viele Punkte wie daheim. Zum fünften Mal nach 1968, 1982, 1990 und 1997 schaffte Hertha BSC den Aufstieg – zum ersten Mal allerdings war es ein sofortiges Comeback.

Jetzt wollen sich die Herthaner etablieren in der Bundesliga, von der europäischen Bühne spricht niemand, wie Präsident Werner Gegenbauer betont: „Wir formulieren kein kleines, sondern ein realistisches Ziel. Wir wollen wie jeder Aufsteiger die Klasse halten."

Knapp zwei Wochen später sagte Andreas Rettig, Geschäftsführer des FC Augsburg, mit etwas anderen Worten das Gleiche: „Ab sofort läuft für uns der Abstiegskampf."

Recht hat der Mann, doch den feierwütigen Augsburgern fehlte nach dem 2:1 gegen den FSV Frankfurt das Ohr für derlei Mahnungen. „Unglaublich, unfassbar, was das für uns und die ganze Stadt bedeutet", meinte Stephan Hain. Der 22-Jährige hatte mit seinem Treffer fünf Minuten vor Schluss das Tor zur Bundesliga aufgestoßen.

„Der Augsburger Fußball ist nun auch in Deutschland ein Werbeträger geworden", jubelte die „Augsburger Allgemeine" in einer 24-seitigen Sonderbeilage. „Zuvor waren das nur die Puppenkiste, Bertolt Brecht, Helmut Haller oder der verstorbene

Auf Tabellenplatz vier und einer der Gewinner der Saison: Mike Büskens, Trainer der SpVgg Greuther Fürth und stolz auf seine Mannschaft .

Auf Anhieb Fuß gefasst in der 2. Bundesliga hat der Nordkoreaner Chong Tese im Team des VfL Bochum 1848, in das im Laufe der Saison auch Mimoun Azaouagh (rechts) zurückgekehrt ist.

Schlagersänger Roy Black." 42 Jahre nach der Fusion von BC Augsburg und Schwaben Augsburg, die die Kräfte des Fußballs in der Fuggerstadt bündeln sollte, ist der FCA ganz oben.

Der Mann, der riesigen Anteil daran hat, war an diesem 8. Mai nicht im Stadion. Um seine Nerven zu schonen, ging Walther Seinsch spazieren. Der Unternehmer hat den Club vor elf Jahren übernommen, als es um den Augsburger Fußball schlecht stand und der FCA in die viertklassige Bayernliga abgerutscht war. Seinsch hauchte dem FCA neues Leben ein, und das lag nicht nur an dem Geld, das der erfolgreiche Unternehmer zur Verfügung stellte. Sondern auch an seiner Zielstrebigkeit und Entschlossenheit, mit der er den FCA veränderte. Seine Aussage damals: „Augsburg kehrt in den Profifußball zurück."

Vor fünf Jahren wurde das Versprechen mit dem Aufstieg in die 2. Bundesliga eingelöst, vor einem Jahr war man schon mal nah dran an der Bundesliga, scheiterte aber in der Relegation am 1. FC Nürnberg. Wie in Berlin sorgte ein gutes Trainer-Manager-Gespann dafür, dass der Sprung nun gelang: Rettig, Rheinländer wie Seinsch, kam 2006 nach Augsburg und holte im Frühjahr 2009 den Niederländer Jos Luhukay.

Es hat ein bisschen gedauert, bis sich die Augsburger von der Fußballbegeisterung mitreißen ließen. Vielleicht war deshalb die Mannschaft am Abend des Aufstiegstages bei ihrer Feier in einem Lokal so überrascht, als Oberbürgermeister Kurt Gribl bei Rettig anrief: „Kommt schnell her, die Leute reißen mir sonst das Rathaus ab." In Polizeiautos mit Blaulicht wurden die Spieler zum Amtssitz des OB gebracht und erfüllten den Wunsch der rot-weißen Menge: „Wir woll'n die Mannschaft seh'n..."

Mit drei Siegen hatten die Augsburger einen Blitzstart hingelegt, waren dann aber nach fünf Spielen mit nur einem Punkt abgestürzt bis auf Rang 11. Doch von den nächsten 22 Spielen verlor der FCA nur eines. Prunkstück war die Abwehr: Nur 27 Gegentreffer in 34 Spielen – das hat es in der Geschichte der 2. Bundesliga noch nie gegeben; 14 Spiele beendete der FCA zu null.

Als sich Hertha BSC und der FCA quasi freundschaftlich gegenüberstanden, fiel im Fernvergleich die Entscheidung über Platz

Kurt Gribl, Augsburgs Oberbürgermeister:

„Kommt schnell her, die Leute reißen mir sonst das Rathaus ab."

drei und die Teilnahme an der Relegation gegen Borussia Mönchengladbach. Der VfL Bochum 1848, letztlich sogar punktgleich mit Augsburg, behauptete diese Position beim Saisonfinale durch ein 3:1 gegen den MSV Duisburg. Zudem verspielte die SpVgg Greuther Fürth mit einem 1:1 gegen Fortuna Düsseldorf selbst ihre letzte Chance. Bochum krönte nach einer überaus durch-

Über Platz drei in die Relegation: der Bochumer Trainer Friedhelm Funkel.

Einer der Leistungsträger von Hertha BSC in der vergangenen Saison: Patrick Ebert, der nach einer langwierigen Verletzung allerdings erst während der Spielzeit wieder zurück in das Berliner Team gekommen ist. Ebenso energisch wie Ebert geht hier Marcel de Jong vom FC Augsburg (rechts) in diesen Zweikampf, obwohl beim Spiel der beiden Aufsteiger zum Saisonfinale schon alles entschieden ist.

wachsenen Hinrunde und Platz sieben bei Halbzeit eine famose Rückserie.

Doch in der Relegation gelang es nicht, es Hertha BSC gleich zu tun und ebenfalls das unmittelbare Bundesliga-Comeback zu

Stephan Hain, FC Augsburg

„Unglaublich, unfassbar, was das für uns und die ganze Stadt bedeutet."

schaffen. Durch das 0:1 und 1:1 konnte Trainer Friedhelm Funkel sein Vorhaben nicht realisieren, mit den Bochumern seinen sechsten Aufstieg in die Erstklassigkeit zu schaffen: „Dennoch ein unglaublich großes Kompliment an meine Mannschaft, was sie in diesen beiden Spielen geleistet hat."

Die SpVgg Greuther Fürth verlor nur ein Spiel mehr als Hertha BSC und kassierte wie der FC Augsburg nur 27 Tore. Wieder waren die Franken, mit 14 Jahren ständiger Zugehörigkeit „Dauerbrenner" der 2. Bundesliga, nahe am Ziel. Doch unter dem Strich stand

Eine der großen Überraschungen der Saison ist der FC Erzgebirge Aue mit Trainer Rico Schmitt, hier bei Anweisungen an Jan Hochscheidt (links). Der Aufsteiger hat sogar den inoffiziellen Titel des Herbstmeisters geholt.

Traditionsreiche Clubs, die hier aufeinandertreffen, haben den Klassenerhalt nicht geschafft: Rot-Weiß Oberhausen, links im Bild Moses Lamidi, ist dem DSC Arminia Bielefeld – hier Marcel Appiah am Boden – in die 3. Liga gefolgt. RWO ist drei Spielzeiten lang im Profifußball vertreten gewesen, den die Bielefelder nun zum ersten Mal seit 23 Jahren wieder verlassen müssen.

2. BUNDESLIGA

	Alemannia Aachen	FC Erzgebirge Aue	FC Augsburg	1. FC Union Berlin	Hertha BSC Berlin	DSC Arminia Bielefeld	VfL Bochum 1848	FC Energie Cottbus	MSV Duisburg	Fortuna Düsseldorf	FSV Frankfurt	SpVgg Greuther Fürth	FC Ingolstadt 04	Karlsruher SC	TSV 1860 München	RW Oberhausen	VfL Osnabrück	SC Paderborn 07
Alemannia Aachen	-	1:5	1:3	2:2	0:5	1:1	1:3	2:3	2:2	0:0	2:1	2:2	2:1	4:2	2:1	4:0	2:1	2:0
FC Erzgebirge Aue	2:1	-	3:2	0:0	0:2	3:0	1:0	1:2	1:0	1:0	3:1	0:0	1:1	1:1	1:0	2:0	0:1	1:0
FC Augsburg	1:2	2:1	-	2:1	1:1	3:0	0:1	4:0	0:0	5:2	2:1	0:0	2:0	3:1	1:2	2:0	2:2	1:0
1. FC Union Berlin	2:1	1:1	0:0	-	1:1	2:2	0:1	4:2	2:0	1:0	2:0	1:2	1:1	3:1	0:1	2:1	3:3	0:2
Hertha BSC Berlin	0:0	2:0	2:1	1:2	-	3:1	2:0	2:2	0:2	4:2	3:1	2:0	3:1	4:0	1:2	3:2	4:0	2:0
DSC Arminia Bielefeld	1:3	0:1	0:2	1:2	1:3	-	2:2	1:2	1:3	0:2	1:1	1:4	1:0	2:1	0:3	3:3	2:1	1:1
VfL Bochum 1848	1:1	2:0	0:2	3:0	0:2	3:1	-	1:0	3:1	2:0	1:0	0:2	1:4	1:1	3:2	2:1	2:1	3:0
FC Energie Cottbus	3:3	6:0	1:1	0:0	0:1	2:1	2:1	-	3:1	2:0	2:1	2:0	1:2	5:5	0:0	3:1	2:0	3:1
MSV Duisburg	3:2	3:1	1:0	0:1	0:1	1:2	0:1	2:2	-	1:0	1:3	2:0	4:1	3:0	2:1	3:0	4:1	3:1
Fortuna Düsseldorf	3:1	3:0	1:0	3:0	1:2	2:0	0:1	3:1	1:0	-	6:0	1:0	3:1	1:0	1:2	3:0	2:1	0:0
FSV Frankfurt	1:3	0:2	1:2	2:1	0:1	2:1	0:1	3:2	0:4	1:0	-	0:0	1:2	1:2	2:1	4:0	4:1	2:0
SpVgg Greuther Fürth	1:1	1:2	1:1	1:0	0:2	1:0	1:1	3:1	2:1	1:1	1:0	-	1:0	4:1	1:0	0:0	3:0	2:0
FC Ingolstadt 04	2:1	0:0	1:4	1:0	1:1	1:0	3:0	1:2	1:1	3:0	0:1	0:2	-	1:1	1:1	1:2	0:1	1:2
Karlsruher SC	3:0	1:1	0:1	3:2	2:6	1:0	0:2	1:0	3:1	2:2	0:2	1:1	1:4	-	2:4	4:0	2:2	2:1
TSV 1860 München	2:1	0:0	0:2	1:0	1:0	0:0	1:3	4:0	1:1	1:1	3:3	3:0	1:1	5:1	-	1:1	3:1	0:1
Rot-Weiß Oberhausen	1:2	1:2	0:3	0:2	1:3	3:0	3:1	0:4	0:0	1:2	1:0	1:4	1:1	2:1	0:0	-	1:0	2:0
VfL Osnabrück	1:3	3:2	0:2	4:1	2:0	0:0	1:3	2:0	1:3	2:3	1:1	0:2	2:1	0:0	0:1	3:1	-	2:2
SC Paderborn 07	1:3	0:1	1:1	2:0	1:0	3:1	0:0	0:5	0:0	3:0	2:2	0:4	1:1	3:0	3:2	0:0	1:0	-

Aus der waagerechten Reihe lassen sich alle Heimresultate 2010/11 ablesen, jeweils senkrecht sind die Auswärtsergebnisse zu ersehen.

2. BUNDESLIGA

BUNDESLIGA

Stolz präsentieren Michael Preetz (links), Geschäftsführer Sport von Hertha BSC, und der Berliner Trainer Markus Babbel vor mehr als 77.000 Fans im ausverkauften Olympiastadion die Meisterschale – überglücklich nach dem Wiederaufstieg.

für das Team des engagierten Trainers Mike Büskens nur Platz vier.

Nicht allein die Bochumer und Fürther hatten für Spannung im Rennen um Platz drei gesorgt. Zu ihren Rivalen gehörte lange Zeit ein Außenseiter: der FC Erzgebirge Aue, 2008 nach fünf Jahren in der Zweitklassigkeit abgestiegen, hatte schon mit dem Wiederaufstieg 2010 viele Experten überrascht. Dass der Neuling dann jedoch durchstartete, fünf Mal an erster Stelle stand und sich – quasi rückwirkend durch einen Sieg im Nachholspiel am 1. Februar – die Herbstmeisterschaft holte, übertraf sämtliche Erwartungen weit. In der kleinsten Zweitliga-Stadt mussten ernsthaft Pläne für den Bundesliga-Aufstieg erarbeitet werden. Ein Aufsteiger als Herbstmeister – das hatte es in der 2. Bundesliga seit dem SSV Ulm 1998/99 nicht mehr gegeben. Erst auf den letzten Metern fielen die Auer ein bisschen ab, doch das Prädikat „Überraschungsmannschaft der Saison" war ihnen ebenso wenig zu nehmen wie der Titel „Ostmeister": Die Auer ließen sowohl den FC Energie Cottbus als auch den 1. FC Union Berlin hinter sich.

Die Enttäuschungen gab es naturgemäß im Tabellenkeller. Der Abstieg des DSC Arminia Bielefeld war fast unfassbar. Am Ende stand der erste Absturz in die Drittklassigkeit seit 1988.

Absteigen musste neben Bielefeld auch Rot-Weiß Oberhausen. Der VfL Osnabrück erreichte wie vor zwei Jahren die Relegation. Hier mussten sich die Niedersachsen aber dem 1. FC Dynamo Dresden geschlagen geben, der nach einem 1:1 im Hinspiel in der osnatel Arena mit 3:1 siegreich blieb. Auch der Abstiegskampf sorgte für dramatische Akzente, denn am letzten Spieltag zitterten RWO, Osnabrück und der Karlsruher SC, der aus der besten Ausgangsposition heraus das Happy End schaffte und den erneuten Sturz in die Drittklassigkeit vermied.

Werner Gegenbauer, Präsident Hertha BSC:

„Wir wollen wie jeder Aufsteiger die Klasse halten."

Wie so oft in den vergangenen Jahren war die 2. Bundesliga eine ideale Plattform für junge Talente. Allen voran Torschützenkönig Nils Petersen, der 25 Mal für den FC Energie Cottbus traf und zum FC Bayern München wechselt. In Berlin staunten alle über den 19-jährigen Pierre-Michel Lasogga (13 Tore in 25 Spielen), in Aachen begeisterte der trickreiche Zoltán Stieber, in Fürth erzielte A-Junior Felix Klaus wichtige Tore, in Augsburg fiel Stephan Hain auf als ein Rohdiamant, in Bochum überraschte der Nordkoreaner Chong Tese, in Karlsruhe trug der 20-jährige Macauley Chrisantus einen Gutteil der Hoffnungen auf den Klassenerhalt, und in Aue zeigte sich Marc Hensel als einer der besten Fleißarbeiter im Mittelfeld. Aber da waren auch die herausragenden Routiniers wie der Bochumer Marcel Maltritz, der Aachener Benjamin Auer, der Berliner Patrick Ebert, der Duisburger Ivica Grlic oder der Augsburger Michael Thurk – gestandene Profis, die das Profil der Liga schärfen.

War sonst noch was in dieser 30. Saison der 1981/82 gestarteten eingleisigen 2. Bundesliga? Natürlich der missglückte Start der Düsseldorfer Fortuna, die die Saison mit sechs Niederlagen eröffnete und

Daumen hoch in Richtung Bundesliga-Neuland beim FC Augsburg als 51. Mitglied in diesem Kreis: Geschäftsführer Andreas Rettig (rechts) und Trainer Jos Luhukay nehmen den Aufsichtsratsvorsitzenden Peter Bircks nach dem entscheidenden 2:1 gegen den FSV Frankfurt in die Mitte. Unten im Bild ein Zweikampf des Augsburgers Stephan Hain (links) gegen Hertha-Kapitän Andre Mijatovic beim Saisonfinale.

dann – als beste Heimmannschaft mit vierzig Punkten – eine grandiose Aufholjagd hinlegte. Oder der FC Ingolstadt 04, der als einzige Mannschaft ohne jeden Platzverweis über die Runden kam. Die meisten Spieler setzte Arminia Bielefeld ein: 41. Den jüngsten Kader hatte der TSV München 1860 (24,4 Jahre), den ältesten Fortuna Düsseldorf (27,3). Nur fünf Profis verpassten keine der 3060 Minuten: Timo Achenbach (Alemannia Aachen), Tino Berbig (VfL Osnabrück), Sascha Kirschstein (FC Ingolstadt 04), Sören Pirson (RW Oberhausen) und Antonio Rukavina (TSV 1860 München).

Fazit: Die 2. Bundesliga bleibt eine Attraktion und ist auf dem Höhepunkt ihrer sportlichen und wirtschaftlichen Leistungsfähigkeit. Was vor 30 Jahren als ein Experiment mit vielen Fragezeichen begann, ist heute ein in jeder Hinsicht existenzsicherer und tragfähiger Unterbau der Bundesliga.

25 Tore und auch sonst top

25 Saisontore für den FC Energie Cottbus und künftig für den FC Bayern München am Ball: Nils Petersen.

Als im offiziellen „Bundesliga-Magazin" der DFL im Mai bei den Cheftrainern der 2. Bundesliga nach dem „Spieler der Saison" nachgefragt wurde, waren sich viele Kollegen einig. Denn so oft wie kein anderer Profi wurde Nils Petersen (22) genannt. Und Claus-Dieter „Pelé" Wollitz, sein Coach beim FC Energie Cottbus, lieferte eine klare Begründung für sein Statement dazu: „Meinen Platz eins kann ich aus eigenem täglichen Erleben ruhigen Gewissens und voller Überzeugung benennen – Nils Petersen. Unser Torjäger spielte die gesamte Saison auf konstant hohem Niveau. Ausgestattet mit dem notwendigen Egoismus vor dem Tor ist er zugleich sehr mannschaftsdienlich und taktisch hervorragend unterwegs. Auch sein gesamtes Auftreten innerhalb des Teams oder medial ist absolut professionell." Klingt wie ein Bewerbungsschreiben, aber Clubs aus der Bundesliga waren längst auf Petersen aufmerksam geworden, den Torschützen der abgelaufenen Saison in der 2. Bundesliga mit seinen 25 Treffern. Wenige Wochen nach Wollitz' Loblied auf seinen gefährlichen Stürmer hatte der FC Bayern München zugegriffen. Beim deutschen Rekordmeister erhielt der in Wernigerode geborene und zunächst beim FC Carl Zeiss Jena fußballerisch geschulte Petersen einen Dreijahresvertrag. Die Weltmeisterschaft 1994 hatte bei ihm den Kick ausgelöst, selbst Profi werden zu wollen. Mittlerweile hat Petersen schon mehrere Altersklassen in Auswahlteams des DFB durchlaufen, von der U19 bis aktuell zur U21. Dass ihm andere Trainer neben seinem Vereinscoach ebenfalls zutrauen, in der Bundesliga Fuß zu fassen, zeigt die Umfrage im „Bundesliga-Magazin", wo Rico Schmitt vom FC Erzgebirge Aue meinte: „Ein Spieler mit großer Perspektive." Andre Schubert, bis zum Saisonende beim SC Paderborn 07 und künftig beim FC St. Pauli tätig, stellte heraus: „Sehr zielstrebig, effektiv, selbstbewusst, aber dennoch bescheiden und stets konzentriert. Top!"

Viel Erfahrung und Klasse

Vor mittlerweile bereits zwölf Jahren gehörte er zu den Darstellern bei der Premiere der neuen deutschen A2-Nationalmannschaft. Vor diesem Auftritt in Lens gegen Frankreich, das von Horst Hrubeschs Perspektivspielern mit 2:1 gewonnen wurde, stand der 1,96 Meter große Keeper schon längst in der Bundesliga zwischen den Pfosten. 1997 hatte Simon Jentzsch (35) beim Karlsruher SC sportlich erstklassig begonnen, weitere Stationen waren danach der TSV 1860 München und der VfL Wolfsburg. 2009 kam der gebürtige Düsseldorfer, zu Beginn seiner Laufbahn auch beim KFC Uerdingen tätig, zum FC Augsburg. Als der Traum von der Bundesliga für die Schwaben Wirklichkeit wurde, adelte Trainer Jos Luhukay seine Nummer eins: „Simon Jentzsch ist unser starker Rückhalt im Tor." Zu den eigentlichen Fähigkeiten gesellt sich bei Jentzsch, einst auch in der U21-Auswahl des Deutschen Fußball-Bundes (DFB) eingesetzt und im Winter 2004 sogar mit der A-Nationalmannschaft auf großer Asien-Reise, aber dabei nur Ersatzmann, im Laufe der Jahre natürlich auch große Erfahrung. Gepaart mit der offensichtlichen Ruhe, mit der Jentzsch seinem so schwierigen Job nachgeht, weiß das 51. Bundesliga-Mitglied

Starker Rückhalt im Tor des Aufsteigers: Simon Jentzsch, Keeper beim FC Augsburg.

einen Torhüter in seinen Reihen, der sein persönliches Comeback auf der höchsten Ebene grundsätzlich gelassen angeht, aber auch mit einer gehörigen Portion Ehrgeiz. Nach dreieinhalb Jahren Bundesliga-Pause hat Jentzsch, als Sohn einer Engländerin übrigens auch im Besitz der britischen Staatsangehörigkeit, dort noch viel vor.

Chef im Hintergrund

Eine Bank in der Abwehr von Hertha BSC Berlin: Andre Mijatovic, hier mit dem Düsseldorfer Wellington (links).

Den enormen Stellenwert eines Aufstiegs in die Bundesliga weiß Andre Mijatovic ziemlich genau einzuordnen, gerade für einen Club wie Hertha BSC Berlin. Eine Sache „für die Ewigkeit" nennt der Kapitän die Tatsache, dass dem im Jahr zuvor abgestiegenen Club aus der Hauptstadt die direkte Rückkehr geglückt ist. Mijatovic war unbelastet von der nicht so erfolgreichen sportlichen Vergangenheit, als er vor dem Beginn der nun zu Ende gegangenen Saison vom DSC Arminia Bielefeld nach Berlin wechselte. Dass der damals ebenfalls neue Hertha-Trainer Markus Babbel an der Verpflichtung des Kroaten, der in Deutschland längst kein Unbekannter mehr war, großen Gefallen hatte, lag auf der Hand. Schließlich nahm der Europameister von 1996 seinen Abwehrorganisator sogleich auch mit dem Amt des Mannschaftskapitäns zusätzlich in die Verantwortung. Ein Chef im Hintergrund. Denn Mijatovic ist kein Profi der lauten Töne, ebenso keiner, der sich unbedingt in der ersten Reihe sehen muss. Der Erfüllung seiner Aufgaben, auch über den sportlichen Bereich hinaus, tut das keinen Abbruch. „Er ist einfach ein Typ und denkt mannschaftsdienlich", sagt Babbel. Was auch von dem Trainerkollegen des Stadtrivalen 1. FC Union Berlin bestätigt wird, denn Uwe Neuhaus meint: „Vielleicht nicht der auffälligste Spieler, aber für das Team enorm wichtig. Man konnte das sehr gut beobachten, als er eine Zeit lang ausgefallen ist." Denn ohne den verletzten Mijatovic verlor Hertha BSC drei Mal in Folge, mit ihm ging es zurück auf Aufstiegskurs.

BUNDESLIGA